Perfectly Reasonable Deviations from the Beaten Track:
The Letters of *Richard Feynman*

费曼手札：不休止的鼓声

［美］理查德·费曼 著
［美］米歇尔·费曼 编辑　叶伟文 译

湖南科学技术出版社

图书在版编目（CIP）数据

费曼手札：不休止的鼓声 /（美）理查德·费曼著；叶伟文翻译. — 长沙：湖南科学技术出版社，2019.4（2024.2 重印）（走近费曼丛书）

书名原文：Perfectly Reasonable Deviations from the Beaten Track:The Letters Of Richard P. Feynman

ISBN 978-7-5710-0017-2

Ⅰ.①费… Ⅱ.①理…②叶… Ⅲ.①费曼（Feynman, Richard Phillips 1918-1988）—书信集 Ⅳ.① K837.126.11

中国版本图书馆 CIP 数据核字〔2018〕第 274038 号

Perfectly Reasonable Deviations from the Beaten Track : The Letters of Richard P. Feynman
Edited and with Additional Commentary by Michelle Feynman and Foreword by Timothy Ferris
Copyright © 2005 by Michelle Feynman and Carl Feynman
Foreword copyright © 2005 by Timothy Ferris
All Rights Reserved

湖南科学技术出版社通过博达著作权代理有限公司独家获得本书中文简体版中国大陆地区出版发行权
著作权合同登记号：18-2015-017

FEIMAN SHOUZHA：BUXIUZHI DE GUSHENG
费曼手札：不休止的鼓声

著者	邮购联系
[美] 理查德·费曼	本社直销科 0731-84375808
编辑	印刷
[美] 米歇尔·费曼	长沙鸿和印务有限公司
翻译	厂址
叶伟文	长沙市望城区普瑞西路858号
出版人	邮编
潘晓山	410200
责任编辑	版次
吴炜　孙桂均　李蓓	2019 年 4 月第 1 版
书籍设计	印次
邵年	2024 年 2 月第 5 次印刷
出版发行	开本
湖南科学技术出版社	880mm×1230mm　1/32
社址	印张
长沙市芙蓉中路一段416号	19.75
泊富国际金融中心	字数
网址	480 千字
http://www.hnstp.com	书号
湖南科学技术出版社	ISBN 978-7-5710-0017-2
天猫旗舰店网址	定价
http://hnkjcbs.tmall.com	88.00 元

（版权所有·翻印必究）

理查德·费曼 | Richard P. Feynman

1918年，费曼诞生于纽约市布鲁克林区。1942年，从普林斯顿大学取得博士学位。第二次世界大战期间，他曾在美国设于新墨西哥州的洛斯阿拉莫斯(Los Alamos)实验室服务，参与研发原子弹的"曼哈顿工程"(Manhattan Project)，当时虽然很年轻，却已经是该工程中的重要角色。随后，他任教于康奈尔大学以及加州理工学院。1965年，由于他在量子电动力学方面的成就，与朝永振一郎(Sinitiro Tomonaga)、施温格(Julian Schwinger)两人，共同获得该年度的诺贝尔物理学奖。

费曼博士为量子电动力学理论解决了不少问题，同时首创了一个解释液态氦超流体现象的数学理论。之后，他跟盖尔曼(Murray Gell-Mann)合作，研究弱相互作用，例如 β 衰变等，做了许多奠基性工作。后来数年，费曼成为发展夸克(quark)理论的关键人物，提出了在高能量质子对撞过程中的部分子(parton)模型。

在这些重大成就之外，费曼还把一些基本的新计算技术和记法，引入了物理学。其中包括几乎无所不在的"费曼图"，因而改变了基础物理概念化与计算的过程，成为可能是近代科学史上，最脍炙人口的一种表述方式。费曼是一位非常能干的教育家，在他一生所获得的数不清的各式各样的奖赏中，他特别珍惜在1972年获得的厄司特杏坛奖章(Oersted Medal for Teaching)。《费曼物理学讲义》(*The Feynman Lectures on Physics*)一书最初发行于1963年，当时《科学美国人》杂志的一名书评家称该书为"……真是难啃,但是非常营养,尤其是风味绝佳,为25年来仅见!是教师及最优秀学生的指南"。为了增长大众的物理知识,费曼博士写了一本《物理定律的本性》(*The Character of Physical Law*)以及《QED:光和物质的奇妙理论》(*QED: The Strange Theory of Light and Matter*)。他还写了一些专业的论著,成为后来物理学研究者与学生的标准参考资料和教科书。

费曼是一位建设性的公众人物。他参与"挑战者号"航天飞机失事调查工作的事迹,几乎家喻户晓,尤其是他当众证明橡皮环不耐低温的那一幕,是一场非常优雅的即席实验示范,而他所使用的道具不过冰水一杯!比较鲜为人知的事例,是费曼在20世纪60年代初期,在加州课程审议委员会所做的努力,他非常不满当时小学教科书之平庸。

仅仅重复叙说费曼在科学与教育上的无数成就,并不足以说明他这个人的特色。正如任何读过他最专业性著作的人都知道,他的作品里外都散发着他鲜活的多彩多姿的个性。在物理学家的本职工作之余,费曼也曾把时间花在修理收音机、开保险柜、画画、跳舞、表演邦戈鼓,甚至试图翻译玛雅古文明的象形文字上。他永远对周围的世界感到好奇,是一位一切都要积极尝试的模范人物。

费曼于1988年2月15日在洛杉矶与世长辞。

前言

你们眼中的天才，是我真挚的父亲
——我和理查德·费曼在一起的生活

米歇尔·费曼

在我很小的时候，总觉得自己的老爸是个"万事通"。《全知》(Omni)杂志曾推崇他是当代"全世界最聪明的人"。我祖母很有幽默感，也经常以自己这个天才儿子为傲。听到这番赞词时，她夸张地张开双手，说："如果理查德真是全世界最聪明的人，神呀！请救救我们吧！"父亲听了，哈哈大笑。

后来我年事稍长，只注意到那些我已经知道但我老爸似乎不知道的事情。他会问我一些傻问题。在我看来，问题的答案是再明显不过的事了。譬如说，"嗨！米歇尔，汤匙该摆在哪儿呀？"到了十八九岁时，我终于发现了真相：我老爸不但聪明绝顶，对生命津津乐道，而且还非常喜欢教导别人。他对生命和我们的世界，有非常风趣而且很深奥的看法，同时有很大的热忱与耐心，肯真切聆听。我怀抱无比的热忱来处理这本书，因为我想再一次亲近他。能够和老爸再度相逢是非常有意思的。我深信即使在今天，他仍然能教导我一些事理，只是猜不透会是些什么事罢了。他这家伙总是神秘兮兮的，让人摸不清底细。

这里，先列出他这一生的经历。我的父亲理查德·菲力普斯·费曼1918年生于纽约市，在皇后区的法洛克维(Far Rockaway)长大。他大学就读于麻省理工学院，后来得到普林斯顿大学的博士学位。1942年，他和高中时期青梅竹马的恋人阿琳(Arline Greenbaum)结婚。尽管当时他的爱侣身染严重的结核病，他还是情深不舍。也在同一年，理查德获征召参加研制原子弹的"曼哈顿工程"。他受命在洛斯阿拉莫斯领导一个研究小组。后来,阿琳逝于1945年。我的父亲则在战后,担任康奈尔大学的理论物理教授。1950年,他转到加州理工学院任教,后来就一直待在那里。20世纪50年代早期,他曾经再婚,但这段婚姻并没有维持多久。1960年,他和我母亲温妮丝(Gweneth Howarth)结婚。1962年生下我哥哥卡尔(Carl),我是在1968年被收养的。

1965年,他由于独立研究量子电动力学,和施温格与朝永振一郎共同获得诺贝尔物理学奖。这是他足以称道的成就,但他一生对这项成就一直怀抱一种很复杂的矛盾心态。1986年他再度接受政府征召为国家效力。这次是参加一个特别调查委员会,负责找出航天飞机"挑战者号"失事爆炸的原因。后来他和腹部恶性肿瘤缠斗多年,于1988年去世。加州理工学院为他办的追悼会,来了数千人。对我们这些热爱他的人来说,这根本是意料中的事。主办单位事先也想到,参加的人数可能超出控制,因此特别把追悼会分两次举行,希望不要过度拥挤,也让怀念我父亲的人有机会对他表达追思。即使经过事先审慎的规划,两场追悼会都是座无虚席,挤得水泄不通。

他接受过无数次的专访,写过许多书籍和论文,演过几出舞台剧和几部纪录片,还演过一部电影。大家怀念他的,不仅是他在科学上的成就,还有他那强烈无比的好奇心,他对各种谜题掩不住的热爱,以及他诚挚拥抱生命的情怀。他一生特立独行的趣事很多。在参加原子弹研制工程时,当时很多事都被列为最高机密,安全系统非常严密。我父亲的冒险特性使他养成专找安全系统漏洞的嗜好,一时令安全主管相当头痛。一个偶然的机会,他为旧金山芭蕾舞团打邦戈鼓,就爱上这玩意儿了。他在40多岁时还去学邦戈鼓,后来打得非常好,还小有名气呢。

由于人们对我父亲的钦佩与喜爱,在我成长过程中,出现了许多非常美妙又有趣的人，让我得到许多珍贵的友谊和一些很难得的机会。但身为大师的后代，除了享有某些特权之外，我也身负重大的责任。哥哥和我发现，社会上有各种各样对理查德·费曼的要求或需求，是我们必须面对的。我们竭尽所能，希望一方面能满足大众的需求，一方面又要以诚实的态度，保留他的传奇故事的真面貌，不要衍生出牵强附会的事来。我希望借着这本书，能让大家正确评断他在工作上的态度，也能把他隐藏在耀眼成就背后的人格特质显露出来。

天雷终于勾动地火

这么多年来，关于费曼这个人，有许多逸事到处流传。但我相信下面这段故事，讲的人可能最多，但真正知道实情的人一定非常少。就是我父母亲最后结成连理的过程，其中有一大部分，还是我父亲奇怪的想法与做法。我妈是英格兰人，遇上我爸时正好住在瑞士。她有个心愿，想要一面打工，一面环游世界。不知两人怎么聊起这个话题，我父亲就脱口而出，邀她到美国来当自己的管家。她回答说，可以考虑考虑。

两人分手以后，我父亲愈想愈觉得自己实在太鲁莽了。一个40岁的单身中年男子，怎么会向一个24岁的妙龄女郎，提出这种可能会令人想入非非的提议呢？因此隔天早上，我父亲又找我老妈，向她表示歉意。但出乎意料的是，这位妙龄女郎居然答应到美国来做他的真正管家。几个月之后，在父亲的好友，也是《费曼物理学讲义》的共同作者山德士(MattSands)的协助保证下，母亲就来到美国。山德士的保证非常重要，政府移民官员对一个单身中年男子为何引一位妙龄女郎入境，难免疑神疑鬼的。

在她抵达美国之前，父亲就写信给她，说："没有你，我什么都搞不好，这里一切乱糟糟的，快点来吧。"等她抵达之后，首先负责煮饭和清洁之类的工作，甚至还兼司机送男主人去加州理工学院上课，而我父亲总是坐在后座。两人以礼相待，彼此并没有什么罗曼蒂克的情怀。两人还分别和别人约会、交往。我父亲当时一定是脑壳有问题！

但是有一天，当他带这位小姐去考驾照的时候，忽然开窍了。忙乱之中，还走错了路，害得她几乎赶不上考试。她在仓促之中应试，居然还能及格。我父亲很快就发现，自己已经爱上了这位女管家，准备向她求婚。但随后又觉得自己太冲动了，因此他给自己一段心理准备的时间，在日历上几个月后的某一天，做个记号，暗暗决定："如果到那一天，我还是没有改变心意，就正式向她求婚。"在那一天来临的前一晚，他心情激动，简直等不及了，也没让女管家休息。时钟一敲过12点，他就提出求婚。几个月之后，他俩就踏上了红地毯。

装疯卖傻，堪称一绝

在我成长的过程中，家里的气氛一直是非常活泼、快乐的。我们常常玩各种游戏。我们常开车走很远的路，来到完全陌生的地方。碰到岔路口的时候，我们常常选那条路况最糟糕或看起来最好玩的路走。星期天上午，父亲通常会先看报。他喜欢大声读报纸，同时还开着音乐、打鼓，或是为哥哥和我讲故事，弄得吵吵闹闹的。有时候轮到他开车，送我们这两个小萝卜头去上学，他就假装迷路，载我们往加州理工学院去。小孩子们会大叫："不对！不对！不是这个方向！"他会说："好！好！是这里吗？"说着，又往另一条错的路开。"不是！不是！又错了！"我们一面喊叫，心里一面担心一定会迟到。但我们总是在最后一刻，及时赶到学校。在我父亲的很多技巧里，装傻耍宝堪称一绝，害我总以为自己聪明得可以骗他。这件事对我童年性格的塑造，影响最大。

我只是不知道，有许多年，他都被认为是最聪明的金头脑。事实上，他总是鼓励别人，像平常人一样对待他。他告诉我们的故事，总是强调自己做的蠢事情。我们晚餐时的谈话，总是他今天又出了什么错事，例如：掉了毛衣；忘记了某一件非常重要的事；和某人交谈了半天，非常投缘，但就是想不起对方的名字。他不只在家里谈这些事，就连在外面也一样。而且他行事相当随兴，有次他参加一场学术研讨会，觉得旅馆招待的方式太花哨了，很不喜欢，就拿起手提箱，睡到房间外面的树林里去了。每次父亲讲得忘形的时候，坐在餐桌另一端的母亲，总是微笑着出声制止他："噢！理查德，好了吧。"他总是取笑自己，我们也跟着他一起开怀大笑。

这种自我解嘲的本领，我认为是使他成为好老师的关键因素。他在解释东西的时候，从不带着自我优越的态度。他具有天生的本事，可以把很难理解的复杂问题，分解到可以理解的程度。他会拿一个苹果在手里，举起来，说："你瞧，假设地球就像这个苹果……"借着这类简单的比喻和举例说明，一个本来无从下手的难题，就变成可以处理得了的问题了。

出于这种对教育工作的热爱，和一种善尽社会公民义务的责任感，20世纪60年代早期，他曾投身加州课程审议委员会，花了数不清的时间来审查小学的数学课本。1972年，还由于在物理教学上的贡献，得到厄司特奖章。这件事让他开心得不得了。10年后，加州理工学院的学友会颁给他一个杰出教学奖。他的反应是："做一件自己非常喜欢的事，还能得到大家的肯定，真令人高兴。"

他对社会教育这件事满怀信心与热忱，但总是受挫于一些官僚主义和僵化的思想。我上高中的时候，他老是教我一些抄近路的方法来做数学家庭作业，而这些方法和老师教的做法常有出入。接着，代数老师总是责备我，没有依照正确的方式去解题目。我老父亲觉得这位老师有点莫名其妙,只要能得到正确的答案,用什么方法解题有那么重要吗?因此,决定抽空到学校和老师谈谈。可惜我的代数老师并不知道我老父亲是何方神圣,以为他是来找碴儿的白痴。两人当然不欢而散。老师到后来,还一直认为自己碰到一个对数学一窍不通的傻子。我父亲起初拼命忍耐,咬紧牙关不发一语,后来实在忍不住了,大发雷霆。第二天,我就转到别的班级去上课了。到了第二年,这种不依正统方法解题的做法,再度面临同样的困扰。后来变成由父亲在家里教我数学,我只去学校参加考试而已。

好为人师,善于沟通

在我整理老父亲信件的时候,很多像这类事情的回忆,蜂拥而至,好像还只是不久之前发生的。我记得1990年曾经看过几封父亲写的信,其中有一封我的印象特别深刻,是写给他以前的一位秘书的。他在信里感叹自己的孩子还太小,不知道要等到哪一天才有机会含饴弄孙。我稍微算了一下,他写这封信的时候,我才读高二呢。我当时还觉得这件事很好笑,想象自己在多年以后再看到这封信,一定觉得很有趣。

时间过得很快,一晃就是14年了。2004年5月,加州理工学院把父亲的档案运给我,总共有12抽屉的文件,好几千份的内容,把它们迅速浏览一遍就要花上很多时间。这些东西大部分当然是科学性的,是他和同事谈论物理学的发展、参加研讨会之类的活动,所留下来的笔记、信件、课程内容等资料。但是档案里面约有1/3并非是科学性的,这些绝大多数是信件。不仅如此,我想起家里的储藏室里还有很多有关我父亲的东西,如剪报、照片、家庭生活相片,以及私人性质的信件。

由于我父亲的书，不论是演讲集或故事，绝大部分都取材于口述的资料，全都经过编辑的精心润饰。而我父亲又经常把"我的文法不好"挂在嘴边。因此开始的时候，我不敢奢望在他写的东西里，能找出什么宝贝来。但是整理他的信件时，看着看着，我却着迷了。写这些信的人展现出思路清晰、见解透彻、体贴、谦虚、有教养、风趣而又迷人的魅力来。

我对父亲写了这么多的信深感惊讶，他不但写信给科学家，也写给一般人。海伦·涂克(Helen Tuck)是我父亲的老秘书，从20世纪60年代中期进入加州理工学院后，就一直为我父亲服务，将近30年。根据她的说法，我老爸喜欢自己回信。他的桌上永远乱七八糟，堆满一些拆过或没拆过的信。而他回信与否，完全看心情，高兴了就回回信，否则就放着不理会。但似乎他高兴的时候不多。

后来海伦说服我父亲，由她拆阅来信，再把同类的信件整理在一起，使我爸可以一次整批地回信。我爸很喜欢这个主意。海伦很快就知道，什么样子的来信会引起我父亲的兴致，很快回信。当我把父亲回信给许多寻常人的事，告诉几个我爸生前的好友时，他们都觉得有些吃惊。他干吗浪费这么多时间给陌生人写信，而不多花些时间在同事身上。我拿这个问题请教一位同在加州理工学院的父执辈。他告诉我，那是因为我父亲是个非常亲切的人。当然这是一部分原因，但我相信还有进一步的理由存在，极可能是我父亲好为人师，总想把自己知道的东西告诉别人。

在一篇他为加州理工学院《工程与科学》期刊所写的、有关教育的文章里提道："问题在于清晰的语言。要有清晰的语言，才能和别人清楚地沟通某个观念。"虽然当时这段说词是为数学教科书所写的，但我相信从这段话里，我们正好能看出他是个很有效的非凡沟通者。这些信件正好证明了他卓越的沟通技巧，以及他希望别人能了解的愿望。

当然，字里行间也透露出他对世界的热情与好奇心。这一点，我们从一段他写给一个年轻学子的回信中，得到最好的诠释："你不可能单靠物理，就想发展出健全的人格，生命里的其他部分也必须融合进来。"

由于哪些信要回、哪些信不回，都是他自己决定的，我认为这些回信完全代表了他个人的行事风格，同时也代表他关心哪些事情，认为哪些事须做适当的反应。有件事令我吓一跳也深受感动，原来他还写过一封信给我的高中代数老师，为他带来的困扰致歉。

字里行间，真情流露

我决定把这些信件，基本上按照时间的先后顺序排列，只有少数例外。而调整的理由不过是注意到事件的连续性，想使事情更清楚、更有趣而已。另外，我把来信和回信放在一起，做个清楚的交代。日期最早的信件出现在1939年，是他写给他母亲，也就是我祖母的信。而在他写给第一任妻子阿琳的信中，我们可以隐约看到他早年参加原子弹研制计划时过的是什么样的生活，并且勾勒出他年轻时甜蜜浪漫的爱情故事。此外，由于当选美国国家科学院的院士和得到诺贝尔物理奖都是很重要的主题，我也把和这两件事相关的信件整理在了一起。书里其他部分的书信安排，只是想让大家充分了解他生活上的浮光掠影。

关于我父亲的书很多，我比较喜欢的是《别逗了，费曼先生！》《你干吗在乎别人怎么想》与赛克斯(Christopher Sykes)所写的《天才费曼》(*No Ordinary Genius*)。不过这些书都取材于口述的资料。但现在你看到的这本书，却是他亲笔写的信，这些信自己会说话。这些信综合起来，展现出一种前所未见的费曼的特质。在某种程度上，写信比谈话更深思熟虑，充分展现出一种自信和亲切的情绪。

虽然信件的对象是个人，但我考虑到影响个人的事件，时间往往很短暂，而这些信件所包含的意义却有深远的历史价值，因此我还是以一个完整的主题，把它们呈现出来。在我阅读了好几百封信之后，我发现有一篇东西可以代表这些信件所要传达的内涵，就是他在诺贝尔奖颁奖典礼上发表的感言，这或许也是他最动人的表白，符合很多人心目中对他的尊崇。在这篇感言中，他似乎暂时摆脱那些经常困扰他的表彰与夸耀，得到一种内心的宁静，而且对于那些加诸他身上的所有美好之物，表达出感恩的心意。这篇感言所流露出来的清澈、优雅、风趣和乐观，或许正是这本书信集最好的绪言。

我的工作已经得到普遍的认同与应有的奖赏。我的想象力一再延伸出去，设法到达一种更高层次的理解。然后突然间，我发现自己已单独站在一个全新的角落，自然界的美妙模式在眼前展开，显现出真正的宏伟庄严。这就是我的奖赏。

接着，我看到有些新的工具，让人比较容易达到这种较高的层次。我也看到有人利用这些工具，竭力发挥想象力来探索更进一步的神秘。这就是对我的肯定。

接着，我得了诺贝尔奖，各种消息如雪片飞来。据说很多人拿着报纸，爸爸告诉妈妈，先生告诉太太，小孩子奔跑着去按隔壁邻居家的门铃，嘴里嚷嚷"我早告诉过你"之类的话。这些人可能没有什么科技知识，拥有的只是爱护我和对我的信心。我接收到各种各样人的道贺，从朋友、从亲戚、从学生、从以前的老师、从我的科学家同事，甚至从陌生人。有正式的赞赏、善意的取笑、各种宴请、各样礼物。总之，是各种各样的信息以多彩多姿的方式呈现。

不过在所有这些信息中，我看到两个共同的元素。每个信息都包含这两项内涵，它们一个是喜悦，另一个是感动。（你们看，我以前常有的羞怯，现在都一扫而空了。）

我得到诺贝尔奖，让这些人有个机会，把对我的感情宣泄出来，让我也有机会知道。每一份喜悦之情虽然都相当短暂，但是有这么多人借着各种机会，一再于不同场合表达出来，终究汇聚成一种人类的长久的喜悦与快乐。而每个人所释放出来的，对彼此的感动，让我深切感受到朋友和同伴的爱。我对这种感受从来没有像今天这么深刻过。

　　基于此，我要特别感谢诺贝尔先生，以及很多努力把他的愿望以这种特殊方式表现出来的人。

　　因此，我要感谢各位，瑞典的朋友，感谢你们的荣典，感谢你们的号角，也感谢你们的君王——请原谅我的鲁莽。我终于知道，这些繁文缛节也能打开人心内的窗。由聪明而平和的人民来做这些事，也可以激发出人与人之间的好感，甚至是爱，连远在天涯的人也可以感觉到这股温馨的情怀。我为我学到这一堂课，深深感谢你们。

　　父亲让我们知道怎么观察这个世界，也让我知道如何开怀大笑。为了这个缘故和其他更多的事情，我深深感谢他。

序

永远的费曼
——一个活跃的科学家

费瑞斯(Timothy Ferris)

(加州大学伯克莱分校名誉教授,著有《预知宇宙纪事》)

费曼是一流的科学家,同时也非常有名。

这两种特质并不一定会同时出现在一个人身上。有些诺贝尔奖得主,同时也是家喻户晓的人物,像居里夫人(Marie Curie,1867~1934)、爱因斯坦(Albert Einstein,1879~1955)或海森伯(Werner Heisenberg,1901~1976)。但也有一些诺贝尔奖得主,在专业领域之外鲜为人知,例如:狄拉克(Paul Dirac,1902~1984)、泡利(Wolfgang Pauli,1900~1958)、钱德拉塞卡(Subrahmanyan Chandrasekhar,1910~1995)等人。这两种人到底有什么不同?为什么费曼会那么有名气?

当然,有时候外在的环境会决定该把聚光灯打在哪个人身上。虽然海森伯的"不确定性原理"对量子力学非常重要,却不是他名满天下的主要原因;他的学说正好和当时哲学与心理学对于理性的不确定性,激起强烈的共鸣,这才是关键所在。居里夫人对放射性的研究,证明女性也可以在崇高的科学圣殿和男性一较高下,取得一席之地,因此声名大噪。而在1919年,英国庞大的科学探险队到非洲去观测日全食,果然发现星光受到太阳的引力影响而偏折,证实了爱因斯坦的广义相对论。这让大战浩劫后的世人,升起理性的、对未来和平的向往,当然也使爱因斯坦的大名人尽皆知。

但是这些因素都不能解释费曼成名的原因。他虽然参加过"曼哈顿工程",最后制造出原子弹;但除了这件事之外,很少上报纸的头版。

他的研究成果虽然在物理圈内的评价很高，但却很少人能了解，一般民众能够欣赏它的，更是凤毛麟角了。

卖力演活了他自己

费曼独特的个性是最主要的原因。就曾经有人批评他，刻意营造出一种鲜明、强烈的个性，来凸显自身形象。批评者说他："拼命使自己显得与众不同，特别是与他的同事和朋友不同。"说他："把自己围绕在一圈神秘的气氛里，花很多时间与精力，制造个人逸事。"不过费曼的亲密同事并不同意这种说法。

虽然费曼谈吐直率，像个布鲁克林区来的蓝领阶级，玩邦戈鼓，喜欢在上空酒吧里流连，为吧女画素描，表现出一副放浪不羁的样子。但这类行为是很常见的，每个人或多或少都会有一些。就如爱尔兰作家王尔德(Oscar Wilde)观察的，"生活的第一项义务，就是装模作样地摆出一种姿势。至于第二项义务，到现在还没有人发现"。

既然每个人都在尽力装模作样，我们不能因为费曼的书销得好，或者他是媒体的焦点，就责备他演得过分卖力。这是不公平的。

很多人和费曼之间有不同程度的关系。有的人只是略有所闻，有的人听过他几场演说，也有的人追随他的脚步在做研究。与当中一些人访谈之后，我觉得费曼的盛名和外在的环境没什么关系，也不是他特别努力装模作样得来的。主要是来自他的核心本质——一个活跃的科学家；特别是在所有的行动上，都反映出他笃信自由、诚实和热情的科学家精神。

科学家追求自由，这是他们选择这个行业的先决条件，同时也是得到的报偿。费曼在行动上把这部分表现得淋漓尽致。1986年，他参加由美国总统任命的"挑战者号"航天飞机事故调查委员会，调查航天飞机失事的原因。在一封写回家的信里，他说自己"完全是自由的，可以不受任何阶层的任何人影响"。

后来他还在媒体面前即席表演，说明酷寒的气候使得固体燃料增力火箭上的O形橡皮环碎裂，燃料燃烧产生的热气外泄，引发爆炸，是事故的主因。这和其他专家咬文嚼字的证词完全不同。费曼已为科学实验的力量，创立了一个很独特的典范，这场即席表演可以说是20世纪的一项伟大实验。

费曼经常鼓励学生，自由自在地追求自己最感兴趣的事情，不必过分担心其他课业的要求、长辈的期许或就业的需要。当有个老朋友担心，不知道该叫自己15岁的儿子学理科还是工科，写信来求教的时候，费曼回答他："鼓励他去做他喜欢的事。"

他也劝另一个学生，"努力找出让自己着迷的东西"，这个学生后来成为美国国家航空和航天管理局的科学家。

有位小姐写信来，说自己"研究物理但凭兴趣，从未受过专业学术训练"。费曼回信说："必须拼命努力才行。哪个题材吸引你，你就尽可能以原创的、最不墨守成规的方式，努力钻研。"

坚定信仰科学精神

至于始终如一的诚信特质，很多著名的科学家最后都马失前蹄，落入这个陷阱——在成为公认的权威之后，利用这种优势为自己的观点辩护。（爱因斯坦常说这个笑话："为了惩罚我蔑视权威，命运让我变成另一个权威。"）

费曼却躲过了这个命运。虽然他在几个物理学领域里，已经是很成功的导师和权威，但他一直保持近乎本能的叛逆性格。他同情那些在门墙之外的学子，更甚于座上的贤徒。他喜欢回答一些有深度的问题，享受解惑的乐趣，而不愿意追逐那些锦上添花的虚荣。他曾劝一位19岁的大学生，说："别管那些权威人士说什么，要自己想一想。"

有次，某位加州理工学院的学生在一场讨论会上，询问著名的天文学家特纳(Michael Turner)，组成宇宙的那些暗物质的成分。学生问特纳，他偏爱的粒子是什么？费曼听了忍不住插嘴："你为什么要知道他偏爱什么？去想想你自己偏爱什么！"

拒绝接受简单的答案，又不肯信赖权威，是必须付出代价的。这样的人，要能接受自己的无知，愿意忍受一些模糊。这对费曼都构不成困扰。费曼说过："我可以活在疑惑和不确定当中。""活在一无所知的情况，远比知道答案但答案可能是错的，要有趣得多。"他曾经为科学下定义：科学，是相信专家是无知的。

虽然费曼一再声称，自己对政治"无知到近乎白痴"，但其实他是当代科学家中，少数能确实掌握科学对促进民主和人权的重要性的人。[另一个人是美国著名天文学家萨根(Carl Sagan, 1934～1996)，在他晚年的时候也掌握到这个重点。]1963年，费曼在西雅图演讲，主题是"为什么科学家要能够自由地研究这个世界？"，他说："用一种怀疑和不确定的态度来处理问题是很重要的……这种态度也可以延伸到科学以外的事务。"

科学家都知道，一种成熟的"怀疑理念"是极有价值的。就因为有这种理念，科学的进展才有可能。而这种进展也是自由思想的果实……因此我觉得科学家有责任公开宣示这种自由思想的价值，并且教导大众，怀疑的态度没什么好怕的。有这种怀疑的态度，人类的潜力才可能发挥出来。如果你知道自己对某件事还不太确定，你就有机会改善目前的状况。我要为我们的后代子孙，要求享有这种怀疑的自由。

钟爱物理，热情洋溢

除了表现出一般人对第一流科学家所期待的自由精神与真诚之外，费曼还有一股强烈感染力的热情。就连那些不太懂科学的学生，也感受到这股热情的魅力。

享有盛誉的物理教科书《费曼物理学讲义》，对加州理工学院的大一新生来说，其实是太难了一点，课堂上很多学生，听听就潜逃了。但教室里的座位却永远是满满的，因为有很多入迷的高年级学生和教员跑进来听讲，而这套书到今天依然很畅销，部分原因是费曼在书里洋溢着他对物理学的热爱。

大多数推广科学的人，都想把科学人性化，因此常用诗歌、艺术或哲学家来装点。但费曼却反其道而行，他宁愿把科学不加掩饰地、赤裸裸地展现出来。就像让我们看一只野生动物，很自然地让他展现出天生的习性与本能。

费曼毫不掩饰自己对"科学的优越性"的看法，认为科学是研究大自然最好的方式。他写道："实验与观察是判断某种想法对错，唯一可拍板定案的方式。科学不是一种我们紧紧追随的哲学理念，而是事实的展现……我喜欢科学，因为当你想到某个想法时，可以设计实验来检验这个想法的真伪。大自然借实验结果表示出意见，你会得到一些实质的进展。其他学问并没有相等的方法可以拿来分辨真伪。"

英国物理学家斯诺（C. P. Snow, 1905～1980）认为"科学"与"人文"是两种文明，中间存在巨大的鸿沟。大师级的人物应该要建造一般人可以跨越鸿沟的桥梁。但费曼对此事不感兴趣，他坚持科学本身足以发掘所有的自然之美。或许这一点有人是不赞同的。

幽默自嘲，宽厚待人

费曼的演讲方式是即兴的，大开大合、气势逼人。费曼说过："我不会说文绉绉的英文"，他很多内容是临场才思考的。费曼不喜欢呈现那种事先想好、细心修饰过的东西。

我曾经听过他一场很特别的演讲，好像是有关"玻色-爱因斯坦凝聚"的题目。我记得他在讲台上走来走去，一直想在最后失败之前突破困境。后来他自嘲说："我每隔5年就讲一次这个题目，每次都觉得，只要我再多讲一次，应该就能把它解决。但这一次还是失败了，讲不下去。"

他愿意这样公开尝试，使我想起一句丹麦物理学家玻尔(Niels Bohr, 1885~1962)的名言："永远不要表现得比自己所思考的更清晰。"以及维茨萨克(Carl Friedrich von Weizsacker)对玻尔的评论："这是我第一次看到一位物理学家，为自己的思想所苦。"

费曼还有一种强烈的特质，就是有幽默感，经常开自己的玩笑，否定自己。美国著名笑星马克士(Groucho Marx)曾经开玩笑说："我拒绝加入那些愿意让我成为会员的俱乐部。"曾经有个筹办中的研讨会，预备降低门槛，广纳各方英雄，也邀请费曼参加。费曼回信说："我倒想请教，为什么要邀费曼那个家伙？就我所知，他在这个领域里并没有做什么研究，也没有比别人高明的地方。如果你能再精简一下名单，只邀请这个领域的核心专家，我或许会考虑列席。"

当费曼偶尔弄错什么事的时候，他会天真地取笑自己，坦率得令人动容。"我弄错了。你因为相信我，也跟着受害。我们都运气不好。"

他常常承认自己尽是做些傻事。在后面的书信当中，就出现了很多次。

有人觉得这个当代最聪明、最能干的人，习惯于说自己很傻、懒惰和矛盾，有点矫情。但费曼也许只是想表示，自己也是凡夫俗子，并不是天纵英明。

值得一提的是，艺术或科学上的伟大成就，并不是由完人所创作出来的。那些创作者也是凡人，也和我们一样，能力都有所局限。这一点，牛顿说得很好。他说："我就像一个在海边玩耍的小男孩……无意间捡拾起一颗比较光滑的小石子，或特别漂亮的贝壳。而真理仍像眼前的大海，等待人们去探索。"

深切了解到自己的缺点，费曼对别人的缺点表现得特别宽厚。从后面这些书信当中，我们会发现他经常为一些学艺不精的科学家解决疑难杂症。有时也回答一些"怪人"提出来的问题。只要提出问题的人是真诚的，就可以感动他回信。

其中有一封非常特别的信，是一个叫韩福特(Bernard Hanft)的人寄来的。他信里附了一个绑着线的垫圈，告诉费曼，垫圈挂起来之后会有一种自发的转动现象。他认为这是一种新的力，而且大言不惭地命名为"韩福特力"。很多科学家在接到这种信之后，大都一笑置之，或者礼貌性地回应一下就算了。但费曼不同，他如同韩福特所衷心期盼的，采取行动，亲自做了一些实验，找出原因。然后回了一封很开心的长信，说明前因后果。最后还亲切地向韩福特致意："再度谢谢你，让我注意到这些有娱乐效果的现象。"

永远抱持怀疑的态度

这些书信当中，蕴藏着很迷人的魅力。里面有热爱、有心碎，不时还出现智慧的灵光。让我们知道写这些信件的人，毕竟是他那个时代最聪明的思想家之一。

显然，科学所发现的浩瀚宇宙，使得圣经故事更显得苍白无力。

费曼曾提道:"这么浩瀚的空间,这么多不同种类的动物、植物,这么多不同的原子和星球的运行,所有这些都只是上帝建造的一个舞台,只是为了观察其中一种叫作'人'的生物,在里面与善恶挣扎缠斗。这是大部分宗教的想法。为这么一场戏,这个舞台未免太大了。"

这种想法,在另一个例子里充分显现出来。1976年,加州理工学院有位教英国文学的女教授要成为终身教授,校方行政人员多方刁难,女教授一怒之下,诉诸司法,引起轩然大波。后来这位女教授终于成为加州理工学院第一位女性终身教授。《加州科技》杂志报道这件事的角度有些偏颇,于是费曼写了一封信给编者。信中,费曼脱口而出,说出了下面这段至理名言:"在物理世界里,真相很少是完全清楚的,更不用说那些和人有关的事了,怎么可能会如此清晰呢?因此,没有任何疑点的事,不可能会是事实。"

书架上可能排满了令人肃然起敬的哲学巨著,但内容未必有费曼这句即席、原创的名言来得深刻,"没有任何疑点的事,不可能会是事实"这句话也可以说总结了费曼对我们世界的一些主要观点。

在弥漫着不确定的条件当中追求真理,研究人员应该永远抱持着怀疑的态度。这就是科学的精神,也是全世界对费曼喝彩的主要原因。

只要科学能继续茁壮发展,大家就永远记得费曼。

目 录

第 1 部　普林斯顿 | 1939~1942 年

001　为什么我要结婚?
这件事和所谓"高贵的情操"无关。
我要和阿琳结婚,因为我爱她,我要照顾她。

第 2 部　洛斯阿拉莫斯 | 1943~1945 年

025　我爱我太太,但我太太已经羽化升天了。
附笔:原谅我没有寄出这封信。我不知道你的新地址啊。

第 3 部　从东岸到西岸 | 1946~1959 年

097　物理学也有本身的价值和发展的权利;
即便国家仍处于非常时刻,外头的战事还没有完全结束。

第 4 部　美国国家科学院 | 1960~1970 年

141　我们怎么能大声地说,只有最好的人才可以加入我们之中?
参加这个自我标榜的团体,让我很不开心。

第 5 部　费曼物理讲座 | 1960~1965 年

153　如果你有任何才干,或任何工作吸引你,就全力去做吧。
把整个人投进去,像一把刀直刺入刀柄。

第 6 部　诺贝尔奖 | 1965 年

207　听到你得诺贝尔奖,我们又激动又高兴。
到了斯德哥尔摩,可别去天体营和裸体女郎鬼混!

第 7 部　科学教育 | 1966~1969 年

269　科学并不比别的学科重要,不应该凌驾一切。
好东西太多,也会让人消化不良而倒胃口。

第 8 部　鼓声咚咚 | 1970~1975 年

337　对我来说,打邦戈鼓从来都不能算是一种音乐。我只是打着好玩,制造一些有节奏的噪声。

第 9 部　不改其志 | 1976~1981 年

381　得奖后 10 年内,如果费曼没染上"做官症",维斯可夫就算赌输了,须付 10 美元给费曼。

第 10 部　电视新星 | 1982~1984 年

433　如果你觉得我有点疯疯癫癫的,我现在有借口了,因为我的脑壳钻了两个洞。你摸摸看,就在这儿。

第 11 部　最后一幕 | 1985~1987 年

479　死亡太无聊了,我可不愿死两次。

附录

537　附录一 | 我有一种信仰
　　　　——费曼接受《观点》节目的访谈

551　附录二 | 失礼的引力

557　附录三 | 物理学的未来

565　附录四 |《加州科技》杂志号外:
　　　　费曼博士荣获诺贝尔奖

569　附录五 | 新数学的新教科书

585　附录六 | 两个寻找夸克的人

601　致谢

第 1 部　　　　　**普林斯顿｜1939~1942年**

为什么我要结婚?
这件事和所谓"高贵的情操"无关。
我要和阿琳结婚,因为我爱她,我要照顾她。

1939年6月，费曼从麻省理工学院毕业。他本来打算留在麻省理工学院继续念博士，但是斯莱特(Slater)教授劝他说："你应该到外面去看看其他的世界。"于是他转到普林斯顿大学研究院去念博士。在这些早年的信件中，他向住在皇后区、法洛克维的双亲，报告生活状况。这是他初次踏入无法预期的研究生生涯和教书生涯。生活里包括了罐头食物、手头拮据和不规律的作息。

在这段时期内，盘踞在他心里的，除了他献身的物理学和早年参加的军事研究计划外，还有个美丽的年轻小姐，叫作阿琳。他们两人在1942年6月29日结婚，就在他得到博士学位之后两个星期。

这些早年的信件除了表达出一股年轻人热爱生命的心声之外，还出现了几个有趣的特质或主题，似乎隐约贯穿了费曼的一生。首先，他非常注意细节，几乎是明察秋毫。其次，他对自己所做的决定充满信心。再来就是他对时间似乎有一种矛盾的复杂心态。虽然他很详细地记下自己写信或昨晚上床的时刻，却经常表示"我忘了今天是几号"或干脆略而不提。

在这段期间，费曼刚开始踏上职业生涯的起点，信中充满了年轻人的精力与热情。他的第一篇论文也是在这个时期发表的。很巧的是，这篇投给《物理评论》(*Physics Review*)的论文也是书信的格式，是他和麻省理工学院的教授瓦拉塔(Manuel S. Vallarta)共同署名的，谈的是恒星对宇宙射线散射的干涉。这篇论文本身并不是什么了不起的大作，但文章里的思考过程却成为他研究工作的一种特质，也预兆了他在20世纪40年代后期的伟大论文。

费曼致母亲卢西莉(Lucille) | 1939年10月11日,星期二

> 费曼这年21岁,刚到离家100多千米的新泽西去就读普林斯顿大学。

亲爱的老妈:

我很喜欢你说的"什么时候跑来看我"这个主意。你何不在某个星期天的早晨跳上火车?我会在这里的车站接你。不必管老爸跟不跟来,你只要注意他有没有饭馆可以去吃饭就行了。当然,我不是不喜欢和老爸碰面,不过他还不是常常自顾自地跑去出差?你只要为自己准备一次花小钱的出游就可以了。哪个星期天都行,只要事先通知我,好让我抽出空来陪你。其实,如果你担心花钱,儿子我可以请客。一定很好玩的。

雨衣收到了,很好看。不过我觉得做雨衣的人都很笨。下雨的时候,裤子下面全湿透了。我现在穿雨衣的时候,觉得它热得要命。尤其当雨停了、太阳出来的时候,更是难受。

昨天晚上,惠勒(John Wheeler, 1911～2008,费曼的指导教授)教授忽然有事离开学校,我只好替他上今天力学的课。我昨夜花了一整晚的时间,准备今天的课程。上课过程顺利,相当平静,是一次很不错的教学经验。我猜以后会有很多教书的机会。

一切太平无事。前两次划船我都没有再掉进水里。我想我已经掌握到划船的要领,以后应该不会再落水了。这么说是因为我的确掉下去过。

等我回家时,再把所有的趣事详细告诉你。

爱你
理查德·费曼

费曼,1939年摄于普林斯顿大学图书馆

费曼女友阿琳,摄于1939年

费曼致母亲卢西莉 | 1939年11月,某个星期一

亲爱的老妈:

有件最好的消息要告诉你们,可惜你已经知道了。阿琳到学校来看我。天气很糟糕,但我们度过了一段美好时光。

老妈,你一定要来看看我。虽然你在这里一再表示,很想找个机会过来。但以我对你的了解,或许这份了解很肤浅,我知道如果不一直催促你,你是一定找不出适当的机会的。我们来约个日子如何?在下封信里,就写个确定的日期。

我学校的事很平常,没有什么特别值得写的东西。

不过虽然我上星期过得很顺利,现在却碰上一个数学上的难题。我要么解决它,或者躲开它,或是找个不同的办法。但这些措施都要耗掉我很多时间。不过我忙是忙,心里却很快乐。这些正是我喜欢做的事情。我从来没想过会有一个问题要花我这么多的时间。如果一点进展也没有,我会相当懊恼。好在我已经有一些进展,其实应该说有相当进展,至少惠勒教授觉得很满意。不过到现在为止,问题还没有完全解决。我现在正开始估算,到什么时候才能把它收拾掉,并且考虑该怎么做。(上面提到的数学难题,好像一直隐隐约约地出现在我面前。)真棒!

当我说"真棒"的时候,我是认真的。不要认为我只是在安慰你们。

告诉老爸,我已经排出一个进度表来有效分配我的时间。而且我将尽可能地照表操作。不过这个进度表里有很多时段,我并没有硬性规定自己要做什么。我会利用这些时段,做我认为最必要或者最有兴趣的事,不管是惠勒教授给的题目,还是阅读气体动力论。

当你和老爸说时,顺便把这个长除法的问题告诉他。式子里的每

一点，代表某个数字(任意数字)，而A则代表相同的数字(例如3)。没有一个点所代表的数字是和A一样的，也就是说，如果A是3，则没有一个点会是3。看他能不能解得出来。

爱你们
理查德·费曼

费曼致母亲卢西莉｜1940年10月

亲爱的老妈：

我以前从来不会这么久没有写信的。我也不知道为什么，不过我以后不会再这样子了。

非常感谢你们回我的电报。我会在星期二登记投票——星期三有征兵的投票。

"猫咪"明天会来看我。(米歇尔注：猫咪是阿琳的昵称。)

我最近选了一门生物系开的生理学课程，研究生命的过程。它是一门为研究生开的课。但我没有上过大学里的相关课程，只在假期看了一些生理学的书，也不知道自己到底吸收了多少。和我一起上课的其他三位同学在这方面都比我知道得多。但我可以听得懂上课所教的东西，而且毫不费力就跟得上进度。

你回去的那天晚上，有个同学来看我，我们把你留下来的糯米布丁和大部分的葡萄都吃了。第二天早上，我把剩下的葡萄全吃光了。

几天后的一个晚上，有两位数学家来拜访我。我们吃了一些脆饼干、花生酱、果冻，又喝了一些凤梨汁。在开罐头的时候，我费了一番手脚。因为我缺一把很好用的开罐器。

Kinetic Theory of Gases, etc.

& While you're telling pop, give him this problem in LONG DIVISION. EACH OF THE DOTS REPRESENTS SOME DIGIT (ANY DIGIT). EACH OF THE A's REPRESENT THE SAME DIGIT (for example, a 3) ~~# A~~ ~~#~~ NONE OF THE DOTS ARE THE SAME AS ~~TH~~ THE A (i.e., no dot can be a 3 if A is 3).

```
                    . . A .
             . A . ) . . . . A . .
                    . . A A
                    . . . A
                    . . . A
                    . . . . .
                      . A . .
                    . . . . .
                    . . . . .
                            0
```

Love,
R. P. Feynman.

隔天，两位数学家就送了我一件礼物，居然就是一把很棒的开罐器。我觉得这是很实用的贴心礼物。

前天晚上有个朋友来拜访。我们喝了些茶，又吃了一点饼干。我现在烧开水很方便了，因为我买了一个锅盖。

有趣的事还真不少。

好啦！我得回去工作了。

爱你们

理查德·费曼

阿琳写给费曼 | 1941年6月3日

理查德甜心，我爱你。我对你的爱比我说出口的要多很多。或许我们可以规划一个更快乐的生活计划。除了我的快乐之外，也应该考虑到你的立场。我们对于类似棋局的生命游戏，可以学习的地方还很多呢。而我不要你为我牺牲任何东西。

明天，特维士医生要来看我，和我谈谈。根据伍迪医生的说法，特维士有些消息要告诉我。我怀疑他是不是想说那个腺体热的老故事。记得你好像提过，伍迪以前本来打算对我说的。其实我已经认命，预备接受我的病情了。但南恩写信来，说我有权利另外指定医生来看诊断结果，而且一定要他看看切片检查的报告。南恩也推荐了一位医生。在你这个周末回家之前，我会研究这件事。我们可以一起去看他。

我知道你正为即将提送的论文拼命工作，同时还有很多别的琐事也需要打理。对于你即将有什么东西可以发表，我开心得要命。你的努力得到应有的承认，对我是一种很特别的刺激。我希望你继续努力，对全世界和科学界全力付出。如果我是个艺术家,我也会为艺术竭尽所能地付出一切。可惜我现在只能画些小品。

亲亲,我爱你。如果有人批评你,记得每个人都喜欢和别人有点不同。但我永远全心全意地支持你。你的快乐对我非常重要,就像我的快乐对你也很重要一样。我们所面对的问题,连亚里士多德都会感到困惑——"人类最主要的'善'是什么?"

不论何时、何地,我永远爱你。

你的

猫咪

费曼致母亲卢西莉 | 1942年3月3日

在回信的首页上,有张小纸条,是从他母亲的来信上撕下来的。上面的记载是:你写着,我有60元

付洗衣费18元和2

付会费13元和3

母亲来访10元

结余19元

唉!理查德,你愈来愈来差劲了!我怎么算,结余都是14元。到底怎么回事?谁算术不行?

亲爱的老妈:

我来告诉你怎么回事。

如果你仔细看我的信,会发现我写的意思是:"我得到收入60元。

花费的第1项是洗衣费18元,和第2项的会费13元,和第3项的母亲来访开销10元。"其中的2和3只是项次的数目,并不是开销,不必加上去。

我的265元已经入账。(我有没有告诉过你?)我花了20分钟去计算,要怎么存这笔钱,才能得到最多利息。依据计算,我最多能得到53分钱的利息。但是有趣的是,在最糟糕的情况下,我也有45分钱的利息。我认为我的时间应该不只这个价码,20分钟才多赚4分钱。(要证明我的计算能力并没有问题,我要进一步解释4分钱这个数值是怎么来的。如果我没有做任何计算就随意存入这笔钱,结果不一定最好,但也不一定最差。随机处理最可能得到的结果,是最高和最低的平均值,也就是53分钱和45分钱的平均值。因此,我最可能得到的利息是49分钱,和我花了20分钟计算所得的53分钱,相差只有4分钱。这是机遇定律的说法,8分钱变成4分钱。)

我在普林斯顿,每星期工作48小时,每20分钟大概可以赚10分钱。(好吧,说得精确些,应该是$10\frac{5}{12}$分钱。若是20分钟只赚10分钱,那每星期得工作50小时。)

我想,你现在可以安心地关门睡觉了。其他就没有什么事好说了。除了老爸的来信,你知道信上说的是什么事,我今天会回信给他。

爱你的
理查德

附笔:祝你结婚周年纪念日快乐,也预祝老妹琼恩生日快乐。我怕到时候给忘了。

费曼，摄于1942年

费曼致父亲梅尔维尔(Melville) | 1942年6月5日

亲爱的老爸：

如你所建议，我跑去请教史迈斯(Henry De Wolf Smyth, 1898~1986)教授，看看结婚对我的学术生涯会有什么影响。他表示所能想到的，只是可能有人会因为我结了婚而不想雇用我。因为他们可能认为我有了负担，就无法全心全意投入工作。不过他也表示，这对他来说完全没有任何影响。因为他尊重每个人的隐私权，尽可能地公私分明，不让个人的私生活影响到公事。他认为我结婚与否，对其他人来说可能也不会有什么差别。

不过我特别指出，阿琳罹患的是结核病，因此我接触的对象，是个活动性结核病患者，他是不是会觉得，我这种情形可能不适合教书，因为这或许有机会影响到学生。他说，他倒是没有想到这件事。但是他对结核病这种病所知有限，他会去问问大学的校医，也就是约克医师。

后来他告诉我，他去请教了约克医师。对方告诉他，只要那个女孩子是待在疗养院里，就没有什么问题，我和我的学生都没有被传染的危险。他说约克医师很想和我谈谈。因此，我今天就去见了约克医师。

医师告诉我，他听说我有些困扰，因此他想告诉我几件事情，他告诉我结核病患者最重要的事，就是心情放松，不能太过忧虑。他说这是所谓的情绪治疗。我告诉他，这个我知道，而这也是我打算结婚的原因之一。如果我娶了阿琳，和现在比起来，她的忧愁会少得多。

接着他问我，知不知道结核病的患者不能怀孕？如果她怀孕，对病情非常不利。我说我知道，这件事不会发生，不必担心。

后来，他说还有一件很重要的事必须告诉我。不知道我是不是仔细想过了，事实上，结核病患者不一定都治得好。他要了解我是不是考虑过这种最坏的情况，能不能够负起责任。

接下来，我们讨论了各种情况，如何照顾阿琳，她可能有多少时间……之类的问题。我们也谈到应该把她放在哪里，而他也提醒我，不要送到私人的疗养院去，因为太贵了。他问我，双方家长的意见如何。我告诉他，阿琳的父母倒是没有反对。但是我爸妈很担心我被传染，或者会把结核病菌带出来，传染给别人。为了这个和一些其他的理由，他们不赞成我和阿琳结婚。

他说，我应该知道，结核病虽然是一种传染病，但却不是那种很容易蔓延开来的传染病。(我问他，这是什么意思？他的意思大概是说，结核病菌并不会在空气中到处弥漫，而你也不会只因为和病人接触，就染上结核病，等等。我没有办法说得很清楚，显然是传染的难易有程度上的不同。)他告诉我，在疗养院里拜访阿琳，比走在大街上得结核病的机会还低。因为在疗养院里，他们会很小心地处理患者的唾液，而患者的废弃物都经过焚化处理。但街上很多人都漫不经心地随地吐痰。我觉得他的说法有些夸张。不过我还是觉得你们不必替我担心。这桩婚姻，不会让我和我的朋友处在很大的危险当中。

爱你

理查德·费曼

费曼致母亲卢西莉 | 1942年6月，日期不详

下面这封信是费曼给母亲的一封回信。在给儿子的信中，卢西莉表达出对儿子的爱，但还是列出她对费曼想娶阿琳这件事，担心的问

题点。她怕阿琳的病会赔上儿子的健康与前程。她也担心阿琳的医疗费用昂贵,非儿子所能负担(例如氧气、医师、看护等)。卢西莉认为费曼想结婚,根源在于想讨好自己所挚爱的人("就像你以前偶然肯吃些菠菜来讨好妈咪")。因此建议两人何不保持在"订婚"状态?费曼正式写了回信,签名的时候不但用了正式的写法,还在名字后面加上刚得到的博士衔,表示自己认真的态度。

亲爱的老妈:

我应该早点给你回信的。但近来几天,我都在忙着处理几个物理问题。现在,我刚好给卡住了,没有办法再进行下去,正好可以抽空给你回信。

我把你寄来的信也附在里面,这样一来,你就知道你担心的是什么事,而我回复的是哪一点了。

关于来信提到的第一点和第二点,我已经依照老爸的建议,去请教了史迈斯教授,另外也见了学校的校医约克医师。医师告诉我,我在疗养院里看望阿琳的时候,得结核病的概率,比走在街上还要小。我认为他有点言过其实了(详细的过程我写在那封给老爸的回信里,相信你也看得到,我就不重述了)。他说结核病虽然有传染性,但并不会轻易传染给别人。我也不太了解他的意思,就去请教沙罗医师。他告诉我,在疗养院里,患者的唾液都经过审慎的消毒处理,传染病菌的机会反而很小。但在大街上,人们往往不经意地随地吐痰。等痰液干了以后,病菌就飘在空气里。而他提到,在疗养院里,空气中反而没有结核病菌。他说近25年来,尤其是最近10年,我们对结核病这种病症的了解,已经大为增多。我一定不会危害到我的学生。史迈斯教授表示,以他个人的观点,即使我太太生病,对我的职业生涯也应该不会有任何影响。至少他就不在乎。

费曼1942年6月16日从普林斯顿大学获得博士学位

第三点是医疗费用的问题。假如没有人能付得起医疗费用，我怎么能够赚到足够的钱来支付呢？以后谁还有资格生病？要多少钱才足够？要估计这笔费用，有些地方是假设性的，我也假定我会赚到足够支付医疗费用的钱。你认为要多少钱才会足够？

第四点，我再也不满意所谓的订婚状态了。我要结婚，像个男子汉一样承担责任。

第五点，这件事对我一点都不困难。近来我忽然发现自己中午外出吃饭的时候，或等人回特伦顿大楼的时候，都会不自觉地哼起歌来。我知道这是因为我正在筹办婚礼，所以心情愉快。我认为，这是因为我现在安排的事，会使两人生活在一起，所以才格外开心。阿琳生病前，我们就经常谈起，以后一起去按门铃找结婚新居，共同安排婚礼的事。我当时就对这事充满了期待。我想，现在正是这种心情。

我并不担心阿琳的父母亲。如果他们认为我不会善待他们的女儿，让他们现在去说吧。如果他们以后才懊恼我做的错事，那是以后的事了，我一点也不会觉得困扰。你说我对第四点的事情没有经验，这点我承认。倒是没有什么话好说的。

第六点，这里所提的花费数字，只是一种猜测。但我愿意赌一赌。我认为我会赚到足够开销的钱。如果办不到，我也知道自己将会很惨，但我认了。

第七点，明年我在普林斯顿必定会有一份工作。如果我必须到别的地方去，我会到最需要我的地方去。

第八点，我要结婚，而且我要让心爱的人达成心愿。这样，在为别人达成心愿的同时，我也达成我的心愿。这是多么神圣美妙的事。你怎么能用吃菠菜来类比？另外，你也误会我小时候吃菠菜的动机了。我只是怕你对我发怒，我可一点也不爱吃菠菜。

第九点，这一项我们已经讨论过了，就是结婚会不会比订婚更糟糕。我当然不以为然。

第十点，我很抱歉这件事让你感到难过。但我想你很快会释怀的。

为什么我要结婚？

这件事和所谓"高贵的情操"无关。我也不觉得这件事是这个时候唯一正确、诚实和体面的事情。我也不是为了在乎5年前的誓言，而不愿意反悔。其实情况正好相反。这些想法都是很荒谬的。这5年来所发生的事情，如果不是我喜欢且甘之如饴的话，我早就逃之夭夭了，才不在乎有没有海誓山盟呢。速度之快，恐怕会让你扭到脖子。我不会蠢到让一个过去的誓言绑住，把未来所有的生活都赔上去。情形正好相反。

要结婚这个决定，是现在的决定，而不是5年前的决定。

我要和阿琳结婚，因为我爱她，也就是说，我要照顾她。事情就是这么简单。我爱她，我要照顾她。

我顾虑的事情是，为了照顾自己心爱的姑娘，到底有多重的责任，有什么不确定因素？

当然，我对这个世界还是有别的期望与目标，并不是只有阿琳一个人而已。我要贡献全部心力，为物理学付出。这件事在我心中的分量，甚至超过我对阿琳的爱。

很幸运的是，在我看来，这两件事并没有什么冲突，我应该可以同时做得很好。和阿琳结婚对我以后的主要工作，应该没有影响。如果有，也一定是很轻微的。很可能由于快乐的婚姻，以及在妻子持续的鼓励与包容下，我会有更大的学术成就也说不定。不过有鉴于阿琳以前对我的物理工作并没有什么影响，我想将来也不会有太大的帮助就是了。

我觉得既可以继续从事喜欢的工作，又能享受着照顾爱侣的喜悦，一定心满意足。因此我准备近日内就结婚。

我是不是把所有事情都说清楚、讲明白了?

你儿子

理查德·费曼博士

附笔:有一点我应该特别提出来。我知道自己的结婚是一场冒险,有可能让我陷入许多不同的困境里。我和猫咪谈过很多情况,觉得我们陷入重大危机的机会很小,但得到的喜悦却大得多。当然,这只是我们讨论过的那些情况。我们也曾仔细分析过每个情况的程度,只是细节太琐碎了,我没有告诉你们,只把评估的结论说出来,就是我们认为碰到麻烦的机会很低。但是你们都觉得我碰上大麻烦的机会很高。因此我衷心地期盼,你们能够把想到的陷阱说出来告诉我,因为有些东西挂一漏万,我也生怕自己忽略了哪个重要因素。你已写出一些我以前没想到的事。不过仔细思索之后,我们还是觉得值得冒这个风险。我们母子间的差异在于,我们的背景、经验和观点都不一样。你别担心因为清楚地表达立场,会使我们母子之间愈来愈疏远。你不会的。我只希望自己不顾你们的反对,执意要结婚,不会伤害我们的母子之情。老实说,你和我对这件事的判断差异很大,但我觉得你的判断是错的。我诚挚地相信,猫咪和我婚后会很快乐,而没有人受到伤害。

理查德·费曼

费曼致罗宾斯(Dan Robbins) | 1942年6月24日

罗宾斯是费曼在大学的兄弟会认识的弟兄。信里谈到的计划,是早期制造原子弹的竞赛。在此之前,费曼接到一封由芝加哥大学的研究团队寄来的信，邀请他参加一个不能明说的研究计划，只描述这个计划是"一种新军事应用的研究发展工作"。不过他们保证，这个计划对第二次世界大战有决定性的影响。后来费曼回忆，威尔逊(Robert Wilson, 1914~2000)教授如何跑到他在普林斯顿的办公室来，鼓励他参加这个计划。不久之后他就签名加入了。（请参阅《别逗了，费曼先生！》的《原子弹外传》一章。）

亲爱的丹尼：

我最近写了一封信给兄弟会，打听你的下落。我也打电话到你家去找你。我和伯母说了话，她告诉我，你已经在麻省理工学院，为一项防御性的计划工作。

我之所以不厌其烦地一再找你，是因为在我们普林斯顿的研究团队里，有一项工作对你非常适合。

但有个很令人困扰的问题是，我不能对你详细描述这项工作的细节，也不能说明白为什么需要你。因此我很难解释为什么它对你是个好机会。我只能含糊其词地，用一些很平常的语句。

（以上的词句，是我从另一封原来预备寄给你的信上节录过来的。我没有把那封信寄出去，因为我在信上把工作描述得太清楚了。看到信的人很可能间接猜出他们在做什么，而且八九不离十。我不想重新写一封信，怕自己不小心又犯了同样的错。）

我只能说，我现在找到一件非常令人兴奋的工作，而且研究结果会有非常重大的影响。你真的会觉得自己是站在正义的一边，而且你希望自己的研究成果能及时派上用场。所谓的及时，就是比对方先做出成果来。

我做的，大部分是理论计算工作。在各种不同的情况下，会发生什么事，以及这部分或那部分，要怎么做效果最好。我不知道你比较喜欢理论工作还是实验工作，但你一定能在这个计划里发挥所长。我们也会重视你所有的想法，以及所有的能力。在这里，我们需要更多的想法。我非常希望你能来。

但是在做决定的时候，我看得出来你有许多问题要考虑，因为你已经在为一项防御计划工作。我想说的是，应该做那些自己觉得对战争最有影响、最重要的事。我听你母亲说，好像你对麻省理工的工作环境已经感到很厌倦。或许你会比较喜欢这里。我很希望见到你，和你一起工作。不过我不认为这种私人情谊应该列入考虑。重要的是你的专长应该要能发挥得淋漓尽致。我知道你一定很难决定，因为我既不能告诉你这里做的是什么事，你也不知道自己在什么地方服务最能有贡献。如果你有兴趣，觉得换换环境也不错，那我们可以稍做安排，找一个熟悉两边工作的人给你，让你听听他的意见。

你近来的生活情况如何？

我最近几天内，就要和青梅竹马的阿琳结婚了。我也刚得到博士学位。另外，我得到威斯康星大学访问助理教授的一年聘书，并且获准无薪借调军方一年，参加他们的军事研究计划。听起来似乎多此一举，不过一旦军方的工作突然中断，我至少还有威斯康星大学可待。

你能否尽早回信？

好兄弟

费曼

※米歇尔注：罗宾斯后来没有接受这项工作邀请。他接受了美国海军的一项任务。

费曼致母亲卢西莉 | 1942年，日期不明

寄信地址是普林斯顿大学帕尔默物理实验室(Palmer Physical Laboratory)。

亲爱的老妈：

我没有空写很长的信。阿琳要我写信给你和她母亲，为她这星期没有回你们的信致歉。她最近身体很不舒服。你能不能为我们打电话给她妈妈，致意并转达一下？

你要我在信里，谈谈自己和工作的情况。我直到目前为止，写信的内容不就是你要的东西吗？至少我的感觉是如此。其他的时间里，生活都乏善可陈。

不过这个星期不太一样。我们的计划里有个特别重要的问题要解决，而这些问题又非常有意思，因此我做得很卖力。我在一夜好睡之后，大约是在上午10点30分醒来，然后工作到深夜12点30分或1点，然后回到床上去睡觉。当然，中间会花2小时左右的时间去用餐。我不吃早餐，但在上床之前会吃点宵夜。我这样子持续干活已经有四五天了。通常我不会像最近这么拼命工作，每天的工作时间都超过8小时。

每天日子的唯一不同之处是，有时候我出去吃午饭的时候，会带些衣服送去洗。而在另一天我吃完午饭回来的时候，会把洗好的衣服带回来。如此而已。

看到我这么晚睡，我猜你们一定会嘀咕我。但你们别忘了法兰西丝表姐在我们家里，你们曾搞到凌晨4点才回来的事。记得以前我只要和阿琳约会，稍微晚点回家，你(或至少是老爸，我记不得你们两个人是谁搬出一堆大道理来训我)常说，不认为阿琳的父母会允许女儿在外面待到这么晚。但是当表姐来纽约做客的时候，她不也是你们的责任

吗?也许我不该对你们提法兰西丝的事,免得你们或她生气。

老妹应该会是下一个,我猜她以后一定会常常天快亮才回家。你可不能数落她,她只是对天文学特别有兴趣。白天又没有什么星星可以看,她只好多利用晚上来观察星星。哪天等你也去当红十字会的夜间护士或夜班助理时,就会知道有很多人是必须深夜工作的。

到时候全家唯一早睡早起、能在白天欣赏青山绿水的,只剩老爸一个人。等他哪个周六想回家休息时,发现全家晚上都要出去忙,一定很有趣。他很可能也会跑出去,睡在海滩上呢。

我最好在此停笔,现在已经凌晨1点45分了。

爱你们每个人。

1942年6月29日，费曼博士和阿琳结婚

第 2 部　　洛斯阿拉莫斯 | 1943~1945年

我爱我太太，但我太太已经羽化升天了。

附笔：原谅我没有寄出这封信。我不知道你的新地址啊。

由几个研究单位进行了数个月初步的研究工作之后,"曼哈顿工程"的主要负责人奥本海默(J. Robert Oppenheimer, 1904~1967)在1943年初,决定把分散在各地的研究工作整合在一起。费曼当时24岁,也是第一波要从普林斯顿搬到新墨西哥州洛斯阿拉莫斯的物理学家。他就开始做搬家的计划。洛斯阿拉莫斯的设施位于一个荒芜的台地上,还没有全部完工。费曼很少离家远行,因此这次的迁居,对他可说是一件大事。

由这些从洛斯阿拉莫斯寄出来的信件中,我们看到费曼用美妙的笔调,直接而清晰地描述了四周的景色。他几乎每天都写一封信给妻子阿琳,因此,这些信成了他这段时期的日记。从这些信,我们也看到他常常在办公室耍宝(取笑自己,为洛斯阿拉莫斯里那些聪明绝顶的人示范"数字的一些有趣特性",对警卫指出围墙上的破洞,等等),并且让我们感受到一个朴实的年轻人多么辛勤地工作。另一方面,躺在阿布奎基(Albuquerque)疗养院病床上的阿琳,也是忠诚的通信者。从她书信数目的变少,我们也能体会出她的病情转剧。

费曼致加州大学伯克莱分校的史蒂文生(J. H. Stevenson)
(1943年3月6日)

亲爱的史蒂文生先生：

在你的第一封备忘录里，你要求我先别急着问有关搬家和新环境的居住情况，等接到你的第二封备忘录再说。但是剩下的时间已经不多了，而你的第二封备忘录又迟迟没来。而且我相当确定，在你的来信里，不会提到我现在担心的问题。因此，我很冒昧地写出这封信。

我太太是个活动性结核病患者，需要长期卧床疗养。也因为这样子，奥本海默教授和我讨论，我是不是必须迁到洛斯阿拉莫斯时，我们为这件事考虑了很久。最后，他认为一定有办法安顿阿琳，让我迁往洛斯阿拉莫斯。

现在情况很明显，第一个办法是，阿琳住在营区的医院里，有病床可以休息，就像一般住院患者一样。她已不需要特殊的照料，也不需要特别的仪器，我想只是偶尔需要照个X光什么的。第二个办法是，她住进附近的一家疗养院。那么，我就必须能够离开营区去看她，至少每星期看一次。

当然，在知道她要住在哪里、能不能有妥善安排之前，我不想搬家。不过另一方面，我也希望能尽量和普林斯顿的其他同事一起行动，以免造成大家的不便。

我太太和我，都非常希望她能待在营区的医院里(也就是第一方案)，如果能这样安排，是最好的。这样也没有什么特别的经济负担。

你的诚挚朋友
费曼

费曼致史蒂文生 | 1943年3月15日

当时，史蒂文生已经回信表示，阿琳有三个地方可住。第一，离营区50千米的一个小医院。第二，离营区160千米的阿布奎基有个疗养院。第三，离营区30千米，有个观光牧场。由于营区还在建设，史蒂文生建议阿琳住远些，直到夏天将尽，一切稍就绪再说。他最后说："我担保你既可以照顾你太太，让她舒服地过日子，又不会离营区太远。"至于每星期去看太太一次，更是不成问题。

亲爱的史蒂文生博士：

我非常感谢你3月10号的来信，谈到安顿我太太的事。我们对于你建议的可能地点都非常喜欢，也非常希望能尽快过去看看。

由于我太太是开放性的病患，因此观光牧场是不可能的(事实上，任何没有医生常驻的地方都不可行)。至于其他两个可能地点，听起来都很不错。

下面这个做法，可能可以让我们省点时间，也省点钱，或许还减少一些麻烦。就是我到营区来的时候，可以带我太太一起来，让她先停留在你建议的某个可能地点。我们可以看看那是不是一个适当的落脚处。接着我们再到另一个地点去看看。如果我们觉得那个地方好一些，我再把太太搬过去。80千米左右的这种短程旅行，我太太还能接受。

如果你觉得这不是个好办法，请让我知道。我也可以如你所建议的，先一个人到营区来看看环境。

另外，你能不能为我们安排一下抵达后的行程或交通问题？我们计划在3月30日星期二的中午12：01分搭乘圣塔菲线的火车，由芝加哥出发。请问我们应该在哪一站下车比较好？而且在下车之后，要怎么样才能到医院去(我们可以搭汽车、计程车、火车、救护车，甚至小货车，但最好不要搭巴士）。如果交通的安排必须先付押金，或是医院要押金，我会寄给你。如果没有地方肯暂时收容患者，你可以向对方保证，我们可以先租它一段时间，譬如2个月。

如果需要的话，我相信奥伦太太可以帮助你。但如果你有困难，没有办法做任何安排，我也可以如你所建议的，先只身前往。（米歇尔注：奥伦太太是保罗·奥伦的夫人。奥伦是费曼的朋友，以前也是普林斯顿大学惠勒教授的助理。）

希望不会带给你太多的麻烦。我太太和我对你的帮助都表示衷心感谢。

诚挚的祝福

理查德·费曼

阿琳写给费曼 | 1943年3月26日

3天了！

亲爱的理查德，如果你知道我们这趟火车之旅，带给我多大的快乐就好了。自从我们结婚以来，这一直是我期待而且向往的事情。它对我们两人都意义重大。亲爱的，我真的爱死你了。我愿意像一般深爱丈夫的太太，为他做一切事情。现在我逮到机会了，而我们的未来更充满了美妙，亲爱的，等我们有了自己的家和家庭。这是多么值得期待与奋斗的事情。

亲亲，我明天就能见到你了。但你知道这股情绪多么难以压抑，只剩一天，我既快乐又兴奋，有一种疯狂喜悦的情绪。我吃饭、睡觉都在想你。想着我们的生命、我们的爱情和我们的婚姻。想着我们以后的美妙日子，我们每天可以如何如何，我们会想什么，说什么，做什么，我要永远贴近你，甜心，我要成为你思想、愿望和野心的一部分。你是如此接近我，而且愈来愈接近。我为你而活，也为我们可以一起吃甜甜圈的日子而活。所有这些我们一起计划、可以共同分享的小事，都是我生命的源泉。像是挂壁毯，在户外帐篷里露营，和你的学生一起喝茶，在冬天燃着木柴的壁炉前下棋，在夏天淋浴以及星期天早上赖在床上看漫画。亲爱的，我可以无止境地沉醉下去。我们的生命里，还有这么多的事可以一起分享和探索，我们时时刻刻都要在一起。有你相伴，这些事永远是不嫌多的。

亲爱的，你离我这么远，我该如何告诉你，你对我是多么的重要呢？如果明天能够立刻降临，就太好了。我要感觉你温暖的脸庞靠近我，我要享受你温柔的拥抱。你的接近让我如此充实。我爱你甜心，全心全意，用我整个身体与灵魂。我要像从前一样，始终在你身旁。现在我们的爱和我们的生活，甚至比从前更丰富。我们真的已经彼此相属，全世界都知道。我为你感到骄傲。身为你太太，我又高兴又自豪。你是个完美的丈夫和情人，我拥有许多美好的记忆，但我们很快就会在一起，虽然时间短暂。

亲爱的，我有个预感，我们不会这样分开。彼此活在记忆里，实在太久了。我真的相信（而且会实现它），我们很快就会有自己的家。我们将可以做任何想做的事情。让我们重新共同努力，其实只要延续目前的作为就够了。亲爱的，我不能把你逼得太厉害了。我需要你的支持和你的鼓励。因为你是唯一值得我全心全力付出一切的根由。我一定要活在爱里！

快点来吧！我爱你，我要你。

      你珍爱、心爱又可爱的太太和甜心。

      猫咪，从前到以后都永远深爱你的人。

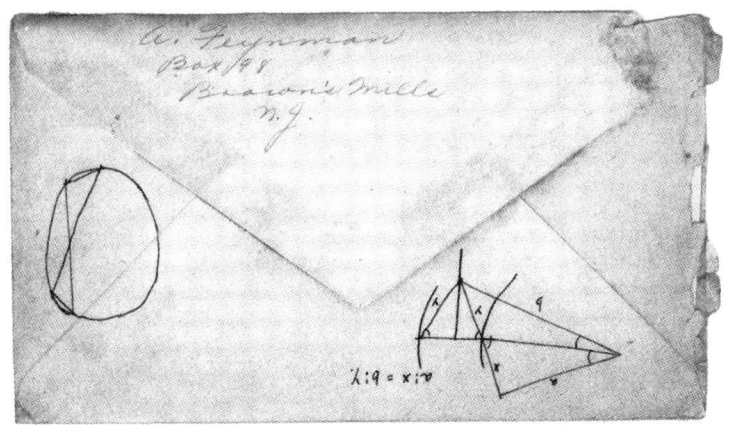

费曼致母亲卢西莉 | 1943年6月24日

这是第一封由洛斯阿拉莫斯写给母亲的信。

亲爱的老妈：

前几天我生病，躺在床上。但现在我已经好起来，又开始工作了。我感冒了，我想是因为这里天气太冷，又冷了很久，使我的抵抗力降低。我一定要把身体状况维持在超水准程度才行。因此，我就卧床静养，直到完全好起来。很快的，我又生龙活虎了。当我摆脱掉感冒之后，我的美食家的胃口不但恢复到平时的水准，而且还放大了不少。直到我警觉到自己的肠胃可能受不了。为此，我又在床上多躺了几天，到现在还没有完全解除肠胃的毛病。

不管如何，我已经开始工作了。现在我还觉得有点疲倦，因此每次解出一个方程式，我会坐下来休息一下，不像我以前，喜欢走来走去，从不休息。当我下床的时候（我在病床上躺了三天半），发现营区大概有一半人都曾经拉肚子，这很可能是饮水的问题。而我在感冒期间又猛喝水。因此，我是同时碰上两场病，又感冒又腹泻。

我很早就想要生一场病了，果然如我所料，很好玩。别人替我把三餐送到床上来，还有很多人来探病。我有个收音机（那是猫咪的，我拿到办公室来修理，正好派上用场），时间很好打发。而且我正好有时间，把一本买来的化学工程的书看一看。我从"流体输送"看到"蒸馏"。这本书相当有趣，我现在是个够格的化学工程师了。我有很多访客，他们分别带了很多东西来给我。有三个橘子、一个苹果、一包饼干、一些果冻、饮水、巧克力、《读者文摘》、书籍等，还告诉我一些发生在实验室里的趣事。很有意思的事情是，所有来探病的小姐都会带些东西，但是来探病的男生都空手而来。

这些日子我也收到你寄来的梅子干，但是我肠胃正好不行，所以还没有吃。等我肚子好一点，小肠的状况也恢复到正常水准，我会吃这些梅子干的。现在我的肠胃还在闹罢工。

我在附近做了几趟短程旅行，也爬了几座小山头，但是没有什么特别值得报告的。

我想到老爸，也知道他已经厌倦这样到处跑来跑去。你说想叫他退休，并且把可能会发生的问题统统告诉我，除了你们到底存了多少养老金之外。还有，如果他真的退休了，你们在经济上会有多大的损失，等等。

我有个好主意，而且这件事对我们的国家还有点好处。我们这里有个采购部门，还出过不少错（有个家伙还遭到起诉）。虽然我对那个部门的工作不太熟悉，但似乎他们很想要一个像老爸这样有丰富贸易经验的人。我认为，老爸一定会喜欢这个工作的。这个工作不必或很少需要到处跑来跑去。交易都是利用电话或电报来进行的。他大部分时间可以避开纷纷扰扰的交易世界，主要是和学术界的人混在一起。他一定觉得很开心。另外，这职务的收入并不十分丰厚。现在到处物资缺乏，买东西并不是那么容易。而且这里的人对自己申购的东西又急得要命。有些东西他可能不熟悉，但这应该难不倒他。这项采购工作对我们整个计划非常重要，严格来说，比我为结束战争所做的工作还更要紧。他有没有兴趣？不过我对于替他争取这个职务，也不太有把握。

理查德·费曼

费曼致母亲卢西莉 | 1943年10月27日

由于研究计划的主持人，想对营区的真正住址保密，不让它曝光,因此洛斯阿拉莫斯发出来的信件都不能标上地点。阿琳马上为费曼订制一些印上漂亮书写体的圣塔菲邮政信箱号码的信纸,给费曼用。

理查德·费曼博士
邮政信箱1663号
新墨西哥州,圣塔菲

亲爱的老妈:

我接到你寄来的包裹。根据你的信来看,它应该就是那些手工饼干。我还没有打开,就先给你写信。我看包裹很小,就不愿意在办公室打开。我有点小气,舍不得请同事吃,要等到回自己的房间才打开它。真是谢谢你。但我好久没有写信给你了,实在不配接受这么好的东西。

你是个营养专家,可能对下面这则故事感兴趣。在《科学》期刊里(这是美国科学促进协会发行的刊物)有篇文章说,俄国的科学家发现,松针是很好的抗坏血酸(就是能抵抗坏血病的维生素C)的来源。但是在这之后,就有一系列的文章证明,这件事并不是俄国人首先发现的。有篇文章说,在1563年,有些法国陆军染患严重的坏血病,负责的军官就问印第安人有没有什么办法。他们告诉这位军官去煮些松针茶。军官也照做了,把整棵树的松针都拿来煮茶给士兵喝,他们果然都好起来了。几年之后,另一批军人也碰上同样的麻烦,但是当地原先的印第安人已经迁离了,后来迁入的印地安人指不出是哪一种树来。另外有篇文章提到一些17世纪的人,在海上航行的时候带着松针一起上船。另外有些故事提到更近的事(也就是18世纪),是一些有科学根据的、用松针煮茶的故事,里面还详尽描述了它的滋味。总而言之,俄国人的松针茶并不算什么新鲜事。

因此，我当然也煮了松针茶来试试看，就在星期天去看"猫咪"的时候。我们俩都不缺维生素C，只是我的好奇心已经给勾起来了。味道还可以，既不太美妙，也不太糟糕。大概和一般的茶喝起来感觉差不多，只是风味不同。先把松针弄碎，放进滚水里，浸泡一会儿。可以热热地喝，也可以冰起来放点柠檬来喝。很便宜，喝起来松针的味道还蛮浓的。

理查德·费曼

阿琳写给费曼 | 1943年11月23日，星期二晚上

亲爱的老公，今天和你一起散步的感觉真好。和你在一起，我永远都是这种感觉。知道你想念我和"史诺哥"，我非常开心。这样，我们在一起的时光似乎也变得更甜蜜了。（米歇尔注：史诺哥是个绒毛的玩具象，请看37页的照片。）

我也想念你，因此当你出现在眼前的时候，我感觉自己好像是置身在天堂里。我觉得自己飘在云端，但其实只是你拥抱着我，轻声细语地对我说话。我是如此爱你，我深信我俩的感觉是相通的，因此不必费力去描述它。当我们靠在一起休息，我的头枕在你肩上，这股幸福的感觉最强烈，总是让我热泪盈眶（就像今天这样）。这实在太美好了。你是这么完美的丈夫，这么有耐心，这么体谅，又这么爱我，真是让我满怀喜悦。

我写到这里，不禁微笑起来，同时两滴眼泪夺眶而出。你当然知道我是喜极而泣。我永远无止境地迷恋着你，你的一切，对我而言都是如此的特别，如此的美好。你的腿强健有力，你又是如此的高大英挺，只

要一伸手,就可以打开门上的气窗,不必搬小凳子。而且有时候当你哄我的时候,会用哄小婴儿般的声音说话。这些我全部非常喜欢,强壮的你和装傻的你。

我喜欢你想念我,也很高兴我的病况没有让你意志消沉。亲爱的,你真是坚强,使我也跟着坚强起来。我最亲爱的老公,不管从哪方面来看,你都是最棒的。亲亲,我喜欢你的坚强。但你偶尔依赖我,也让我很开心(就像你要求我,提醒我去看医生,并且照顾你)。

我认为这种相依相守的关系是很重要的,我也很高兴自己能帮助你。希望你不要太过坚强或太过独立,偶尔也想念一下我,我爱这种感觉,我更深爱你。

永远是你的妻子
猫咪

费曼致母亲卢西莉 | 1943年12月10日

亲爱的老妈:

这附近最近刚下过一场大雪。在雪里,什么东西看起来都变得很漂亮。四周全是白雪覆盖的山峰。西边10多千米之外,是一些比较小的山岭。东边则在50千米之外,有一些崇山峻岭,例如楚切斯山脉。昨晚在夜光下,一切看起来都非常美丽。在月光下,云很低,只挂在西边山岭的高度。而你看到的是,在云上和云下,都是山峰。所有的东西都很亮,在月光之下都很朦胧,在云影里若隐若现。而近处,此起彼落地闪着的探照灯或一些隐约的街灯。这种景色,比圣诞卡还漂亮。你看,我的口气像不像一个唯美主义者?

阿琳、绒毛玩具象史诺哥和费曼,与他们共同拥有的第一棵圣诞树,摄于1943年12月

镇议会的选举很快就要举行。我想我一定要努力,设法避免连任。当然担任这项职务是个很好的经验,但是它占去我太多的时间了,而且麻烦事还不少。我认为应该要换人做做看。

猫咪在预备圣诞卡和其他与过节有关的事。她画了一大幅卡通,上面有各种各样有关圣诞节的东西。她甚至装饰圣诞树,准备圣诞礼物等。我不知道她是从哪里弄来这些东西的,我并没有给她很多钱。真是可怜的女孩。根据计划,我们至少会有一棵装饰齐全的圣诞树。我们的圣诞节会过得很开心。

我这个周末要去大肆采购一番,清单是老婆大人开出来的。

还有,请你不要把我的地址给任何人。这里驻扎了一批陆军部队,他们对我们这些人在做什么事完全不了解,军官们也一样。我并不打算见任何人。司特普尔先生若能来,我会想见他,也会尽一切努力得到会客许可。我可能会成功。但是千万别把我的住址给别人。如果有人跑来,我可能会令他们很失望的。

爱你的
理查德

费曼致母亲卢西莉 | 1944年2月7日,星期一

亲爱的老妈:

我设立了一套新的工作规划,把原来摆在星期二做的例行工作,移到星期一来做。这样在星期一的晚餐和镇议会会议之间,我大约有一个小时的空当(这个星期,这个时段有一半已经让公事给占掉了),我可以利用这个空当来写信。

你两次问起阿琳的事。我在上一封信没有回答，是因为有些事我在等着请教医师。但是这个星期天我又错过了，因此我就不再等着问他了。情况大致是这样的：

第一，她咳嗽的情况好多了，大概每天只剩3次。因此，她已经停用可待因(codeine，由吗啡制得，可镇咳止痛)。

第二，她体重略增，但是增加率并不太平均，大约每周一磅。有的时候没有增加，有的时候增加两磅。

第三，她的感觉一般来说很不错，食量有增加，几乎什么都能消化。

第四，她的沉降率在新泽西的时候是18，现在是23。这点并不好。沉降率的高低代表传染性的大小，数值愈高，传染性愈大。但是到28左右还是正常的范围。

第五，痰测试以前是X，现在是I，代表病菌增加了。

第六，最近没有照X光片。

第七，这一个月来，体温都很正常。我不知道她的脉搏是多少。

上面几项除了第四、第五之外，其他五项都是比较好的。但第五项测试的结果并不可靠。它应该要收集一整天的痰，而不是只看一个样本。我就是想和医师谈谈，听听他的说法如何。阿琳也怀疑医师不太了解第四项测验的意义，没有做得很恰当。一般来说，她的病情有所改善。我星期天的时候，会再找医师讨论。

最近我岳母来了，这也可能是阿琳病情好转的部分原因，但应该不是主要的原因。因为在她抵达之前，阿琳的病情已经开始好转。不仅如此，上次她来的时候，阿琳的病情甚至更不好。在她走的时候，阿琳的身体可说很差很差。不过这次阿琳的体重增加，应该可以归功于我岳母。一定是她煮了很多好吃的东西，让阿琳胃口大开。我认为阿琳的体重应该会持续上升。

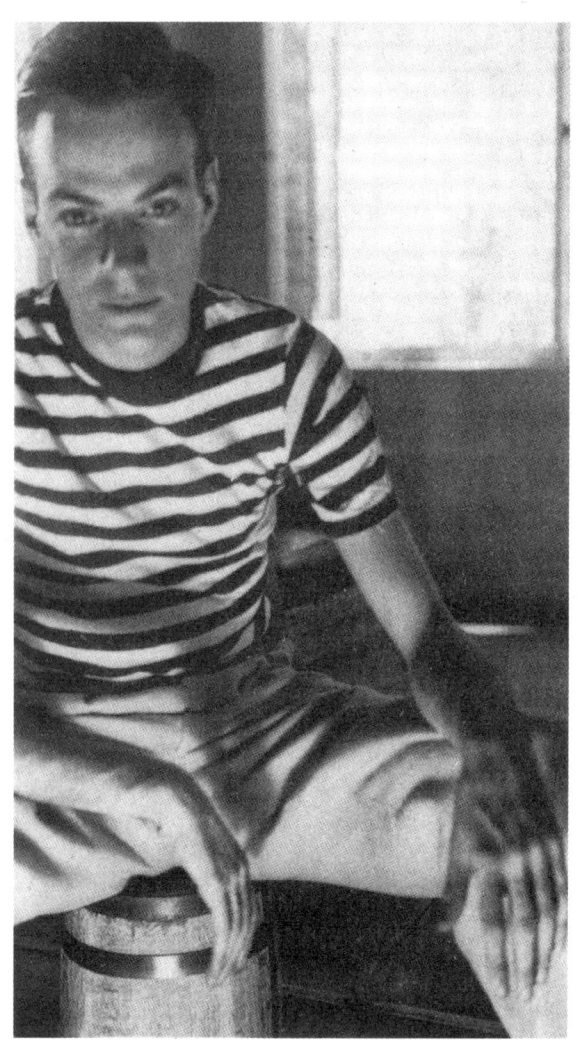
1944年,洛斯阿托莫斯时期的费曼(坐在邦戈鼓上)

不过，结核病总是时好时坏。因此，当病情稍微好转的时候，不必太开心；病情比较差的时候，也不必太灰心。一切要有耐心。

你看，你以前常羡慕我，碰到不如意或悲伤的事情时，不会怀忧丧志。但从另一方面来说，当我碰到好事情时，也不会欢欣鼓舞。不过你不要误会，我并不是悲伤，我只是没有欣喜若狂而已。但如果阿琳的病情非常确定是持续好转，甚至痊愈，我当然会欣喜若狂。

另外，在我的工作场所，并不鼓励朋友或家人来拜访。当岳母到阿布奎基来的时候，我得到特别许可，离开营区去看她。如果你也跑来，我可能很难再出去看你，他们会认为你的拜访对象主要是阿琳，我出不出去无关紧要。当然，你随时可以来看阿琳，我只是怕自己出不来而已。这有些棘手，但我还是很想念你们。也许我们要等到大战结束，一切才能恢复正常。

保重

理查德·费曼

费曼致母亲卢西莉 | 1944年2月29日

亲爱的老妈：

不必因为自己打字打得不好而难过。你打得可以了，而且愈来愈好。当然，有些错字是可以注意的，例如buzzard(美洲鹫)，你打成bixxard，我乍看之下，被你吓了一跳，一时还真认不出这是什么字来。不过你现在打的字相当够水准了。当然，如果你多练习一下，在打字的同时，就把打错的字更正过来，会更完美。你只要准备一只橡皮擦就行了，可以边打边改。当然，这会使得打字的速度慢下来。不过若想打字打得漂亮，这种练习恐怕省不了。

上星期，我还没有时间处理老爸来访的相关手续，因此关于这件事，没什么好报告的。

倒是我在上星期四，有一场小型的演讲。我们这里有个数学俱乐部，每两个星期聚会一次。他们举办了一系列的演讲，第二场轮到我。我讲的题目是"数字的一些有趣特性"，完全是算术上的东西，没有用上比算术更难的材料，纯粹是算术。我有一些很有趣的、纯粹是算术的东西，可以在这些绝顶聪明的人面前卖弄。可惜，我对你提的那个有关7个橘子的答案，却想不起是什么问题了。只好让老爸和老妹去得意一番了。

结果是，听演讲的那群天才对我所谈的事印象深刻，他们显然以前也看过我提到的这些数字的特性，只是没有好好去想它的原因。而突然间，我提出相关的解释，所有的问题豁然开朗起来。当然，这些解释他们一听就懂，而且是早就知道的东西，只是没有好好去想而已。但我讲得很快，没让他们有多少时间去仔细思考我给他们看的东西。这使得他们对我所演讲的东西更觉得奇妙。我的演说非常成功，和我第一次主讲一些和代数有关的问题的时候很相像。害我一度以为要教代数的最好方法是应该先教算术，再往上走。后来一些听演讲的人一碰到我，就告诉我说，他们听得很开心。他们在走道上碰到我的时候，会举出我提到的问题的证明过程给我看。

真抱歉拉拉杂杂地说了这么多，但它还是和7个橘子没什么关系。不过，橘子两个卖5分钱，另外一家店里一个卖3分钱，我在两家店里各买了几个橘子，总共用了19分钱，我总共买了几个橘子？你注意，我并没有问你，在哪家店各买了多少个橘子。不过你可以去问老爸，再去问老妹，若买同样数目的橘子，除了19分钱之外，最多要花多少钱？当然你知道，并没有半分钱这种单位。

费曼全家合影于20世纪40年代。由左到右分别是
费曼、妹妹琼恩、爸爸梅尔维尔、妈妈卢西莉

这个问题，应该可以把全家人聚起来超过3分钟以上。告诉大家，我爱他们。

理查德·费曼

费曼写给妻子阿琳(日期不详)

最亲爱的猫咪：

这次出差的工作自然是有点忙碌，但不像以往的出差那么忙。他们这里的工作规划得不太好，所以我还要多等一天，才能开始工作，之后会连续忙个一天半。因此，我为了这一天半的工作，要在这里待上3天。

我希望我在外地的时候，你不要太愁苦。也许你的访客会让你稍微觉得开心些。我爱你，而且在飞机上的时候很想你。当我坐在机场，我在想我的猫咪是多么的好。

本来我住的机场旅馆答应要叫我的，但他们忘了，因此我没有赶上飞机，使得我必须改变整个搭机的行程。我们到圣路易来转机，还要等上一阵子，因此我进城去逛逛。我已经忘记大城市是什么样子了。到处都是汽车、巴士、高楼大厦，到处都是噪声，感觉不太舒服。我跑去看了一场电影。我也在一家非常时髦的餐厅吃晚餐，但食物太辣了，我无法入口，于是拿起外套，走进另一家小店吃些简餐。但好像没有其他人抱怨，可能他们早就知道了。我对这些"舒适与文明"很不习惯。

我前天晚上到史蒂文生家里拜访，和他聊得不错。今天晚上还要去。

我今天上午等一下就有个会，因此，现在最好先准备一下待会儿要讲的东西。

至于你，亲爱的，我要对你说，我爱你。

我爱你
理查德·费曼

阿琳写给费曼 | 1944年8月22日，星期二

亲爱的，如果可以分身就太好了。我能理解你的处境，我也知道实际的状况，但我还是需要你。我想我又跌入深深的低潮之中。今天早上，我接受了静脉注射，还有一些其他的医疗措施。亲爱的，我觉得很沮丧，而只有你能改变这一切。你能来吗？如果这不干扰你的工作的话，我爱你，亲爱的。

你妻子
猫咪

有个好消息可以告诉你，就算药石无效，你的微笑和你的手，依然能改善我的病情，而且是很有效的。亲亲。

费曼致古柏纳(Richard Gubner)医生的信件草稿

1944年8月下旬，有一种治疗结核病的新药sulfabenamide在进行实验。费曼向有关当局表示了对这种新药的高度兴趣。美国公正寿险协会的一位医生写信给费曼，告诉他："这项研究还处于非常初步的阶段，而且我们对这个药还没有把握，不知道有没有效。"接下来的信，

表示他非常遗憾，虽然他明知这些药物并没有毒性，但他也不方便提供试验中的药品给特定的对象。并且建议费曼和阿琳再多等两个月。

你最近写信给我们，告诉我们一些有关结核病新药sulfabenamide的资料，而且说这种药在几个月内就可以得到。但是如果我们的病况够紧急的话，也有可能先得到一些新药。我们非常感谢你的好意，也得到很大的鼓励。

由于我们不知道在什么条件之下，才能得到新药，我们也无从判断自己的情况是否符合所谓的病况危急，是否足够保证能在这时候就得到这种药品。在和医师稍微讨论之后，我们认为你应该是最有资格做此判断的人。如果我们把病况的详细资料寄给你，对你的判断应该大有帮助。因此，我们的医师西尔利已经把最近的检验报告摘要寄去给你，另外还说明了我太太的情况。你能不能告诉我们要怎么做才好？如果你需要进一步的资料，也请通知我们。

我们知道，我们在要求你做一些本来应该是我们自己该做的事情。我们能不能假设是在请求你的指导，这样，有没有遵从你的指导去做，就是我们自己的责任了。这样，或许你会觉得心里比较轻松自在些。例如说，你建议我们多等几个月。到了那个时候，药也寄来给我们了；但会不会已经太晚而没有什么用处了？

我们并不想影响你药物实验的进行，也不想介入新药的供应。当然，实验本身比任何一位病患的个别需求都重要得多。因此，不论你什么时候能给我们新药，我们都非常感激。

诚挚的祝福

理查德·费曼

※米歇尔注：1944年12月，新药sulfabenamide已寄给阿琳的主治

医师。

阿琳写给费曼 | 1945年1月31日

至爱的甜心，我爱你。最近这些天以来，你成为我生命中如此重要的部分，没有了你，我怅然若失。但是我现在很快乐，一面想你，同时知道你很快就会过来。我们很快又能亲密地在一起，谈天、阅读，分享结婚之后经历的一些趣事和它带来的磨难。史诺哥留在城里，这给了我一些额外的时间。

亲爱的，我们生活在一起有这么多的乐趣，成为互许承诺的爱侣，使日常的生活变得非常奇妙，我的意思是期待会有什么妙事发生。这是一种喜悦、深刻而持久的情绪。我深爱着这个我叫理查德的男人，我的丈夫，我亲密的爱人，将来的好父亲，伟大的科学家以及我的小心肝（就是你常装的那个样子）。我爱你，理查德，你进入我的心灵，充满了我身体和思想的每个角落。我不是盲目地迷恋你，我只是痴痴地、快乐地爱你（我实在找不到一些合适的字眼）。我爱你的真诚，爱你敏锐的思绪，爱你的直截了当，也爱你的坚强。你相信我们的未来，和我们之间不变的爱。

我们永远没有足够的时间来好好享受我们的爱。

你的太太和女朋友
猫咪

附笔：希望你星期一回营区的时候一切顺利。晚上很冷，你的长裤够不够暖？

费曼写给阿琳(日期不详,某个星期四的早晨)

亲爱的猫咪:

来信收到了。我周末会去看你。

昨夜我工作到凌晨3点45分。不知道什么原因,又睡不着,我干脆起来洗袜子。我有一大堆袜子要洗,花了将近两小时。接着我淋浴一下,再回去躲在床上(6点钟),醒来的时候已经早晨8点了。

其他的衣物我会哪天抽空洗一洗。这里有自助式的洗衣机,一小时才25分钱。我会用洗衣机的。至于烫衬衫,可能需要学习一下,我在猜怎么弄。

你那边情况如何?

我爱你,亲爱的。

理查德·费曼

费曼写给妻子阿琳 | 1945年2月,某个星期二晚上

哈罗,甜心:

我爱你,写信给你的感觉真好。我有个没办法处理的问题,因此想和你商量一下,也许你晓得该怎么办。

我太太和我觉得,把她从阿布奎基的疗养院搬到营区来,或许会是个好主意。当然,她在阿布奎基也不错,但如果搬到营区,我们就可以天天见面,而不是每星期才能见面一次,而她也能看看那些和我一起工作的人,等等。而且这样一来,我们更能够在一起生活,情况应该会更好。

但是事情进行得并不顺利。她搬进营区才两天半，就整天以泪洗面。她觉得什么事都不对劲，非常不快乐。举例来说，当她咳嗽得很厉害，需要注射药物的时候，虽然她按下了叫人的蜂鸣器，但护士总是过一会儿才出现。即使护士来了，也会和她争论，比方说，离上次的药物注射还不到4个小时啦，或是她其实只是心理依赖药物，并不是真的有需要，等等。她很着急、担心，但我认为事情并不太严重。有时候，她咳嗽得太频繁了，呼叫护士的时间太密了。因此，有时护士会迟到个10来分钟之类的。其实，有时护士手边正忙着别的事，没办法立刻分身过来。另外，她希望伙食能有变化，虽然这件事她还没有找营养师谈。在第一天，她就对所谓"探病时间"的规定非常烦恼。因为依照上面的规定，我似乎在星期天也不能整天陪她。当然，这件事很快就解决了。另外一件困扰她的，是附近传来的小孩子的笑声。事实上，她的房间门窗总是关着的。还有，氧气瓶消耗得太快了，等等。

她主要的抱怨是，这里的护士不知道怎么照顾结核病患者。而我的感觉是，我尽管忙得汗流浃背，但军医院里的护士总是比民间疗养院的护士严肃。她们总是一板一眼的，一切按照规定来。不像民间疗养院的护理人员，通常年龄比较大，态度也比较亲切。比方说，在疗养院里，护士也会和她争执，例如说她是否真的需要皮下注射，但是态度更和善，出发点也是为她好，希望她不要那么依赖药物。她对这种说辞自然不会有太激烈的反应。

由于这些琐琐碎碎的事情，弄得她心情很差，很不开心。她要求立刻回阿布奎基的疗养院去。她还提出各种加速进行的想法。但她没有办法立刻回去，我猜想是那儿暂时还没有房间。她甚至建议要一间设备比较差的病房也没关系，或者请她母亲专程从纽约来照顾她。她非常不舒服，极力坚持立刻走人，而且要马上行动。

但是在我看来，绝大部分的问题都是可以克服的。就如同前面提到的探病时间的那个例子。而有的问题更是鸡毛蒜皮的小事,只要习惯就好了。我之所以没有尽快搬回阿布奎基,是因为我觉得她住在营区,和我共同生活,对我们两人都意义重大,而且我们彼此一定都会有很大的收获,只要她肯稍微调整一下态度,适应生活方式的改变。而且她应该学习一种比较轻松自在的生活态度,不要事事讲求完美,吹毛求疵。对那些想照顾她但笨手笨脚的人采取合作的态度,更有耐心、更宽容。

对于最后这一点,她和我的看法完全不同。她完全不认同我的意见。她认为这里的一切措施,都受到严重的扭曲、变形,完全是无可救药的。以她的看法,是愈早离开愈好,受的苦会愈少些。

在我看起来,对这件事最好的处理办法,是很耐心地放松心情,等待一段时间,看看情况是否逐渐改善,或者是愈来愈糟糕。看看她是不是愈来愈习惯新的环境和新的生活方式,而逐渐快乐起来。或者真的如她所说的,已经扭曲变形得无可救药了。

她认为这个想法无法接受,她在这里永远不会快乐,她也不准备尝试或忍耐。她对这里已经完全放弃了。她的不适应已经接近歇斯底里,因此,任何和她以前生活上的不同,都变成无法忍受的折磨。我认为她已经是一种非理性的吹毛求疵了。她对这里的批评和她想做的事,都相当的不理性。譬如说,要回家去让母亲照顾,等等。我希望她永远不会干出这些傻事。

我是不是该放弃自认为合理的做法——也就是以平常心来等待事情的发展?毕竟我们在这里才待了两天半,时间并不算长,要论定好不好还嫌太早。可是她却主张,要立刻不顾一切地设法把她搬回阿布奎基的疗养院。

这件事还有更深一层的说法。她说她太衰弱了,所以无法适应改变。她太衰弱了,举例来说,没有精力向营养师说明或解释她想要什么。和别人彻底沟通太耗精力。总之，她太累了，身心俱疲，因此没有希望能解决这些问题。她只想尽快回到阿布奎基的疗养院。

但她以前也曾这么衰弱过。不过，后来通过我们之间的对话与沟通之后，就逐渐坚强起来。但是她表示，这次她实在精疲力竭，已经没有办法理性思考问题了。

其实我在等待的，是她的坚强。我希望，她坚强到能和照顾她的医护人员一再解释自己的需要，对他们有足够的耐心和等待，并且坚强到能理性面对问题，和我充分讨论。这样我们就知道搬回阿布奎基是否是个理智的行动了。

另一方面，如果我失败，她在这里一直很不快乐，其实应该说相当痛苦才对。那我们为什么要增加她的苦难？只因为我高估了她的潜力和适应力，反而使问题更复杂化？

在这个家庭里，我是不是该扮演一个坚强的角色，帮助她向上提升，然后做一些对我们两个都好的决定，使我们以后更坚强、更亲密（当然这个决定也可能是搬回阿布奎基）？或者我不要这么坚强，也陪她一起掉泪，和她一样软弱地，做出歇斯底里式的立即反应？我现在要的，并不是"要不要搬回阿布奎基"这个问题的答案，而是我们应该以怎样的心态，来讨论该不该搬回阿布奎基这件事。其实我在意的并不是事件本身的处理方式，而是面对事件的态度。

我真的不知道该怎么办。我希望你能给我一些建议。你是从问题的另一面来看这个事情的。真正的困难是紧迫性有多高。因为如果我犹豫不决，她只好继续待在这里，或许只是延长受苦受难的时间而丝毫没有意义，这当然非我的本意。我争取的，只是一些适应的时间而已。如果确实完全无法适应，当然是要尽早离开才对。

你觉得如何？我爱你，永远尊重你的意见。我爱你。

理查德·费曼

费曼写给妻子阿琳 | 1945年2月28日

费曼一度把太太阿琳安置在洛斯阿拉莫斯的营区医院。这个尝试失败之后，阿琳又转回阿布奎基的疗养院去。

哈罗，猫咪：

你介意我用我太太的信纸吗？这批信纸今天刚送到。我想你会说我应该把它们用掉。

今天我没有收到任何邮件，所以我除了对你的爱之外，没有什么别的东西可以寄给你。

我今天去看了牙医，顺便洗牙，所以现在牙龈有些疼痛。牙医还替我把几个蛀孔补了起来，下次约诊的日期是5月26日。他们显然非常忙碌，一约就是3个月后。我是不是应该在阿布奎基找个牙医看看？不过你现在还不必替我约诊，稍微过一阵子再看看。

你那儿的情况如何？我很想知道你是不是已经从搬迁的激动状态中恢复过来了。毕竟你待在阿布奎基也有一小段时间。我希望你觉得好一些。当然，一定是安全些。

今天晚上，我已经出席过一个会议。但我现在要回到床上躺一躺，早点睡觉。这是根据我们两人的约定。现在才10点钟，我可以睡足九个半小时。

我有几本书，一些你的相片和你的东西，我应该已经都整理好了，但我并不太确定。今年我一共整理了6个条板箱和10个纸箱子。我想到当你收到这些箱子的时候，必须把它们搬过床铺，摆到阳台上去；一想到这个模样我就很开心。你一定会很狼狈的。我想或许应该先把床移开，腾出一条路来，然后把箱子搬到恰当的位置，再把床移回原来的位置，比较容易些。可怜的猫咪。

我爱你，甜心，就算有6个条板箱和10个纸箱，也不够装的。

我爱你

理查德·费曼

费曼写给妻子阿琳 | 1945年3月2日

最亲爱的猫咪：

我昨天接到你寄的两封很棒的信。其中一封是一首诗，相当优美。如果你觉得不舒服，千万不要勉强自己写信。我星期六会去看你。在你需要的时候，总是能得到母亲的照顾，实在太好了。这样就算其他的安排都失败，也不至于走投无路。现在，你又日夜都有人照顾了，真好。

不管你近来担心什么事，就是不必担心钱的问题。你真的没有花太多钱。而且我们颇有积蓄，足以应付不时之需。

我昨夜一直工作到凌晨5点（应该说是今晨才正确），要找出一个能简化工作的运算方式，使机器的运转快一些。我想，已经得到一些实质的进展，同时，这些工作也非常有趣。本来我今天想多睡一会儿，补偿一下昨夜透支的体力，但我还是在9点30分就醒了，没有办法再入睡。现在是10点钟（同时我爱你）。

我想你可能太累了，没有办法写信给马斯特桑夫人。因此，我昨天晚上打电话给她，表示你一切都已安置妥当，并且谢谢她。

我今天早上又想到一些主意，值得去试试看。我想，我等一下就要去工作了。

再见，甜心，一切都会没事的。我爱你，明天会去看你。我爱你。

你老公

费曼写给妻子阿琳 | 1945年3月5日，星期一，下午3点30分

最亲爱的猫咪：

你不会喜欢我说的这件事的。我整个晚上的工作都非常顺利，所以就非常兴奋地熬了一整夜，直到早上8点钟才上床，然后一直睡到现在。

我想现在应该可以轻松一些，直到吃晚饭之前都不必做什么事，可以到营区附近的山上去散步两三个小时，一定很好玩。我很久没有在白天跑到山上去散步了。地上有点积雪，因此还有些寒意。我昨夜睡的时候，还觉得脚底冰冰的。但我还是觉得可以出去走走。我会多穿一双毛袜，再套上毛线衣，应该就够暖和了。这主意不错吧？

我从阿布奎基回营区的时候，在公共汽车上碰到汤玛先生。两年前，他太太还没有搬来之前，他常常和我们几个人一起散步，当然里面也有女同事。

他太太在圣诞节假期的时候，带着孩子一起回娘家度假。在他太太离开之后，汤玛接到法院的通知，说他太太提出诉讼，要和他离婚。他完全给搞糊涂了，根本不知道出了什么问题，到现在还是丈二金刚摸不着头脑。他虽然和太太恳谈过，但至今仍然不明白太太为什么要弃他而去。他知道，他们之间绝对没有第三者介入。主要的问题可能是他工作太忙了，太努力了，使得他太太认为，他不是个称职的好父亲。这是他的想法。

我觉得一个女人如果要抛弃先生，至少应该亲自告诉对方。不要让先生接到法院的通知时，还大惑不解，尤其是当先生照顾太太和家庭多年之后。这种方式太粗鲁了。至少应该让对方知道问题是出在哪里，否则接到法院的通知单时，仿佛是晴天霹雳。而且让先生清楚知道自己为什么要离他而去，应该是女人的责任。男生很多是大笨牛兼呆

头鹅的。

不要怀疑我的爱。我也相信你永远爱我。我当然是永远爱你的。

理查德·费曼

费曼写给妻子阿琳 | 1945年3月7日

亲爱的猫咪：

昨天我到山上去散步，走得非常愉快。山区里可以去的地方还真不少，我想我以后会时常到山里去走走。

因为昨天起得这么迟，所以我昨晚不想太早上床。我大约工作到半夜3点才上床，早上起床的时候已经是11点了，东摸摸西摸摸就到了12点吃午饭的时间。吃过午餐后，我现在正在给你写信。

我昨天走到一座小山峰底下，然后对自己说，就爬这座山峰吧。等到走近了，才发现自己和想攀登的山峰之间，有一道相当深的峡谷。于是先找路下到谷底，再往上爬到峡谷的对岸。现在，我置身在想要登顶的山峰脚下，已经没有东西阻路了，除了我随身携带的闹铃手表。我在出来的时候，先设定了1点15分。我还没有开始爬山呢，设定的时间已经到了，闹铃响起，如果我想赶得及吃晚饭，就必须打道回府，因此我就回头了。

我随身带着一根大约1.5米长的铁管子当手杖，因此，我的手快要冻僵了，握铅笔都有点困难。山区里到处都是积雪，我用手杖东戳西刺的，怕自己掉入积雪覆盖之下的山沟里。还好并没有很深的山沟。

晚餐之后，我就开始工作。

你的情况如何?亲爱的。

> 我爱你
> 理查德·费曼

费曼写给妻子阿琳 | 1945年3月8日

哈罗,亲爱的:

我很高兴你觉得好些了。昨天我收到你两封信。如果你想搬进一个大一点的房间,就去换吧。这样对你或许好一些。不过依我对你的了解,新房间最好要有个阳台。

早上我冲了一个澡(我昨夜11点30分上床,早上9点或10点才起来,接着又东摸摸西弄弄的)。淋浴室的隔间是锡皮做的,我弄得到处都听得见声响,开心得很。

现在快要12点了,我很快就要去吃午餐。我会放松自己的,整个上午都没有做什么。

昨晚我又出去散步,戏弄了一下守大门口的夜班警卫。我指出距大门不到15米的地方,围墙上有个大缺口。他跑过去检查,果然如我说的,这个缺口很大,还有小路相通,想开着汽车由此进出营区都不成问题。他们立刻把这个缺口封掉。接着我走得更远,发现:①还有一个很大的缺口,有小路通往,车辆也可以穿过。②篱笆上被人割开一个洞,人可以由这个破洞进出营区。我从这个破洞走出去(同时碰巧有别人从这个破洞走进来),然后在警卫面前,大摇大摆地走进来。他觉得很奇怪,怎么没看到我走出去,却老是看到我走进来。我对他和值班的军官解释,但我相信他们不会采取任何行动。

总之，这件事很奇怪。他们只在晚上派警卫防守大门，因此，只有晚上间谍才进不了大门。如果陆军人手不足，应该把这种笨警卫调去补充。

再见，甜心，我们很快就能碰面了。

我爱你
理查德·费曼

费曼写给妻子阿琳 | 1945年3月10日

哈罗，猫咪：

我忽然发现，下个星期就要申报所得税了。我最好赶快开始。我想最好在星期六就把所有相关的单据都整理一下，然后填写每个月的开销表格，那么我带回办公室之后，可以在星期三晚上做这件事。每个人都说申报所得税是个大工程，但我相信应该没那么困难才对。而且应该很好玩。因为你可以想出各种节税的办法和理由，而每个正确的做法都可以为自己省些钱。

有个名叫珍的女孩子，从营区的医院打电话给我，问起你的情况。她表示预备在周末到阿布奎基去看你，时间可能在星期六晚上或者是星期天的白天。

昨晚我又熬夜了，到两点才上床睡觉。但是我一直睡到上午10点30分才起床，所以我想我的睡眠应该是足够的。或者这样子不太好？

今天是星期五，所以我明天会去看你。

我今天晚上要到老板(汉斯)的家里去照顾他们的小孩亨利。交换条件是我可以随时去翻阅他家的《大英百科全书》。但没料到今晚他们还邀请我到家里去吃晚饭，看起来这次照顾小孩得到双份的报酬。

就这些事了，亲亲。我要停笔说再见了。我爱你。

理查德·费曼

※米歇尔注：信中括弧里的汉斯，是指汉斯·贝特(Hans Bethe，1906～2005，1967年诺贝尔物理奖得主)，他是德国的物理学家，长期在康奈尔大学执教。在20世纪30年代，他发表了3篇讨论原子核物理的著名回顾性论文，而成为这个领域的顶尖人物。开始的时候，他是在麻省理工学院辐射实验室进行和军事计划有关的研究。奥本海默延揽他到洛斯阿拉莫斯来，担任理论部门的负责人。

费曼写给妻子阿琳 | 1945年3月13日，星期二深夜

费曼谈到装着单据的纸盒时，不是说"我"还没把它给寄走，而是戏称"这里的人"。

最亲爱的猫咪：

今天发生了许多事。首先，我找到那个装着很多单据的纸盒了。这里的人还没有把它给寄走。总而言之，虽然没有这些单据，我也能以粗估的方式来报所得税，也不会差太多。但找到总是很好。①它不是在木板条的箱子里。②它就在我找的第二个纸箱子里，实在很幸运。③并不是所有和财务有关的单据，都在这个红白条纹相间的盒子里。我现在才知道，里头只有下半年的财务单据。

但是我今晚就利用这些单据和估算，把所有报税的资料都完成了。和我预估的数字相去不远。你要像去年一样，签一份和退税有关的文件。我会把相关的文件都弄好，寄给你，你只要在该签名的地方签个字，然后邮寄给税务机关就行了。由于我们报税的时间很晚，你寄出的报税资料很可能超过期限，因此我们可能会受罚。这是理论上的说法。但我估计，我们最多只会迟个一两天，应该在容许的邮件处理范围内，不会差多少，也可能实际上没什么关系。我明天会把所有的东西都寄给你。

我现在正在工作。第一台机器已完成它该做的部分，我们正在交给另一台机器来把工作完成，因此暂时有一段空当。我正好借这个机会写信给你，也趁这个机会对你说声我爱你。

明天开始，财务单据要放在另一个新盒子里了。

我下个星期不会回家。我今天和老板谈话，他告诉我纽约有些事情要处理，我是很适合被派去出公差的人，也就是说，我可以一石二鸟，去纽约出差，同时回家一趟，交通费和日用开销还有人出。因此，我可以等一等，到纽约出差的时候再回家去。

听说你妈妈生病了，我觉得很惊讶。她应该尽快回家。告诉她去坐火车，如果她愿意，我可以出车票钱。生病的人搭乘长途汽车实在太辛苦了。我想当她回到海拔比较低的地方之后，一定会觉得舒服些。

再见啦，甜心，现在已经是星期三清晨4点了。

我爱你。

我昨天很忙，不曾写信。

我爱你。

理查德·费曼

费曼写给妻子阿琳 | 1945年3月14日，星期三晚上

最亲爱的猫咪：

在这封信里你会看到一个信封。把它抽出来，里面装的就是你报税的文件。抽出这些文件，在第一页上，你会看到两条虚线，我在每条虚线的前面，都用铅笔画了一个叉（就在第一页的下面，这就是退税申请单）。其中一条虚线下，写着纳税义务人，那就是你啦，小姑娘，在线上方签个名。第二条虚线下标着日期，记下你签名当天的日期吧。不要想在日期上动手脚，反正退税单总会因为某种原因而延误交寄。签下名字，填下签名时的日期，这就是你全部的工作了，再把退税申请单放进信封，寄出去。这样，在明年的某一天，你会接到一张退税的支票，应该是203.06美元。到时候再把支票交给我。

如果你想把整份资料都看一遍再签字，这当然是值得夸奖的好习惯。只是不要忘了把那叠标示着"扣缴凭单"的东西也放进信封里。

你要知道我们缴税的情形吗？我要补缴30.08元的税款，而你可以获得203.06元的退税。因此，我们总共可以获得约173元的退税。去年，我们一共缴了314元的税，但得到263元的退税。不过它迟了10个月才寄给我们，因此也支付利息给我们，我们总共得到的退税金额是282元。今年我们两人共缴了489.43元，但政府已经从我的薪水里，按月扣了662.40元，因此要退173元给我们。

现在盒子已经空了。我在盒子上做好标签，并且打好包，请圣塔菲货运公司送到圣塔菲去给你，让你开始收集必要的单据。

你请好护士了没？

你妈妈的情况如何？

我需不需要在星期六之前，抽空到阿布奎基一趟？

我爱你,小宝贝。我爱你。

理查德·费曼

附笔:

别为报税误期而担心。罚款不可能超过6元(这是迟了30天的罚金),而我非常怀疑,迟个一两天会有什么罚金。至少对我是绝对没有罚金的。我是说真的。你的申报比较慢,我的却是及时寄出的!哈、哈、哈!

费曼写给妻子阿琳 | 1945年3月18日

最亲爱的猫咪:

我想这个星期我又有些过度工作了。通常我每天大约凌晨3点上床,然后睡到上午11点,睡眠应该是够的。问题是,它打乱了我的正常作息时间,而且我觉得太累了,就把给你写信这件事往后延,先睡再说。起床之后又有别的事耽搁了,一天就过去了。你就没有信可以看了。

昨晚,我到一对你不认识的同事家里去。那位先生曾是康奈尔大学的讲师,他太太则曾经在动物园或什么类似的地方工作过。总之,她非常喜欢动物。他们养了两条狗,其中有一条母狗已经怀孕,快要生小狗了。她带着这只怀孕犬去给兽医看。兽医详细检查之后,夸奖了一句,"奶子的发育很好啊!"我想应该是在说狗。但这位同事的太太低头看了看自己的胸部,然后板着脸说:"哦!谢谢你。"弄得兽医尴尬得很。

那天还有别的同事一起去那对夫妻家里,有个人就弹起夏威夷的四弦琴来。那位先生则吹奏长笛来合音。我敲着桌子为他们打拍子,然后东敲西打地玩了很多东西。之后,我们看了纽约绮色佳(Ithaca)的照片以及墨西哥州的照片。他太太在照片里搔首弄姿,摆了很多姿势。

今天我起得早些,本来是准备参加一个会议的,但闹钟出了点差错,提早把我弄醒,所以我多了半小时的空当。

另外,我今天会去看你。我深深地爱你,再见,甜心。

理查德·费曼

费曼写给妻子阿琳 | 1945年3月22日,星期四早晨

最亲爱的猫咪:

我昨天接到你一封很棒的信。我很高兴自己可以让你振作起来,很轻易就使你非常开心。只希望你的开心与振作能够再持久些。并不是我不想和你说话,你知道我永远是乐意的。只是如果你的快乐可以持久的话,那么相对的,不快乐的时间就会缩短了。那在我看你、陪你之前,你也有机会快乐地过日子。

信里还夹着一张便条纸,写着"要记得的事情"。其中有一项特别用绿色墨水写的,强调它的重要性,就是"休息与放松"。虽然在接到信的时候,才下午3点钟(星期三),但我决定立刻遵命,上床睡觉。结果一直睡到星期四上午8点才起床,足足睡了17个小时,连日的疲劳一扫而空。只除了中间有1小时的干扰。那个混蛋朱利阿斯(Julius Ashkin)在练习直笛,一种很令人讨厌的木管子,可以依照纸上标示的黑点,对应地发出噪声——一种很诡异的、猫叫的音效来。

我的行径听起来有点反常,所以我要说明一下。①我是工作小组的组长，有照顾组员的义务。有个组员滑雪摔断了腿，因此受我的照顾。②我们正准备开始一项新的工作计划，但还处于筹备阶段。③我们现在开始轮三班，每班8小时，日夜不停地赶工。④除了我和断腿仁兄之外，没有人晓得事情是怎么回事、该怎么做，连我自己也不是很清楚。因此，我从星期二的上午8点一直忙到星期三的下午3点，整整31个小时。那时候，新工作的进行已经相当顺利了，所以我才在下午3点跑去睡。

我醒来的时候，事情进展如何？就和我去睡的时候一模一样。因为我离开以后的15分钟，有人做错了一件事，一切努力全部白费。我们又要回到原点，改正错误，再重新来过。这也是我为什么要这么辛勤工作的原因。我一定要另外想个有效的管理方式，让我不在的时候，事情也能够顺利进行下去。

当然我爱你，管他事情怎样了。

理查德·费曼

费曼写给妻子阿琳 | 1945年3月27日

最亲爱的猫咪：

今天我的上眼睑肿了起来，不知道怎么回事，害我连眼睛都不能完全张开。我10点钟要去看医生。如果你觉得这封信的字迹歪歪斜斜的，那是因为我眯着一只眼睛写字。我想是比较严重的睑腺炎（麦粒肿），真的有点严重，害我非去看医生不可。

星期天晚上，我从11点30分睡到第二天7点30分，昨夜是12点睡到今晨8点，因此我总算回复正常的作息了。我每天工作8小时，正常吃三餐,希望能一直这样维持下去。昨夜吃过晚餐后,我和克劳斯(米歇尔注:克劳斯可能是Klaus Fuchs,后来证实是个俄国间谍)开着他的新车去兜风,这是他刚买的。我们开到一些印第安人留下来的洞穴去,还爬进去看了一下。后来天色暗了下来,我们就回去工作了。

这里的事情慢慢平顺起来。当然,偶尔会有一些小波动。我小组的工作成员似乎逐渐能独当一面地挑起大梁来,不管我在不在,几乎都能把问题解决。

现在是星期二上午,我正在给你写信。我在这个星期二上午很爱你。但我的身体似乎有严重的失调。我永远爱你,你是个好太太,我很喜欢去看你,但愿现在就是星期六。反正也快到了。

你这星期情况如何?

我爱你,小猫咪。

保重

理查德·费曼

费曼写给妻子阿琳 | 1945年4月3日,星期二,上午10点

最亲爱的猫咪:

有两件事你听了可能会很开心。第一,昨天,我把一切事都收拾停当。因此,从现在开始,我将不必再熬夜工作了(昨夜,我工作到12点)。第二,我洗了淋浴。今晨我故意睡得很晚,纯粹是好玩而已。我现在开始用一种比较轻松的态度来过日子(甚至在就寝之前,还花了半个小时阅读一本书)。我觉得最辛苦的时期已经过去了,我现在可以放松些。

还有第三件事你一定会开心的,就是我爱你。你是个又坚强又美

丽的女人。虽然你不是永远都这么坚强，但它像山势一样有起有落。我想，我像是一座调节力量的水库。如果没有你，我只是一片空乏和衰弱，就像认识你之前的情况。你偶然具有的力量，使我也跟着强壮起来，然后我可以把储藏起来的、来自于你的力量，在你需要的时候回馈给你。多美妙！

我发现这几天写这些东西给你，居然有些困难。我通常习惯在信里，表达出一种很亲密的私密情感，但上面那些东西我说得不太顺畅。我星期天会来，再亲口告诉你。我会在星期天爱你。

这里没有什么新消息。哦，对了，是有一件事。我们这里有个正式的反情报单位，他们正式审讯我们的一位同事。就像电影里的情节一样，一间黑暗的房间，烟雾缭绕，四周坐满了看不清面孔的人。他们连珠炮似的问了他好几个钟头，想证明他是一个共产党。但是这些人没有成功，因为他真的不是共产党。第二天，这个可怜的家伙还心神不宁，无法好好工作。因为他们在前一天晚上，半夜把他从床上叫起来。他们说想肃清我们这里所有的间谍。其实他们的方法很笨拙，例如营区的大门常常在半夜无缘无故地洞开。不过你别惊慌，他们还没有找我麻烦。他们不知道我是个相对论者。

我爱你，甜心。

理查德·费曼

费曼写给妻子阿琳 | 1945年4月4日，星期三上午

哈罗，猫咪：

我昨天晚上工作得有些晚(凌晨1点)，但是我今天上午10点才起

来，应该是睡够了。

昨天这里冷得像寒冰地狱，又下雪又刮风的，很不好受。

昨天中午，午餐过后不久，一位住在富勒旅舍的、我不太认识的人，跑来请我帮忙，去打开储藏室的锁。看起来，富勒旅舍管钥匙的人把钥匙弄错了，把房间门的钥匙当成储藏室的钥匙，而他把东西放在储藏室里，门却锁上了。因此，我收集了两个纸夹子、一把螺丝起子、一个小钉子和一些杂物，到他的房间里，花了2分钟，就用纸夹子和螺丝起子把锁打开了。那个人惊讶得不得了。不过他非常高兴，我也是。因为我对开锁这件事不太在行，常常会失败。我以前很会开锁的，但近来这种手感有些丧失了，我想。

有一天晚上，我带着一个耶鲁牌的锁睡在操作间。虽然我有钥匙，但我和人打赌要不凭钥匙弄开它。我居然搞了一个晚上。我没有告诉过你，曾经去打开一个档案柜，把里面有关拖雷雪车的合同文件取走。当他们有个大型的会议，需要这份文件的时候，却遍寻不着。我当时坐在朱利阿斯的房间，两个家伙上气不接下气地跑上楼来，一看到我就欢呼："他在这里，感谢老天爷！"从此之后，各色各样的家伙一打不开什么东西，就来找我。我不得不帮助他们弄开抽屉或门锁。不过我到现在还打不开我自己的保险箱，当然这是指不知道它密码的情况。如果我能打得开这类保险箱，应该算是空前的胜利。

我之所以这么喜欢开锁，可能主要是因为我喜欢解各种各样的谜题。每个锁就好像一道谜题。如果你可以不用蛮力打开它，心里会有很大的成就感。但密码锁倒是难倒我了。

猫咪，你有时也像谜一样，但我最后还是会解开你的。我也爱你。

理查德·费曼

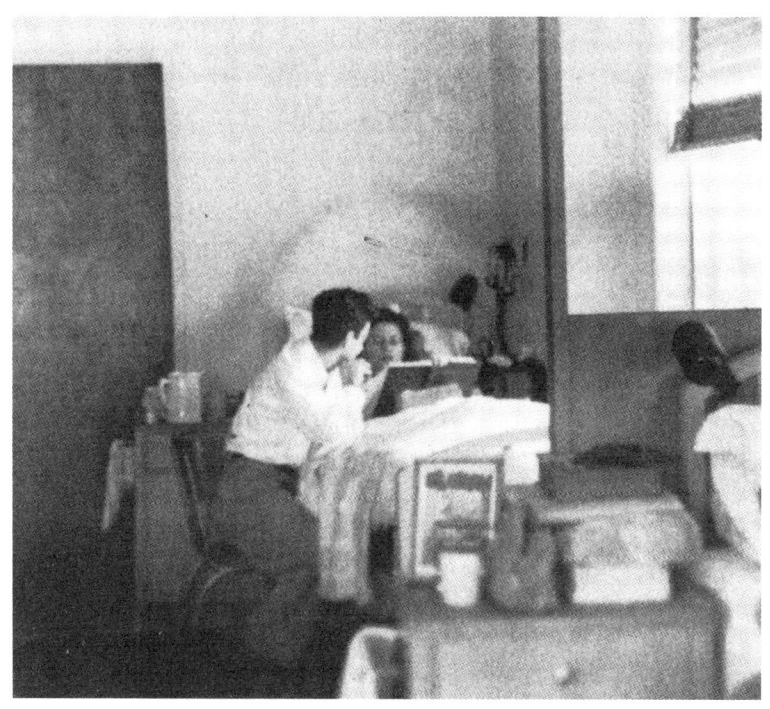

费曼与阿琳，1945年摄于阿布奎基的疗养院

费曼写给妻子阿琳 | 1945年4月12日，星期四早晨

哈罗，猫咪：

我应该更勤快写信给你的，星期天碰面的时候，记得你狠狠地骂了我一顿。前几天我和平常一样，非常忙碌。还好我的睡眠是足够的。星期二晚上最惨，我忙到2点30分才上床。不过我一直睡到12点才起床。昨天我在合理的时间上床(11点30分)，还是靠着强大的意志力才办到的。昨天，我发现了一项自己的失误，它让我们一再重复去做同一个问题，把我们的工作进度推回到上星期六左右。但在所有的人齐心合力工作了3个小时之后，我们把问题解决了，并且重新启动了机器。总而言之，我们大概只损失了一天的时间。

除了这件事之外，其他的事都如我所预料的，进行得相当顺利。现在这一星期已经过了一半，我相信剩下来的日子也应该一样顺利。如果事情真的很顺利，我最想做的是，找一两小时的空当出去散散步。我还没有拨出1小时的空当出来过，除了那次和克劳斯开着他的新车去兜风。这种忙碌的生活已经持续3个星期了。我只有利用周末的空当去看你，其他时间全忙得不可开交。能去看你真好，让我下星期又能全心投入工作。

我爱你，小猫咪。真抱歉我工作得如此卖力，害我没有时间想到我们，也没有时间像往常那样时常写信给你。

我爱你，亲亲。你觉得好一点了吗？

理查德·费曼

费曼写给妻子阿琳 | 1945年4月19日，星期四晚上

最亲爱的猫咪：

朱利阿斯借走了我的时钟，所以我不知道现在时间到底是几点。不过我认为应该还不到半夜12点。

我其实大约在11点30分以前就到家了。但是我正要开门的时候，却听到火警的警报器响起。因此，我立刻跑去帮忙救火。但是当我跑到起火地点的时候，大概只有两三分钟的工夫，火已经熄灭了。原来只是某种化学物品起火燃烧，但火势很快就给控制住了。有人穿着睡衣，开车赶过来，顺便让我搭便车（所以才会那么快）。我到达火场的时候，看见我的值班同人也跑过来了，在附近绕圈子，希望能帮得上忙。因此，我和他们会合在一起，但还是插不上手。

我没有听到关于你的消息，但如果你不想动笔也没关系。我会如平常一样，星期六上午8点30分左右就出现。除非我又赶不上那班公车。如果我找得到便车可搭，甚至可能得更早些。但愿如此。

我有两个值同一时段的组员，居然同时生病。真该死！我明天就要展开新的工作了。而那位摔断腿的同事也还没有回来上班。

很快整个小组就只剩下我一个人能正常工作了。

继续努力，亲爱的，报酬是非常丰富的。我星期六会去看你，情况如何？别忘了喝杯牛奶。

我爱你，甜心。

理查德·费曼

费曼写给妻子阿琳 | 1945年4月21日，星期六早晨

最亲爱的猫咪：

我接到了你的明信片。我很快就会去看你，让你整个下午精力充沛。

昨夜我12点上床，但没有写信给你，因为我太累了。我也没有刮胡子，一直拖到今天早上才刮了胡子。上次我的胡子还是在阿布奎基时刮的，星期天晚上刮的，已有5天了。我本来还不想刮胡子的，而且过了这么久之后，刮起来不太舒服。但是镜子里的家伙（就是我啦！）看起来一副蠢样子，所以我还是动手刮了胡子。不过不论我有没有刮胡子，你看起来都是傻得可爱，我爱你。

我每天都忙着工作，所以这里没有什么新消息。我现在上床睡觉的时间还可以，通常我从早上8点30分忙到晚上11点30分，中间扣掉两小时的午餐和晚餐的时间，每天足足上工13个小时。我记得以前在阿诺德旅馆打工，两天一轮，前一天工作11个小时，第二天就工作13个小时，每周（或每月？）只赚20美元。我觉得那件工作比我现在的工作还要辛苦，因为那些工作没有现在的工作有趣，而且工作时数又不是自愿的。

在这3天里，我就做了将近40小时的工作，已经是一星期的工作量了。到了第四天，甚至已经超过48小时。如果我星期六和星期一都放假（星期天当然是放假的），我还是做了足够的事，可以问心无愧地领我的薪水。（写到这里，我忽然想到，在我们两人之间，到底谁在付出，我不知道。）

或许我今天有机会可以发现，怎么才能为你找到一个更敏锐的医师来看你。

我爱你，小乖乖。

喝杯牛奶好吗?

理查德·费曼

费曼写给妻子阿琳 | 1945年4月24日,星期二早晨

最亲爱的猫咪:

我爱你。

我回营区的路上,没有什么新鲜的事。

或许你会从税务部门得到一份退税通知。不必理它,一切都没事的。它只是告诉你,有关你的税籍记录,已经从新泽西州的坎顿,转到新墨西哥州的阿布奎基而已。

关于我们每个月的开销,大约是下列的数字:

西尔利医师　10元

护士　300元

房间与氧气　200元

我的零花　50元

我的房租　40元

总数　600元

收入　300元

差额　300元

我们每个月要透支300元。但我们有超过3300元的存款,因此至少可以撑10个月以上(这是假设没有手术之类的额外开销)。你还认为现在有必要卖首饰或钢琴吗?随你爱怎样就怎样吧。我是不是该回餐厅去吃大锅饭,这样每个月可以省15元。10个月大概差150元。

不过看看这张开销表，我发现里面有些项目似乎不太平衡。医师的花费只有10块钱，但是护士和房间加起来的花费却有500元。我觉得，我们花在疗养院的钱可能太多，而花在给医生看病的钱似乎不太够。但我不知道有什么办法能扭转这种失衡，你呢？你觉得如何？

昨夜我睡得不错。我在正常的时间就上床就寝，睡眠很充分。近来事情平静了很多。

我很快就能再见到你。

喝杯牛奶。你的温度是不是还很高？好吧，记得等一下为我喝杯牛奶。

我爱你。

理查德·费曼

费曼写给妻子阿琳 | 1945年4月25日，星期三早晨

哈罗，猫咪：

我昨晚上床的时间比平常晚了一些，下午2点，睡到10点。我以后不会再这样了。我爱你。而且我也知道，如果我自己都病倒了，将是极为严重的事情。我将努力正常工作，使自己没有生病的机会。

我收到一封你的明信片，知道了你会继续努力的好消息。继续加油！来，现在就喝瓶牛奶如何？明信片上还说，你寄了一只手表给我修，但我还没收到。为什么你不把手表留在身边，等我星期六去的时候再修理？我在这里并没有多少时间，而且也缺乏工具。

我正在阅读一本书《时间与计划器》里修理手表的那一章。当手表构造愈来愈复杂，价格愈来愈昂贵的时候，清洗和修理的方法也愈来愈困难。我很快就只能处理便宜的手表了。不过我想，或许有一天也

会戴只昂贵的好手表吧。或许我应该把自己的好手表拆开来练习一下，反正它戴在手上，也没有多大的用处。

我把它拿出来看了一下，因为它运作正常，只是没有分针。虽然掉了分针，运转得还不错。另外，我还发现有个玩具手表，只是发丝弹簧需要修理。我是不是干脆把它修好，寄给你用。你要这个玩具手表吗？

在以前，手表非常不准确，制作也很困难，因此往往只有一根针在表面上，就是时针。因为分针就算存在，所指的时间也不太正确，没有多大的用处。虽然我手表上的分针早就脱落了，但是我单凭时针的位置，就知道大概的时间，误差不会超过5分钟。我想我会把它带着，看能不能修好。

我爱你，小宝贝。

我爱你。

理查德·费曼

费曼写给妻子阿琳 | 1945年5月2日

最亲爱的猫咪：

今天，我在普林斯顿的老师约翰教授(注：惠勒教授)要来，老板派我到火车站去接他。真棒，这样我就会得到以前那些学校同事的消息了。我连他们的名字都不太想得起来了，好像一个是珍娜特，一个叫提塔，另一个是吉米什么的。

我好久没见到他了，这次能再见到他真好。因为我曾经是他的学生，而且一些他想知道的事，我知道细节，所以实验室派我出去接他。这就是我必须离开营区的原因，暂时也离你远一些。

喝些牛奶!

你是个好女孩。我每次一想到你,心里就暖洋洋的。这就是爱,这有点像爱情的定义。这是爱,我爱你。

我两天之后会去看你。

理查德·费曼

费曼写给妻子阿琳 | 1945年5月3日

有一段时期,费曼和阿琳怀疑是不是阿琳怀孕了。当时测试妇女是否怀孕,用的是一种"富莱德曼测试法"(Friedman test),把妇女的一些尿液,注射到未交配的兔子身上,再检验雌兔的卵巢,以此判断受测女子是否有身孕。

最亲爱的猫咪:

我接到你有关测试报告是阴性的信件。我问了这里的医师,他说,他们可以在阿布奎基的范阿塔(Van Atta)实验室做同样的试验。因为(他认为)那里养了很多兔子。他表示,他对富莱德曼测试的结论没有什么信心(他是我们这里的妇产科医师),可能两头都会弄错。他觉得触摸子宫的生长,才是最好的方法。因此,我们或许下个月再请妇产科医师来看看。

我会拿你的X线片给你。我星期六会早早过来。如果一切顺利的话,应该12点30分左右会到。

医师特别跑来告诉我一个消息,就是现在有一种新的霉素,叫链霉素(streptomycin),在动物实验上相当成功,确实治好了天竺鼠的结核病。现在正在进行人体实验。它对结核病虽然有很好的疗效,但却很危险,会阻塞肾脏什么的,有人几乎被这种新药杀死。不过他认为研究人员应该很快就能克服这些困难。如果一切顺利的话,应该很快就会上市。我不知道西尔利医师有没有注意到这个实验的消息。如果他能替我们注意的话,那么新药一公开上市,就能尽早知道。

继续努力,亲爱的,我总是认为有机会变好的,没有什么一定不行的。而且我们正过着令人陶醉的生活。

我爱你,甜心。

理查德·费曼

费曼写给妻子阿琳 | 1945年5月3日

朱利阿斯·亚斯金新墨西哥州圣塔菲邮政信箱1663号

阿琳:

下面是理查德给你的消息。

朱利阿斯·亚斯金敬启

你好,猫咪:

我现在人在办公室,手边却没有任何信纸可用。因此,我向亚斯金借了一些信纸来用。幸好这些信纸也是你寄给他的。他特别在信纸的前端,先写了几个字,免得你想入非非,以为他在暗恋你,偷偷写情书给你。尤其当我写着"我爱你"时,更容易产生误会。因为我确实爱你,而我的名字又不叫作朱利阿斯什么的。(这提醒了我,最好小孩子生下来的时候,可别一出娘胎就蓄着小胡子,否则我就知道该去找谁决斗了。)我叫理查德,你的丈夫。

我昨夜只工作到11点,因此有机会早早就上床睡觉。

弗莱德的太太快要生产了。她现在已经在医院里,弗莱德也去陪太太了。我希望他能够放心地说:"希望一切都顺利。"他已经预备了很多雪茄和糖果。按照我们办公室的习惯。生孩子的人要请同事抽雪茄;碰到不抽烟的同事,就请吃糖。我是拿雪茄的。在这里,我几乎每个星期就得到一根免费的雪茄。

他们不知道为什么,把办公室外面那个池塘的水放光了。又利用推土机和挖土机,把池底的黏土层都挖开。真不晓得他们在干什么,但我和一个同事打了赌,这个池塘以后不会再放水进来了。

这就是所有的消息了,甜心。

我爱你。

理查德·费曼

费曼写给妻子阿琳 | 1945年5月9日

我想我以后不会再喝醉了。并不是我在酒后做了什么见不得人的事,只是我觉得醉醺醺并没有清醒好玩。昨天晚上,我工作到9点30分左右,有一对同在办公室工作的夫妻(他太太讲话非常大声),先生出面邀请我一起到他家庆祝欧洲战争的胜利。因此我应邀前往,喝了比以前多的酒。当然,我也比以前醉醺醺得多,我甚至不想假装自己是清醒的。我发出很多噪声,因为有人把我的鼓也带来了。我不太喜欢后来的情况,我知道自己鼓打得并不好,也不太会讲笑话。另外,我对别人所讲的笑话,也不太会欣赏。在社交场合,我常会被归类为"独行侠"那一伙,不容易引起别人的注意。我们在街上到处闲逛,唱歌、打鼓、

费曼与阿琳过世前的最后一张合照,摄于1945年

敲锅、击盆。听起来好像很好玩似的,但是我知道,如果自己更清醒的话,应该更能开心地享受。

在深夜,我就找了个地方躺平了。后来别人把我叫醒,我和克劳斯一起回宿舍。

今晨醒来,没什么不舒服的,没有所谓宿醉或头痛的问题。我冲了澡,便又是一尾活龙了。我认为每个人一生中,总有一次会喝得烂醉如泥。这让他有机会知道自己并不爱喝酒,尤其不喜欢喝醉。

抽烟也一样,试过了香烟、烟斗和雪茄之后,我决定把它们全放弃掉。当我年事渐长,竟变得愈来愈道学了,真是糟糕。

我经常想到你,连喝醉的时候都不例外。我深深爱着你,我爱你。我很快会去看你,我的亲亲。

理查德·费曼

费曼写给妻子阿琳 | 1945年5月10日

费曼的生日是5月11日。阿琳印了一些假报纸,头版头条是"全国热烈庆祝费曼博士诞辰",洛斯阿拉莫斯很多人都收到了这份报纸。

最亲爱的猫咪:

我爱你。

昨夜我在TA家吃饭,有很多意大利面和肉丸子。每人3大颗肉丸,吃得我撑死了。我看大家都一样,后来的草莓奶油松饼,每个人都吃不下。

办公室今天到处都是报纸,我想是《先锋报》吧,头版头条是"全国热烈庆祝费曼博士诞辰"。天呀!真聪明。大家一开始都以为真的是报纸上的新闻。他们就把这份报纸，贴在我办公室的墙上，很多同事还把别人的那一份报纸借回家给自己太太看。真是大新闻，我可能还会因为这个新闻，得到一些生日礼物呢，或许会收到27双袜子也说不定。

总之，我几乎忘了自己的生日快到了。如果没有你用这么绝妙的法子来提醒我，我一定会忘了。

我爱你，不管发生什么事都一样，你是个好太太。

理查德·费曼

费曼写给妻子阿琳 | 1945年5月11日，星期五

最亲爱的猫咪：

很多人跑来要那份报纸的复本，想拿给别人看一看。这件事传得很广，我简直成了新闻人物了。我想今天就是我生日，对吧！

在我生日这天，你觉得好点吗？

我的老板贝特教授也收到一份报纸。他评论说，你真是个很棒的太太。虽然他说这句话时，态度是认真的，但我还是觉得他是在开我的玩笑。(我私下当然也觉得你是很棒的太太。但这样公开宣扬我的生日，让我觉得很窘，我不知道应不应该夸你。)

我想我应该也拨出几个小时来，想个什么办法来回敬你，让你也稍微享受一下被捉弄的滋味。

妹妹写了一封信来给我，但我还没回信。她不知道我老妈知不知道你可能怀孕的事。她在想，不晓得应不应该写封信给老妈，告诉她这件事。

保罗说，他在纽约的时候，关于这件事曾询问一位医师。医师认为，在这种情况下，堕胎应该没有任何困难。如果西尔利医师担心的是

麻醉问题,因为你需要氧气,倒是可以利用脊椎麻醉的办法。这种麻醉法对呼吸没有任何影响。

我还没有听到任何进一步的消息。怀孕的检验结果是有还是没有?如果是有,而医师又表示他有办法可以处理,那么下次他来的时候,你认为我们该怎么做?

别担心,亲爱的。

我爱你,亲爱的。

理查德·费曼

※米歇尔注:在这里忽然谈到堕胎,一定是阿琳接到戴博拉疗养院的医生给她的两封信。这是她和费曼结婚之后所住的第一家疗养院。医生强烈建议她,立刻中止任何怀孕的过程,"一天都不要等"。最后的情况是,阿琳并未怀孕。

费曼写给妻子阿琳 | 1945年5月15日,星期二早晨

哈罗,甜心:

昨夜我很忙碌,所以没有写信给你,但我今天早上正写信给你。如果营区收信的时间是中午,它会在同一班邮递中寄送出去,因此,你今天下午就会收到信。这是我的想法,我会知道是不是这样。

昨夜我工作到12点30分,因为在11点交班的时候,只有一个人进来。另外一个人的识别证昨天到期,因此门口的警卫不让他进来。后来,我到处打电话找人。最后等我到大门警卫室去带他进来的时候,已经过了一个小时了。通常我们一班有3个人,但第三个人生病了,

不能来。

　　我昨天晚上，像平常一样地想起你。你近来一直瘦下去，出现所有营养不良的症候。虽然我知道你吃得不多，但应该也不至于少到会饥饿或营养不良的地步才对。为什么食物在你身体里不能好好地消化？是不是你的消化系统有问题？还是其他的原因？例如缺乏空气？虽然我看不出来缺空气和营养的吸收之间，有什么关联。

　　如果是前面那个原因，那么把食物的养分直接输送到血液里，会不会是个好主意？例如利用静脉注射或吊点滴，把葡萄糖和必要的营养素送进身体里。或许这个办法值得试试看。问问西尔利医师，看他怎么说。问他为什么在正常的饮食情况下，你体重减轻得这么厉害。如果他认为你吃得不够多，那么吊点滴应该很有帮助。如果你已经尽量在吃了，也吊了点滴，那我们就尽了全力，能做的都做了。

　　你有没有做血液检查？血液里所含的营养成分够不够？是不是血液里虽然营养足够，但是细胞却没办法吸收？如果是这种情形，那么吊点滴或静脉注射可能也没有什么用。你现在是在哪一种情况？静脉注射会有效吗？问题出在哪里？是"消化系统到血液"这一段呢？还是"血液到细胞"这一段？问问西尔利。

　　我爱你，亲亲。

理查德·费曼

费曼写给妻子阿琳 | 1945年5月17日，星期四早晨

　　最亲爱的猫咪：
　　我昨天没有给你写信。

我接到家里寄来的包裹，就像我告诉过你的一样。里面有6件高级衬衫，是大百货公司买的好料子，很不错。

我还不知道该怎么补袜子。有位需要住院一段时间的女生偶然听到这件事，就对我说，如果我需要缝扣子或补袜子之类的事，她愿意帮忙。但是我看她情绪不是十分稳定，所以不敢去麻烦她。怎么样，你吃醋了吧！别担心，她是一个好朋友的太太，因为怀孕并发症而住院，我怎么敢去麻烦她。你呀，永远不必担心我会和别的女人有什么瓜葛，所有状况都在掌握之中。我只爱你。

昨夜我翻阅了一下《大英百科全书》，看了一下这几个字，很有意思：tuberculosis(结核病)、tuff(凝灰岩)、tularemia(兔热病)、tumor(肿瘤)、tunicata(被囊动物)、Turkey(土耳其)和其他一些夹在中间的字，不过我已经记不得了。我以前也查过"结核病"这一条，不过里面没有多少资料。凝灰岩是火山喷出来的火山灰，我们附近到处都是。兔热病是一种野兔和野鼠的传染病，第一次传染给人是在1913年，发生在犹他州，以后就逐渐流行。被囊动物是一种很奇怪的微小生物，含有纤维素，和植物一样，而它的血液里含有一种稀有金属，叫作钒。(我们的血液里含有铁，昆虫的血液里含有铜，而植物的叶绿素则含有镁)肿瘤，你已经知道了，土耳其是个国家，你应该也知道。最后这一项的内容太多了，我没有看完。

我正在照顾亨利，他是贝特教授的小孩。他已经长高了一些，也刚会走路。他很乖，不会整天哭。不过他在四处走动的时候，有好几次跌坐下来。

这就是所有的消息了。

我爱你。

理查德·费曼

费曼写给妻子阿琳 | 1945年5月22日

最亲爱的猫咪：

我还没有告诉你，星期天晚上从阿布奎基回营区途中发生的趣事。一切都很正常，直到公车抵达伊斯潘诺拉(Espanola)，我看到那儿五光十色，还有个摩天轮，原来是有一座流动游乐场。因此，我没有考虑接下来该怎么回营区的问题，就下了车直奔游乐场而去。

我坐了一趟摩天轮，接着又坐了一趟旋转飞椅，就是用两条链子把椅子吊住，然后旋转起来的那种游戏。他们还有很多玩意儿，譬如投圈圈或掷棒球等，可以赢取奖品，像基督雕像或大布偶之类的东西。我没有玩，因为我看那些奖品都不怎么样，没什么吸引力。

我看到3个小孩很想坐小飞机，一直在旁边流连，就付钱请客，让他们坐上去开开心。

这只是一个很小型的游乐场，但很好玩。

后来我就搭便车回营。我在路旁站了不到一分钟，第一辆路过的车子就停了下来，让我搭便车。其实是我开车，因为车上的司机已经太累了。车上还有3个女孩，不过长得实在相当安全，我就一直保持正人君子的风度，一点也不用给自己施加耐力。

我爱你，小宝贝，在游乐场里，我想的都是你。我们以前在游乐场玩得多开心。快快好起来，我们可以再去玩。

我爱你。

理查德·费曼

费曼写给妻子阿琳 | 1945年5月23日

最亲爱的猫咪:

我昨天晚上参加了镇议会,有一大堆一大堆的人,过程非常嘈杂、喧闹。

你知道发生了什么事吗?原来上面颁布了管理男生宿舍和女生宿舍的新规定:不准男生在夜间于女生宿舍逗留,男性访客只能待在会客室。而所谓的会客室,不仅人来人往,还彻夜灯火通明,连半点气氛都没有。而且他们这些规定还不是说说而已,真的拿鸡毛当令箭硬干起来,派出一堆宪兵守在女生宿舍门口。宪兵哪!真是笨。其实每个宿舍本来就派了舍监做全天候的管理(24小时,包含我住的宿舍也在内),我虽然不知道他们管理什么东西,但想必是不准过度喧闹、扰人安宁之类的事。

由于这些规定深深影响住宿的人,而他们既没有事先得到告知,也从不曾参与相关的讨论,宪兵忽然就出现了。大家对这种黑箱作业的决策过程非常恼火。他们一致表示,自己可以管理这类芝麻小事,不必惊动宪兵大人。而且有些宿舍本来就组织了管理委员会,也有自治公约。这些有委员会的宿舍,原本已经存在相当畅通的申诉渠道。

我也和别人一样恼火。最后建议,由于镇议会也是管理宿舍内居民行为的单位,我们不能同意这种新的管理规定,要求当局立刻改正,等等。

因此,大家要求当局依照我们的决议来执行,而警卫只能在白天打扫的时间出现。我们要看看接下来会怎样。

他们(当局)也规定,一般人在上班时间如果要外出,必须得到领班以上人员的许可条(我想是要检查是不是有人溜班)。这限制了一些自由度。

有人很愤慨地站起来发言,说:我们又不是犯人,这里也不是监狱。如果按照那些新规定,我们倒是想知道,是陆军的哪个单位,要依什么罪名把我们逮捕。

大家都非常激动。

我爱你,亲亲。而且,我不记得这些年来,曾经到过女生宿舍去。

爱你!

理查德·费曼

费曼写给妻子阿琳 | 1945年5月24日,星期四晚上

最亲爱的猫咪:

我想念你的信。或许你偶尔可以要你爸爸或护士,为你写张明信片给我,告诉我你的情况究竟如何,或者你爱我之类的。

我们的镇议会又开了一次会,这次是每个宿舍派出一位代表与会。我正好也被我住的宿舍选为代表(他们昨晚开会选代表,我有事不能参加会议,就当选了)。大家交头接耳,小心翼翼地嘁嚅了一会儿,最后还是我想出一个主意来。我提议大家签署一份文件,表示我们可以自主管理自己的生活方式。最后我们就按照这个提议进行,在一份拟好的书面声明上,大概有20几个宿舍代表签名。声明表示,我们可以负责管理自己的宿舍,如果有任何困难的话,镇议会也可以处理云云。我们认为军方大可不必多此一举,派人来介入我们的宿舍管理。当然,书面声明的语气很客气,还谈到效率什么的。这篇声明稿写得不错,或许我们能够成功得到管理主导权。

昨夜,我到一位你并不太熟的朋友家里吃晚饭,座上正好有一位我

非常佩服的意大利冶金学家。我觉得他非常聪明，饭后我们还闲聊了一会儿。晚餐的菜很棒，气氛也非常好。我像平常一样，没有打领带，也没有穿大衣。只有我一个人这样。不过，以后我到任何人家里去作客，都不能太正式了，否则碰到多心的人，一定会觉得我对朋友有差别待遇。

我爱你，小宝贝，你怎么了？我很快就能再看到你，再两天就是星期六了。

我爱你。

理查德·费曼

费曼写给妻子阿琳 | 1945年5月31日，星期三上午

最亲爱的猫咪：

离我们这里大约20千米的北方，发生了一场森林大火，已经烧了两天了。我从窗户看出去，就看到一股浓烟。晚上还看得见火光呢。

昨天他们征求志愿的救火员，我也和大家一起上山救火。不幸的是，救火人员的组织不是非常有效，我可以说是白费了一天的时间和力气。我们（170人）开了一条3千米长的防火巷，但只有半米的宽度。我们还必须穿过树丛或倒下来的树木这类东西，还真是费力呢。可惜的是，他们并没有留下巡视人员来巡视火场，只是当火往上烧的时候，告诉我们这些开辟防火巷的人赶快下山。在下山途中，我就发现有4个地点又开始闷烧了，而且都在防火巷的另一端。如果有人巡视，就可以把闷烧的火源及时扑灭。

现在，他们又要征求志愿救火员了。不过这次我不参加了。我昨天已经白费了一整天的工夫，今天我可有得忙了。我们昨天是下午3点出

去,到凌晨3点才回来的。

好消息,我加薪了,幅度还相当可观。我以前的薪水是380元,扣掉所得税和一些杂七杂八的费用,大概实拿300元。现在,我的薪水调到450元,但我不知道扣东扣西之后,会剩多少钱。但一定会增加就是了,我一算出来就立刻告诉你。看起来,我的工作成绩还不错。现在他们既然给我调薪,应该也会调整我的工作。

你常说,生命充满了奇迹。当我们的花费增加时,我们的收入也跟着增加。

我爱你,小甜心。

理查德·费曼

费曼写给妻子阿琳 | 1945年6月6日,星期三夜间

我的爱妻:

我总是那么迟钝,总是因不能很快进入情况而使你苦恼。现在我总算知道了。我会尽力使你快乐的。

我终于明白,你的病情多么严重。我已经知道,不该要求你做这做那的了,也不该要求你麻烦别人再为我做些什么。现在不是对你提出任何要求的时候,而是应该顺应你的需求,让你舒服一些,好过一点。而不是照我那些自以为能让你舒服一些的蠢办法。现在是以任何你希望的方式,来爱你的时候。不管是要求我不要来看你,或要我握住你的手,或任何事,我都依你。

这一关会渡过的,你会再好起来。你或许不相信,但是我相信,所以我现在先乖乖听你的,以后再要利息。现在,我是你的亲密爱人,在你最困难的时候，愿意为你付出一切。我是你先生，需要帮忙就打电话来，或是叫我过去，都随你的意。我什么都知道了，我要让你安适。

我这个星期会去看你。但是如果你觉得累，不想被打扰也没关系，只要和护士说一声就行了。我会了解的，亲亲。我会的，我什么都知道，我知道你病得很重，没有力气说明什么。我不需要任何说明和言辩，我爱你，深深爱你。我会以了解的心为你做一切事，不问任何问题。

我后悔自己没有尽责做个好支柱，在你需要的时候，常常不在身边。现在，我会是你可以信赖的男人。对我要有信心，相信我。你现在病势这么重，我不会再令你不开心了。尽量差遣我吧，我可是你先生呢。

我深爱着一位伟大又有耐心的女人。而我的反应这么迟钝，请原谅我。我是你丈夫。我爱你。

※米歇尔注：阿琳于费曼写此信10天后（1945年6月16日）去世。

费曼致母亲卢西莉 | 1945年8月9日

世界第一颗原子弹，已于7月16日，在新墨西哥州的沙漠试爆成功。8月6日，一颗原子弹落在广岛；8月9日，又一颗落在长崎。

亲爱的老妈：
现在我是在辛辛那提等飞机回去。你看我多笨，居然会没记性到连自己妹妹放暑假都忘了，还问她学校的情况如何。我发完电报给琼恩之后半小时，才想起她放暑假这档子事。

现在，报纸上有很多关于原子弹的消息了，所以我可以告诉你们一些我知道的事情。还记不记得我星期六晚上,搭飞机离开你们?大约是星期天中午就回到阿布奎基。有辆军车在机场等我,立刻载我回基地,大约下午3点钟抵达。我就直奔老板家里,他太太为我们赶制了一些三明治,让我们带在路上充饥。我们全部依计划搭巴士在下午5点离开,要赶到阿布奎基南方约160千米的地方去。因为我们要亲眼看看自己所做的原子弹试爆。如果天气允许的话,原子弹预计在星期一凌晨4点引爆。

大概有3辆巴士挤满了许多焦急的科学家,一路上飞速前进。途中还发生了一些有趣的事。首先,是这些科学家都站在路旁,然后其中一个人跑进树丛里耽搁片刻(不是我),后来一个跟一个,很多人跑去给树浇水。第二是当我们到达阿布奎基这个新墨西哥州的第一大城时,全城都沦陷了。所有杂货店、咖啡店等地方的洗手间,都让同一伙人给占领了。这也可以看出阿布奎基有多大了,它还真小!

终于我们到达了目的地,那是沙漠边缘的一个高崖,可以俯瞰整个沙漠。而试爆点就在沙漠的中心,离我们观看的位置大概有30千米远。原子弹被安装在一座30米高的铁塔上,但在这么远的地方,不可能看见铁塔。不过我们知道朝哪个方向看,因为不时有探照灯扫射,并照向天上的云。当天的天气很差。

上面发给每人一块黑玻璃,就是电焊工面罩上的那一种。我透过这块玻璃看手电筒的光线,却什么也看不见。接着每个人都找块地方坐下来,胡乱吃些东西填肚子,等待凌晨4点钟来临。好在有老板娘准备的三明治,里面有烤鸡。我们还带了一些柠檬饮料和巧克力。

我们有两台无线电设备,一台是双向的,可以听也可以讲,用来和地面的管制站联络。另一台只能听不能讲,信号由空中的一架飞机发射出来。这架飞机飞过爆炸地点的上空,拍摄照片,投下度量仪器,而且从空中观测原子弹爆炸是什么情形。我试了一下无线电设备,要接收飞机发出的信号,却发现我这一台不能用。

事前已经有人把飞机的通信频率告诉我。我调到那个频率,没有声音。接着我调整天线的位置,把每个开关和旋钮都转来转去,但还是静悄悄的。同时,我们听说由于天气的关系,试爆会延后。我能接收到的最接近的频率,只有旧金山某个短波无线电台播出的音乐。而这正好让我可以尝试把每个旋钮都转到正确位置(这台无线电机有10个旋钮,但是没有人知道,哪个旋钮是要干什么的。有了旧金山短波电台的音乐,我东试西试,终于找出每个旋钮的用途)。最后,我把所有的旋钮都转到最正确的位置。

这时,我忽然想到,为什么大家并不担心另外那一台无线电设备有没有问题呢?原来是负责那台无线电设备的人一直忙着回答别人的问题,根本没有做测试。我拿起那台可以和地面管制站通话的无线电设备,想问他们知不知道飞机发射出来的电波频率是多少,但是对方也忙着呢。后来,当我走回来的时候,发现同僚里面有个无线电专家,正站在大伙儿前面手舞足蹈,因为无线电机里已经发出清晰的声音来,一切都没有问题了。"好极了,我们看见你们的探照灯光了,完毕。"我觉得自己真是笨手笨脚的。我想,这个电子学小伙子真是对无线电机有一套。我问他是怎么弄的。他说他什么事都没干,只是走过来,声音就传出来了。原来飞机刚刚才发出信号来。在此之前,他们都保持着无线电设备通信的静默状态,所以我什么也听不见。

听了几分钟之后(大约是5点钟),我听到无线电设备传来新的指令:"试爆将于5点30分进行,现在是试爆前30分钟,倒计时开始。"每个人都调好自己的手表,开始围到无线电机旁边来。"倒数10分钟",接着是"倒数3分钟"。人们开始在山崖上散开,希望不要挡住彼此的视线。而且每个人都拿出黑色玻璃,有的人甚至拿出防晒油来涂抹。我想,这真是一群疯狂的乐观派。

我正好参加了原子弹威力的部分计算，我知道为了这次的试爆，要花多大的心力。如果真的能成功爆炸，我可要第一手的目击经验。因此，我不要用黑玻璃来遮住眼睛，我要直接看到它爆炸。不过我还是躲在武器搬运车的挡风玻璃后面，这样可以过滤紫外线；如果有很多紫外线的话，我的眼睛比较不会受伤。而且武器搬运车上还有一台无线电接收器。

这时候，我听到右边有人轻声说："应该只剩下15秒了。"我躲在挡风玻璃后面，凝视着目标方向的漆黑夜空。会爆炸吗？所有的推理与计算都正确无误吗？

我被一道耀眼的银白色闪光，弄得暂时失去了视觉。我必须看出去。然而不论看向什么地方，眼前总是出现一个巨大的紫色光球，就算我闭上眼睛，这个紫色光球还是历历在目。我的科学头脑不断提醒自己："这是目睹强光所产生的残影，并不是你看到的爆炸闪光。"因此，我再回过头去看爆炸的方向。天空被一种明亮的黄色光照亮，而地面则呈白色。黄色光愈来愈暗，慢慢转为橙色。在爆炸点上方的天空里，我看到白色的云，这是紧跟在震波之后的空气急速膨胀所产生的。因为膨胀使空气变冷，空气里的水汽于是凝结下来，很像喷射机的尾迹。这是我们预期的事。

橙色愈来愈深了，但是爆炸点仍然是明亮的。一团明亮的橘红色火球，很像个实体的球。接着火球开始上升，有一股烟跟在后面。从下面往上看，很像是一根大香菇的柄。橘红色火球继续往上升，最后变淡而开始闪烁。一团直径5千米的黑烟和火焰出现，火球非常猛烈地燃烧，就像火势汹涌的油田大火，一下子是一团黑烟，一下子又变成一团大火。不久，橘色光芒消失掉，只剩下翻腾的黑烟。但这一切都给局限在一层美妙的紫色光晕里。我本来又以为它只是另一种残影，但我闭上眼睛就看不见这层紫色光晕，一睁开眼睛就又看见它。别人也说看见了同样的东西。可能是爆炸的高热,使空气游离所产生的一种现象。逐渐的,这些现象都消失了。现在,大的黑色烟球不再上升,留下长长的一股烟柱在它的正下方。

接着,突然出现一声巨大的雷鸣声响。我左边的人惊呼:"这是什么?"他是个作战部门派来的代表。我大声回答:"这就是原子弹的爆炸声。"他一时忘了,声音的传播速度比光慢很多,而我们在刚才之前,一直看到的是默片。它的声音比画面晚到了1分40秒。

我知道这次试爆成功了。连在30千米之外观看,也非常壮观。我现在还记得巨大的爆炸声在山谷里阵阵回响。

我们兴奋得跳上跳下,欢呼不已。大家一直互相拍背或握手,一面互相恭喜,一面暗自估算这次爆炸到底释放出多少能量。成效实在太好了,远超出任何人敢估算的数值。除了引爆地点之外,一切都非常完美。而下一个引爆地点应该会在日本,不再是新墨西哥州了。

最后我们又坐进汽车,开回营区去。途中,我们问一位司机,对这次爆炸感觉如何?他的回答是:"这个嘛,我不知道。我以前从来没有机会看这种事情,无从比较。"

后来的照片和观测报告指出,在爆炸中心1.6千米直径范围内,地面上覆盖了一层绿色,好像玻璃的釉料。那是地面上的沙子受高温熔融而成的。沙子是棕色的,釉料却是绿色的。从空中观察,景色很奇妙——在棕色的沙漠当中,有一块绿色的玻璃似的表面,中心还有个弹坑。

等我们回基地之后,把自己看到的情况告诉很多人,是件很有趣的事情。和我一起工作的人都集合在大厅听我讲,听得目瞪口呆。他们对自己参与的工作也深感自豪。也许我们能使战争早日结束。这种希望应该不算过分。我们接下来又继续工作。

有些探险队受命在阿布奎基附近的山里观测试爆过程。在看到天空的火球时,他们曾经非常担心自己的安危,害怕我们计算错误,使爆炸的威力把他们给煮熟了。爆炸的过程,三个州都看见了,四面八方横跨了320千米。害得阿拉摩戈多(Alamogordo)空军基地的司令不得不对外宣称,他们的弹药库发生了意外爆炸。

保重。

理查德·费曼

费曼致妻子阿琳 | 1946年10月17日,星期四

这封信非常破旧,比别的信都陈旧得多。看起来好像费曼时常捧读。

亲爱的阿琳:

我深深爱你,甜心。

我知道你是多么喜欢我这样对你说。但我不只是因为你喜欢,才这样写的。我写这些话是有感而发的。当我写这些话给你的时候,有一股暖洋洋的感觉充满我内心。

自从我上次给你写信,竟然过了这么久了,几乎快两年了。但我知道你会原谅我的。你非常了解,知道我是个顽固的现实主义者。我认为写这样的信没什么意义,所以迟迟没有动笔。

但是我现在终于明白了,我的爱妻。我只是拖延一件该做的事,而这件事以前常做,是一件非常自然的事。我要告诉你,我爱你,我好想爱你,我永远深深爱你。

我发现自己很难解释,在你去世了之后,我为什么还这么爱你。我

仍想照顾你，让你安适。而且我也希望你爱我，照顾我。我很想和你一起讨论问题，一起策划某些美好的事情。我从来没想到我们还可以一起做这些事，直到现在，我才想通了。我们可以做什么呢？我们可以一起学做衣服，一起学中文，一起装设电影放映机。我没有办法独立做这些事的。我如果没有你，会非常孤独的。你活在我心中，是个"完美的女人"，我们的一切疯狂冒险，你都是带头出主意的人。

当你生病的时候，你非常担心，认为自己不能给我一些你认为我需要的东西。你其实不必担这个心。我当时就告诉过你，我没有什么实质上的需求。因为我如此爱你，爱你的一切表现与作为，爱你全部。现在，这种感觉更清晰也更真实。现在你不能再给我任何实质的东西了，可是我还是这么爱你。你让我无法自拔，不能再去爱任何别人了。可是我甘之如饴。你虽然死了，却比任何活着的人更美好。

我知道你会笑我这么傻，会希望我不要这样孤孤单单的，会要我去追求幸福快乐。我敢打赌，你会惊讶我到现在连一个女朋友也没有（除了你之外，甜心），都已经一年多了呢。但是，亲爱的，这你可无能为力，我也没办法。我不知道为什么，因为我确实碰到过好几个好女孩，其中也有非常好的，我也不是想这样一个人过活。但是见了两三次面之后，我就觉得索然无味而心灰意冷。你还和我在一起，活在我心中。

我挚爱的伴侣，我真的深深爱你。

我爱我太太。但我太太已经羽化升天了。

理查德

附笔：
请原谅我没有寄出这封信。我不知道你的新地址啊。

第 3 部   从东岸到西岸 | 1946～1959年

物理学也有本身的价值和发展的权利；
即便国家仍处于非常时刻，外头的战事还没有完全结束。

第二次世界大战后，费曼决定不去大战期间为他保留职位的威斯康星大学，而决定到康奈尔大学去。他父亲在1946年10月去世，只比阿琳晚一年多去世。在费曼的生命里，这是一段黯淡的岁月。我们从这段时期其所写的许多信中的那种无精打采的笔调，也可以感觉出他的低潮。他后来描述自己在这段时期的心情(摘自赛克斯所写的 *No Ordinary Genius*)：

战后，我对奇妙的大自然有一股非常强烈的反应。这可能是来自原子弹本身，也可能来自其他心理原因……我认为国际关系和人民的行为将会有很大的改变，不会再像以前那样故步自封了。我这种想法出现得非常早，比任何最乐观的人所想的都更早。国际关系就像其他事务一样，我确信将在短期之内发生变化……在大家还没有警觉之前，苏联已经迅速做出原子弹了。其实我心底早就确知，他们也能做出来。因为，一个傻瓜能做得出来的东西，另一个傻瓜也能做得出来。

但是在专业上，费曼还是向着自己的方向迈进。1947年，他参加了雪特岛(Shelter Island)的一场国际研讨会(在24位与会者当中，不乏国际知名的大师，譬如：泰勒、贝特、派斯、拉比、冯·诺伊曼、惠勒、施温格、鲍林、兰姆和奥本海默等人)，确立了费曼在自己这一行的专业领导地位。费曼后来得诺贝尔奖的量子电动力学研究成果，也可以回溯到这段时期。

1950年，他接受了加州理工学院的职位，并且利用他的第一个休假年，到巴西的里约热内卢去讲学。后来这几年的书信内容，大多是围着他的学术生涯在打转，例如：要求别人仔细阅读他的学术论文，看看有没有错误；不愿再受邀回洛斯阿拉莫斯工作而致歉……他的努力与成就得到相当的肯定，在1954年得到"爱因斯坦奖"。后来盖尔曼到加州理工学院来，两人很快就互相激励，产生了许多丰硕的成果。两人之间的合作和竞争的故事,现在已成为一则传奇。

1958年,我母亲温妮丝在我父亲的力邀之下,到了美国。遗憾的是,他们之间的通信极少保留下来。但是从同一年5月29日他写给温妮丝的信里,可以看出我母亲是个敢冒险的女人——敢在只见过几次面,还不熟悉的情况下,答应做他的女管家,从欧洲渡过大西洋,千里迢迢跑到美国来。

●中文版注:

泰勒(Edward Teller, 1908～2003),美国氢弹之父,是较少反思核弹后遗症的著名科学家。

贝特(Hans Albrecht Bethe, 1906～2005),核反应理论专家,1967年诺贝尔物理学奖得主,战后为和平主义者。

派斯(Abraham Pais, 1918～2000),著名的理论物理学家,爱因斯坦的同僚,曾为爱因斯坦作传。

拉比(Isdor Isaac Rabi, 1898～1988),原籍奥地利的美国物理学家,1944年诺贝尔物理学奖得主。

冯·诺伊曼(Joho von Neumann, 1903～1957),原籍匈牙利的美国大数学家,计算机理论发明人。

惠勒(John Archibald Wheeler, 1911～2008),费曼的老师,"黑洞"一词发明人,量子引力的主要创始人之一。

施温格(Julian Schwinger, 1918～1994),美国物理学家,与费曼、朝永振一郎同为1965年诺贝尔物理学奖得主。

鲍林(Linus Carl Pauling, 1901～1994),美国物理化学家,1954年诺贝尔化学奖及1962年和平奖双料得主。

兰姆(Willis Lamb, 1913～2008),哥伦比亚大学教授,1955年诺贝尔物理学奖得主。

奥本海默(J. Robert Oppenheimer, 1904~1967), "原子弹之父", 曾任普林斯顿高等研究院院长。

盖尔曼(Murray Gell-Mann, 1929~), 1964年提出夸克的概念及命名。1969年诺贝尔物理学奖得主。

费曼致康奈尔大学物理系吉布士(R.C.Gibbs)教授
| 1945年10月24日

亲爱的吉布士教授：

当我在几个星期之前，听说贝特先生几乎已经决定不来康奈尔，要到哥伦比亚大学去的时候，心里非常着急。我也尽力挽留他，希望他能维持原意到康奈尔来。你知道，我在一年前之所以选择来康奈尔，是因为本校在核物理的研究上，有一个非常有活力的研究团队。这样，我可以保持在这个领域的前进队伍里，随时提出一些和实验有关联的理论性问题与想法。贝特先生将是这个实验团队的灵魂人物，其他的成员还包括巴克、罗西、派瑞特、葛里森，当然我们也想到麦克丹尼和贝克。但是，如果贝特没有来康奈尔，巴克和葛里森也不会来（罗西已经决定不来了），这样一来，以我们这样的阵容，怎么能吸收其他的年轻科学家来康奈尔？

我决定11月还是先依照原订的计划到康奈尔来。因为现在日期已经非常接近了，而且我事先答应你来，你也把我计算在内了。但如果真是上面说的情况，我也不会待太长的。

我知道这里有很多年轻人是康奈尔需要的，我也和他们谈了一下目前的情况。当提起贝特、巴克和葛里森都不来康奈尔时，我很难说动他们前来。另一方面，如果上面那些人都能来，同时我们又能描述我们打算进行的计划，他们都非常有兴趣。不幸的是，他们都有其他机会，而且对方又催促得很紧，因此，这些人对于康奈尔的混沌未明，失去了等候的耐心。由于这种情况，我们已经损失掉一位非常优秀的电子人才了。

因此在我看来，只有两种可能的情况。一是贝特（当然连带也包括巴克、葛里森和其他年轻人）到康奈尔来，使康奈尔的物理系变成全国最好的系所之一。另一是康奈尔的物理系处在很不利的窘境，无法吸引一些从军事研究中释放出来的优秀年轻物理学家。

我愿意全力促成第一种情况的实现。我的意思是说，在你退休之后，贝特先生可以安排成为物理系的系主任。从系务的管理与发展来看，我认为这将是一桩美事。

贝特先生在这里，已经是理论部门的负责人了。他以非常杰出的能力来管理这个部门，也得到了非常耀眼的成就。每个人都感觉能自由自在地按照自己希望的方式来工作，而所有的工作都协调一致而得到完美的成果。而且你应该能了解，整个计划的决策，有赖于理论计算与推导的结论。因此具有这种能力的人，无疑是相当优秀的行政管理人才。

另一方面，如果他必须花太多时间和精力，来处理和研究无关的事情，其实也是物理学界的一种损失。因此，我认为最好的安排是另外设一位副主任，专门负责处理行政业务，让贝特先生尽量专注于研究工作。

我希望你能找出某种类似的安排，让各方人马都能满意。当然这件事愈快愈好，这是最为重要的。我希望自己能到一个有活力的物理系，成为一名活跃的成员。

诚挚的祝福

理查德·费曼

费曼在海滩上沉思,摄于1946年

第 3 部 从东岸到西岸 | 1946 ~ 1959 年

费曼致加州大学伯克莱分校物理系奥本海默教授 | 1946年11月5日

亲爱的奥本海默:

我想去加州大学访问,但是看起来似乎没什么希望。

康奈尔有一大群研究生,人数从来没有这么多过。我们竭尽所能地安排他们。因为我也必须分担指导研究生的工作,因此系里非常勉强地同意我在下个学期离开。

另外还有一个私人因素。我父亲刚去世不久,我母亲住在纽约。我不愿意离她太远,至少暂时如此。

你知道,我是非常期待去伯克莱拜访你们的。我非常遗憾让你们失望,我自己也怅然若失。我也很想有机会和一些老朋友碰碰面。但事情就是这样,或许时机还没到吧。

诚挚的祝福

理查德·费曼

费曼致黎克特迈耶(R. D. Richtmeyer) | 1947年4月15日

费曼稍早接到一封来自洛斯阿拉莫斯的邀请函,问他是否有可能在暑假期间,到洛斯阿拉莫斯担任两个半月的顾问工作,以及是否有意愿出席一场筹划中的核物理研讨会。之后,费曼写了这封回信。

亲爱的黎克特迈耶先生:

我暑假的计划还没有确定。现在只想到去闲逛,打发时间。至于会不会跑到新墨西哥州去,还不一定。

费曼在康奈尔大学的课堂上,摄于1948年

但是我不认为自己在最近的将来,有机会到洛斯阿拉莫斯做事。因此我应该尽快通知你,不必麻烦做类似的安排或考虑。我也不急着签这份空白合同,除非出现了非常明确的理由。

诚挚的祝福

理查德·费曼

费曼致劳伦斯(E. O. Lawrence,1901～1958)教授 | 1947年7月15日

劳伦斯是加州大学伯克莱分校的物理学家,1939年诺贝尔物理奖得主。

亲爱的劳伦斯教授:

我刚刚写了一封信给伯奇教授,告诉他,我明年不能到加州大学来。

这其实是非常难做的决定,似乎一切条件都非常优厚,除了天气不同之外。但另外的一项事实是我在康奈尔已经一切就绪了。当然,这两项原因都不是考虑的重点,因此,我要做决定就变得很困难。不过当我听说维斯可夫将不会去伯克莱时,我就决定明年还是留在康奈尔。

我真不知道应该怎么感谢你。我在加州大学的访问真是一段美好的时光。可能这就是你们的待客之道,也是每个在加州的人所过的日子。但对我而言却是特别美妙。请代我向沙比斯和麦克米连致上最深的谢意。也谢谢你太太和小孩,让我在加州时觉得好像回到家那么温馨。我们有一天一定会再相聚,这是毫无疑问的事。

诚挚的祝福

理查德·费曼

●中文版注：

维斯可夫(Victor F. Weiskopf, 1908～2002)是原籍奥地利的美国物理学家，麻省理工学院的讲座荣誉教授，曾在欧洲粒子物理研究中心的关键发展时期担任主任。

新墨西哥州威廉生(Jaek Williamson)致费曼 | 1949年3月25日

亲爱的费曼教授：

我对原子核的结合力，有一种看法，想请教你。它们可能不是一种真正的力，而是一种大自然的时空特性所造成的结果。

如果时空结构会影响包含在它里面的物质，它难道不会是由非常小的单位所构成的吗？就像反映出量子特性的那些基本粒子。而这种时空的基本单元或小包(packet)，会不会像静电一样，带有斥力，小包和小包之间互相排斥，外面的力场无法作用到小包之内？

很可能原子的原子核，也是由这种小包，与包含在小包里的粒子所构成的？

接下来，要把小包凑在一起，构成原子核，需要能量。依它所包含的粒子与数目的不同，需要不同的能量。然后，我们把核物理所得到的有关原子核的质量和能量，用一条曲线表示出来，再依某种机制去计算，如小包摩擦系数之类的模型。

一个氦原子的原子核，是最简单的例子。只需要有一个这种时空小包就够了。因此，氦原子核的形成，是4个氢原子核结合在一起所构成的。原先的四个时空小包现在变成1个，多余的3个时空小包就释放掉了（1个时空小包，包含4个粒子，和包含1个粒子的能量差别，可以不计）。这种原子核的稳定性是没有问题的。接下来，对原子核里把每个部分束缚在一起所需的实际结合能，就可以加以计算。但是要注意下面两个条件：第一，时空小包之间的斥力，不能作用于单元之内的粒子。第二，原子核如果没有得到足够的能量，使它里面的粒子形成新的时空小包结构，它就不会分离。

另一方面，那些重元素，像镭或铀，它们的原子核不稳定是因为时空小包里包含了太多的粒子，过度拥挤，使得扩张的能量增加。因此，可以形成另外的时空小包，里面包含着 α 粒子或核分裂后的碎片。

如果这种想法可行的话，当然应该把现在已经知道的其他粒子也摆进来，譬如电子或介子（meson）。一个电子可能包含在空的或几乎空的时空小包里。这也说明了为什么它的质量和能量都那么少。它可能就是时空小包的量子。但是，我不知道对介子有没有什么简单的答案。

这种极微观尺度的时空小包，要怎么结合起来成为宏观宇宙的时空，这极微观与宏观之间的数学关系，在我看来，就是现在横跨在相对论与量子力学之间的鸿沟。

但我本身并不是数学家，也就是说，我无法把这个想法发展成一个完整的体系，也无法评估这个想法的价值。我甚至不太了解科学文献是否记载过这种想法。我觉得时空小包好像有点道理，可以避开原子核里各种不同的作用力，在逻辑思考上有它的好处。

如果你对我的想法，有任何的批评指教，我都万分感谢。附上贴好邮票的回邮信封，但愿你肯抽空回信。

诚挚的祝福

威廉生

费曼回信给威廉生 | 1949年5月30日

亲爱的威廉生先生：

我对你所提的有关核粒子如何结合的想法，非常感兴趣。可惜你的叙述还不够明确，因此我没有办法了解你的想法。我的意思是说，我不懂怎么解释时空小包的数学关系等。

正如你知道的，物理学上的理论要能用来预测一些我们本来不知道的事情，否则这个理论就没有什么用处。我不认为你的想法已经发展到可以预测任何东西的程度。

你举了一个例子，说明像镭或铀这类重元素的原子核之所以不稳定是因为"时空小包里包含了太多的粒子，过度拥挤"。问题是，当我们碰到像镭或铀这类重元素的原子核时，你是否本来就预期它会过度拥挤？又为什么铜元素或铁元素的原子核不会过度拥挤？这个问题需要量化，以界定哪些元素的原子核够大够重，以至于不稳定。

我希望我提出来的看法，不会令你太过灰心或很受伤。我还是希望你能把自己的想法，尽可能说得更清楚、更精确。

诚挚的祝福

理查德·费曼

费曼致宾州大学物理系威顿(T. A. Welton)教授 | 1949年11月16日

亲爱的威顿：

我现在一点都不想出席学术研讨会做报告。我现在正在设法整理我研究的东西，很想有点自己的时间，只希望能待在一个地方好好地工作。另外,我也很希望能在什么时候,和你见个面。因此,我不知道自己该说什么。这样好不好,你可以在下学期的某个时候,再旧事重提,问问我?我可能身体不舒服或做累了,想出去透透气。

随信附上我论文的加印本。从你的来信,我觉得你没有认真看过我的论文,否则我相信你会觉得它其实很简单。尤其如果你相信我的证明是正确的,不去重新证明的话,那就更轻松了。你是知道我的工作方式的,因此这份研究充其量只能算是很好的猜想而已。后来我所有的数学证明,凸显出我对问题还没有彻底了解,但我认为其中的物理观念是相当简单的。你可以从提到正电子(position)的那部分开始。祝你顺利。

诚挚的祝福

理查德·费曼

费曼致纽约州罗彻斯特大学亚斯金(Julius Ashkin)教授
| 1950年6月5日

亲爱的朱利阿斯:

我把下一篇论文的手稿寄给你。希望你有时间替我看看,而且最好能像上两篇论文那样,把发现的错误都挑出来。我和打字员手边只剩下两份手稿,因此它算是很珍贵的东西。但如果你没有时间仔细研究,还是可以留下来当作奖品,以感谢你上次为我论文费的心。

另一方面,如果你实在找不出时间来看,又觉得留下来也没什么用处,就请你把它寄还给我。因为贝特教授想要一份复本,当作他这学期教材中的一部分,我现在只能把打字员留下来的手稿寄给他。

你对这篇论文的任何意见,我都非常感谢。我会从加州把下一篇论文的复本再寄给你。

整理书桌的时候,我发现一张字条,要我把到罗彻斯特参加研讨会的单据寄去。因为发现的时间太晚了,我不好意思把单据寄给研讨会的主办单位。所以我把单据寄给你,看看有没有机会再报销这22美元。如果因为时间太晚,手续非常麻烦,就不必管这笔钱了。

我在加州理工学院的收入还可以。非常感谢了。

诚挚的祝福

理查德·费曼

费曼致澳大利亚大学奥利芬特(M. L. Oliphant)教授
| 1950年12月12日

亲爱的奥利芬特教授:

感谢你和逖特顿(Ernest Titterton)的来信,告诉我这个去澳洲的好机会。我仔细考虑了一下,还是要辜负你们的好意了。

我对于到世界上的其他地方去做研究,非常有兴趣。希望你们的研究计划非常成功。至于我个人,我明年是想到巴西去待上一整年,看看类似国家的科学发展到什么程度。现在,西方世界研究机构和科技大学的密度,显然是高得可怕了。

诚挚的祝福

理查德·费曼

费曼,摄于1950年。在费曼的生命里,这是一段黯淡的岁月

费曼致麻省理工学院原子核科学与工程实验室
撒迦利亚(Jerrold R. Zacharias)主任 | 1951年1月18日

亲爱的撒迦利亚:

我写这封信给你,回复你的提议,并且替你省下打长途电话给我的钱。你说我的心智精灵古怪的,应该去和你们一起搞特务工作。

我已经决定不做这码事情。原因是,我不觉得自己在这方面有什么特别过人之处。我的专长和训练都是物理学,我认为自己做个物理学家会比较称职(只是还不知道该往什么方向去)。关于你提出的那些问题,我觉得应该有很多和我一样聪明的人可以处理。他们现在还隐身于茫茫人海的某处而不自知。或许是个销售经理,甚至可能是个罪犯。

不过我还是感谢你想到我,给我一个这样的机会。老实说,如果我看到自己的能耐可以直接发挥在物理学上,我对这种职务会更感兴趣。

或许,物理学也有本身的价值和发展的权利,即便国家仍处于非常时刻,外头的战事还没有完全结束。

诚挚的祝福

理查德·费曼

惠勒致费曼 | 1951年3月29日

亲爱的狄克(Dick, 费曼友人对他的昵称):

我知道你准备明年到巴西去待上一年。我希望到那个时候,国际形势的演变不会迫使你不得不改变计划。我个人估计在9月的时候有可能爆发战争，相信你自己也有一个估计。希望你能先想一想，如果情况真的变得很紧急，应该要怎么办。你有没有可能接受在普林斯顿的一项全职工作？是有关热核的研究计划，时间至少能维持到1952年9月。

洛斯阿拉莫斯方面已要求普林斯顿全力投入这项计划。我会在5月回到学校去全力推动整个工作。史匹泽、苏瓦兹齐德、福特、陶尔都已开始部分或全面地投入，其他人也会挪出一部分时间来参与这项计划。史匹泽、汉米尔顿和我还负责招募人手。学校已空出一大栋的建筑物供我们的计划使用。洛斯阿拉莫斯正在准备起草合同。冯·诺伊曼、戈德司坦、黎克特迈耶也和这个计划有很密切的合作关系。这项计划还会用到普林斯顿的MANIC(译注：这是世界上第一台大型电子计算机)。

在普林斯顿发展的计划，绝对不只是洛斯阿拉莫斯的下游工作而已。我们实际上是站在指导地位协助洛斯阿拉莫斯。我不能在这封信里详细介绍工作细节，也不能细谈我们在这几个月里的一些激动人心的新点子。它们和原先克利斯蒂(Robert Christy，曾参与曼哈顿原子弹工程的物理学家)所提的计划有很大差异。我们认为现在所进行的这项计划，对国家的安全非常重要，应该尽早完成，愈快愈好。如果你不以为然，泰勒和我都愿意与你见一面，好好谈一谈。

基于下列原因，我认为你应该认真考虑我们希望你前来协助的请求。

1.虽然核裂变和核聚变的研究，已经没有什么学术价值了，但是不可否认的，原子弹已经变成我们国防上的主要武器。在第二次世界大战的巅峰期间，我们每天约能生产相当于4000吨传统炸药的原子武器。以最粗略的方式计算，每天大约可以生产出1/5颗原子弹。也就是大约要700天，才能做出140颗旧式的原子弹。报纸上也出现很多对于核武器数量的猜测。最近如果问他们，关于核武器的报道，有没有请教过核物理学家的意见时,他们会说:"核物理是很有趣的东西,但有关战争的事情,应该不是核物理学家关心的。我们最好把物理的这部分忘掉,应该请教海军司令或陆军将领,如何在战术或战略上,发挥核武器的最大效果。"等等之类的话。但是其实在发挥最大效果这个方向上,还有很多着力的空间。有人经过许多研究和努力,结果可以提高2倍的威力。但是如果换一种方式,威力很容易就能提高个5倍到20倍,我们为什么要让最优秀的核物理学家置身事外,到处游荡,只忙着在2倍的成效上打转?以国家利益的角度来看,你把聪明才智用在这件事情上,比用在别处更有意义。于公于私,都是最佳选择。

2.普林斯顿的工作,很像开发脑力的工厂。我们负责基本的设计,洛斯阿拉莫斯也做一部分设计工作,不过他们所负责的主要还是实务性的工作,要把实际的东西做出来。对我来说,能做基本设计和理论评估的人才,根本少得可怜,这才是我最担心的事。你在这方面可说是不二人选。

3.我们都集中在普林斯顿,可说是精英荟萃,群贤毕聚,一定能做出一番惊天动地的事业来。

4.我准备全力投入这项计划,我希望你也能同样地全心投入。眼看国际局势愈来愈紧张,真是令人忧心忡忡。但是如果你觉得局势并没有紧张到这个地步,我们的计划里面也有很高的比率属于纯学术研究,你可以把大部分的时间与精力放在那一部分,不是正好可以兼顾两边吗?

我写这封信的重点是:

(1)如果你现在能来,不管是到洛斯阿拉莫斯还是普林斯顿,对我们的计划都有巨大的帮助。

(2)如果你觉得危机并非迫在眉睫,但是仍然觉得它是存在的,因此你愿意很慎重地考虑加入核聚变的研究行业,这对我们大家都是很大的鼓舞。

(3)如果你对第(2)项重点的意见是肯定的,能不能在下面的空白表格里,注明最快可以在什么时候加入我们的计划?

(4)你愿不愿意打对方付费的电话到洛斯阿拉莫斯来给我?分机是2-2776。或写信给我,让我知道你的意向。

祝一切顺利

约翰·惠勒

费曼致惠勒 | 1951年4月5日,收信地址是新墨西哥州
圣塔菲邮政信箱1663号

亲爱的约翰:

如你所知,我准备在明年的休假年出国到巴西去。我现在发现好像很可能去不成,心里很懊恼。但除非此事已经确定,否则我还是不想承诺明年的其他工作。

祝你一切顺利

理查德·费曼

费曼致母亲卢西莉 | 1954年8月30日

亲爱的老妈:

听你的朋友说:"你一无所有,只在旅馆里有个小房间,没有家人

和朋友陪伴，生活单调无聊。你做的事既没有什么变化，也没有什么未来，每天只是一些例行公事。你不能写自己建立什么。除了和大家推推挤挤之外，没有方便的交通工具。也没有丰盛的食物，没有豪华的旅行，既没有名声也没有财富。孩子们也不常给你写信。你一无所有。"

虽然你的朋友这么说，可是他们全错了。财富不能使人快乐，游泳池和大别墅也不行。没有一件工作本身是伟大的或有价值的，名誉也一样。到外国去玩乐，更是毫无意义。主要是你的心态——只有当你用心在你去的地方，那地方才有意义；用心在你的工作，你对工作才有感觉；用心在你的屋子，就会觉得"室雅何需大"了。如果你的心态是正确的，那么就会处处如意，事事欢喜了。你的心思可以一下子飞到撒马尔罕，一下子又回到哈德逊河。但内心的宁静却很不容易达到。这和物质条件没什么关系。在大房子里和在斗室中，情形是同样的。在任何工作上，都可以存着一种感恩的心态。你的那些富朋友，才真的一无所有。如果他们不能保持一种谦卑的态度，财富并不是牢靠的，很容易会失去。

我们的国家是个物欲横流的世界，一般人很容易在当中灭顶。因此，你要为自己找个停靠的小港湾。你现在离完美的喜悦还有一段距离，但是如果愿意努力，你是做得到的。就像你的化妆术一样，做起来并不难。这是一项伟大的成就，你也会因此成为伟大的女人。

为什么我要写这封信？因为你说这些事说了很多次。每次我总是含糊其词地点点头，表示了解。但是你一说再说，仿佛我听不懂似的。由于了解你的人这么少，每个朋友都问你，每个亲戚都质疑你，你怎么能住这么小的房子？你怎么能在那么差劲的店工作？和那些么可怕的女售货员一起上班？你知道为什么，但他们永远不会知道。他们也不能心甘情愿地过任何不一样的生活。因为他们不像你，缺乏一种坚强的内在和伟大的情操。这种伟大的情操是来自对物质欲望本质的彻底了解。人想要的很多，但需要的很少。它是一种内心的平静，已超越了贫穷，超越了物质的享受。

我可以把所有的财富都给你。你随时可以要1万美元之内的东西。我说过很多次了。但是你连10块钱的小东西都不肯花我的钱，不要我买给你，我该怎么办？我以后不会再去烦你了，我以后不会再去问你需要什么东西。但是请你记得，你想要的任何东西，只要做得到，我都会买给你，不管是我现在的能力或未来的能力所能及。你不会没有安全感的。虽然你并不想要什么东西，连最小的东西都不让我费心。一个不满足的人是永远不够富有的，欲海难填。但一个人若没有什么物欲，反而会觉得很满足。不必担心你会需要朋友的帮忙，没有人强迫你过什么样的生活。你的儿子足可以供养你。

这是你的生活、你的选择、你的单纯、你的平静和你的心甘情愿，不需要旁人来说三道四的。

而我可以提供所拥有的一切给你。就算我是个自私的小气鬼，也敢这么做。因为我知道，你根本什么都不要。

每次我问你到底需要什么，答案总是千篇一律的，要我常写信。听起来，我真是个不孝子，连这么简单的事都做不到。但是我知道你的能耐，你是个这么自信的人，在目前根本什么都不需要。虽然我心里明白，就算没有我的信，你也一样活得欢喜自在，而且习以为常。我并不是想测试你的能耐，或增加你的生活负担。一个母亲对儿子的要求这么少，当儿子的还有什么话说？

我该做的事已经很清楚了，就剩下立刻行动了。我从今以后应该以这件事为戒，开始常写信给你。我希望能从你对生活的态度上得到启发，更常为你的生活添加一点乐趣。我不再问你要不要什么了。你若需要什么，尽管随时开口。我希望以后更能常写信给你，满足一个母亲

费曼与母亲卢西莉，摄于20世纪50年代

对儿子的渴望。我爱你。

你儿子

※米歇尔注：由于不愿意长期和儿子各分东西，不易联络，在1959年，卢西莉终于决定离开纽约，搬到加州帕萨迪纳，好离儿子近一些。

费曼致美国国务院 | 1955年1月14日

敬启者：

昨天我接到苏联大使扎洛宝(Zaroubin)的信，邀请我到莫斯科去参加一场科学研讨会。我在信里附上邀请函的复本。

这件事让我很讶异，一时不知道该怎么办才好。虽然他们在邀请函里强调，这是一场纯科学的研讨会。但是以我国和苏联目前的紧张关系来看，邀请我这件事显然不会那么单纯，一定有些非科学的考虑在内。我相信国务院对这件事一定很感兴趣，也一定会有反应。如果你们可以给我一些应对的意见，我将非常感激。在这件事上，我愿意配合你们的想法，充分合作。

苏联开始邀请国外的科学家参加研讨会，是不是代表他们的政策开始有点变化？我们能不能希望这是和这个国家恢复正常科学关系的第一步？我们可不可以利用这个机会，去了解到底苏联的科学家都在想些什么？去看看苏联科学界的运作是否健康？我有没有被他们扣留而回不来的危险？

在第二次世界大战期间，我曾参加原子弹的研制计划，只不过以

费曼打鼓,摄于20世纪50年代
第二次世界大战后的费曼,特立独行的风格,在物理学家圈子里愈见突出。

后就没有再接触过这方面的事务。我是个量子电动力学和基本粒子理论的专家。这些科学领域目前还没有什么明显的军事用途。因此,如果他们研讨会的邀请对象是全球性的,那么邀请我也是很自然的事。另外有个可能性是,我曾写过一封信给苏联科学家朗道(Lev Davidovich Landau,1908~1968,1962年诺贝尔物理学奖得主),讨论他寄给我的几篇论文。我把这些东西的复本也附在信里。这封信对方并没有回。你们知不知道还有哪些科学家受到邀请?

如果你们觉得该怎么做对国家最有利,我都愿意配合。就算对我个人有些危险,我也在所不惜。

诚挚的祝福

理查德·费曼

费曼致美国原子能委员会 | 1955年1月14日

敬启者:

昨天我接到苏联大使给我的邀请函,请我到莫斯科去出席一个国际科学研讨会。随信附上邀请函的复本。我不知道应该怎么办,已经写信给国务院,征求他们的意见。

我认为你们对这件事也许会有兴趣。因为我在第二次世界大战期间,曾参加洛斯阿拉莫斯的原子弹研制计划。因此,我可能会回不来,另外,也必须考虑到社会大众对此事的看法。如果你们对这件事有什么建议,我将非常感激。

诚挚的祝福

理查德·费曼

电报：费曼致国务院 | 1955年2月17日

关于苏联国家科学院邀请我赴莫斯科参加科学研讨会一事，请参考我1月14日的信。扎洛宝今天表示，苏联国家科学院愿意负担我的来回机票和旅费。我应该尽快回复，以便有时间做各种安排。能不能请你们告诉我你们对这件事的看法。

理查德·费曼

费曼致国务院科学顾问助理鲁道夫(Walter Rudolph)
| 1955年2月24日

亲爱的先生：

一个月以前，我写了一封信到国务院(但没有直接写到你的办公室来)，告诉他们，我收到一封邀请我到莫斯科出席"量子电动力学与基本粒子"研讨会的邀请函。这项研讨会是由苏联国家科学院召开的，邀请函则由苏联大使馆转交给我。我对于能够去苏联很感兴趣，这种科学的交流和研讨会也值得鼓励。另一方面，由于我国和苏联的关系很敏感，或许有很好的理由认为我不该出席。我就是询问国务院对此事的看法，但是没有接到任何回音。上星期，我甚至发出一封电报，依然如石沉大海。

由于这些信并没有指明特定的收信人，在处理上势必受到耽搁，甚至根本就迷了路，不知道跑到哪里去了。因此，这里的高柏弗里博士就建议我直接写信给你，他认为这样应该会比较好。

我剩下的时间不多了，因为会议召开的日期是3月31日，而在此

费曼在加州理工学院任教,摄于1955年

之前，我必须在3月1日以前交出论文摘要，并且开始准备论文。我还要办理护照、签证之类的事情，也需要安排机票和交通。由于没有接到你们的任何意见，而我又必须做出某些决定，我已经初步决定接受邀请。如果你们有任何反对的意见，希望能立刻通知我。

我现在的护照不能到苏联去。国家科学院的阿特伍德先生已把我的护照拿到国务院去，办理出国相关事宜。我希望这件事不会拖太久。

我很诚恳地再强调一次，我非常乐意和国务院配合。拒绝出席会议对我而言是轻而易举的，完全不成问题。我没有被剥夺权利的感觉。我们和苏联的关系这么敏感，我相信你们远比我个人，更能做出正确的判断。

另一方面，如果没有反对意见，我倒是很想去参加研讨会。你能不能给我一个回音？就算暂时还没有决定该怎么处理，也不要紧。至少我可以知道，这封信和其他信有人收到了。

诚挚的祝福

理查德·费曼

费曼致美国国家科学院阿特伍德(Wallace W. Atwood)先生
| 1955年2月24日

亲爱的阿特伍德先生：

非常感谢你关心我赴莫斯科出席国际研讨会的事情。尤其是你特别从华盛顿打电话给我，讨论这件事，更是令我感动。不过，我还没有收到国务院的任何消息。

你说愿意注意一下我护照的问题，让我十分感激。本来我是希望通过其他的正式渠道,不去麻烦你。但是当我打电话到洛杉矶的护照办理机构,询问去苏联的细节时,他们都笑了起来,表示我不可能获得前往莫斯科的许可。当我表示相当坚持时,他们就要我直接写信给国务院。由这种情形看来,如果我通过正式渠道申请,一定是走不通的。因此还是只能劳驾你。

我希望你不介意,帮我个忙。我把护照也随信寄上,你能不能把它交给国务院,希望他们能允许我到莫斯科去开会。我今天也会直接写封信给国务院的人,告诉他们这件事。由于他们一直没有回我前几封信,我认为他们应该会发出同意的证明,允许我到莫斯科出席会议。你可以把我的护照带过去给他们。我也会写封信给苏联大使,告诉他我很想接受邀请,只是我去苏联的护照还没有办下来。

如果护照的问题解决了,你能不能把我的护照送到苏联大使馆,办好去苏联的签证之后再寄回来给我?

请你帮这些忙,我觉得很鲁莽,更何况我们根本还不认识,也没见过面,更是不好意思。

我非常感激你和你的协助。

诚挚的祝福

理查德·费曼

费曼致苏联国家科学院院长内斯米耶罗夫(A. N. Nesmeyarrov)先生
| 1955年2月25日

2月16日,苏联国家科学院发了一封信给费曼,告诉他参加研讨会的旅费和食宿费都由该院支付。

亲爱的内斯米耶罗夫先生：

我很感谢国家科学院的邀请，要我去莫斯科参加从3月31日到4月6日的"量子电动力学与基本粒子"研讨会。你们更慷慨地为我支付来回旅费和食宿费，让我在没有任何经济负担的情况下，轻松与会。

我准备接受你们的邀请，出席研讨会。只是这件事还有一项不确定的因素，就是我的护照不能到苏联去。我必须得到国务院的批准，才可以得到有效的出国证件。这件事我已经正式提出申请了。如果他们同意，我一定会出席。真不好意思，到了这个时候还没有办法给你一个确定的答复。感谢你在这件事上的耐心。

邀请函里也希望我在这个时候提出我想发表的论文。我想这应该是一份论文摘要，不是完整的论文。可惜的是，我在这领域正好没有还没发表过的原创性成果。我附上一些和这个领域有相当密切关系的问题摘要。或许你会觉得这些问题偏离了研讨会的主题，不适合在会上发表。如果是这样，请别迟疑，立刻通知我。我另外也准备了两篇论文，或许你们对其中的某一篇会有兴趣。第一篇谈的，是目前量子电动力学理论与实验结果之间的精确度比较，并且对一些尚未解决的理论问题做了一番探讨，让前面的比较在意义上更加完整。另一篇谈的是，最近在纽约的罗彻斯特有一场高能物理的研讨会。我可以写一篇有关这场研讨会的摘要性文章，尤其是强调近来关于介子的实验成果，这些都是还没有在国际性的科学期刊公开发表的东西。当然，这些东西都不是原创性的工作，而且或许已经有别人准备发表类似的题目了。如果你们对其他东西也有兴趣，我也可以为基本粒子的理论物理现况，做个详尽的概述。或者我需要讲些更专门的东西，例如一些还没有完成的原创性工作。对于介子，我有个很雏形的理论，是和闭回路图的效应有关的东西。

如果你能告诉我，这些题目当中有哪个最适合在研讨会上发表，我将感激不尽。这样,我就可以集中全力,好好准备一篇可以发表的论文了。

我对液态氦的理论也做了一些研究工作,可能朗道教授对这部分会有兴趣。我知道他在这方面下了很多功夫,或许我有机会和他非正式地谈谈这部分的进展。如果在研讨会之外的场合,他希望我就这个题目做一场正式的演讲,我也非常乐意。

我再次对你的盛情与慷慨表达谢意。我希望自己最后能赴会。不管怎么样,我相信这一定是一次非常成功的研讨会。

诚挚的祝福

理查德·费曼

原子能委员会尼古拉斯(K. D. Nichols)致费曼 | 1955年2月28日

亲爱的费曼教授:

这是回复你1955年1月14日的信。在那封信里,你说接到苏联大使的邀请,请你到莫斯科去参加苏联国家科学院举办的研讨会,会期是3月31日至4月6日。

我们审视了参加过美国原子能发展计划的现任或离职员工的出国旅行申请,我们的政策是尽量不干预他们的出访行动。除非这行动有可能危害到国家安全,或是对出访者本人有安全顾虑。

由于你在参加美国原子武器发展计划的过程中,曾经接触大量机密等级非常高的资料。我们认为你这次到苏联出席研讨会,会有一些不可预料的风险。因此,我们强烈地建议你,婉拒这项邀请。

我们很感谢你把这件事告诉原子能委员会。

诚挚的祝福

尼古拉斯　主任

费曼致内斯米耶罗夫院长 | 1955年3月14日

亲爱的内斯米耶罗夫先生：

在上一封信里，我表示自己很想来参加量子电动力学研讨会。但是护照的问题还没有完全确定，我已经向国务院提出申请。现在，虽然国务院还没有正式答复我，但情况已经发生变化。我已经确定无法出席研讨会了。希望我的游移不定，不至于对你们造成太大的不便。

我还是对苏联国家科学院的邀请，表达诚挚的谢意。我相信那将是一场非常成功的研讨会，并祝你们一切顺利。

诚挚的祝福

理查德·费曼

费曼致国务院科学顾问助理鲁道夫 | 1955年3月14日

亲爱的鲁道夫先生：

谢谢你3月3日寄给我的，关于我2月24日致函的回信。

在我写信给你之后，原子能委员会的尼古拉斯先生写了一封信给我。他认为由于我在战争期间曾经接触很多相当机密的资料，使得我这趟苏联之行充满了不能预料的风险。因此建议我不要去。

我已经决定接受他的意见。因此，我撤回前往苏联旅行的护照申请。阿特伍德先生会替我去把护照拿回来。

你知道的，除了护照的问题还未解决之外，其实我已经接受了邀请。我刚写了一封信给苏联大使，表示我的护照问题虽然没有遭到否决，但现在由于客观形势的改变，我已经不可能去莫斯科出席研讨会了。这封信和其他的相关信件，都一起附上。

我不知道，如果国务院对民众寻求协助的要求，能更迅速地回应，使民众避免这种尴尬情况，是不是会更好？

诚挚的祝福

理查德·费曼

美国国务院苏联事务办公室司徒塞尔(Walter J. Stoessel)致费曼 | 1955年3月15日

亲爱的费曼博士：

我收到你在1955年1月14日给国务院的信，以及后来你和科学顾问办公室与国家科学院之间的通信。谈到你接到一份到莫斯科参加"量子电动力学和基本粒子"研讨会的邀请函。研讨会的主办单位是苏联的国家科学院，日期从3月31日到4月6日。主办单位还提供你旅费和食宿费。我们对于你是否出席这项研讨会之所以迟迟无法做出决定，是因这件事牵涉的部门很多。尤其你在第二次世界大战期间，曾参与我国的原子武器研制计划。现在，基于这一方面的顾虑，我们认为你不应该到苏联去，最好婉拒该项邀请。

不管苏联是不是开始大量邀请西方科学家到他们国家访问，或送出科学家到海外来，如果因此认定，苏联对国际间科学资讯的交流，基本态度已有所改变；这种断言未免下得太早了。有强烈的迹象显示，苏联政府这次的行动有高度的宣传目的，企图让大家误认为苏联在国际事务上已经变得比较开明、务实。

事实上，苏联对于建立更正常的科学关系，进行互利的科学技术交流渠道，反而不太在意。在这种情况下，西方科学家出现在苏联境内举行的研讨会，就很有宣传价值。比西方科学家和苏联科学家一起出现在某个国际组织或团体所举办的研讨会，更有宣传效果。

诚恳地祝福您

司徒塞尔

费曼致科学节目审议委员会的波恩(Ralph Bown) | 1958年3月7日

华纳兄弟公司为贝尔集团拍摄了一系列的电视节目，请费曼当科学顾问。费曼也答应了。当时科学节目审议委员会的一位成员写信给费曼，谈到节目审查的一些规定。除了一些法规上的要求之外，信里还提到"每个科学性的节目，都要有一个'指定负责人'，代表华纳公司回答科学审议委员会正式提出的批评、建议和改善要求"。

亲爱的波恩先生：

感谢你那封令人望而生畏的来信，谈到科学节目的审查规定之类的事情。但是我不知道谁是那个所谓的"指定负责人"？你是说我吗？或者我只是节目的科学顾问？这到底是怎么回事？请你用简单的字，直截了当地说清楚而不要拐弯抹角的。

不管怎么样，华纳公司的这个节目是有个编剧，叫作马可斯。他到我办公室来过两次，每次大约花半天的时间（因此，你们欠我一天的工资）。他的目的，是请我对我所写的东西，例如相对论里的同时性，如何度量短时间，等等的事，做更详细、更完整的解释。他是个非常聪明的人。而且我也相当成功地把很多东西清楚解释给他听了。

虽然在我们的讨论过程中，并没有详谈拍摄的手法与技巧，但是他也对我大略地提了一下，并且留下相关的说明文件给我看。但我对这些表现手法没什么意见，告诉他这不是我的专长，也不是我的事。

老实说，当我仔细阅读他所写的东西，看到他想的表现手法时，头发都竖立起来了。但是我找了一顶帽子来戴上，免得人家注意到我的反常。如果我可以向谁倾吐一下，透透气，会觉得好一些。因此，别把下面这段话当作正式的意见，这只是我个人非正式的看法，但是我不吐不快。因此我特别用括弧把它括起来，以免别人发生误会。

（有人认为电影专业人员才知道怎样把一个东西，好好地呈现在电影上。因为他们搞的是娱乐事业，知道如何吸引民众的注意。科学家就差多了。其实这个想法是错误的。看看所有的电影，就知道他们根本不晓得怎么去解释一个想法，他们完全没有这方面的经验。但是我晓得。我是个很成功的演讲者，常对一般民众讲解物理。真正能得到娱乐效果的秘诀是，刺激性、戏剧性和主题的神秘性。民众很喜欢学习新东西，如果能让他们了解一些以前从来不了解的东西，那才真是有"娱乐"的效果。这是寓教于乐的高级境界。讲的人对自己所讲的东西要有信心，而且这个主题也要能引起大家的兴趣，否则就像西部牛仔在卖电话！要真心诚意地认为自己介绍的东西是有价值的，而且清楚地说分明。表现手法反而是次要的，这些手法只是用来协助解释或描述主题，而不是以娱乐为目的。娱乐只是一项自动产生的副产品。）

不要担心，我会一直戴着帽子，而且会把自己的角色界定在科学顾问上，谨守分寸。

  诚挚的祝福

理查德·费曼

费曼致咪咪·菲利普斯(Mimi Phillips) | 1958年6月

  费曼从1953年开始研究液态氦的特性，而且耗费了他和合作者柯汉(Mike Cohen)整整5年的工夫。这封写给他表侄女的信，是他前往荷兰的莱登出席国际低温物理学研讨会的途中写的，后来刊登在菲利普斯家发行的当地新闻报纸上。

  亲爱的咪咪：

  我真是不应该，居然没有回你的两封信和卡片。你的信写得很好，而且说得很对。我是应该要常常写信给母亲的。等我写完这封信，就会写封信给我母亲。

  我现在正在前往欧洲的途中，飞机刚刚飞越英格兰。我要到荷兰的阿姆斯特丹去参加一项国际研讨会，并发表一场演说，谈的是液态氦的特性。

  液态氦是一种非常奇怪的液体，不需要任何压力，就可以轻易流过非常小的隙缝。你只要看看水是多么不容易渗过布料或沙尘，就明白我说的话了。你看，液态氦就能轻轻松松地流穿过去。

  除了这些之外，液态氦还有许多古怪的性质。物理学家已经花了好长一段时间和力气，想了解它的全部性质，因此做了许多的实验和思考。其中在理论上最大的突破，是一位名叫朗道的苏联人在1941年提出来的。(第二个理论上的重大进展则是我提出的。现在我们对液态氦可以说已经相当了解了。)因此,朗道得到一份最大的荣耀,就是受邀在这场研讨会做开场演说。这个研讨会是要讨论在很低很低的温度之下,发生的一些稀奇古怪的现象。

但是朗道先生不能来参加研讨会。因此,大会改请我去做这件事。那是后天的事,但我到现在还没有整理好要讲的东西。他们只是告诉我,要我去演讲。

在这之后,我会到瑞士的日内瓦去参加另一场研讨会。这个会议要讨论的东西是,当我们很用力地把两个原子互相撞击时,会跑出一些很奇怪的新粒子来,我们就是讨论这些新粒子(这个研讨会叫作高能物理研讨会)。

原子是很复杂的东西,可能就像手表一样,但是它们实在太小了。因此,我们只好用力让两个原子相撞,再看看飞出来的那些有趣的东西,就类似手表的齿轮、弹簧等。然后我们必须猜测,手表是怎么利用这些东西来组成的。在过去这几年,我们几乎没有办法分辨某个齿轮和另一个零件是不是一样,也很难去计算它们。但现在我们似乎已经知道所有的零件了,只是还没有人知道它们是如何拼凑起来的。

我们要花多少时间,才能拼凑出完整的图像呢? 5年或10年? 我对这件事有没有贡献呢? 我会尽力的,我会很认真地思考,想象出所有的可能性。你觉得我们为什么要费这么多力气,去了解原子是怎么组成的,或是由哪些东西组成的呢?

当我从欧洲回美国的时候,我不会立刻飞回西部的加州去。我会留在纽约州绮色佳的康奈尔大学,直到圣诞节。或许我会去看你们。谢谢你的信。为什么我没有很快回信?因为我是个坏叔叔,真坏。你知道,大部分的人都不是十全十美的,都会有某个地方不那么好。但他们并不是永远不好,而且他们总有一些补偿性的优点。所以,如果你因为我没回信而觉得我很坏,你看,我不是永远坏的。今天,我就是好叔叔。而且我也有一些补偿性的优点,因为我记得我们在康涅狄格州时,有过一段非常美妙的时光。

祝你一切顺利,并替我问候你爸妈。

狄克·费曼

附笔:你的钢琴课上得怎么样啦?

费曼致好莱坞KNXT公共事务部惠特利(Bill Whitley)先生 | 1959年5月14日

亲爱的惠特利先生:

5月1日,你录了一卷史道特先生访问我的带子,说是要用在5月10日你的《观点》节目中。结果那卷带子没有在节目中出现。后来,你要求我重录一次访问。对于这项要求的原因,你并没有说得很清楚。你一会儿表示,我的看法可能会激怒民众,一会儿又说是史道特先生的不是,说他提出来的问题,暗示性太强了,不够客观。而他是暗示出支持我的看法。

昨天,我特别拿出访问的录音带来听。我发现在访问过程中,我有充分的机会表达自己的观点。而这些观点的表达方式既真实又诚恳,在逻辑上很正确而且不武断。从我的表达方式和语言来看,我完全不觉得有激怒民众的可能。唯一会稍微引起反感的,可能是我介绍自己的方式。但这清楚说明了,这些观点只是我个人的意见,并不是所有的科学家都持相同的看法。这些观点,或其他很接近的看法,是这个国家许多非常聪明的人都同意的,虽然这群人在数目上可能是少数。他们的意见没有什么理由不能出现在公共的沟通渠道上,如电视。

史道特先生以非常专业的手法,制作这段访问节目。他提的问题很清楚、很明确,一点都不含糊。而且问题的设计,让我能充分完整地表达出我的想法。他的陈述只有问题本身,并没有任何同意或反对我的观点的暗示性语句。

电视频道是我们国家言论自由的传统里,很值得骄傲的一环。而你这个拥有同样值得骄傲的名字——《观点》的节目,在讨论当代重大议题上,一向卓有贡献。然而,我认为你拒绝播出我的访谈影带,却是戕害我的表达权利的一种审查。

我看不出有任何重新录制访谈的理由。我并不会改变我的观点,也不会改变表达这些观点的方式和态度。

如果你还是觉得史道特先生在节目中的立场有问题,请不要客气,在播出的时候可以声明:这并不代表他或贵台的立场与看法,你们其实不同意我的看法。这我不会有意见的。

看了这些陈述之后,我能不能请你重新考虑一下你的决定?

我期待你的尽早答复。

诚挚的祝福

理查德·费曼

※米歇尔注:费曼未再接受访问,电视台也播出了原来录制的访问节目,访谈内容请参阅"附录一"。但电视台在宣告的时段之前,提早播出这段访问。

费曼致温妮丝 | 1959年5月29日

亲爱的温妮丝：

终于一切搞定了！

听说你终于能来，我欣喜万分。我们等待这一天已经有好久了。你对大使馆的人说了什么，终于使他们清醒过来？我对自己煮的食物已经厌烦死了，因此比以前更需要你。我只会煮牛排、羊肉丝和猪肉丝，而且只会配豌豆、青豆和玉米。老实说，这些东西其实没有什么变化。我在期待快乐的日子到来，再过3个星期，我就要在机场迎接你！

但是请你把飞机航班的资料写信告诉我，而且要尽量写清楚。比方说，TWA的哪个班次，班次是几号，到达洛杉矶的准确时间是什么时候，或何时离开纽约的？（你之前说，在早上11点抵达洛杉矶，但TWA说，他们没有这个时候到达的班机，只有班次5号的飞机，早上9点30分离开纽约，大约11点30分才会抵达洛杉矶。你指的就是这班飞机吗？）一切事情似乎都混在一起了。你给的资料愈详细，我就愈能弄清楚到底是怎么回事。

另外，也把你抵达纽约的时间告诉我，以及你在纽约什么地方过夜，或者打算怎么办。你知道，你既然答应来美国，我就有照顾你的责任。一旦你抵达美国，让你开心不受惊吓，就是我的事了。因此，我想知道你打算住在哪里，我可以打电话过去，看看是否一切妥当或顺利。不管在什么地方，假若你有任何麻烦，就打电话给我。先投10分钱，然后告诉接线生，你要打一通对方付费的电话到洛杉矶的夕卡摩，号码是7—××××。如果我不在家，就拨到我教书的学校去。这次告诉接线生，对方是理查德·费曼，号码是夕卡摩5—××××。如果你还是找不到我，而情况相当棘手，就打电话给山德士先生，一样是对方付费，号码是夕卡摩5—××××。我会告诉山德士，你可能打电话给他。你可以把困难告诉他，他会解决的。此外，他也很高兴你终于能来。因为我答应他们夫妇，如果你真的来了，他们会是我们第一对晚宴宾客。他说他想吃野鸡大餐。你看我们该用什么招待他？

不论如何，不必太害怕，美国是个很好的地方，而且是使用英语的国家，只是习惯和用法稍微不同而已。不论你想知道什么，只要开口问人就行了。

如果你早两个星期来，我就会有很多事给你做了。我马上要上电视了，在6月7日，是个新闻评论节目，我有一段专访。之后可能会有很多信件需要处理。

把你的滑雪装备留在瑞士，不用带来。离我们这里60分钟车程的山区是可以滑雪的地方，只是我从来没有滑过雪。如果你愿意教我滑雪，我们也可以偶尔去滑滑雪。如果我们真的有机会去玩那么少数几次，可以向朋友借装备，或去租。犯不着为此而购置装备，这些东西携带起来太重了。

这里夏天很热，冬天温暖，我没有碰到过下雪。气温通常是60℉~65℉。日夜温差很大，晚上很冷。但是不需要厚大衣，薄夹克倒是非常好用，除非刮风下雨的寒冷天气，这时候我往往穿雨衣。

我想替你的车子换轮胎，但是轮胎很贵，而且厂牌很多，必须一家一家地去比价。所以我决定等你来了之后，请你自己去换。你可以货比三家，以合理的价位买到适用的轮胎。没有必要为一辆旧车换上很昂贵的新轮胎。你不必担心驾驶执照的问题，我们可以在这儿考驾照。不管怎样，你必须先上一段课，习惯靠右驾驶，而且要熟悉我们这里的街道情况。

现在正是去海边玩水的季节，但是我还没有去过。上个星期，我和几个朋友到树林里露营，待了两夜，蛮好玩的。

费曼与温妮丝，合影于1959年

好了!没有你,我一切都乱糟糟的。赶快来吧!

祝福你

　　　　　　　　　　　　　　　　　　　理查德

第 4 部　　　美国国家科学院 | 1960~1970年

我们怎么能大声地说，只有最好的人才可以加入我们之中？参加这个自我标榜的团体，让我很不开心。

1959年11月,费曼接到一封信,里面有张小纸条:"根据行政室的记录,上两个会计年度你都没有缴会费。"之后,就引起一连串荣誉何价的讨论。在费曼的一生中,得到许多这种至高无上的荣誉。虽然在几年前,国家科学院曾为了费曼想去苏联出席研讨会的事出过力,但国家科学院的院士荣誉对费曼似乎没有什么吸引力。

10余年下来,和国家科学院某些相关人士的来往信件,提供了令人笑噱的证明,透露出费曼对于以"排除异己"为存在价值的团体,有一种根深蒂固的厌恶,也显露出他极其固执的一面。

国家科学院克鲁帕(B.L. Kropp)致费曼 | 1959年11月

亲爱的费曼博士：

随函附上您的"国家科学院院士"会费缴款通知，自1959年7月1日开始。

根据行政室的纪录，您已有两个会计年度没缴交会费了。或许是我们的资料有误，如果您已经缴费了，请通知我们更正，我们将非常感谢。如果我们的记录正确无误，烦请寄上30美元的支票。这样，您的会费就等于缴到1960年6月30日止。

敬祝时祺

克鲁帕，行政副主任

费曼致国家科学院行政副主任克鲁帕 | 1960年11月9日

亲爱的克鲁帕先生：

随信附上40元的支票，缴交我参加国家科学院的会费。

我发现自己对国家科学院所举办的各项活动，没有什么兴趣。请允许我放弃院士身份，离开这个组织。

诚挚的祝福

理查德·费曼

费曼致国家科学院 | 1961年2月20日

敬启者：

我想放弃国家科学院院士的身份。

我没有时间，也没有兴趣参加贵院的活动。

诚挚的祝福

理查德·费曼

国家科学院院长布朗克(Detlev W. Bronk, 1897~1975)致费曼 | 1961年6月15日

亲爱的费曼教授：

国家科学院的秘书告诉我，你想辞去院士的事。我希望能有机会和你见个面，谈一谈。你是我非常尊敬且钦佩的人，希望你能重新考虑一下这项决定。

我特别为行政室写信给你，催讨会费这件事感到抱歉。我对这个举动也深深不以为然，这对院士实在相当不敬。记得几年前的某次会议上，我也曾建议废除会费。当时有一些不同的意见。有人的看法和我一样，也有人觉得应该增加会费，但是绝大部分的人都主张维持现状。我不知道为什么要收会费，也不知道这个金额是怎么决定的。其实，和每年超过1500万元的预算相比，会费收入只有几千块钱，根本是微不足道的。我并不赞成向院士收费，院士都是这么杰出的科学家，在很多方面都已经对科学界做了这么大的贡献；尤其在很多行政议题上，他们并没有机会直接表达意见。我知道这绝不是你退出的本意。但我还

是要对你收到一封这样的信而致歉。

由于你的院士身份对我们有更重要的意义,我希望你同意继续留在国家科学院里。大家选你当院士,是代表大家对你的成就表达的敬意。你成为科学院院士,也为科学院增光,更让我们促进科学发展的工作有成效。我知道很多院士对科学院的活动,有时候会觉得没什么兴趣。但是我希望科学院的活动范围会逐渐扩充,慢慢地,某些活动也能吸引你们,使你们了解这个组织的重要性。

致上我个人对你的敬意。

诚挚的祝福

布朗克院长

费曼致布朗克院长 | 1961年8月10日

亲爱的布朗克博士:

很抱歉我想退出科学院这种小事会打扰到你。你要照应国家科学院这一大家子,应付不少家伙不时抛出来的古怪念头,一定相当困扰吧。

我在缴费单据上,随随便便附上一张想要退出科学院的便条,实在很不礼貌。其实我应该写一封正式的辞职信才对。正如你所想的,我的退出和会费这件事并没有什么关系。

我决定辞去院士,完全是个人因素,绝对不是任何形式的抗议,或者是针对科学院或它所办活动的某种批评。也许我就是喜欢与众不同的行径。我这个怪异举动的主要原因是,我发现自己在心理上,非常排斥为别人"打分数"。因此,我很不愿意参加那些以遴选院士为目的的活动。

这个团体最重要的工作是决定谁有资格获选为成员，这件事令我很不安。每次想到要挑选出"谁有资格成为科学院院士"，就让我觉得有一种自吹自擂的感觉。我们怎么能大声地说，只有最好的人才可以加入我们？那么在我们内心深处，岂不是自认为我们是最好、最棒的人？当然，我知道自己确实很不赖，但这是一种私密的感觉，我无法在大庭广众下这么公开地表示。尤其是要我决定，谁才够格加入我们这个精英俱乐部，成为院士时，我更是精神紧张。

或许我没有办法说得很清楚。但我应该已经充分表达出，参加这个自我标榜的团体，让我很不开心。因此，除了我在第一年获选为院士之外，过去我从来没有推荐哪个人，说他可以加入国家科学院。而且我一直想找个机会，辞去院士这个头衔，但是找不到适当的机会，直到我寄出会费才提出来。

所以，这件事应该没有什么严重性，也不会引起尴尬的情况。如果你能安安静静地处理掉，不大肆张扬，也不必到院士会议上讨论或宣布，我将非常感激。希望你能接受我的退出，把我的名字悄悄从院士名册上删除。

这事对我而言，并不是什么重大的原则问题。这一点也请你了解。因此，如果我的退出会对你造成重大的困扰，那么请你不要客气，就把我的要求搁在一旁好了。只是这样一来，在国家科学院里，就有了一只怪异、忧伤、别扭的孤鸟。

不过，我想要趁这次写信给你的机会，谈一件我个人的私事。你一定不知道，20多年前我当学生的时候，你就是我非常崇敬的人。当时我是普林斯顿大学的研究生，有些念生物的朋友建议我应该去听哈维(E. Newton Harvey)上的细胞生理学。除非我亲自去听，才知道有多棒。在课堂上，主要方式是大家去读原始的论文，然后在教室报告读书心得。当时，指定我看的是阿德里安(Edgar D. Adrian, 1889~1977)与布朗克关于神经冲动的论文。多么重大的基础发现，能读到原创的论文真是我美好的经验！（我还闹了一个笑话，在普林斯顿流传至今。有一天，有个研究生到生物系的图书馆，要求馆员为他找一幅"猫体构造图"。馆员大吃一惊，大声问："你要的是动物分类图吧！"不过后来还是让我给找到了，里面画了各种的屈肌和伸肌，让我能了解你的论文。）不久之后，哈维带我们去旁听一场研讨会，我居然亲眼见到伟大的布朗克本人。

由于我很清楚你的研究工作和贡献，见到你令我非常兴奋。在物理学界，我们教学的方式并不是这样。我们很少有机会，直接接触到伟大科学家的原始论文。很多年以后，我才拜读过我这个领域的伟大科学家的原始论文，完全明白他们何以伟大，因此再有机会与这些大师见面时，心中也才真正感动。

因此，我个人对你深致敬意。

诚挚的祝福

理查德·费曼

布朗克院长致费曼 | 1961年10月26日

亲爱的费曼博士：

每当我接到一封读起来很愉快的信，总是把它放在一旁，一再地展读。由于我非常珍视它，因此再三告诉自己，这封信一定要好好地回，绝不能匆匆忙忙处理。一定要有空，有精神，可以非常慎重地处理一件自己觉得有意义的事情时，才是回答这么一封信的正确时机。结果是，我最重视的信件，往往耽搁很久，最晚回信。你夏末给我的信，就是这一类。

昨晚，我和柏霖、哈特兰聊到很晚。不知怎么，话锋就转到一位狄克·费曼身上。他在广义相对论、量子电动力学以及无质量粒子的研究，无论是哪个主题，成果总是那么美妙，那么令人感兴趣，真是一位罕有的天才。但是我想到还没回你一封信，不禁有点汗颜。不过我还是感谢你的信。

我也要感谢你还愿意勉强留在科学院，没有坚持退出。我像你一样，觉得挑选院士这件事有些伤感情。因此，近年来我已尽力把挑选院士这件事，尽量与促进科学发展画上等号，而淡化它的尊贵与荣耀。我要向你表达我的敬意和谢忱，很高兴你在我当院长的最后这一年还是国家科学院的院士。

如果你有机会回到东部的老家附近走走，若能抽空到洛克菲勒研究院（中文版注：这是洛克菲勒大学的前身，布朗克曾任该院的校长）来看我们，将是再好不过的事。有很多老朋友期待与你碰面，给你温暖的招待。

再次致上我个人对你的谢意和敬意。

诚挚的好友
布朗克

费曼致国家科学院 | 1968年7月1日

敬启者：

请接受我辞去国家科学院的院士。我的退出纯粹是个人因素，完全和我对国家科学院的见解无关。

诚挚的祝福

理查德·费曼

费曼致国家科学院院长赛驰(Frederick Seitz，1911~2008)
| 1969年6月12日

亲爱的赛驰院长：

当你的信和电报寄来的时候，我正好外出，所以没有回复你。后来布罗姆利打电话来给我，我回答不行，因为这不是我喜欢做的事情。

你说的是一件完全不相干的事。这和我提出的辞去国家科学院院士的要求，完全无关。我想离开国家科学院这个团体，完全是私人原因，与国家科学院或政府的作为无关，也不是你个人行政风格的问题。多年以来，我就一直很想安安静静的、不惊动任何人，而退出这个团体，也不要引发任何的政治联想。这纯粹是我个人的因素，有点孩子气，就是喜欢什么、不喜欢什么而已。请接受我的辞职。

诚挚的祝福

理查德·费曼

费曼致杜克大学医学院生物化学系韩德勒教授
| 1969年7月15日

亲爱的韩德勒教授：

我要求辞去国家科学院的院士之衔，完全是个人的心理因素。不代表或视为任何对国家科学院的不满或批评。也不影响"大多数院士视国家科学院的荣衔为至高无上的荣耀"这一事实。

诚挚的祝福

理查德·费曼

● 中文版注：

韩德勒(Philip Handle, 1932~1982)教授继赛驰博士之后，即将出任美国国家科学院院长(任期从1969~1981年)。

国家科学院院长韩德勒致费曼 | 1969年7月31日

亲爱的费曼博士：

我接到你7月15日所写的语焉不详的信。老实说，我怎么想都想不出做这种决定的原因。尤其是我和委员会正努力改造国家科学院，至少希望它成为一个有活力的团体，能符合我们的院士所享有的荣耀与权责。我们想重塑机制，让院士积极参与、贡献所长，使科学院扮演更有意义的角色。你何不和我们一起努力，让这个组织能够改头换面？

诚挚的祝福

韩德勒院长

费曼致韩德勒院长 | 1969年8月14日

亲爱的韩德勒博士：
谢谢你7月31日的来信。
我7月15日的短信仍然有效。请接受我辞去国家科学院的院士。
诚挚的祝福

理查德·费曼

费曼致穆纳汉(Francis D. Murnaghan,1893～1976) | 1970年1月22日

1969年12月21日，德高望重的数学家穆纳汉博士写了一封信给费曼，问他为什么退出国家科学院。他写道："几天前，我从国家科学院听说你要辞去院士，从那时起我就很担心。"他接着表示，费曼的辞去，将是国家科学院的损失，而且一定会造成某种程度的伤害。他想知道，有什么办法是他或任何人能做的，可改善国家科学院的作为。

亲爱的穆纳汉博士：
我辞去国家科学院院士，完全是个人因素。绝不是对国家科学院有任何不满或批评。我也不想伤害国家科学院。只是我人格上的某种特质，让我对世俗所谓的荣耀不愿意沾染。
对这样一件小事，害你担心，实在很抱歉。
诚挚的祝福

理查德·费曼

费曼致尼曼(J. Neyman,1894~1981) | 1970年4月28日

1970年4月21日,加州大学伯克莱分校的著名统计学家尼曼,写了一封信来,问费曼关于辞去国家科学院院士的传闻,是不是真的?有何理由?

亲爱的尼曼博士:

我真的要辞去国家科学院的院士。理由是纯个人因素,和科学院本身没有任何瓜葛。

诚挚的祝福

理查德·费曼

第 5 部　费曼物理讲座 | 1960~1965年

如果你有任何才干，或任何工作吸引你，就全力去做吧。把整个人投进去，像一把刀直刺入刀柄。

费曼涉入分子生物学的想法酝酿了很久，他终于花了一整个夏天和一个休假年，在加州理工学院做相关的实验。当时他是和生物实验室主管艾德加(Robert Edgar)等人合作，研究病毒攻击细菌的机制。他发现一些所谓"回复突变"(back mutation)的例子，它们都发生在很靠近的地方，可能是某DNA序列的线索。艾德加一直催促费曼发表自己的发现。在沃森(James Watson, 1928~，1953年DNA双螺旋结构的发现者之一)的邀请下，费曼还到哈佛大学生物系去演讲。接着，他就放弃生物学研究，又回到他的最爱——物理学。

温妮丝在1960年9月24日和费曼结婚。不久之后，费曼就自豪于自己多么顾家、恋家。费曼在外头的名声逐渐响亮，家庭或许成为他树大渐渐招风的一个避风港。

这时候，他把自己的部分注意力转到普及物理上。1961年，他担任影片《关于时间》(*About Time*)的科学顾问，后来在NBC的黄金时段播出。另外他也参与贝尔集团的科学电视影集制作，每集约1个小时。这些工作让他的名声和人格特质，穿透出大学同事和科学家，接触到一般观众。不久之后，他就收到很多陌生人的来信，其中有学生、科学门外汉，偶尔也有仰慕者。

1962年，费曼得到劳伦斯奖(E. O. Lawrence Award)。我哥哥卡尔(Carl)正好在颁奖典礼的前一天出生。这个奖是能源部颁给对原子能有杰出贡献的人的。地方版的报纸登了一张费曼和温妮丝在医院的照片——费曼拿着奖杯，而温妮丝抱着刚出生的婴儿。

这时期更重要的是，费曼的最佳物理教师声誉，不胫而走。著名的《费曼物理学讲义》(*Feynman Lectures on Physics*)就是在这个时期诞生的。那是他为加州理工学院大学部一、二年级的学生上普通物理的内容，由雷顿(Robert B. Leighton)和山德士(Matthew

Sands)编辑成三巨册出版,成为物理教科书的里程碑。很多人都认为这是一件艺术作品。

在1962~1963年这个学年度里,费曼还做了很有名的"万有引力讲座"系列。之后,费曼为很多高级课程开的讲座、讲义也陆续出版。1963年,一位康奈尔大学的同事写信来,讨论另外一桩事业,就是发行费曼的教学录音带。

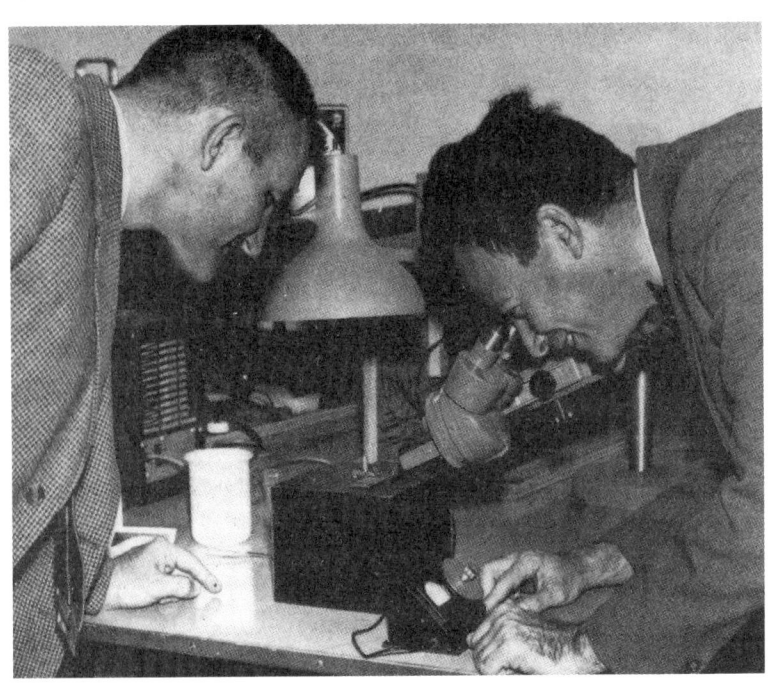

费曼用显微镜观看麦克莱伦先生的微型马达,摄于1960年

费曼致电光系统公司麦克莱伦(William H. McLellan)先生
| 1960年11月15日

1959年,费曼察觉到,将来资料储存所需要的实际空间,一定非常小,就连机械设备也一样,可能会小到几十个或数百个原子的尺度。他预先想到一个全新的科学领域,也就是今日的纳米科技(nanotechnology)。

在一场以"这下面空间还大得很呢!"为标题的演讲中,费曼陈述了自己的看法,并且对科学家和工程师提出挑战:如果能够完成以下两件工作之一,他个人愿意各提供1000美元的奖金。①把一页书上的资料,缩小到长宽各只有该书页$\frac{1}{25000}$的面积上,仍然可以用电子显微镜来读取。②做出一台可以控制的电动机,不算外接电线,边长只有$\frac{1}{64}$英寸。这两项挑战几乎立刻就给克服了,但用的并不是费曼想的新技术,而是靠精巧的手艺。有点不符合他原先的期望。

(注:那是在1959年12月29日,费曼于加州理工学院对美国物理学会发表的著名演讲。演讲记录后来刊登在加州理工学院发行的《工程与科学》期刊1960年2月号。全文可参阅《费曼的主张》一书的第五章。)

亲爱的麦克莱伦先生:

你上星期六给我看的电动机,令我印象深刻,你怎么能把它做得这么小?

在你给我看电动机之前,我会告诉你,虽然我在《工程与科学》的文章上提过这件事,但我还没有很正式地设立这个奖金。原因是我想让这个奖赏的条件更加严密,避免以后有法律上的争议,譬如说,我需要把微型电动机定义清楚,免得有人利用磁场把汞驱向某个方向,也声称这是电动机,等等。我本来想找个团体来为我评断,另外解决相关的税务问题。但是我一直忙着其他的事,并没有真的好好做这件事。

但是你给我看的东西,确实是我脑子里想到的东西,尤其在我写演讲稿的时候。而且,你也是第一个把这种东西拿给我看的人。因此,我很高兴地把奖金随信附寄给你。你实在当之无愧。我只是有点失望,做出这么小的电动机居然不需要全新的突破性技术。我本来觉得自己给的尺寸这么小,用传统的方法应该是无法成功的。但你居然能办到,真是可喜可贺!

继续朝更微型化迈进吧!

自从上次演讲之后,我结了婚,又买了房子。我就不再为更微型化的机械提供奖赏了。

诚挚的祝福

理查德·费曼

费曼致加州克纳根(Ronnie Kernaghan)同学 | 1961年2月20日

一位初二的学生在做"就业调查"的功课,写信问费曼:要修什么课程才能成为理论物理学家,有什么工作机会,工作环境如何,以及薪水多高,等等。

亲爱的克纳根先生:

很抱歉,对于你来信所问的问题,我没有什么资料可以奉告。

如果你问的是,设法找出大自然的工作奥秘,是不是一种有挑战性又刺激的生涯规划,我就可以回答了。不错,是这样的,而且还很好玩。只不过你要有相当的才华。

诚挚的祝福

理查德·费曼

费曼致《纽约先驱论坛报》乌贝尔(Earl Ubell) | 1961年2月21日

亲爱的乌贝尔先生：

有位崔波小姐好心地印了一篇你的文章《失礼的引力》(请参阅"附录二")给我。我读了之后，觉得真是好极了。一般的科学报道很少有写得这么好的，尤其是最后一行。我是懂科学的人，你甚至写得比我还好，我甘拜下风。

我依稀记得我们曾经短暂碰过面，或许我还表现出一副很不耐烦之类的态度。通常，这是我应付媒体记者的方式。若如此，我对你道歉。不过我只是对你道歉，而不是对其他媒体记者。

诚挚的祝福

理查德·费曼

费曼致戈德(Floyd Gold) | 1961年4月5日

1961年3月25日，费曼接到一封来自故乡的老友戈德的信，询问儿子未来教育的问题："他15岁，自己做了一台数字计算机去参加西屋公司的科学才能竞赛。"戈德接着表示，儿子这方面的知识都是自学而成的,只上过7周计算机逻辑的课程。法罗克维高中(费曼的母校)的副校长建议他写信请教费曼,询问相关的课程和大学里的情况,以免埋没儿子的天才。戈德也不知道该让儿子走工程还是纯科学的路。

亲爱的戈德:

听到某些个我记得名字的昔日老友的消息,让我非常兴奋。我和阿琳结了婚,她在1945年去世。现在是我第三度的婚姻刚刚开始,太太来自英格兰。我目前还没有小孩,希望很快会有。

我给你儿子的建议如下。幸好他喜欢某件事,而且在做某些事的时候非常开心。你应该尽量鼓励他去做他喜欢的事。我不是指将来,而是指现在、每一天。不要预设什么远大的计划。在他现在这个阶段,工程与科学的教育内容是大同小异的,而且有好几年都是这种情况。大学里多的是毕业之后才改念其他科系的人,这并不太困难。但是不要等到研究生毕业之后,那就嫌太晚了。

因此,让他很认真地去玩他的计算机。当他需要了解计算机的电路时,他的数学能力也会慢慢发展起来。现在,他应该可以自由自在去追求自己喜欢的事。当他成为某件事情的专家时,他会发现了解相关的主题很简单。

另外,和你信里所描述的情形相反,如果他什么功课都是中上,并没有特别喜欢什么事,或者什么事都喜欢,经常这事做做、那事搞搞的,那我反而不知道该怎么建议了。

诚挚的祝福

理查德·费曼

费曼致康涅狄格州奚帕(Frederich Hipp) | 1961年4月5日

奚帕是个高中生,非常喜欢物理(尤其是原子理论和量子力学),自己还做了一个云室,当成科学作业。但是他很担心自己对数学没什么兴趣。他问费曼,一个数学能力平常的人,能不能掌握高深物理,成为这一行的专家。

亲爱的奚帕先生:

在物理学上想做些什么重要的工作,都要有非常好的数学能力与兴趣。有些应用上的工作对数学可能没有这么高的要求,不过那些工作并不是非常吸引人。

如果你想满足"个人对大自然奥妙无上境的好奇心",而这些奥妙必须以数学形式的定律表现出来,那你该怎么办呢?如果不用数学来运算和推理,你就无法深入了解物理世界,也不能满足自己的需求。

你怎么知道自己对数学没兴趣?或许你只是不喜欢教数学的老师?或许他的教学方法有问题,不符合你心智的推理形式。

我有什么建议呢?暂时把对数学没兴趣这事搁在一旁,不要理它,也不必害怕。先做那些你最喜欢的事。你不是做了一个云室吗?再做一些类似的事情。顺应你的才能去发展,不管它们会朝哪个走向走。不必管路上的水雷,全速前进。

那么,对数学该怎么办?①或许当你以后在设计某种装置而需要用到数学时,才发现它很有趣。②你没有继续发展现在的兴趣,设法了解所有的事情,却发现自己有其他才干,可以崭露头角,例如设计先进太空船的控制系统等。或者③生物学上的问题最后吸引了你的注意和才能,而你决定往实验生物学发展,利用它来了解大自然,等等。

如果你有任何才干,或任何工作吸引你,就全力去做吧。把整个人

费曼充满魅力的物理学讲堂,总能吸引许多学生。摄于1962年

投进去,像一把刀直刺入刀柄。不要问为什么,也不要管可能碰到什么困难。

如果你什么功课都中上,也没有什么特别的事令你感兴趣,那我反而不知道该给你什么建议。那你应该去找别的人讨论。这个问题我还没有很认真想过。

诚挚的祝福

理查德·费曼

费曼致乔特(Helen Choat)小姐 | 1961年7月26日

到这个时候,"关于时间"的影片已制作了两年多。华纳兄弟公司发行了影片。而纽约的艾尔(N. W. Ayer)父子公司想出版相关的补充资料和工作记事簿,乔特小姐是联络人。

亲爱的乔特小姐:

你要求我改写自己的简历。第一段的第二句是错的,应该像这个样子才对:"1941年,他在普林斯顿参加了和原子弹有关的工作,后来一直继续下去,直到1945年在洛斯阿拉莫斯成功做出原子弹为止。"我并没有和爱因斯坦一起工作过,爱因斯坦也和原子弹的研制工程无关。爱因斯坦并不是原子弹之父。

最后,请删除有关国家科学院的部分。另外,我也不能肯定自己是不是美国科学促进会的成员。我记不得了。

你还要我叙述一下,自己是怎么让科学给吸引的。"我父亲是个生意人,却对科学非常感兴趣。他常告诉我一些很美妙的事,例如星星、数字、电流等。不管我们到哪里去，总会听到一些新鲜有趣的事，好比山脉、森林、海洋。在我学会说话之前，他已经用方块设计出很多吸引我的数学游戏了。因此，我自己自始至终就是个科学家，我永远热爱科学。感谢父亲给了我一份这么珍贵的礼物。"

诚挚的祝福

理查德·费曼

费曼写给温妮丝｜1961年10月11日，寄自比利时布鲁塞尔的阿米哥(Amigo)旅馆

这封信曾选入《你干吗在乎别人怎么想》一书，是费曼赴布鲁塞尔参加索尔维会议(Solvay Conference)研讨会途中，写给太太温妮丝的。当时温妮丝怀着我哥哥卡尔，不便一起去。

哈罗，甜心：

盖尔曼和我竟夜争辩，直到两人都支持不住，醒来时正好在格陵兰的上空。这次感觉比上次飞越时还棒，因为这次我们直接穿过去。在伦敦，我们和几位物理学家会合，一起过来。他们之中有个人很忧心，因为他的旅游书里，找不到阿米哥旅馆的介绍。但另外一个人的新版旅游书里，却说它是个五星级的旅馆，据说还是欧洲最好的旅馆呢！

旅馆真的很棒。家具非常精美，都是深色的红木制品；浴室好大。你这次不能和我一起来，真是可惜。

会议在第二天开始，进行得很缓慢。我的报告排在下午，我也如期上台发表，只可惜时间不够。由于晚上有一场盛大的接待晚宴，会议要

Oct 11, 1961 ①

Hôtel Amigo

Hello, my sweetheart;

    Murray & I kept each other awake arguing until we could stand it no longer. We woke up over Greenland which was even better than last time because we went right over part of it. In London we met other physicists and came to Brussels together. One was worried — in his guide the hotel Amigo was not even mentioned. Another had a newer guide — five stars! and rumored to be the best hotel in Europe!

    It is very nice indeed. All the furniture is dark red polished wood in perfect condition, the bathroom is grand, etc. It is really too bad you didn't come to this conference instead of the other one.

    At the meeting next day things started slowly. I was to talk in the afternoon. That is what I did but I didn't really have enough time for we had to stop at 4 P.M. because of <u>a reception</u> scheduled for that night. I think

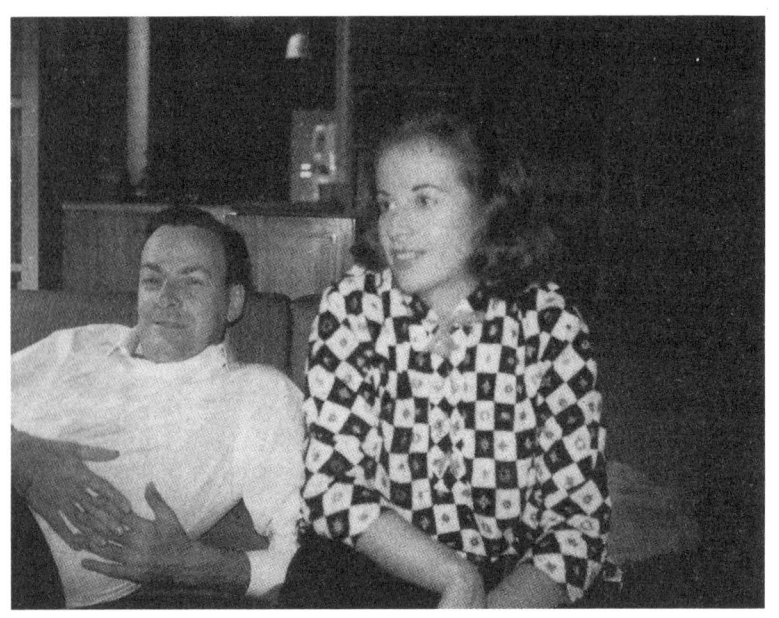

费曼与温妮丝婚后一年的合影,摄于1961年

求提前在4点结束。我讲得还可以啦,反正没有讲到的东西,在书面资料里都有。

傍晚,我们进皇宫去见国王与王后。计程车在旅馆门口排成长龙接我们,是那种长形的黑色礼车。我们在下午5点抵达。车子开进皇宫大门时,两旁都是卫兵。接着我们穿过一道拱门,到了皇宫门口。穿着红外套、白长袜的卫兵替我们开门。他们的白长袜在膝盖下方,还用黑带子绑着金色的穗子呢。

后来经过入口、门廊、楼梯到大厅,一路上都是这种装扮的卫士,站得直挺挺的。他们戴一种暗灰色的俄式帽子,上面有金色的系带。室内卫士穿着深色外套、白色长裤,每人还持一把向上竖起的剑。

我们在大厅等了大约20分钟。地板是精美的花纹拼木,每个方块里都有个L字——应该是皇族的姓,李奥波德(Leopold)什么的。墙上漆得金碧辉煌,听说是18世纪完工的。天花板上画了很多驾着马、拉战车的裸女之类的作品。房里有很多镜子,和很多摆着鲜红色坐垫的金色椅子,就像我们以前参观过的皇宫一样。但这次是真的,活生生的。不是在博物馆。每件东西都光鲜亮丽,保养得非常好。有几位宫廷官员陪伴我们,其中一位手里拿着一张单子,告诉我们要站在哪里。但我老是站错地方。

大厅一端的门打开了,卫士簇拥着国王和王后站在里面。我们慢慢走进来,一个一个地被介绍给国王和王后。国王的脸很年轻,表情似乎有点僵硬,不过握手却很有力。王后很漂亮。(她的名字好像叫法布里欧拉,以前是个西班牙女伯爵。)接着我们进入左边的另一个房间,里面像戏院一样,摆着很多椅子。最前面的两张是国王和王后的座位,也向着同一个方向。在我们前面有张桌子,桌子的另一边有6张椅子向着我们,是给大师坐的,像玻尔(Niels Bohr, 1885~1962, 1922年诺贝尔物理学奖得主)、皮兰(Jean B. Perrin, 1870~1942, 1926年诺贝尔物理学奖得主)、奥本海默等人。

原来是国王想知道我们在干什么,于是6位老前辈就分别发表了一段很沉闷的演讲。正经八百的,连个笑话也没有。我很不舒服地坐在椅子上,因为搭了一夜的飞机,背脊酸痛。

讲完之后,国王和王后穿过原先接见我们的房间,到右边的房间去。这些房间都是维多利亚式的,金碧耀眼,宽敞华丽。房间里有穿着各种不同制服的人,有穿红外套的禁卫、穿白外套的内侍、卡其色配勋章的军人和黑外套的宫廷官员。这时,内侍端上饮料和开胃菜。

我从左边房间穿到右边房间时,因为背痛走得慢,落在最后面,不知不觉和一位宫廷官员攀谈起来。他是王后的秘书,偶尔还在鲁汶大学兼课,教数学,是个很棒的人。国王年轻的时候,他还曾当过国王的家庭教师,已经在皇宫里服务了23年。终于我也有个聊天的对象了。别人则是与国王和王后聊天,所有的人都站着。过了一会儿,这次研讨会的主席布拉格(W. Lawrence Bragg,1890~1971,1915年诺贝尔物理学奖得主)跑过来,说国王想见我。当他对国王说"陛下,这是费曼"时,我犯了一个大错,我以为国王会和我握手,立刻伸出手来。一阵尴尬之后,国王还是伸出手来,解了我的困窘。国王很礼貌地夸我们这批人,一定是聪明绝顶,想这些东西一定非常辛苦。我以玩笑的态度回答,显然又犯了第二个错。(布拉格教授已经告诉我该怎么应对,但我怀疑他知道什么。)幸好这时候布拉格又带了另外一位教授来介绍,我想是海森伯(Werner Heisenberg,1901~1976,1932年诺贝尔物理学奖得主),总算解了我的围。国王忙着和新朋友说话,忘了费某人。费某人也溜去和王后的秘书闲扯。

又过了好一阵子,我喝了好几杯柳橙汁,吃了很多非常精致可口的小菜后,一位穿军服配勋章的家伙跑来对我说:"去和王后说话。"我再乐意不过了(她可是位大美人呢。不过你别担心,她已经结婚了)。我到达的时候，发现王后坐在一张桌子边，旁边还有3张椅子，可是都有人坐，并没有费某人的位子。有一阵轻声的交谈和咳嗽之类的，等等。

不久就有人很不情愿地让出一个位子来。另两把椅子坐着一位女士和一位神父（穿着全套的宗教礼服，也是物理学家），名叫勒梅特（Georges LeMaître, 1894~1966）。

我们聊了大概有15分钟（我很仔细地听，并没有人轻声咳嗽，暗示我起身让位），例如：

后："思索这些困难的问题，一定很辛苦吧？"

费："还好啦！我们大都是为了兴趣才去做的。"

后："要改变原先的想法，应该很不容易吧？（这是她从那位老前辈得来的印象。）

费："也不会。刚才演讲的那些人，都是老一辈的物理学家，他们才有重新适应的问题。物理学的大变动发生在1926年，那时候我才8岁。因此，我学的物理都是新观念。现在最大的问题是，会不会再来一次大变动？那就没有人知道了。"

后："你一定很高兴为促进和平而努力。"

费："不尽然，我从来没有想到和平的问题。老实说，科学是不是真能促进和平，谁也没把握。"

后："事情变化得可真快，这100年来，很多事都变了。"

费："这座皇宫可一点儿都没变。"（这句话是我想的，但没有说出口。）"是啊！"

接着我大谈在19世纪60年代世人的种种知识，以及随后发现的种种东西。最后，我笑着说："你看，我们这种教书匠，一有机会就忍不住长篇大论起来，哈哈！"

王后看我太不上道，懒得再理我，就转身去和另一边那位女士闲扯。

又过了一会儿，国王走了过来，王后也站了起来，国王在她耳边说了几句悄悄话，他们就一起走了出去。费某人又去找王后的秘书聊天，最后还是他亲自送费某人通过警卫，走出皇宫的。

你错过这场盛会，真是太可惜了。我不知道什么时候还有机会，找个国王和王后给你见见呢。

今天早上，当我和几位教授正要离开旅馆的时候，忽然广播说柜台有我的电话。我去接听了之后，回来向同伴们宣布："是王后的秘书打来的。现在我得先告退，不陪你们了。"他们都吃了一惊。原来早就有人注意到，费某人在皇宫里，和王后谈得太久、太热烈了。但我没有告诉大家，这其实只是我和秘书的约会。他邀我去他家坐，和他太太及两个女儿见见面(他共有4个女儿)。我也邀请他，如果有机会来美国的话，到帕沙迪纳家里来作客。

他太太和女儿都非常和善，房子也很漂亮。参观他家可比参观皇宫要愉快多了。房子是一种比利时式老农庄的式样，是他自己设计监造的，盖得非常好。房子里有很多老式的橱柜和桌子。和很多现代化的设备摆在一起，非常调和。在比利时，他们要找一些古董家具，可比我们在洛杉矶容易多了，反正到处都是老式的农舍。他有个很大的庭院，还有个菜园，还有一只据说是来自华盛顿的狗。有人送给国王，国王又转送给他。这只狗的个性很好，很像我们家里的奇威，我想这是因为它们都深受主人的宠爱。

在庭院的树下，他还摆了一条自己亲手做的长凳，可以坐在凳子上欣赏四周的田野风光。屋子比我们家略大，庭院则大得多，但是还没有好好地规划。

我告诉他，自己在帕沙迪纳也有个小小的城堡，里面也住着一位王后。如果他有机会，也希望他来看看。他说，如果有机会，也很愿意来拜访。如果下次王后再到美国访问，他一定会跟来。

我随信附上他家的照片和他的名片。这样我就不会到处乱塞，把

费曼与奇威,摄于1961年

它们给弄丢了。

我知道这次没带你,把你丢在家里,你一定很难过。但我以后一定会想个什么方法来补偿你的。别忘了,我深深爱你,也以我们的家和我的家人为荣。秘书和他太太都祝福你,也祝福我们全家人。

我最希望的是你在这里陪我,其次就是我在家里陪你。替我亲亲奇威,并把我的历险记转告妈妈。我会提早赶回来。

你的丈夫深爱着你。

你丈夫

※米歇尔注:奇威是我父母亲的宠物狗。这么多年来,我父亲非常喜欢狗,经常躺在地板上和狗玩耍,教它们一些平常的把戏,如拜拜(作揖)、摇尾巴、拿报纸等。他曾经教会一条狗听口令伸出舌头。我们从来不知道这个把戏有什么用。这些年来,我母亲温妮丝也策划过几次探险。例如到墨西哥塔拉乎马拉(Tarahumara)印第安人偏远的部落去游访。而全家到不知名的地方去露营,更是家常便饭。

费曼致托雷(Volta Torrey)编辑 | 1961年11月15日

1961年4月,在麻省理工学院建校百年的纪念会上,费曼以"物理学的未来"为题,发表专题演讲。本来校庆的筹备会是准备把当天的演讲内容全部收集起来,编印成册的,但后来这个计划胎死腹中。麻省理工《科技评论》(Technology Review)杂志对这篇演讲很有兴趣,想把它登出来。托雷先生写信给费曼,征求他的同意,并送手稿请他过目。

亲爱的编辑：

关于我在麻省理工百年校庆纪念会上的演讲稿，有一些混淆。首先，我做了一场演讲，还当场录音，留下了录音带(且称它为A版)。接着有人负责编百年校庆的纪念特刊，寄给我一份重新编排、整理过的讲稿(称为B版)。这很像你知道的故事，也是他们寄给你，而你现在寄来给我过目的东西。但是我不喜欢这个B版，因此，已请他们把原始的录音带寄给我，我亲自整理、修正过之后，就寄还给他们了(称为C版)。

请你去找那些筹印百年校庆专刊的学生要C版(请参阅"附录三")。我最喜欢那个版本，它比你想刊登的这个B版好多了。你想登的，应该是C版吧？我手边正好没有这个版本，否则就不会让你跑来跑去的。

谢谢你的耐心。

诚挚的祝福

理查德·费曼

费曼致印度马德拉斯数学科学研究所所长拉马克里希南 (Alladi Ramakrishnan) | 1962年1月30日

拉马克里希南所长写信要求费曼同意，让他把费曼所做的强相互作用模型发表出来。那是费曼尚未公开发表的东西。在此之前，拉马克里希南已得到费曼同意，让他在某本书里引用一些费曼的量子电动力学笔记。他希望能同时把这些未发表的东西也弄进去。他在信中说："如果你不介意，我就把它们寄给出版社。否则我必须删除部分文稿，而这在我目前的印制阶段，会引起相当大的不便。"

(有点像是先斩后奏,对不对?)现在他也提议,若费曼有任何意见,他也可以加在附注里。下面就是费曼的回信。

亲爱的拉马克里希南先生:

很遗憾,听说你想要发表我以前所写的强相互作用模型。我记得在这份东西的封面上,已经特别注明"这份东西目前尚无发表的计划"。我之所以没有发表,是有理由的。我不能肯定它是否正确——我的意思是,不能肯定自己是否把大自然的特性,正确地描述下来。到现在,我更没有把握了,几乎要肯定它是错的了。

我个人有一项原则,就是尽量保持自己发表的东西在一定的水平之上——至少每篇论文都与大自然或它的运作法则有某种关联。只推测它是怎么回事,对我来说是不够的。除非我对这项推测相当有把握,是极可能正确的。否则,我也不用忙着写一篇针对目前一些推测的评论性文章了。

因此,你很慎重地去处理一些我认为是错的东西,让我觉得很尴尬。我很希望你把这些东西抽掉。

但是考虑到这样做,可能对出版社造成相当的困扰。第二个办法是如你所建议的,把我下面这段陈述放到里面,当成附注:

"费曼教授认为,物理学家的责任不只是把大自然运作的模型推测出来,还应该进一步去查明是不是真的这样。因此,他认为这个模型只是一种猜测,几乎已确定并不能描述观测到的实际状况。他不认为这种东西有正式出版的价值。"

如果你愿意,也可以补充自己的意见,譬如:"然而,笔者觉得读者可能对这个模型有兴趣。这是科学家尝试理解大自然的一个案例,所以仍把它放在这里。"诸如此类的,都可以。但是不管怎样,只要你想把那个模型弄进你的书里,请务必加注我前面所写的那段话。

诚挚的祝福

理查德·费曼

费曼致Y先生 | 1962年2月8日

1962年2月5日，NBC电视网正式播出《关于时间》的影片。一位我称他为Y先生的观众先写信给洛杉矶KRCA电台，抱怨他们的节目是正统派科学的传声筒，只看得见正统科学家对相对论的观点。他后来把信件复制了好几份，分别寄给费曼和其他4位科学家，还寄给3个相关组织。在信里，Y先生攻击了影片中的"双生子佯谬"(twin paradox)是错误的，影片举这个双胞胎太空旅行故事的例子，是为了替不正确的正统科学观点作"宣传"。他表示，自己受到打压的观点才是正确的。

（我不能叫这个陌生人为X先生。因为很多朋友都知道，费曼有个雅号，就是X先生。）

亲爱的Y先生：

你寄了一份给KRCA电视台信件的复本给我，抱怨电视节目《关于时间》里的情节。我是该节目的科学顾问，在节目里放进双胞胎太空旅行的故事是我的责任。我之所以用它，是因为我相信它是正确的。请你相信我对"宣传"或说服大众这些事，并没有什么兴趣。我们都同意，应该只对科学的正确部分有兴趣。

但就算我们只对正确的事有兴趣，难道我们不能说"双生子佯谬"所描述的现象是正确的吗？我衷心地这么认为。而且我相信科学家对

运动中的 μ 介子(mu-meson)寿命的观察，已经证实了这个论点。你似乎对此不以为然。我倒想听听你的看法。如果我不对，又错在哪里？多年以来，我都是利用同样的观念在研究物理工作，好像没有碰到什么现象是违反这些观念的。事实上，在预测新现象上，这些观念似乎也用得很成功。如果有不同的观点，也能成功地达成下面两件事，将会令我吃惊，同时令我高兴：

1. 成功地预测出所有现在的实验已经观测到的物理现象。
2. 预测出不同的双胞胎太空旅行的结果。

诚挚的祝福

费曼

● 中文版注：

"双生子佯谬"的故事是这样的：彼得与保罗是双胞胎兄弟，有一天保罗驾太空船以接近光速的速率飞奔到太空中。待在地面上的彼得会看到保罗的时钟明显慢了下来，他的心跳、他的思想和他周围的一切，全都慢了下来。但是保罗自己可不觉得，太空船里的一切，跟他以前在地面上的感觉完全没有两样。可是当保罗在外太空待了一段时日回来后，会发现他比留在地面上的彼得年轻些！

费曼致Y先生 | 1962年3月14日

Y先生连续写了几封情绪性的信件，攻击费曼所参加的一些科学团体都打压他的见解。但是Y先生从来没有清楚解释自己的见解是什么。

亲爱的Y先生：

我收到你几封信，但是我看不懂你信里所表达的意思。诚如你所说，这不是观念上的问题，而是发生的现象到底是什么。因此，为了弄清我们是不是真的在"时钟佯谬"的现象上存有歧见，我想请教你，依你的科学观点，下面这个实验的结果是什么：

有一弱束的μ介子，由射源以速度v射过来，会经过一个很薄的计数器B。所以每个μ介子进来，我们都知道。μ介子有一半会撞击到A物质，而这个东西厚到可以把μ介子挡住。在这种情况下，μ介子后续发生的衰变是可以侦测的。μ介子从B跑到发生衰变的地方A的平均时间（从B到A之间有非常短的时间差）是可以度量的，我们且称它为τ_0。（你知道的，它正好是2.2×10^{-6}秒）。而在A，一个μ介子在时间t发生衰变的概率是：

$$e^{-T/\tau_0}$$

此外，那些没有撞到A的一半μ介子，沿着一个磁场前进，大约转了360°，撞上另一个计数器C。（由于C不可能放在正好360°的地方，我们在得到的数据里，可以做个小小的修正，把μ介子真的到达360°位置的时间算出来。）你认为会有多少个μ介子能到达C？假设轨道的半径是R，因此，μ介子走一圈所需要的时间$T=2\pi R/v$。

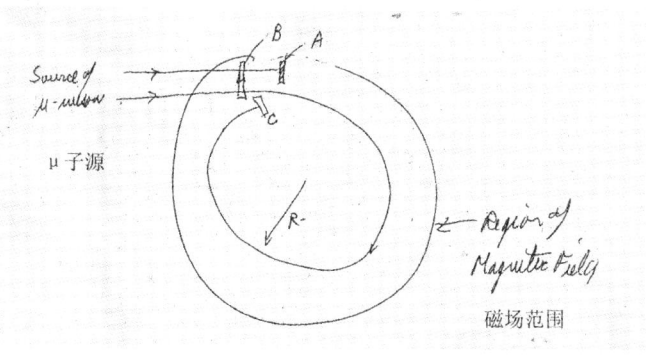

我认为你的答案,应该是下列两者之一。

(一)μ介子衰变的寿命和它的速度无关,因此C的数目和A的数目是一样的。在一些时间延迟之后,还是:
$$e^{-T/\tau_0}$$

或者(二)运动中的μ介子,寿命看起来比较长,因此,抵达计数器C的μ介子数目是:
$$e^{-T/\tau}$$

而τ并不等于静止时的τ_0:
$$\tau = \tau_0 / \sqrt{1-v^2/c^2}$$

v是μ介子环绕磁场的速度,c是光速。或者,你得到的答案两个都不是。

我从你的信里,看不出在这种情况下,你的答案是什么。你能不能直截了当地把答案告诉我?这样我们才能够进一步讨论下去。

请原谅我没有立刻回信。我手头有些事正在忙,总是没办法立刻回信。

诚挚的祝福

费曼

费曼致Y先生 | 1962年4月3日

Y先生对于费曼这么仔细地回他第二封信,非常开心,因此写了一封很礼貌的回信。但还是没有回答费曼提出的问题,于是费曼又回了一封信给他。

亲爱的Y先生：

我3月14日的信，只是想知道我们两人对于一个特定的实验情况，是不是有相同的预期结果。当然，μ介子的速度v一定小于光速，甚至不必非常接近光速，只要有光速的80%左右就行了。

如果我不知道你对这件事的意见如何，那我们这样的信件往来也没什么意思。因为我不知道自己的观点究竟是不是和你的一样。你谈到我们之间"观点对立"以及"我的论点"，但我就是不明白在这个实验的结果上，我们的观点是否真的对立，或是有歧见。简单地说，我根本就搞不清你的观点何在。因此，我希望你在下一封来信中，能简单而清楚地陈述你的意见。如果你对实验条件有任何疑问，我很愿意更进一步详细解释。

诚挚的祝福

费曼

费曼致Y先生 | 1962年4月10日

Y先生回信质疑费曼那个想象实验的前提，就是μ介子的速度要非常接近光速。他提出一些和相对论有关的定性问题。于是费曼再给对方一次机会。

亲爱的Y先生：

谢谢你4月7日的来信。但是看完信之后，我还是不知道对于我所问的问题，你的答案究竟是什么。科学思想的目的，就是预测在某种实验情况下，会得到什么答案。所有哲学上的探讨，都只是借口而已。

μ介子运动的速度当然不会是光速。为了让问题更清楚，我们可以假设磁场的强度是1万高斯，轨道半径是44厘米。（根据计算的需要，我们可以假设μ介子的速度等于光速的0.8倍。）假设计数器C是放在360°的位置之前10厘米的地方，那么在计数器A和计数器C之间计测到的数目，有什么关系？

这不是为了让你掉入圈套而设计的问题。它的设计目的，是要看看我们对于大自然的预测是否一样。我们对事情的分析和思考模式，显然是不一样的。但最重要的问题是，我们对于某个特定情况下的预测，结果是不是一样。如果一样，这中间就没有什么科学问题牵涉其中了，只有哲理上的争执而已，我就不必去烦恼谁是谁非了。如果我们双方的预测结果不同，那也很容易决定谁是正确的。我们就做实验，让答案自然揭晓。

请回答我提的问题。不要再用很多名词来躲闪，说什么我忽略了相对论的"我的命题"或谈到"我的哲学"，或者说我"忽略了μ介子是个粒子的事实"等。这些可能是事实，也可能不是事实，但是无关紧要。你别告诉我说，我没有办法设置这样的实验装置，或者不可能做出1万高斯的磁场，或者根本就没有μ介子。如果你同意我能设置这样的实验装置，请告诉我，你觉得两个计数器得到的计数比率应该是多少？

诚挚的祝福

费曼

米歇尔注：根据费曼留下来的档案，以后Y先生没有再来过信。

费曼致符尔(Douglas M. Fowle)先生 | 1962年9月4日

威斯康星州的符尔先生见到一篇杂志文章，报道了加州理工学院和费曼。符尔看到学生的淘汰率高达35%，觉得非常吃惊，立刻写了一封信给费曼。符尔指出，加州理工学院在1500名成绩优异的申请入学者当中，只收了大约180名最顶尖者。就学后，居然还有这么高的淘汰率，实在太不可思议了。他认为"强制刷掉1/3的学生，不但是教育资源的浪费，也会扭曲教育的方向。另外，对年轻人也过于残忍"。

亲爱的符尔先生：

我也不认为加州理工学院甄选学生的方法很好。只是我以前"忙"于其他事，从来没有花太多精力在那上面。这当然是有点不负责任。我并不想为自己找借口。谢谢你的来信，我以后会注意这个问题。

但我认为，在今天，还没有一种科学方法能够好好地来挑选人或判断人。因此我怀疑，有什么更好的办法可以做好这件事。

其实我不太确定，不过我觉得，入学考试和高淘汰率很可能没什么因果关系。倒是能进入这里念书的可怜学生，他们会遭遇到什么处境，才是关键。举例来说，假设有个学生，高中以前的成绩都是名列前茅，进了加州理工学院之后，发现自己居然在班上是最后一名，难免无法适应。事实上，不管当初是怎么考的，来到这里，总会有一半的学生落在后段。那么从心理层面来看，或许会有1/3的学生经不起这种挫折，以致退学。

这种和人有关的问题是很难处理的，我也不太懂。但是我相信，没有人真的能弄清楚。谢谢你的来信。以后如果有机会参与讨论这件事，我会多留意的。

诚挚的祝福

费曼

费曼写给温妮丝｜1962年，于华沙大饭店

最亲爱的温妮丝：

首先，我爱你。

其次，我想念你和娃娃，还有奇威。真希望我是在家里。

我现在坐在大饭店的餐厅里。早就有朋友警告我，饭店的服务慢得出奇。因此我特意回房去拿纸笔。本来打算准备明天要发表的论文，但是后来想想，何不趁这个机会给我的亲亲写封信？

波兰像什么样子？我最强烈的感受是，它几乎完全是我想象的样子，这点也令我非常惊讶。我指的不仅是城市的外貌，还有它的人民，人民的想法，以及他们如何看待自己的政府等，都非常符合。只有一个小地方不一样，这点我等会儿再说。显然我们在美国，消息还蛮灵通的，《时代》或一些旅游杂志办得还不错。

不同之处是，我忘了在第二次世界大战期间，华沙除了极少数的建筑物(墙上都是弹痕累累，很容易辨认)之外，几乎已经全毁。因此全城的建筑物几乎都是战后才重建的。因为华沙很大，全市的建筑很多，其中约有7/8是重建的新建筑。单凭这一点，就已经相当了不起了。当然，你知道这里的建筑工人是很天才的，居然能盖出一些老房子。事实上也是如此。很多房子墙面剥落，用水泥像补补丁一样地东抹一块、西涂一块的，有的还露出里面的砖来。窗架上锈迹斑斑，雨水还把铁锈冲下来，在墙上浸出一条一条的痕迹。不仅如此，建筑师也是老派的，房子的装饰都是20世纪30年代或20年代的式样，只是厚重得多。没有什么有趣的建筑(只有一栋建筑例外)。

旅馆的房间很小，摆放着一些便宜的家具，褪色的棉床单铺在凹凸不平的床上。不过天花板很高(约有4.5米)。墙壁也很老旧，上面还有些老的水渍，让我回想起纽约那家古老的"大饭店"。但是浴室的设备(如水龙头等)却很新，还闪闪发光。这令我感到困惑。在这么一家老旅馆里，它们看起来太新了。我后来才发现，这家旅宿其实才盖了3年。我忘了他们盖老房子的本领了。(到现在还没有一个服务员理我。我实在受不了了，就起身拉住一个从旁边走过的服务员。他满脸困惑，叫了另一位服务员过来。结论是：我坐在没有人服务的区域，必须换个位子才行。我大声抗议。结果呢？抗议无效，还是给安置在另一张桌子。他们给了我一份菜单，要我在15秒钟之内点好菜。)我点了一份酥炸小牛排。

关于房间里面有没有窃听器的问题。我在房间里到处找那种老式插座的盖子(就像我们的浴室天花板附近的那个东西)，一共找到了5个，但是都非常靠近天花板。也就是说，没有梯子根本就够不到，所以我放弃了。但是另外有一个铁盒子似的东西在电话机附近的墙上。它有个螺丝掉了，所以我把盖子稍微拉开，看了一下里面的情况。里面有很多电线，就像收音机的背面。谁晓得它是什么玩意儿，但是我并没有看到任何麦克风。电线的末端都缠着绝缘胶带，或许麦克风是藏在胶带里。但是我没有螺丝起子，所以没有把盖子拆下来检查。简单地说，如果里面没有窃听器的话，那他们可浪费了很多电线。

波兰人很善良。服饰至少有中等的水平(汤来了)，有不错的乐队和跳舞的场所，不像传说中的莫斯科那么沉闷无聊。政府就像你在城里的美国移民局更换绿卡时，不可以拿20元要他们找钱一样。举个例子来说，我的铅笔掉了，要在饭店的小店里买一支铅笔。"钢笔一支1.10美元。""不,我不要钢笔,我只要铅笔,就是木制的,里面有石墨笔心的那种笔。""我们不卖铅笔,只卖每支1.10美元的钢笔。""好,那是多少波兰币?""你不能用波兰币买钢笔,只能用美元1.10元。""为什么?""规定的。"所以我只好再上楼,到房间拿美元。我给了他1.25美元。但是店员不能找我美元,我只能到饭店的出纳柜台去换钱。出纳一共给了我4张单据,店员拿一张,出纳拿一张,另外两张给我保存。我要这两张单子干什么?回答是,我回美国的时候,给海关看单子,这支钢笔就不必课税。因为它是美国制的。(这时候,我的汤碗才收走。)

国营企业与私营企业孰优孰劣的争论,见仁见智,大多太抽象又太理想化。从理论上来说,计划经济也有它的优点,但如果没有人能改善政府机构的颟顸无能,再好的计划也不可靠。

关于开会的地点,我完全猜错了。本来我想象的,是在以前的皇宫禁城,有很大的房间,可能是16世纪遗留下来的。我又忘了波兰几乎全毁了,这座皇宫也是新盖的。我们在一间圆形的大房间里,白墙上有金色的饰物,上方有包厢,天花板上画着蓝天白云。(主菜上来了。我开始吃,味道很好。我点了甜点,是一种凤梨派,重125克。这里的菜单很精确,还标出重量呢!就像"鲱鱼排,144克"等。我没看到有人真的拿秤来称称看,斤两够不够。我的酥炸小牛排是100克,我也没有称它。)

这次会议,我一点收获都没有,什么也没有学到,只是白忙一场。这个领域没有什么活力(因为他们没有做什么实验),也没有什么高明的人在里面。结果是,会议聚集了一群笨蛋(共有126人),对我的血压不利。会议上报告的和讨论的,净是一些废话。我只能在会场外和人争论,譬如说在午餐的时候。每当有人问我问题,或开始说他在做什么研究时,就弄得我一肚子火。他们谈话的内容,总是不出下面几类:①完全不知所云;②含糊而不确定;③一些明显正确或不证自明的东西,却给当成重大的发现,大费周章地分析、讨论与发表;④对一些多年来已经检验过、大家都普遍接受的正确事项,却以很权威的愚蠢态度,声称它是错的(更糟糕的是,这些白痴相当固执,即使和他们争辩,也没办法说服他们);⑤试图做一些根本不可能或者没有用的事,到了最后才发现它们根本是错的(甜点来了,我正在吃);或⑥很明显是错的事。近年来,这个研究领域"非常活跃",但这些很"活跃"的人只是在指出以前那些"活跃"的人是错的、没有用处等。就像瓶子里的一群软虫,每一只都想踩在别人的头上爬出去。并不是他们做的事有多难或多辛苦,只是没有高手。大高手都跑到别处去了。

记得提醒我,不要再参加什么引力会议之类的会议了。

有一晚,我到一位年轻的波兰教授家做客(他的太太也很年轻)。一般波兰人的公寓,每人平均只有6平方米的居住面积。他却很幸运,夫妇两人拥有17平方米(有卧室、厨房和浴室)。他对于接待我们这些客人(我、惠勒教授夫妇和另外一位教授),显得有些紧张,一直为房间狭小而抱歉。(我向服务员要账单好结账。这会儿,他同时有两三桌客人要招呼,有点手忙脚乱。)但是他太太却显得放松,不时还亲吻他们养的暹罗猫"波波",就像你对奇威一样。她很善于招呼客人。我们吃饭的餐桌要从厨房拿出来,而且要先把浴室的门拆下来,才摆得下桌子。我看她料理这些事,轻轻松松的。(现在,整个餐厅只剩下4桌客人,却有4位服务员。)食物很棒,我们都吃得很开心。

哦!对了,我提过华沙只有一栋有趣的建筑,值得一看,它是全波兰最大的建筑物"文化与科学宫",是苏联送给波兰的礼物,是苏联的建筑师设计的。亲亲,它怪异得难以置信,我简直不知道该怎么形容才好。它可说是世上最疯狂的怪胎建筑物了!(账单来了,是不同的服务员送来的。我现在等他找钱。)

现在应该要结束了，希望找钱不会等太久。我怕等太久了，所以没点咖啡。即使如此，看看星期天在华沙大饭店吃一顿晚餐，居然可以写这么长的一封信，你就知道他们的服务多么有效率了。

我再重复一次，我爱你。希望你是在这里，当然如果我能跟你在一起就更好了。家里真好。(找的零钱来了，但有些错，大约差了0.55元波兰币，算了。)

现在，再见了。

理查德

费曼致银伯德特公司太平洋区经理莫兰(Thomas K. Moylan)先生 | 1963年3月25日

1963年3月14日，费曼受聘担任加州课程审议委员会的委员，开始长期评估加州公立学校的课本。

亲爱的莫兰先生：

谢谢你的贺函。函里，你附了一些你们书里的作品，并且提议我们碰个面。我还没有空仔细看你给我的资料。另外，我觉得若只和一两家出版社的人谈论教科书的事，而没有和所有的出版社接头，并不太妥当。但我又没有那么多的时间，可以和所有出版社都碰头。因此，会面的事，就免了吧。

我希望把自己所有的时间，都用在教科书的评估上。希望你不会觉得我厚此薄彼，对你不公平。我相信你们的课本会为自己说话的。

诚挚的祝福

理查德·费曼

※米歇尔注：对其他的出版社，如史考特公司、弗司曼公司、莱劳兄弟公司等，费曼都这样回复。

阿拉巴马州特洛伊州立学院的雷革斯比(Ernest D. Riggsby)副教授致费曼 | 1963年4月17日

亲爱的费曼博士：

我的博士生正在进行主题为"科学方法的本质"的论文研究，收集有名的研究型科学家和哲学家所作的诠释。由于找不到更关键的参考文献，我们只好直接向一些科学家求助。如果你能帮我一些忙，我们会感激不尽。

如果你愿意，请简要告诉我们，你认为什么是科学方法？该如何描述这些科学方法？

我们已经从参考文献收集到一些像你这样的卓越科学家在这个主题上的相关叙述。但我们相信，如果能直接从科学家本人得到最新的相关叙述，那对我们的研究将更有帮助。

这项请求，不一定要耗费许多大科学家的宝贵时间。如果你觉得这个要求对你来说实在有所不便，我们也能体谅的。

我们也注意到，在各级科学教科书里，都提到科学方法。而它们的叙述和许多实验科学家所想的，并不太一样。后者所描述的，显然更有弹性得多。我们因此认为，通过这封信，将会得到一些对这项主题更实际、更有意义的陈述。

费曼和一岁的儿子卡尔一起玩鼓。摄于1963年

如果你实在没空,或不想正式表达书面意见;或许你以前已经在什么地方,就所谓的科学方法表述过意见,那么请告诉我们可以到什么地方寻找这些资料。通常这些资料都藏在其他领域的文献里,无法利用"科学方法"这种关键字来检索或搜寻出来。

请求你允许我们引述你的资料。

诚挚的祝福

雷革斯比副教授

费曼致雷革斯比副教授 | 1963年4月30日

亲爱的雷革斯比教授:

很抱歉,我并没有发表过关于"科学方法"的叙述。

最近我在华盛顿大学有一系列的演讲(叫"丹兹讲座"),其中的第一讲和第二讲里,有部分谈到这个主题。但是演讲内容什么时候才会印出来,我也没把握。

但是简要地说,要判断某个想法是否正确,唯一的原则是实验或观察。这是仅有的,也是最绝对的依据。其他的所谓"科学方法"的原则,都只是这项基本原则的副产品而已。这些推导出来的原则,和研究素材的本质及发现的方式有关。另外,有一些再往后推演出来的把戏(例如由分析而推论,或选择"明显最简洁的解释"),只是我们在建构新想法时,简化情况的方法。有了新的想法之后,就可以再进行测试和实验,得到新的经验。

诚挚的祝福

费曼

费曼在加州理工学院的咖啡时间,与人讨论物理的神采。摄于1964年

● 中文版注:

华盛顿大学的这一系列三场丹兹讲座(John Danz Lecture)的内容,请参阅《这个不科学的年代:费曼谈科学精神的价值》一书。第一讲在1963年4月23日晚上8点登场,讲题是"科学的不确定性"。第二讲在4月25日,谈"价值的不确定性"。第三讲在27日,题目是"不确定的年代"。

康奈尔大学物理系主任帕瑞特(L. G. Parratt)致费曼 | 1963年8月30日

亲爱的狄克:

你有没有写信给我,让我把信转给梅森哲讲座(Messenger Lecture)委员会,好让他们要求校长(我是指康奈尔大学)寄出正式的邀请函?

另外,最近学院物理委员会写了一封信来,问能不能把你在梅森哲讲座的录像磁带公开发行。我不知道梅森哲讲座委员会对这件事的看法如何。但,首先,你的看法如何?

诚挚的祝福

里曼·帕瑞特

费曼致帕瑞特博士 | 1963年9月6日

梅森哲讲座从1924年起,每年举行。是康奈尔大学的校友、梅森哲(Hiram J. Messenger)教授成立的基金所办的。讲座的目的是"提供一系列的演讲课程，探讨文明的演化，特别希望能提升我们在政治、商业和社会生活的道德标准"。

亲爱的里曼：

我不知道你在8月30日的信里，究竟要什么。如果是邀请我主讲"梅森哲讲座"，我倍感荣幸，将欣然接受。我想讲的题目，很像是"物理定律的本性"这类的。至于每场演讲的子题(一共多少场？是不是6场？)，目前还很难决定，要到最后一刻才能决定(除非主办人很坚持，非要我事先提出不可)。

至于录像磁带要如何处理，我倒是没有什么特别的意见。我关心的是，只要在录制的过程中，不要对我的演讲有太多干扰就行了。不要有很强的聚焦灯光，不要在最前面摆着贴身的摄影机，不要有一大堆电缆线横七竖八地拉过地板，等等。在某个打光位置，用一架简单的摄影机就行了。尽量不动声色地完成录制工作。不要让一些技术人员跑来跑去的，影响听众和我的兴致。我没有什么反对意见；除非委员会不同意。

希望我信里回答的，正好是你要的东西。

诚挚的祝福

费曼

●中文版注：

1964年11月，费曼受邀主讲梅森哲讲座，总共发表了7场演讲。演讲记录整理后，于1965年出版。中文版的书名是《物理定律的本性》。

费曼致苏联核能联合研究院筹备委员会主席布罗金特西夫(D. Blokhintsev) | 1964年6月25日

亲爱的先生:

谢谢你邀请我参加杜布纳(Dubna)研讨会。我仔细考虑了这件事,决定前往。

诚挚的祝福

理查德·费曼

加州大学洛杉矶分校物理系主任萨克森(D. S. Saxon)致费曼 | 1964年10月15日

亲爱的费曼教授:

目前我们系正在考虑把切斯特(Marvin Chester)博士升为副教授。我们想请你写封信来,评估一下他的研究贡献,以及他身为物理学家的水平如何。非常感谢你帮这个忙。

我要先谢谢你为这件事费心。

诚挚的祝福

大卫·萨克森

狄克:真抱歉打扰你。但实在需要你帮忙。

大卫

费曼致萨克森 | 1964年10月20日

亲爱的大卫：

你要求我写封信，评估切斯特的研究贡献及作为物理学家的水平。以下是我的回答。

兄弟，这是怎么回事？他这些年来不是一直都在你们那儿吗？最能评估他的，应该是你才对吧！

记得你在几年前，也曾问过我类似的问题。当时他是在我们这儿工作，但是我并没有深入参与他的研究计划。那时，我对他的原创能力印象深刻，他可以把理论上的争论化为实际的实验，看看结果如何，也能设计并执行关键实验。我在学生的身上，很少看到这些能力能如此均衡地搭配在一起。我看错了吗？他在你们那里的表现如何？我现在的评估不可能比上次更准了。

诚挚的祝福

费曼

※米歇尔注：这封信是放在档案里的"推荐"类。从此以后，费曼拒绝再为任何机构或单位，基于升迁之需，对个人的能力和表现做评估。

加州圣拉菲尔的福克斯(R. C. Fox)致费曼 | 1964年10月26日

亲爱的费曼教授：

当我读了你写的《费曼物理学讲义》第一册，实在喜不自胜。不知道该怎么告诉你,我有多么高兴。关于这本书,我想说的话有那么多,但实在没那么多时间都写下来。我曾经使尽九牛二虎之力,研读了很多书。但总是在到达目标之前就迷失途中,在一些例题中打转得筋疲力尽。当然,很多人都说要辛勤用功,才会有收获。但也不必把求学之路弄得如此艰难险阻吧。经常一大堆"显然"的步骤在里面(老天爷,对我而言是显而不然),弄得整本书硬邦邦、干巴巴的,一点趣味也没有。

为什么外面那么多烂书(至少对我而言,是烂书)?像你这么好的书,为何如此稀有?

当然,书里的谈话式语态,也增加了它的可读性。它让我想起伽利略的《对话录》,也是用谈话的语气来贯穿全书。我知道很多人写书喜欢精简风格。对有些人,可能这种风格很合适,但对我就未必合适。

另外,你补充的一些有趣的小问题,也让人喜欢。这些小问题通常是我和同学想问又不敢开口的问题。怕被别人嘲笑嘛,但其实是必要的。谢谢你给了我们解答。

老实说,看你的书好像品尝美酒,让人陶醉。我迫不及待地想看这本书的第二册。其实我很贪心,希望它能第三册、第四册、第五册的一直出下去。如果你需要读者的鼓励与回响,我是义不容辞的,而且相当乐意。另外,我还想点菜呢,列出一些我很想看的主题:像张量、群论、量子力学等,就像第一册那种写法就行了。当然,我是太贪心了些。但人总是不能轻易放弃希望,对不对?

再次谢谢你写出这么棒的书来。我觉得会引发一场大学一年级物理教学的革命。一定会!这本书比西尔斯的教科书好太多了。我希望以后不再碰到那种写得乱糟糟的书。

如果我说的真心话伤到了谁,那我真的很抱歉,但我说的是实话。别让那些正经八百的批评吓倒,你做了一件美妙的事。如果可能的话,请继续做下去。

>敬爱你的
>福克斯

费曼致福克斯 | 1965年1月4日

亲爱的福克斯先生：

谢谢你这封"忠实读者"的来信。这本书的编辑是雷顿教授，他做得很好。那些精巧的栏目和补充说明，都是他的主意。刚开始的时候，还费了我一番手脚吧。现在，书的第二册已经出版了，是由另一家很有创意的公司编印的。他们做得太棒了，让我有点不好意思。因为大半时候，我都只能舒舒服服地靠坐在椅子上，享受现成的果实。是谁想到这么恰当的字句？是我吗？

另外值得一提的是，第二册的原始演讲，应该和第一册的演讲有同样的水平。要有耐心，第三册再过几个月就能和大家见面。至少我希望如此。(张量在第二册里，量子力学在第三册。对不起，我没有谈到群论，也不会有第四册、第五册等。我已经写完了。至少暂时告一段落。)

再次谢谢你的鼓励。

诚挚的祝福

>费曼

纽约的葛门(Betsy Holland Gehman)女士致费曼 | 1964年12月1日

亲爱的狄克：

很多年以前，你那时候还在布鲁克哈芬，而我在附近东汉普敦的德鲁戏院里演闹剧。如果这种说法没能唤起你的记忆，我们再试试这个：我是你表妹佩姬·菲力普的朋友。

当然，你会记得我的。

好，说了一些该有的客套话，让我言归正传。

你的名字近来经常出现在各处，还附着许多信息，好像你做的研究工作很有趣，也很重要(通常都是这么说的，真是天晓得)。不知道有没有人在全国性的杂志上介绍过你，或为你写专文？如果还没有，我很想做这件事。我们不必把你做过的事，巨细靡遗都列进来，因为有些事可能涉及一些机密问题。不过我的确想到一些简单、明了又易懂的方式来介绍你和你的工作，保证是你们这些神秘兮兮的科学家会很喜欢的。这样，就不必让大名鼎鼎的斯诺(C. P. Snow, 1905~1980, 英国物理学家, 著有《两种文化与科学革命》)专美于前了。如果我没有记错的话，你的话和你的人都蛮风趣的。而且你还颇有说服力，讲话很有内容的。容我冒昧说一句，你这个人还蛮怪异的。

近来我专事写作，也编杂志。最近我还写过一本谈论双胞胎的书(我自己也生了一对双胞胎)，是由李宾科特出版社印行的，即将发行。我的家族和你的一位同行，叫提勒，有些亲戚关系。

如果你同意的话，我可以把介绍你的专题，投给《周末夜邮报》或《财星杂志》。如果你不反对，请回封信给我。

我听佩姬说，你的婚姻生活愉快，而且喜获麟儿。我为你这两件好事高兴。

如果你方便,请尽快给我回个信。

祝你一切顺利

葛门

费曼致葛门女士 | 1964年1月4日

亲爱的葛门女士:

我当然记得你,记得很清楚。

你想为我在全国性的报纸或杂志上做专题性的报道,真使我受宠若惊,实在太抬举我了。我虽然有点心动,但仔细想想,还是留在我的象牙塔里比较稳当。就让斯诺他们继续在外头引领风骚好了。科学家或许像女人一样,保持一点神秘,才有魅力。对不起,恕我放肆了。女人当然有她天生的魅力,但科学家就很难说了。

不管怎样,谢谢你这样恭维我。

诚挚的祝福

费曼

弗吉尼亚大学物理系教授克兰伯格(Lawrence Cranberg)致费曼 | 1965年1月6日

亲爱的费曼教授:

我刚刚看完了一篇你的文章,题目是"科学与宗教的关系"。这篇文章的某些观点,是我们很想传达给大学理工科学生的。我们近来正重新整理大学部的科学课程。关于你写的东西我有些不同的观点,很想和你交换一下意见。你在文章里提道:"道德问题并不属于科学的研究范畴。"我们就从这一点谈起如何?

达尔文曾经指出(在《人类系谱》第四章),伦理规范并不是智人所独有的。它其实代表一种有益于生存的社会适应。伦理道德难道不适合当作科学研究的主题而加以改良吗?

"将会"和"应该"之间的差别,只在于:一个仅陈述事实,另一个则带有强烈的主观意识。我认为道德教条只是一种"有条件的预测"的浓缩形式;而通常我们把"有条件"给省略了,因为它根本就是社会的必要基本条件,也就是"生存"。试看下面这两个陈述:"一个粒子在最短时间之内由A点走到B点,所经的路径'将会'是一条抛物线。"与"如果X要活得欢喜自在,他'应该'学习和邻居好好相处"。它们的逻辑有什么不同?我们若假定第一个陈述在理想状况下成立,而且考虑了不确定性原理,那么"将会"一词也等于是对物理系统的过度陈述。因此,这两个陈述在逻辑上可说是相等的。黄金比例难道不能算作是费马定理在社会上的一种应用吗?

坚持伦理和科学是泾渭分明的两件事,不但会造成彼此的混淆,还使双方的力量都削弱了。如果达尔文的说法是对的,为了适应生存的需要,伦理规范也需要持续的改变。说起科学,主要是寻找理由的活动过程,如果伦理把科学性排除,那它在适应的过程当中,就丧失掉最重要的本质了。

至于科学,若想要发挥最大的功能,当然要看它与公平、正义的关联性多寡而定。而这些公平、正义的原则,显然就是道德伦理。在今天,我们很痛心地看到,社会的伦理道德正逐渐受到腐蚀,科学的领导地位也逐渐式微。

诚挚的祝福

克兰伯格

克兰伯格致费曼 | 1965年1月6日

亲爱的费曼教授：

重读了一下我今天早上匆匆忙忙寄出去的信，我希望自己能把第三段中间所提的"在最短时间之内"这句话删掉。另外在这一段结尾的举例质问，也一并删掉。

我原先信里写的黄金比例，其实是达尔文书上同一章最后一页的说法。

至于最后一段提到的"科学的领导地位"，我指的是几个重要的科学家组织。

诚挚的祝福

克兰伯格

费曼致克兰伯格教授 | 1965年3月3日

亲爱的克兰伯格教授：

谢谢你来信讨论"科学与宗教的关系"。我并不坚持，科学和伦理是分开的。我只是认为，伦理的基础必须以某些"非科学"的方式选择出来。一旦这些基础选定之后，科学当然有助于决定我们该做些什么事,不该做什么事。科学可以帮助我们看出,如果做了什么事,可能会发生什么后果。但是对于"我们是否想要某些事发生"这个问题,则和我们选择的所谓"至善"有关。诚如你提到的,这项选择并不会说,它和科学是分开的两回事。而且我们对所选择的"至善",也没有置喙的余地。譬如你已经选了"生存"为终极价值,那么其他的非科学性的伦理道德,就不会是终极价值。也不能和这个终极价值抵触。

但假设我们有两种不同的生存方式:其中一种生存无虞,但是肉体受折磨;另一种生存方式也有同等的生存保障,但是精神上并不快乐。我们该怎么从自己的角度出发,选择自己认为正确的路?为了德国纳粹政权的生存,就能合理化暴君和殉道者的行为吗?只因为他们以所谓伟大的利益为己任,置个人生死于度外?

因此我想做的事是,指出在选择伦理原则的时候,仍然可以质疑。譬如,生存至上的原则是毫无疑问的吗?所有的人都同意这项原则吗?如果有人已经看出这里面的疑问与困惑,那谁能为科学解答这些疑问与困惑?

你信里的两种陈述,"一个粒子在最短时间之内由 A 点走到 B 点,所经的路径'将会'是一条抛物线。"与"如果 X 要活得欢喜自在,他'应该'学习和邻居好好相处。"在逻辑上并没有什么差异。

诚挚的祝福

费曼

费曼致英国广播公司的史力思(Alan Sleath)先生 | 1965年4月7日

来信谈到的是费曼在"梅森哲讲座"的文字记录。后来成书,为 The Character of Physical Law(《物理定律的本性》)。

亲爱的史力思先生:

我把第四讲到第七讲的讲稿还给你们。我认为这些东西呈现的方式很差,英文很糟糕,句子的结构也相当零乱(还好这些东西都是我自己做的,不能怪别人)。我没有空把这些讲稿整理成可以流畅阅读的好文章。我做了一些小修正,使讲稿里的物理概念更清晰。但没有时间再更彻底地修改。

我知道你们打算出版这些讲稿,让大家有东西在手边可以参考。我对自己发表的东西当然负责到底。就算你们以现在的形式印出来,我也认账。但是为了维护我的名誉,能不能在什么地方加上一段陈述或说明。可能你们可以在前言里表示,这个讲座并没有事先预备好的讲稿,书里的文章是直接由演讲会上逐字记录下来的,是纯口语的讲话,因为现场的听众可以经由我的肢体语言,得到我想传达的信息,等等。

仔细读了这些打好字的演讲记录之后,你们可能会决定不出版了。对我而言。这也是可以接受的。

致上我的歉意与谢意。

诚挚的祝福

费曼

费曼致罗切斯特大学天文物理系马歇克(R. E. Marshak)先生 | 1965年5月18日

亲爱的马歇克：

很抱歉，但我实在没有时间为你写歌颂贝特教授的文章。你弄得我很不舒服。我太敬爱贝特教授了，因此觉得"应该"做你想要我做的事。但，是谁出了这个馊主意？在一个人60岁的时候，要为他出一份祝寿文集？难道没有别的方式可以表达友谊和敬意吗？我觉得自己有点像在过"母亲节"的味道。

诚挚的祝福

理查德·费曼

英格兰的姬尔(Barbara Kyle)小姐致费曼 | 1965年8月13日

这是第一次听说有梅森哲讲座的外行人（已经预购新书、还没读过），给费曼写的信。

我了解到什么？我知道当你想去计数有多少个粒子经过哪一个洞，以便测定它们的路径时，你会发出一道光来照射这些粒子，好让你看得见它们。但是这道光也同时改变了粒子的状态，使它们消失掉。如果不照射它，本来就不会发生这件事的。

我也了解，当你想知道它们跑多快，或实实在在长得是什么样子的时候，你也同时改变了它们的速率和特性。

因此，我们在全新的碳钢灯下，脸色发青、转身走开。不仅离开那些丑陋的灯光，也不必理会你那过度好奇的检验。而我们想逃避的测定,却又重复出现。

在深层的情感里,我能体会你的感觉。你必须检验自己的假设或数据,不管你怎么称呼它们。

如果你已经发现,它们的行为模式符合你公式的预测,或许它们比你所想象的更为多彩多姿。到时候,这些干涉狭缝之类的实验,就没有人会再注意,也不再有人关心到底什么东西穿过小洞了。

我了解,你想把那些"还没有证实是错误"的假设,统合在一起,使它们看起来不会矛盾。但是一直到现在为止,你都还没有成功。

你说,数学的计算结果,在你期望是零的地方,得到的却是无限大(这是什么意思?这一点我还没有搞懂)。或者是另外一个预想的数目,而不是零。如果这个预想的数目是零,它和无限大真的有很大的差别吗?它们不都是圆吗?

我知道,问这个问题,或者问一些我喜欢胡思乱想的问题,好像给你一把六角形的钥匙,却要你去开一个锁孔是五角形的锁。我为这件徒劳无功的请求道歉。

像我这么一个外行人,能从你的演讲里学到什么东西?梅森哲讲座能让我这种全然无知的人得到什么启发?我只知道演讲者有一张非常真诚的脸。

我只知道,他所讲的那些东西是有意义的。有些东西我虽然不了解,也能感觉出它们的意义,而且还是蛮好的感觉。我知道,当预期"咔嗒"声在正确的地方响起来时,是一种多么美妙的感觉,就像高飞的鸿雁已在雪泥地上留下它的爪印。

但接下来,你就会专心去找那只鸿雁,不再管它的爪印了。希望我能看见你找到心中的鸿雁。

芭芭拉·姬尔

费曼致姬尔小姐 | 1965年10月20日

亲爱的姬尔小姐,感谢你的来信。

从你列出的"我了解到什么"的描述里,我很高兴地发现,你还真的了解不少东西呢。你从教授这里得到相当高的分数,也许可以打90分。不是100分,因为你不知道为什么得到无限大的计算结果有多令人讨厌。

假设我会一点几何,手边有个边长为1.5米的正方形。我想找根木头,正好可以当这个正方形的对角线。我想先计算出这根木头应该多长。就算不是这方面的专家也会知道,如果你得到的值是无限大,那真是一点用也没有,即使本来以为会是零也没有用。并不因为它们都是圆,就能解决问题。因此在绝望之下,我直接去度量它,不再计算。你看,这条对角线的长度约是2米,既不是0,也不是无限大。因此,当理论计算给我们一些很荒谬的答案时,我们必须去度量这些东西。我们会继续去寻找比较好的理论和了解,给我们一些比较接近度量值的答案。在正方形对角线的例子里,我们得到的公式是"4.5的平方根"。

如果我很诚恳地告诉你,在所谓"外行人"的信里,我很少碰到像你这样真正了解我在说什么的情形,你会不会觉得我只是很礼貌地在恭维你?

诚挚的祝福

理查德·费曼

第6部　　诺贝尔奖 | 1965年

听到你得诺贝尔奖,我们又激动又高兴。
到了斯德哥尔摩,可别去天体营和裸体女郎鬼混!

1965年10月21日,有一封电报寄达:

皇家科学院今天决定,由阁下和朝永振一郎、施温格三人共同获得1965年的诺贝尔物理学奖。你们在量子电动力学的基础研究以及对基本粒子物理的成果有目共睹。奖金将由你们三位平分。献上诚挚的祝贺。正式的获奖通知将随后寄上。

不久之后,恭贺的信件与电报如雪片般蜂拥而至。下面这些信件是其中的精华。这些信来自费曼的同事、其他有名的科学家、长久未曾联络的朋友与熟人,以及从前的老师和朋友等。以前一位法罗克维高中的老朋友写道:"我只记得你是个精瘦、聪明、喜爱音乐的小男孩,当然也相当风趣。眼睛里闪射出一丝慧黠的光芒。从你在报纸上的照片看起来,几乎是没有什么变化。"另外一封道贺的信,提起费曼上几何课的情形,老师"自己则坐在教室后排的椅子上,跷起二郎腿,看你为他上课。很奇怪,高中时期的很多事情,我都想不起来了,只有这一幕,在我脑海里记忆尤新"。

费曼致瑞典皇家科学院伦伯格(Erik Rundberg)教授
| 1965年11月4日

亲爱的伦伯格教授:

谢谢你的来信,证实那封对我得到诺贝尔奖的电报。当然得让你知道,这样一封电报,带给我全家、我的朋友和熟人多么大的兴奋和喜悦。得到这个奖,我觉得非常荣耀,也非常开心。

我太太和我正热切筹划到斯德哥尔摩的旅程。我们会在12月7日稍晚到达,而且很高兴受邀参加12月8日在你家举行的晚宴。非常感谢你的邀请。

我很愿意在12月11日的下午发表一场演说,就按你所建议的时间吧。我一旦确定了演说的题目,会立刻通知你。

我们期待与你见面。

诚挚的祝福

理查德·费曼

葛林鲍姆(Greenbaum)夫妇致费曼 | 1965年10月22日

恭喜你的成就举世闻名。献上最衷心的祝福。

朱利斯·葛林鲍姆和罗莎莉·葛林鲍姆

※米歇尔注:朱利斯是费曼亡妻阿琳的兄弟。

费曼致葛林鲍姆夫妇 | 1965年10月23日

亲爱的罗莎莉和朱利斯：

得到这个奖令我又惊又喜。但更难得的是接到你们的消息，激起我很久以前的记忆。你们应该也记得某个人，她现在一定会很高兴的。

永远的

理查德·费曼

电报：美国总统约翰逊(Lyndon B. Johnson)致费曼 | 1965年10月22日

好消息永远有如良药。很高兴知道你赢得诺贝尔物理学奖。全国都以你为榜样。我个人更是以激动的心情，分享你的快乐。干得好。

约翰逊

※米歇尔注：当时约翰逊总统刚刚成功地接受了一项胆囊手术。发这封贺电的前两天，他还在电视上露出那30厘米长的刀疤给全国观众看。

费曼致约翰逊总统 | 1965年10月27日

亲爱的约翰逊总统：

得到诺贝尔物理学奖，最大的喜悦之一，是接到你的电报。我感到惊讶、荣幸与高兴。希望一直能有好消息，使你的身体早日恢复健康。

诚挚的祝福

费曼

康奈尔大学威尔森博士致费曼 | 1965年10月22日

亲爱的狄克：

听到你得了诺贝尔物理学奖，我们全实验室的人都觉得喜悦与满足。你得这个奖，可以说是实至名归，当之无愧。但我们都瞻望未来，相信你未来的工作，一定比已经做的更棒。因此，保持忙碌，继续加油。

温暖的祝福

威尔森

● 中文版注：

威尔森（Robert R. Wilson，1914～2000），曾参与曼哈顿原子弹研制工程，并在康奈尔大学纽曼实验室（Newman Laboratory）从事核物理研究。威尔森负责设计、建造了费米国家加速器实验室，并担任实验室第一任主持人（1967～1978）。

费曼致威尔森博士 | 1965年11月23日

亲爱的鲍伯：

你看你，还以为仍是我的老板，要我保持忙碌、继续加油！难道不能如我渴望的,休几天假吗?我现在都已经得诺贝尔奖了,你还要我怎样呢?

非常感谢你的来信。

诚挚的祝福

理查德·费曼

康奈尔大学贝特教授致费曼 | 1965年10月21日

亲爱的狄克:

我刚刚听到这个好消息。你的获奖可说是预料中的事。我想这件事已超过10年了。我很高兴诺贝尔奖的委员会显示出这么好的品位。

最衷心的祝福

汉斯·贝特

费曼致贝特教授 | 1965年11月30日

亲爱的汉斯:

你知道我从你那儿受益有多少,因此我也得同样恭喜你。谢谢你的来信。

由衷地祝福你

理查德·费曼

泰勒博士(美国氢弹之父)致费曼 | 1965年10月27日

亲爱的狄克：

恭喜你！你和朱利安(施温格)能够同时获得诺贝尔奖，真是太好了。虽然你们两人没有什么相似之处，但是同获这个奖可以说都是实至名归。我想你到瑞典去领奖的时候，正好可以让瑞典人看看，并不是所有的美国人都像好莱坞电影里的那个样子的。

你和瑞典国王在颁奖典礼上互动时，一定非常精彩。我希望自己有机会能亲眼看见这一幕。

由衷的祝福

爱德华·泰勒

费曼致泰勒博士 | 1965年11月30日

亲爱的爱德华：

谢谢你写来的道贺信。你说很想看看我在颁奖典礼上和瑞典国王的互动，场面一定很精彩。这件事让我觉得有点不安。任何事都可能发生，但我想应该不会真的发生什么事才对。希望我能活过这一关。真高兴接到你的信。

诚挚的祝福

理查德·费曼

电报:西北大学物理系布朗(Laurie Brown)博士致费曼
| 1965年10月21日

亲爱的狄克:

恭贺你得到这个迟来的荣耀。长久以来,我都以能够认识你为荣,感谢你给我的一切。并且感谢你为我们这一行添加了许多刺激、乐趣和严谨。

布朗

费曼致布朗博士 | 1965年11月2日

亲爱的布朗博士:

我对所有的贺电都非常开心。但是你的最特别,对我有不同的意义。我觉得自己好像又得到另一个附加奖。非常感谢你。

诚挚的祝福

理查德·费曼

费曼致乔治·华盛顿大学物理系约里(Herbert Jehle)博士
| 1965年11月29日

亲爱的约里博士:

感谢你寄来的贺卡。

我之所以能获奖,都是因为当年在普林斯顿大学图书馆,你叫我看狄拉克(Paul Dirac,1902~1984,创立相对论性量子力学,1933年诺贝尔物理学奖得主)的论文。非常感谢你。

诚挚的祝福

理查德·费曼

拉比(Isidor I. Rabi,1898~1988,1944年诺贝尔物理学奖得主)致费曼 | 1965年10月27日

亲爱的狄克:

听到这个好消息,我有说不出来的高兴。一方面是为你高兴,另一方面也为朱利安(施温格)高兴。他是我带出来的、货真价实得到诺贝尔奖的研究生。朝永振一郎也是个很棒的家伙。希望你们三个人在斯德哥尔摩,有非常愉快的时光。

我希望你去瑞典或回程的途中,有机会在纽约稍停一停,让我可以当面表达祝贺之意。

21年前有过同样风光的人,要给你一个良心的建议:不要让这个奖害了。你现在变成很多人的目标了,而他们存心浪费你的宝贵时间。告诉他们滚远一点。

为你喝彩,献上衷心的祝福

装腔作势的
拉比

费曼致哥伦比亚大学物理系的拉比博士 | 1965年11月22日

亲爱的拉比:

非常感谢你的祝贺和你的忠言。我非常需要别人的忠告。得知自己获奖的消息之后,脑子里一直盘旋着这句话:"这不是钱的问题,这是做事的原则。"另外想到的,就是你在21年前得奖时,玩弄纸张与梳子的模样。很抱歉不管是去程或回程,我都无法在纽约停留。有位好心的教授刚写信来,劝我要善用时间,我可不想让他失望。

最真诚由衷地祝福你

理查德·费曼

匹兹堡卡内基技术学院亚斯金教授致费曼 | 1965年10月29日

亲爱的狄克:

我只是想告诉你,听到你获得诺贝尔奖的时候,这里每个人自然流露出来的那种喜悦。他们有的和你在洛斯阿拉莫斯共事过,有些人你从来没见过面,尤其是那些认真啃读你的物理学讲义的学生。大自然之美是物理学本身的奖赏,但世俗还是免不了要有形式上的荣耀。

我们都衷心祝福你和温妮丝,还有卡尔。

老亚

费曼致亚斯金教授 | 1965年11月23日

亲爱的老亚：

谢谢你来信道贺。听到你的消息令我很开心。我深信自己发表出来的那些论文，如果不是在发表前，都经过你详细的阅读、订正，诺贝尔奖委员会也不会认为那是有价值的东西。因此，你看我不但深深欠你一份相知相惜的知遇之情，而且现在能获得诺贝尔奖，你也是功不可没的。

祝福你全家人。希望我们很快能有机会碰面。

理查德·费曼

费曼致墨西哥国家核能委员会瓦拉塔 | 1965年11月22日

亲爱的瓦拉塔：

谢谢你的贺电。我应该要特别谢谢你对我获奖的贡献。我感谢你的教导和你的鼓励。还包括和我联名一起发表我的第一篇论文。

我个人对你献上最高的敬意。

诚挚的祝福

理查德·费曼

布洛赫教授致费曼 | 1965年10月24日

亲爱的狄克:

我向你和你太太,致上最诚挚的贺意。恭喜你得到诺贝尔奖。我希望能亲自到斯德哥尔摩观礼,听听你说些什么。

希望你们有一趟最愉快的旅程,诚挚地祝福你们。

好友
菲力克斯

● 中文版注:

布洛赫(Felix Bloch, 1905～1983), 原籍瑞士的美国固体物理学家, 斯坦福大学教授, 发展出核磁精密测量的新方法(核磁共振法), 1952年诺贝尔物理学奖得主。

费曼致布洛赫教授 | 1965年11月22日

亲爱的菲力克斯:

谢谢你的祝贺。我也很想知道自己在斯德哥尔摩的颁奖典礼上, 究竟会说什么。如果你对这件事有任何好建议, 或者告诉我见了国王之后, 如何倒退着走路而不会绊倒, 我都竭诚欢迎。

致上个人最深的敬意

理查德·费曼

电报：琼斯(Donald Jones)致费曼 | 1965年10月21日

恭喜得到诺贝尔奖。很高兴看到一位优秀的教科书作者，得到这种肯定。

琼斯，艾迪生-卫斯理出版公司，麻州

费曼致琼斯与全体职员 | 1965年10月23日

亲爱的琼斯先生与全体同事：

谢谢你们的贺电。我震惊于你们对诺贝尔奖委员会的巨大影响力，看来永远不能低估出版公司的能力。

谢谢你们。不知道是哪个天才，想到并执行这么杰出的宣传策略。

诚挚的祝福

理查德·费曼

戴理(Tom Dailey)致费曼 | 1965年10月21日

这贺词写在一张加州理工学院的办公室便条纸上，附在下页图的照片后面。

收件人：理查德·费曼
留言人：汤姆·戴理

戴理给费曼的贺卡：苏洛普堂(Throop Hall)的屋顶，挂着一幅布条，上面写着"Win Big，RF"，狂贺理查德·费曼获得诺贝尔物理学奖

日期：10月21日

主题：我找不到适当的卡片可以寄给你，恭喜了。

费曼致戴理 | 1965年10月23日

亲爱的汤姆：

你真的找到一张"非常应景"的贺卡。高挂在苏洛普堂上的布条，对我来说是最兴奋、最有意义的祝贺标志了，是我收到的贺卡当中最别致的。请接受我的谢意。并且感谢那些冒着生命危险，把布条高高挂在房子上头的大小朋友们。我非常感激，也非常欢喜。

诚挚的祝福

理查德·费曼

电报：阙斯特(Sandra Chester)致费曼 | 1965年10月22日

为诺贝尔奖委员会欢呼，他们终于知道你在邦戈鼓技艺上的非凡成就了。

珊卓拉·阙斯特

费曼致珊卓拉·阙斯特(日期不详)

亲爱的珊卓拉：

当我听说自己得到诺贝尔奖时，也非常开心。和你一样，先想到自己打邦戈鼓的技艺终于得到肯定。但后来发现原来不是这回事，我还有点懊恼呢。他们提起我15年前在某篇论文里面的东西，为了那件事给我奖，而不是因为我邦戈鼓打得好。

我知道你一定和我一样，觉得有点懊恼。

谢谢你

理查德·费曼

费曼致法罗克维高中理科老师克蓝斯(David Kraus)
| 1965年10月23日

亲爱的克蓝斯及全体理科老师：

谢谢你们的贺电。

没有人能够只靠自己，独立完成什么丰功伟业的。所有来自父母、老师和朋友的帮助与影响加在一起，才会成功。就我而言，我非常清楚自己今日的成就，高中那段学习过程厥功至伟。希望你对别的学生，也和对我一样，有相当的教导与启发。

诚挚的祝福

理查德·费曼

威斯康星大学物理系巴歇尔(H. H. Barschall)致费曼
| 1965年10月21日

亲爱的狄克：

我还是研究生的时候，有些同学对一个刚进来的新生议论纷纷。这个小子自称什么事都知道，根本不必选什么课。后来，我碰到一个棘手的问题，和几个教授都谈不出什么要领，实在没办法再继续计算下去。我决定就找这个吹牛的新生试试看。让我印象非常深刻的是，很快就得到完整的解答，令我相当开心。

但是不久之后，同学们都有些心情沮丧，产生严重的所谓瑜亮情结，怀疑自己是不是选错行了。显然在我们中间，躲了一位未来的诺贝尔奖得主。我只是奇怪，为什么斯德哥尔摩委员会的人，要花这么久的时间，才达成一致的决议。我们可是老早就心里有数了。

我很高兴听到这个好消息，并且恭喜你。你可以说实至名归。

诚挚的祝福

海恩兹·巴歇尔

费曼致巴歇尔教授 | 1965年11月30日

亲爱的海恩兹：

谢谢你特别写信来道贺。

你可真是守口如瓶，保密到家了。我从来不知道你们在背后偷偷议论我。现在我想生气恐怕也太晚了。而且你又在信里，说了我那么多好话。

我当然很庆幸在求学时代能够遇见你们,后来还在洛斯阿拉莫斯共事。我真是非常感谢你的来信。

理查德·费曼

费曼致麻省理工学院 π λ Φ 兄弟会 | 1965年11月2日

兄弟们:

谢谢你们的贺电。兄弟会让我从一个科学小男孩变身为一个均衡成熟的男人,不但有智慧,还能跳舞(虽然并不是一样好)。

我也记得在我离开的时候,兄弟我还有70块美金放在兄弟会没花掉。我现在就把前账一笔勾销。谁叫我这些天来是如此地开心。

诚挚的祝福

理查德·费曼

电报:普林斯顿大学布里克尼(Walter Bleakney)致费曼 | 1965年10月22日

普林斯顿大学物理系全体师生恭贺你得到诺贝尔奖。

费曼致布里克尼博士 | 1965年10月29日

亲爱的布里克尼博士:

谢谢你代表普林斯顿物理系给我的贺电。

其实,你似乎应该要恭贺自己。是你们造就了眼前的这一切。

诚挚的祝福

理查德·费曼

斯德哥尔摩大学索德斯崇(Lars Söderström)致费曼 | 1965年10月27日

亲爱的先生:

斯德哥尔摩大学理科学生联合会,诚挚地恭喜你得到诺贝尔奖。

在每年的12月13日,我们有个特别的露西亚庆典,这是瑞典传统的民俗节庆,祈求漫长的冬夜赶快过去,光明重回人间。而在这个神圣的节日里,我们按惯例邀请诺贝尔科学奖项的得主参加。

我们非常诚挚地邀请你出席这项庆典。在庆典中,我们会授以"永远微笑与跳跃的青蛙勋章",这是骑士受勋仪式,就像以前对绝大部分的诺贝尔物理学奖与化学奖得主做过的那样。

在你抵达瑞典之后,我们会很隆重地把正式邀请函送上。希望你保留这个晚上的空当给我们,不要安排别的节目。

诚挚的祝福

索德斯崇主席

费曼致索德斯崇 | 1965年11月19日

亲爱的索德斯崇主席：

谢谢你的祝贺信。我非常期待成为"永远微笑与跳跃的青蛙勋章"的受勋骑士。从我得到诺贝尔物理学奖之后，就知道这件事，而且心里早有准备。

诚挚的祝福

理查德·费曼

瑞典皇家理工学院学生联合会主席朗丁(Sonny Lundin)致费曼 | 1965年11月13日

亲爱的先生：

我们对于你在物理科学上杰出的贡献与成就，表达由衷的贺意。

我们获知你很可能亲自到斯德哥尔摩来，从我们最高统治代表瑞典国王手中，领取诺贝尔奖。因此，我们祈求，也推测你肯依照惯例，为我们科学院发表一场演讲。

我们也非常高兴地邀请你和你随行的家人，参加12月13日的露西亚节。这个节日是瑞典独有的习俗，在外国人眼里，可能有些奇怪。节庆是非正式的，从早上7点30分开始，和物理系的教授与学生在学生联合会的场所，喝咖啡和一种为这个节庆特别调制的饮料glögg，并且享受一场平和安详的露西亚游行。

我们知道很多学术成就非凡的人，像你这样，常常是夜猫子，喜欢睡到自然醒。因此，我们的邀请显得很突兀而且很麻烦。但我们还是非

费曼受邀访问休斯飞机公司，受到一路铺红地毯的高规格接待

常希望当天早上能看到你。

诚挚的祝福

朗丁主席

费曼致朗丁教授 | 1965年11月22日

亲爱的朗丁教授：

首先，非常感谢你的道贺信。我也谢谢你好心邀请我参加12月13日的露西亚节。

我很想肯定地答复你，但是我对几个露西亚节庆的邀请，有点被搞糊涂了。我好像得在同一天的某个时候变成青蛙，跳过来跳过去。如果时间不冲突，我很乐意起个大早。谢谢你。

诚挚的祝福

理查德·费曼

费曼致加州休斯研究实验室李察森(John M. Riehardson) | 1965年11月1日

亲爱的李察森博士：

天啊！上个星期我到休斯公司去，受到的盛大欢迎真是出乎我意料。没想到有那种众人热烈鼓掌迎接的场面。请替我向大家表达谢意。我当时表现出一副毫不客气、欣然接受的样子，现在想来还有点不好意思。我想,到了斯德哥尔摩以后,不管再碰到什么大场面,都吓不倒我了。还有什么会比在你们那儿切蛋糕的场景,更令我兴奋的呢?而且我不认为瑞典的蛋糕师傅,能做得出你们蛋糕上的那种糖衣。你们赠给我的贺卡真是漂亮,每个到我办公室来的人都赞美有加。

我已经狠狠读了描写诺贝尔奖的书,知道在斯德哥尔摩该做些什么了。请替我谢谢每个人。你们让我好开心。我答应这个星期三回来工作,并对超导性发表一篇演讲。

再次感谢大家。

理查德·费曼

电报:加州哈维克飞机公司的哈维克(Hardwick)夫妇致费曼 | 1965年10月22日

狄克:

听到你得诺贝尔奖,我们又激动又高兴。对一个乡下孩子来说,表现真是不错。

到了斯德哥尔摩,可别去天体营和裸体女郎鬼混!

杰克·哈维克与克莉丝

费曼致哈维克 | 1965年11月30日

亲爱的杰克与克莉丝:

非常感谢你们的贺电。但你们为啥要限制我在瑞典的探险呢?我在这里请求你们允许,可以不理会你们在电报里的告诫。

诚挚的祝福

理查德·费曼

普林斯顿大学帕尔默物理实验室艾因宏(Martin B. Einhorn)致费曼 | 1965年10月22日

亲爱的费曼先生:

记得3年前我参加了刚开始实验的"费曼物理讲座",可说是你的第一批白老鼠。我发觉自己背负着一些奇妙的责任。现在物理系的学生几乎人手一套《费曼物理学讲义》。好像只要念过这套书,就一定能了解它的内容似的。好了!玩笑就开到这里为止。我其实非常喜欢这套书,现在我也是理论物理学的研究生了。我非常感谢能进入加州理工学院,让我有个好的开始,因为加州理工的物理课程经过了你的大幅修订。

恭喜你得到诺贝尔奖。在这个以发表论文为教授首要任务的时代,能碰到一位物理大师兼教学良师,实在是我的幸运。

诚挚的祝福

马丁·艾因宏

费曼离开休斯飞机公司时的搞怪模样

费曼致艾因宏 | 1965年11月22日

亲爱的马丁：

恭喜你从3年前的实验中活了下来。

知道当年的某些学生现在还活得好好的，很令人开心。谢谢你来信祝贺。

诚挚的祝福

理查德·费曼

费曼致《加州科技》(California Tech)杂志 | 1965年11月2日

亲爱的先生：

在你们为了我得诺贝尔奖所推出的"号外"里，我发现了许多有待商榷的地方。我宁愿相信你们的一番好意，并不是要故意让我难堪，只是工作人员可能是生手，缺乏处理新闻的经验。

首先，你们全部采用文字的报道，连一张摆个样子的照片都没有。在这种新闻事件的处理上，这是很不可思议的事。如果诺贝尔奖委员会看到这份报道，不知道会怎么想？他们非常慎重地经过好几个月，再三斟酌所挑选出来的人，在自己学校的媒体居然只得到这种草率的对待？而且，连says(说)这个字都会拼错，弄成sez。不但表示写报道的人漫不经心，连校稿的人也不负责任。难道这是你们一贯的作风吗？

另外有两个非常明显的缺失，表示你们派来采访的人不够专业。最好笑的错误是当他们碰到我，要求进行采访的时候，居然先致歉，说了些废话："我知道你一定还有许多更重要的事要忙！"其次，整篇报道让人觉得它虽然清楚、正确、可懂而流畅，却完全不理会新闻报道的专业要求。举个例子，报道中那些我说的话，完全看不见一个引号，好像我从头到尾没说半个字似的。

虽然有这些瑕疵，我还是要谢谢你们的努力与辛苦。

不知道你们能不能把这份报道抽印个几十份给我？这样当校外的新闻媒体来访问我，问我为什么得诺贝尔奖时，我可以把抽印本直接给他们，不必再写一次。

诚挚的祝福

理查德·费曼

※米歇尔注：此份号外的内容，请参阅《附录四》。

美国副总统韩福瑞(Hubert H. Humphrey)致费曼
| 1965年11月12日

亲爱的费曼博士：

容我在你巨大的荣耀上，加一点衷心的祝贺。诺贝尔奖正好配得上你在物理学的杰出成就。在人类追求知识的无止境的道路上，希望你能继续努力，有更多的傲人成就。

你为我们国家增光，也为科学界增光。我们以你为荣。

献上最深的祝福

韩福瑞

费曼致副总统韩福瑞 | 1965年11月22日

副总统先生：

谢谢你很亲切地祝贺我得到诺贝尔奖。你应该可以想象得到，接到你的信，我们全家人倍感荣幸，也非常兴奋。至于我，得到长久以来自己一直很尊敬的人的来信，当然有一种特别的欣喜。

诚挚的祝福

理查德·费曼

纽约布鲁克林区东区高中老师庄士顿 (Joseph E. Johnston) 致费曼 | 1965年10月22日

亲爱的理查德：

恭喜！恭喜！真可惜他们花了这么久的时间才找上你。近10年来，我就一直在想，你什么时候才会得到诺贝尔奖。虽然在这之前好几年，你已经得到爱因斯坦奖。但我总是觉得意犹未尽。不过从今天早上的报纸，可以稍微看出为什么事情会拖这么久。曾经有一段时间，我以为打邦戈鼓和玩折纸，已经使你偏离了主流的科学研究工作。但我们都知道这件事终究会成就的，果然也如大家所愿。

时光真是飞快，从你骑着自行车来到新的高中，要求我做某些实验算起，已经整整36个年头了。当时学校刚成立，很多实验设备都是新的。我常常必须小跑步，跑到磁场旁或装满水的罐子旁边，或者你在把玩的某些设备边上。因为下午3点之后，你总是在实验室流连忘返。我只要准你进实验室，就有得忙的。

一两年之后，你正式成为我们学校的学生，又可以正大光明地进入同样的实验室了，但这次玩的是化学课。你习惯一直央求我，直到我同意你进行某项实验为止。但这些实验对一个高中生来说，通常是太难了些。例如说，测量出阿伏伽德罗常数。当我们组装好相当简陋的仪器，我就让你自己去进行。一两天之后，你带着 5.6×10^{23} 这个答案来给我。我觉得这件事实在很了不起，于是和你一起动手，把实验做得更精细些。几年之后，我在另一所高中担任自然科教师的召集人，又重做了那项实验，并且正式发表。我把文章的复本随信附寄给你。

有几次开会时，我们本来有机会碰面的，但是都失之交臂。一次是在纽约开的物理教师会议，另一次是我在匹兹堡的美隆学院演讲。他们问我有没有教出哪位非常杰出的学生？我提起你的名字，他们告诉我，你不久之前才在他们那儿演讲。

每当我和贝德老师在自然科教师召集人的会议上碰面时，我们总是很习惯交换一些和你有关的消息。当然，昨天晚上我们一起到镇上去庆祝了一下。韦尔达博士和巴纳斯先生已经退休了，巴纳斯先生已有85岁高龄，现在住在隔壁州。我很少碰到他，但每次见面他总是不忘问起你，我知道他很希望有你的消息。他住在纽约州沧门斯堡国会街18号。

顺便提一下，如果你有机会到东部来，我们都想当面向你道贺。你的成就让我们觉得很欣慰。教书毕竟还是一件有意义、有价值的工作。当然我们也知道，你的成就主要是靠自己的努力和天分，谁当你的老师都只是沾光而已。

再次衷心地祝福你

庄士顿

费曼致庄士顿老师 | 1965年11月24日

亲爱的庄士顿先生：

谢谢你的祝贺。非常兴奋能得到你的消息。我当然记得以前骑着自行车到高中实验室和你做实验的事，我从你那儿学到很多东西，对我有很大的启发。我也很高兴听到韦尔达博士和巴纳斯先生的消息，还有你谈到的，以前我所做的那个电解实验。我整件事都记得很清楚，甚至包括我们想到：当电流通过水的时候，应该接一个电子钟在同一个开关上，看看经过多少时间。我一直觉得我们并没有测出阿伏伽德罗常数，只量到法拉第数。我们必须用到电子的电荷数，也就是密立根值，而这个实验正是要处理很小的物理量，这也是实验的困难所在。但我觉得，对一个高中生来说，这已经很不容易了。

得到诺贝尔奖之后，我接到很多法罗克维高中的老师与同学的来信。我已经决定明年初找一天回母校去拜访。校长已经正式邀请我了，只是确定的日期还没有敲妥。

你显然忘了，我们曾在哥伦比亚大学附近的街上碰过一次面。我们到旁边的小杂货店里买了一杯饮料，好好地聊了一阵子。

再次谢谢你的来信，同时感谢你对我的教导。在我进法罗克维高中之前与之后，都受惠良多。

诚挚的祝福

理查德·费曼

纽约布鲁克林区杰伊高中老师贝德(Abram Bader)致费曼
| 1965年10月30日

亲爱的理查德：

我故意晚一点写信向你道贺。我想这样比较有机会让你看到，否则挤在一堆蜂拥而至的信件里，一不小心就给漏掉了。不管怎样，在10月的最后一星期收到这样一封道贺信，应该不算迟。

你终于得到诺贝尔奖，虽然这个奖来得晚了些，我还是非常高兴。我现在可以沾你一些光。教评会的委员知道你曾是我的学生，总是对我稍微礼遇些。我们曾是师生的这个事实，他们可是一点办法也没有。

你的教科书的第二册终于到了我的手上。你在书里提起我们以往的一段讨论，我看了心里暖洋洋的。我永远记得另外一件事，就是你向米勒老师和我征求意见，说你想修教育课程，以后好去当个高中老师。我当然相信你会是一个很棒的老师，但你的天分就完全糟蹋了。所以，我们只是对你的想法笑一笑，不置可否。

纽约长岛的日报登了一张相片，是你抱着一个英俊的小男生。我儿子今年5岁，已立志长大要得诺贝尔奖。他已经利用自己的组合玩具，做了一台时间旅行机。当这台机器没能把他送回第二次世界大战，好让他和我一起加入皇家空军时(我当时在雷达部门工作)，他还有些失望呢。

我再次向你祝贺。同时我想告诉你，并没有任何限制说一个人不能再度得诺贝尔奖。另外，有消息说你打电话给赛登先生，到底是怎么回事？我有点疑惑。

衷心祝福你和你的家人

贝德

费曼致贝德老师 | 1965年11月29日

亲爱的贝德先生：

谢谢你祝贺的信。很高兴你看到我的第二册教科书。其实我记得的，还不止有我们关于作用的讨论。我非常感谢你在物理学上对我的教导，以及指示我该努力的方向。我不记得询问你修读教育课程的事，但是我非常感谢你不但在课业上指导我，也给了我很多好的建议。

另外我还记得一件事，那对我后来非常重要。有一天下了课，你把我叫到办公室，说："你在教室太吵了。"接下来，你说你知道原因，因为课程实在太简单、太无聊了。然后你从背后的书架抽出一本书给我，说："以后上课，你就坐在教室后面看这本书。等到你把书里面的东西全部弄懂之后，才可以再讲话。"后来的物理课上，我不必再理会班上同学上了什么东西，只专心看伍兹写的《高等微积分》。我就在这时候学会了 γ 函数、椭圆函数和积分符号下的微分方式。后来我就十分精通这方面的技巧。

很多年之后，当我在康奈尔大学教研究生物理的数学方法时，有个学生想反对我用这么高深的数学处理方式，质问我到什么时候才学会这些数学技巧。在他想，一定是念博士或得博士学位之后的事。我一时没有意会到他的想法，也不知道我的答案会引起他多大的心理障碍，就脱口回答："在高中的时候。"

我非常高兴在高中的时候能碰到你这样的老师。你确实知道如何引导一个孩子的心智发展，使他达到最大的成就。我致上深深的谢意。

很高兴听到你儿子的事。我的儿子才3岁半，不像你儿子，还不会自己玩组合玩具呢。因此，不管有没有效，他还不会组合自己的时间旅行机。

也许你现在已经知道，我和赛登先生说你什么事了。那和诺贝尔

费曼抱着儿子卡尔,摄于1965年

奖并没有什么关系，得奖名单出炉前就已经开始进行了。事情是这样的：美国物理教师学会的代表，康登(Edward U. Condon, 1902～1974)先生告诉我，他们每年都推选一位优秀的物理教师来表扬。而莫里逊(Philip Morrison; 1915～2005)教授看了我的教科书，认为可以推荐你角逐优秀物理教师。因为你知道怎么处理(请恕我放肆)那些异于平常的学生。

因此，明年1月在纽约的大会上，他们会正式提名你。我希望他们最好直接和你接触。这是我找赛登先生的原因，我要打听你正确的地址。

能再度和你接触，并且发现你过得很好、很快乐，当然是一件令人非常开心的事。

衷心祝福你和你的家人。

理查德·费曼

费曼致法罗克维高中《校园谈天》编辑连伯格(Howard Lemberg)
| 1965年12月6日

亲爱的先生：

谢谢你祝贺我得到诺贝尔奖。

当我看到信封上的署名时，忽然想起一个很久以前经常在报纸上看到的名字，只是我几乎快要忘了。以前你曾经给我写了一封信，邀请我投稿。我非常高兴，把那封信带在身边，天天希望自己能写好文章寄给你。但我总是比自己想的更忙碌些，一直抽不出时间来回应你的邀请。但现在，有个机会来了。我已经决定明年1月的某一天，回学校拜访。那时候，我希望能有机会直接和学生座谈。如果你愿意，我可以在那个时候接受你派的人来访问,或者其他的安排。

我知道对报纸杂志来说,消息的及时性与题目的选定非常关键。因此,请原谅我没有及时回应你的邀请。我1月回到母校时,希望能做个补偿。也希望有机会和你见个面。

诚挚的祝福

理查德·费曼

※米歇尔注:在1966年1月10日的访谈中,费曼告诉《校园谈天》的记者,当他在法罗克维高中读书的时候,"英文不好,外语科目很差,几乎不会画图,是个假道学的乖乖牌学生,也不会玩。现在完全不一样了"。

路易斯安那州杜兰大学(Tulane University)精神病学教授李夫(Harold I. Lief)致费曼 | 1965年11月10日

亲爱的狄克:

恭喜你得到诺贝尔奖。这几个星期以来,我一直在犹豫,要不要锦上添花写这封信。你都已经得到全世界推崇的最高荣耀了,再增加一点又何妨?

如果我们高中的立体几何老师奥古斯伯里先生还在世的话,一定感到非常自豪。我还记得每次上他的课时,这位老先生总是请你上台替他上课,他自己则坐在教室后排的椅子上,跷起二郎腿,看你为他上课。很奇怪,高中时期的很多事情,我都想不起来了,只有这一幕,在我脑海里记忆犹新。

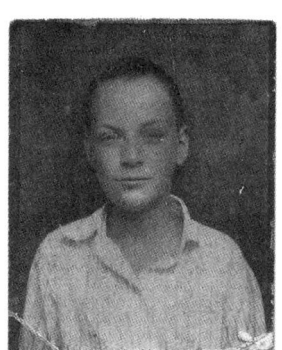
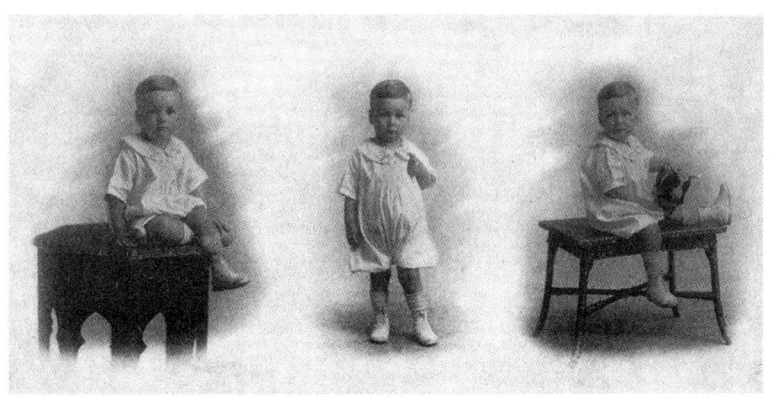

费曼小时候的照片,上排摄于1928年,下排摄于1920年

你在物理界混得这么好，居然弄到一个诺贝尔奖，我实在为你高兴。你当之无愧。

由衷地祝福你

哈洛德·李夫

费曼致李夫博士 | 1965年11月30日

亲爱的哈洛德：

谢谢你的祝贺。得诺贝尔奖有个最棒的附加价值，就是收到很多老朋友的消息。这些老朋友平常都无影无踪，好像从人间蒸发了似的。我记得以前上德文课的时候，有时看着德文课本却卡在那里，念不下去。这时候你就在旁边咬我耳朵，让我能顺利过关。真是多谢了。

诚挚的祝福

理查德·费曼

费曼致纽约长岛莫里·贾可布斯(Morrie Jacobs) | 1965年11月24日

亲爱的莫里：

我接到你的祝贺信，觉得有些失望。在信里，你没有谈到自己的近况，以及做得怎样之类的事。老朋友应该彼此知道对方究竟过得如何。我有个3岁半的小男孩和一个甜美的英国太太。（猜猜看，哪个先冒出来？）我记得你的，我们当年是非常要好的朋友。我们经常在你父亲杂货店的后院，我一边看你画招牌，一边聊些很严肃的课题。

写个信来把近况告诉我吧。

诚挚的祝福

理查德·费曼

费曼致柯汉夫人(Bertha Cohen) | 1965年11月15日

亲爱的柯汉夫人：

谢谢你祝贺我得诺贝尔奖的来信。能收到老家友人的消息，是令人非常开心的事。

我想，在我还是抱在怀里的小婴孩时，你抱着我一定教了我什么，让我现在能得到诺贝尔奖。

衷心祝福你和乔安娜。

理查德·费曼

费曼致戴维森夫人(Jesse M. Davidson) | 1965年12月6日

亲爱的毕阿姨：

谢谢你的贺信。得到一位看着我长大的长辈的消息，让我非常开心。你一直是家母的至交，在每个阶段都陪着她——从我做实验把桌布烧掉开始，到后来我妈妈一直担心我有天会把屋子给炸掉。

你看，那些实验的最后结果非常美妙吧！

敬爱你

          费曼

费曼致迈阿密海滩区的咪咪·菲利普斯 | 1965年11月15日

最亲爱的咪咪：

非常感谢你寄来的祝贺信。知道你现在是个护士而且乐在其中，我非常高兴。

同时也谢谢你把当地报纸有关这件事的报道寄来给我。在此之前，我从来没有看过这份报纸的报道。谢谢你想得这么周到。

你说温妮丝的厨艺把我养胖了，这倒是有点误会。上次见面时我很瘦，是因为当时手边有很多事令我烦心。现在这些事全都解决了，我心一宽，体就胖了。不过，或许食物也有些功劳吧。

          爱你的
          理查德·费曼

费曼致菲利普斯新闻公司的阿诺德·菲利普斯(Arnold H. Phillips) | 1965年11月18日

亲爱的阿诺德：

谢谢你来信祝贺。我们一定要做些有新闻价值的事，好让你们有东西可以刊登。因此，我很高兴自己对你的事业也稍微有助益。我也接到咪咪的来信了,我想你一定猜得到,她也非常兴奋,我心里一直还把她当成小女孩,哪知好久没见,她早就是亭亭玉立的大姑娘了。

可能你已经知道,我妹妹琼恩近日生了一个女儿。当我妈妈去她家住的时候,正好发布诺贝尔奖的得奖消息,于是我妈妈就迫不及待地赶回来了。她最近刚搬进一间新公寓,似乎对新环境还相当满意。

迈可的物理成绩不理想,你不必过分在意。我的英文成绩也很烂。如果当年英文成绩好一点,可能我今天就不会得到诺贝尔奖了。

不管怎样,总是要谢谢你的来信。希望我们很快能再见面。温妮丝和我一起祝福你和你们全家人。

诚挚的祝福

理查德·费曼

英格兰约克夏郡牧师约翰·霍华德(John Howard)与夫人玛约丽(Marjorie)致费曼 | 1965年11月16日

(霍华德牧师曾为费曼的外甥施洗)

亲爱的费曼博士和夫人:

这称呼非常正式,因为我不想太随便地称呼,让人觉得很不庄重。事实上,在我们这里,只把两位看作一般的理查德和温妮丝。希望你们不要认为我们很鲁莽,因为我们觉得你们就像艾利克、贾姬和米妮阿姨一样,好像都是一家人。

玛约丽和我想说的是:听说你得到诺贝尔奖时,我们的激动与狂喜,简直非笔墨所能形容。这真是太美妙了,而且是最高的荣耀。这里的每一个人都为你们高兴,而且分享你们拥有的快乐与喜悦。事实上,我是从收音机听到这个消息的,但我就是不敢相信,一再地提醒自己:"不!这是不可能的,但名字还真像。"不过这也不能完全怪我,因为收音机里的消息根本就把你的名字拼错了,念成"樊曼"。但是米妮阿姨说,就是你没错。你的名字在美语里的发音,就是那个调调。

得诺贝尔奖在你的生命里是一件美妙的大事,我们都衷心祝福你,也希望你们在瑞典的时候,有一段美妙的时光。我不知道你们过境的时候,大家有没有机会见见面?我想你这次大概不会专程到英国来吧?

我们在《无线电时代》杂志上,看到你的书的广告。希望它对外行人来说不至于太难,因为我准备在圣诞节的假期里买一本来看看。这些工作真的都非常、非常的重要。那些已经发生或即将发生的事情,将会使世界为之震动。我相信到了1980年,我们的生活将会大为改观。我怀疑届时,我们可能已经利用海水淡化的方式从海洋取水,也在需要树木的地方完全绿化,或许还能在沙漠里种植农作物。那我们凭着现有的知识与技术,能适应那时候的生活吗?现在听说已经有一种石化产品,可以洒在沙漠上,允许水分进入土壤,却不会让太阳把水分从土壤里蒸发出来。

但是在处理这些科技或干旱问题时,我们还是得面对人,因此也必须处理人与人之间的问题,例如肤色歧视、民族主义。这些问题当中最难解决的,还是它们的本质,也就是物质崇拜和自私自利。但是我深信,我们经得起挑战,一个崭新的世界即将诞生。问题是,我们的意愿何在。因为一般人的目标和动机都是相当微小的,经常只在自己和家人的身上打转。但我相信你们美国人比我们更有世界观,眼光与志向都更远大。而且事实上,美国人也表现出更慷慨、宽厚的胸襟。

当然,我了解有些人对美国人的看法,和我相去甚远。其实别人对我们英国人的看法,何尝不也是如此?

我知道不管你在哪里,你的自然、关怀和单纯,都会给很多人带来希望与信心。因此,非常感谢你的努力。献上我们的爱和祝福,愿上帝保佑你。

诚挚的祝福

约翰与玛约丽

费曼致约克夏郡雷邦登(Ripponden)镇的牧师霍华德夫妇
| 1965年12月6日

亲爱的玛约丽和约翰:

我希望你们还是把我们当成平常的温妮丝和理查德看待,这样不拘小节比较自在。

接到你们这封写得这么好的贺信,让我非常开心。雷邦登镇的人对我实在太好了,让我觉得自己根本就是你们之中的一份子。而我妻子也来自雷邦登镇,我是个不折不扣的雷邦登女婿。因此,来自雷邦登镇的只字片言、一举一动,都令我欣喜不已。虽然我们只有数面之缘,但你是我在雷邦登镇的友人之一。

你说真正的美国人具有慷慨、宽厚的心胸,这正足以显示你自己具有一颗慷慨、宽容的心。你当然知道,在一个崇尚自由思想的大国家里,就像英国,人民的思想是非常复杂的,可说是百花齐放,因而伟大和渺小并列,慷慨与自私共存。每个人都可以有不同的想法,而且就算是同一个人,想法也是经常在改变的。

看别人宽宏大量,首先自己要有同样程度的宽宏心胸,才不会看到别人小气吝啬的一面。同样的，如果自己心胸狭小，就只会看到别人的小家子气，而看不到另一面了。

很遗憾我去斯德哥尔摩的途中，没办法去英国绕一下，但我一定会找时间，很快再回雷邦登去的。至少要让你们看看我儿子卡尔长得怎么样。因此，我们还有别的机会可以聊聊。

诚挚的祝福

理查德·费曼

葛门女士致费曼 | 1965年10月27日

亲爱的狄克：

你的神秘魅力（这是直接引述自你写的信），似乎又再次把你推出象牙塔之外。

我知道你很讨厌"人尽皆知"这种盛名之累，因而我对你现在的处境甚为同情。看起来，那些挑选诺贝尔奖得主的人士，似乎不太在意科学家的隐私权，不知道有人是不愿意过度曝光的。

这是你为思想所付出的代价，尤其像你这种有大异于常人的思想。

尽管有很多相反的事例，但是我手里握有证据，证明你的想法其实和"搞笑诺贝尔奖"（Ig Nobel prize）得主相去不远。

证据是今年1月4日你写给我的信，年份却标着1964年……让我整个1月份都仿佛年轻了1岁。我花了好久的时间，才承认自己又老了1岁。

恭喜你。现在，再想办法躲回象牙塔去吧。

好友

贝特西·葛门

费曼致葛门女士 | 1965年11月23日

亲爱的贝特西：

非常感谢你来信道贺。让人推出象牙塔是很不舒服的事情。外面的光线太刺眼，令我很不自在。而且最糟糕的事，还是我必须穿着燕尾服，在一大堆电视摄影机前面，从瑞典国王手中接受这个奖。如果他们能够不声不响地，悄悄把这个奖送给我，不是很好吗？这么大张旗鼓地颁奖，实在要不得。

谢谢你的来信，很高兴有你的消息。

好友
费曼

佩堤特(Richard D. Pettit)致费曼 | 1965年10月25日

(佩堤特博士是替费曼的儿子卡尔接生的妇产科医师)

亲爱的朋友：

听说费曼博士得到诺贝尔物理学奖，恭喜你。这是很了不起的成就，我为你感到高兴。

另外我要特别称赞你，面对媒体时表现出的谦逊态度。我觉得这才是得到这个奖应有的科学态度，因此愈觉得你的可贵。

深深的祝福

佩堤特

费曼致佩堤特医师 | 1965年11月15日

亲爱的佩堤特医师：

谢谢你来信道贺，我觉得非常荣幸。

我很惊讶你在信里，评论我面对媒体的态度，却反而没有提到我儿子，说他长相可爱、脑筋聪明之类的。卡尔是你接生的，你是否太谦虚了？

诚挚的祝福

理查德·费曼

李伯曼(Jack Liberman)致费曼 | 1965年10月31日

亲爱的狄克：

希望经过了这么多年之后，我还可以这样称呼你。

首先，恭喜你得到今年度的诺贝尔物理学奖。我在此表达衷心的祝贺。

在进一步谈下去之前，首先容许我做个自我介绍。当你在麻省理工学院念四年级的时候，我刚好是大一新生，是ΦBΔ兄弟会的成员。我怀疑你是不是记得我。当时，你已经非常出众了，不管走到哪里都会被人认出来。而我一直记得几个场景：有个周末，兄弟会办了一场舞会什么的，我有个舞伴，是纽约来的女朋友，你却没有。后来休息的时候，我们溜上二楼的会议室，想找个安静的地方坐一坐，却发现你在里面。你和我们谈了一会儿，就要我们别管你，就当你不在场，随意自在。你说你只是想看一些有趣的东西。我们也就不管你，自己小声谈我们的事了。

我还记得你有个周末，跑去和聋哑人士打交道，要学习他们怎么使用手语。我也记得有一次用餐的时候，我们讨论到青蛙腿或虾子的味道，说它们和鸡肉的味道非常接近。

我知道自己对你有一种英雄式的崇拜。从那时起，我就开始追随你的脚步和经历，带着喜悦与兴趣。

现在我住在麻州夏隆地区，在夏隆高中教物理与化学。我们的课是依照爱克西特学院的学程所规划的两年课程。我在高等物理课里使用你写的《费曼物理学讲义》第一册当教科书，这对学生很有挑战性。

我在1943年结婚，大儿子已经20岁了，还有一对16岁的双胞胎女儿。我们住过波士顿、新罕布什尔、佛罗里达。

我写这封信，只是想表达贺意，希望你继续成功。让我们这些多年前认识你的人，也沾光、分享你的喜悦。

杰克·李伯曼

费曼致李伯曼 | 1965年11月30日

亲爱的杰克：

谢谢你写来的道贺信。但是有一点你搞错了。老弟，我脑筋好得很，我记得你。很高兴你把近况告诉我。老天，什么英雄崇拜？你大概是怕被高年级学长修理吧。在那种情况下，任何正常人都会觉得三个人太过拥挤，一定请我趁早滚出去的。请接受我这迟来的郑重道歉。我当时大概是神经短路了，很近似社交白痴。

你在信里提到，青蛙腿吃起来的味道很像鸡肉，这档子事的确像是我的风格，因为我从来没有吃过青蛙腿，很可能会这样乱侃。我似乎常常这样，尽是侃些自己不知道的事。当时我不管知不知道，对什么事都很有意见。

我结婚了，现在只有一个3岁半的儿子。如果你有机会路过我这附近，请通知我一下，我们可以碰碰面，聊聊往事。

诚挚的祝福

理查德·费曼

费曼致戴维斯(Herman F. Davis)博士夫妇 | 1965年11月29日

亲爱的戴维斯博士与夫人：

谢谢你们的贺电。从一个你可以隔街呼喊的邻居那里，得到一封电报，是很有趣的事。本来我可以大声喊回去。但我如法炮制，坐下来写封回信给你们，相信你们一定不会介意的。"谢——谢——啦！"听到了吗？

诚挚的祝福

理查德·费曼

**佐治亚州摩豪斯学院(Morehouse College)数学系主任
法利(Alan Farley)致费曼 | 1965年10月29日**

信中提到的"物理X讲座"是费曼在加州理工学院开的,没有学分、非正式的讲座。任何一位学生,不论是不是加州理工学院的,都可以参加,询问任何物理问题。但是其他教职员则不可以参加。费曼喜欢任何物理问题,不管是不是自己的专长。

亲爱的费曼教授:

我确定你一定不记得我,我是你"物理X讲座"的原始学员。那是从某顿晚餐后,在布雷克院(Blacker House)开始举行的物理讨论会。我可以代表当年参加讲座的学员,还有加州理工学院所有曾经进来旁听的学生,恭喜你得到诺贝尔奖。我们觉得它来得稍迟了些。多年以来,我们就一直期待这一天的到来。

在此深深祝福你

法利

费曼致法利博士 | 1965年11月29日

亲爱的法利博士:

谢谢你的道贺信。看起来我那个物理X讲座办得不太成功,要不然你怎么会停在数学系主任的位置上。不管怎样,我们总得试试看才会知道。

诚挚的祝福

理查德·费曼

卫斯理(Edwin J. Wesely)致费曼 | 1965年10月22日

亲爱的狄克：

我的家人和我，随同数以百万计的人，为你得到诺贝尔奖而欢呼。我自己并没有立场来判断这件事有多了不起，但从你们物理界同行喧闹的程度，可以看出它好像不同凡响。而由你的徒弟们口中，大家似乎都觉得它有些迟到呢。

听说当年你在特鲁莱德院(Telluride House)，把档案柜当作邦戈鼓来敲时，曾经夸下豪语，要拿诺贝尔奖金来开发一种改良式的档案柜邦戈鼓。这是真的吗？

另外，你还记不记得，有次我们两人共同约了一对巴西的双胞胎姊妹出来玩？我不确定是不是向你报告过，我和其中一位结了婚，现在有两个女儿，一个10岁，一个8岁。

再次对你的伟大成就表达贺意。

在此深深献上我的敬佩与祝福。

老友
爱迪·卫斯理

纽约市温氏联合法律事务所

费曼致卫斯理 | 1965年11月30日

亲爱的爱迪：

得到这个奖的最大乐趣之一是，一些销声匿迹多年的老朋友纷纷出现了。接到你的消息我非常开心，而且隐隐约约记得你和巴西双胞胎姊妹之一结婚了。另一位也嫁人了吗？噢！该死，我几乎忘了自己是个有家室的男人了，还有个3岁半的儿子呢。

我今天之所以得奖，完全归功于我在特鲁莱德院里所做的研究。因此，我格外怀念那段日子。

非常感谢你的来信。

诚挚的祝福

理查德·费曼

俄亥俄州奥伯林学院(Oberlin College)物理系主任安德生(David L. Anderson)致费曼 | 1965年11月8日

亲爱的费曼教授：

今年9月初，我把你的名字提送给奥伯林委员会，看看有没有机会请你来演讲。

由于审查作业缓慢，据我了解，校长卡尔最近才准备写信邀请你。但是由于最近发生的好事，你可能需要请一位秘书，替你婉拒各方演讲的邀约。不过我还是必须把校长的意思转达给你，希望你在未来某个星期四，来为我们物理系讲一场。这年头，口齿清晰的物理学家不太容易找得到。

你或许还记得，我在洛斯阿拉莫斯时，和你一起住过T101宿舍。我们也曾在纳瓦荷的印第安保留区，旅游过一星期。当然，或许你记不得了。

总之，我为你那个应得的奖而祝贺。我现在才写信道贺，大概是贺客榜上的第13795名了吧？

深深祝福你

安德生

费曼致安德生教授 | 1965年11月22日

亲爱的安德生博士：

很抱歉，给你猜对了。由于最近发生的事情，害我忙得一塌糊涂，实在无法接受你们的邀请，到奥伯林去演讲。拜托你把这个消息，婉转告诉你们校长。

我当然记得你，还记得蛮清楚的。也记得我们一起到纳瓦荷印第安保留区旅行的事。我还留着当时拍的照片，时常拿出来翻一翻呢。这个夏天，我带着太太和孩子，到遗迹谷一带的乡间去玩。那里有相当的改变了，我想你也可以猜得到这种结果。但是纳瓦荷本身的情况似乎还保存得不错。当然，住在那里的印第安人已经有汽车，家里也有冰箱了。他们的小孩也和城市的孩子一样，玩各种金属制的玩具。马也少多了。

非常感谢你的来信。很高兴能听到你的消息。

诚挚的祝福

理查德·费曼

费曼致贝克曼(Arnold O. Beckman) | 1965年12月6日

贝克曼是加州理工学院信托基金管理委员会的主席。委员会决议提供一笔奖金给费曼,作为真正的祝贺与奖励,"奖励他持续在理论物理最尖端领域内的努力,多年以来,一直是最有生产力的老师之一"。

亲爱的贝克曼先生:

请转达我对基金管理委员会的谢忱。他们决议对我奖励,实在太抬举我了,让我受宠若惊。你们实在高估我对加州理工学院的贡献了。但我以后会全力以赴,尽量不让各位失望。

诚挚的祝福

理查德·费曼

费曼致鲁道克(Albert Ruddock) | 1965年11月23日

电视上看到费曼之后,鲁道克写信来,说:"我太太和我认为,如果哪一天你对科学工作感到厌倦了,可以转到演艺圈发展。"

亲爱的鲁道克先生:

谢谢你亲切的道贺信。很高兴知道我原来还有一些演艺方面的才干。如果哪天我被加州理工学院炒鱿鱼了,一定会去电视界谋职。

我很抱歉没回你的上一封信。我预设好的、可自动回答各方贺函的机器,并没有太大的弹性。一旦有超出设定范围的贺函,电脑就无法回答了。在这个电脑时代,我们都深受类似的情况之苦。

诚挚的祝福

理查德·费曼

拉法提(Max Rafferty)致费曼 | 1965年11月22日

亲爱的费曼博士：

加州教育委员会1965年11月12日在洛杉矶开会，作出下列决议：

"自1963年3月14日起，加州教育委员会便委请加州理工学院费曼教授，担任课程审议委员会的委员。费曼教授担任审议委员期间，花费一年以上的心力，主导决定中小学数学课的教材。"

"费曼教授荣获诺贝尔物理学奖。因此，委员会一致决议，祝贺费曼教授的伟大成就，并感谢他对加州的无私贡献。他为加州未来的主人翁，义务奉献了许多宝贵的时间。而他本可利用这些时间，发挥更伟大的创造力的。现在，他的这些努力，使得未来的公民有更合适的教材可以学习，将来，受嘉惠的加州子弟或许因而能有更大的突破。"

诚恳的祝福

拉法提

费曼致拉法提 | 1965年11月29日

亲爱的拉法提博士：

对于教育委员会的决议，我非常感激。请将我的谢意转达给所有的委员。

有件事一直让我觉得很不舒服的是，每当有科学教科书正在进行评选的时候，我总觉得自己必须断绝和所有委员和教科书商的联系。另外我觉得有些讽刺的是，我自己只为加州的小朋友服务了一年，就让各位这样大张旗鼓地表扬。而那些为我们的儿童服务了很多年的老师,却反而默默无闻。这实在令我汗颜。

很可惜我不能亲自向每个委员一一表达我的谢意。期盼短时间内,我能有机会列席委员会,与你们每一位认识并致意。

这份决议让我既惊讶又开心,而且觉得很光荣。再次谢谢各位。

诚挚的祝福

理查德·费曼

费曼致印度的彭特(Madan Mohan Pant)先生 | 1965年11月24日

彭特先生最近读到费曼写的《费曼物理学讲义》第三册,来信表示,他非常欣赏费曼直截了当的说明方式。他开始自认为是费曼的"函授"学生。他告诉费曼,当他听说费曼摘取了诺贝尔的桂冠时,高兴得手舞足蹈。他也担心费曼在第三册书里结语的第一行,说自己不想再继续教普通物理了。他想知道费曼现在在干吗。

亲爱的"函授学生":

非常感谢你写来的亲切的道贺信。知道自己做的某件事,连远在半个地球之外的印度,都有学生受到鼓舞,实在非常开心。

感谢你关心我的工作。其实我目前的工作状况并不理想。我现在脑筋不太灵光,不像以前很轻松地就能想出一些好点子。因此,问题可能必须留给像你这样的年轻人去解决了。至于我目前的研究,是想了解那些强相互作用的粒子,例如质子、中子和介子。我认为我们现在已经有足够的实验数据了,聪明人应该能够猜出那些和它们有关的定律了。

我再度谢谢你,写了那么一封亲切的信来恭维我。我擅自决定寄一份简短的履历给你，另外还有一张我亲笔签名的照片。祝你在人生和学习的过程中，都非常顺利、成功。

诚挚的祝福

理查德·费曼

费曼致比利时布鲁塞尔皇室书记官佩霖克(P. Paelinck)教授
| 1965年11月24日

亲爱的佩霖克教授：

谢谢你写信来道贺。还记得我参加索尔维会议，和你谈得非常愉快。尤其那天受邀到府上参观，并且和你家人见面，是我最快乐的一天。

或许经过这么久的时间，可以告诉你一件蛮有趣的事，而不会令你觉得很尴尬。上次当我回到美国之后，和太太谈起你和你家人，以及受到你们热烈的招待。我们就决定寄赠一些书给你和孩子们。因此，我们特别去买了一堆书，大部分是给小孩看的，一些猫猫狗狗和其他孩子气的东西，把它们寄去给你——皇后的秘书。不久之后，我们接到一封皇后的谢函，说感谢我们寄给她的书。我在猜，她一定认为我是个神经有问题的书呆子科学家，怎么会寄些猫猫狗狗的儿童书给她？但我找不到什么方式告诉她，其实是有人弄错了。只好哑巴吃黄连，就当作什么事都没发生。

真希望哪天有机会能再和你们见面。

诚挚的祝福

理查德·费曼

强生(Jon A. Johnson)致费曼 | 1965年10月21日

亲爱的费曼教授：

虽然我去年的物理课被你当掉了，但我还是很喜欢你，因此特别用你的姓名为我的猫咪命名。现在，我的猫咪具有两个名人的荣宠：它既是"游理"的儿子，自己则是"费曼"，小名"理查德"。

谢谢你让我的暹罗猫增光不少。

恭喜你！

强生

● 中文版注：

游理(Harold Clayton Urey, 1893~1981)是美国化学家，发现重氢同位素，1934年诺贝尔化学奖得主。

费曼致强生 | 1965年12月14日

亲爱的强生先生：

非常谢谢你来信道贺。

诺贝尔奖经常会让人有盛名之累。我自己也有一只猫咪是用了我的名字。谢谢你的这种别出心裁而且很微妙的恭维方式。

诚挚的祝福

理查德·费曼

史培利(Roger W. Sperry，1913～1994)致费曼 | 1965年11月下旬

史培利教授是费曼在加州理工学院的同事，由于揭开了人类两个大脑半球的秘密，1981年得到诺贝尔生理医学奖。

嗨，狄克：

我不想跟大家一窝蜂似的凑热闹。等到盈门的贺客稍稍变得稀落些，才对你表达我们心中的欣喜与祝贺。

特别要提的是，你既然已经得到物理界的最高荣耀，我们不免期盼，你或许会有意愿转到生物心理学来发展？

祝福你

罗杰·史培利

费曼致史培利教授 | 1965年11月30日

亲爱的罗杰：

我终于等到你的贺信，才有机会回嘴。放聪明些，我怎么会跑去搞什么生物心理学。我既然已经得了诺贝尔奖，当然就该放轻松些，好好享受生活，不要再陷入科学的迷魂阵去。现在，我会有时间关心所有自然科学与人文学科的行政管理事务，还有大一新生该怎么约会才好。

好友

费曼

威廉斯(Bob Williams)致费曼 | 1965年10月21日

亲爱的狄克:

今天的新闻颇令人欣慰,懂得鉴赏费曼的人频频露脸了,还真是不虞匮乏。(如果我没弄错的话,这些鉴赏家正是由费某人自己领衔露脸的。)我总是觉得,我握有一些可靠的内幕资料,可以证明这家伙其实一直走在最正确的轨道上,只是大家摸不透而已。很高兴看到现实世界总算跟上他、逮住他了。

恭喜了,我倒是很想看看再过20年,会有什么好戏。

好友

鲍伯·威廉斯

费曼致威廉斯 | 1965年11月29日

亲爱的鲍伯:

得到你的消息和祝贺,真好。你猜得没错,带头大哥便是费某人。很高兴,我可以常常把后头的名单拿出来瞧瞧。我可不是孤零零的,独自一人在那儿。

这儿一切顺利,希望你们那边也一样。再次感谢你的来信。

诚挚的祝福

理查德·费曼

在诺贝尔奖晚宴上,费曼与温妮丝随音乐起舞

费曼致真野光一(Koichi Mano)｜1966年2月3日

真野是费曼从前的学生，也曾经是朝永振一郎的学生。他写信来道贺。费曼回了信，问他近况如何。他回信说："正在研究同调理论应用于电磁波在扰动的大气中的传播……是一个很卑微、末节的题目。"

亲爱的光一：

我非常高兴知道你的消息。也知道你在一家研究实验室里有个适当的职位。

不过你信中的语句看起来很哀伤，这令我有点忧心。好像你的老师给了你一个没有什么意思的想法，不太值得花很大的力气去研究。其实一个问题有没有价值，并不在于问题本身的大小，而是看你是不是能真正解决它，或有助于解决它。这样，你的辛苦就有真正的贡献，不是白费的。

在科学界，只要是出现在我们面前而还没有解决的问题，我们却有办法向答案推进一点，这就是伟大的问题。我倒是想建议你，先找一些更简单的，或者如你说的，更卑微的问题，让你可以轻易解决掉。不管问题多么平凡都没关系，你会尝到成功的喜悦。而且要经常协助同事，就算回答那些能力不如你的人所提的问题，都是值得做的，都会累积自己的成就感。不要因为"什么问题没意思、什么问题才有价值"这种错误想法，而一直闷闷不乐，剥夺了自己对成功的喜悦。

我们相遇的时候，正是我生涯上的巅峰期。因此在你眼中，我对问题的解决能力，简直像神一样，好像什么都难不倒。但是我当时还带另外一位博士生希布斯(Albert R. Hibbs)，他的博士论文只是研究风如何把海水吹出浪花。我接受他是因为他带着自己想解决的问题，跑来找我指导。我对你犯了一个错误，就是我指定了一个题目给你，而不是你

1965年12月10日,费曼从瑞典国王古斯塔夫六世手中领取诺贝尔奖

自己找的题目。这让你误解了题目的意义，认为有些问题是有趣的、令人欣喜的或重要而值得的——也就是，你认为有些问题值得你花工夫去解决，有些则不然。

真抱歉，请原谅我的疏忽。希望这封信能稍微有点补救效果。

我自己研究过无数的问题，有很多都是你说的那种卑微的、末节的问题。但是我觉得很开心，而且做得很卖力。因为我有的时候会得到部分成果。我举一堆例子：

我研究过高度抛光表面的摩擦因数，想知道摩擦力是怎么运作的（结果失败了）；也研究过晶体的弹性与原子之间的作用力有怎样的关系；怎么把金属电镀到塑胶物体上（如门把）；中子如何扩散出铀原子；电磁波如何从玻璃的薄镀膜反射；爆炸的时候，震波是怎么形成的。我也设计过中子计数器；计算轻原子核的能阶；探讨为何某些元素会捕获L层的电子，却不会捕捉K层电子。我还研究了如何把纸折成某几种儿童玩具（用纸条折成的外形可变化的多边形）的一般理论；湍流理论（我在这上面花了好几年工夫，可惜没有结果）；当然还有量子理论的那些"比较伟大的"问题。

你说自己是个无足轻重的小人物。但我要说，你对你太太和孩子而言，可不是小人物。如果你的同事带着问题来，得到满意的答案回去，那你也不是小人物。你对我当然也不是小人物。不要妄自菲薄，认为自己是个无名氏，这样就太令人伤感了。知道自己在这个世上的定位，努力扮演好自己的角色。不要用自己年轻时的幼稚想法来论断自己，也不要用别人的眼光和想法来评论自己。

祝你好运而愉快。

诚挚的祝福

理查德·费曼

第 7 部　　科学教育 | 1966~1969年

科学并不比别的学科重要,不应该凌驾一切。
好东西太多,也会让人消化不良而倒胃口。

虽然得诺贝尔奖使得费曼名满天下，但由下面这些信件看来，这种光彩的背后其实满布陷阱。世界各地，从瑞士到澳大利亚，从印度到匈牙利，都有人写信来问东问西，要这要那的。他开始必须拒绝很多对他的时间或专业的请求。

但其中有个值得一提的例外，就是他持续为加州的课程审议委员会奉献心力。其实他在1964年就已经正式辞去这项职务了。1966年4月，他还写了一封很长的备忘录给一位课程委员会的委员怀特豪斯(Whitehouse)女士，谈到几家出版公司所编写的自然科学教科书。这些都是小学课本。在他的评语里最常出现的主题，也是他一生中经常强调的：

很多人都觉得，科学只是熟练地套一堆公式，以得到标准答案。老师问"什么使它运动"，很多小朋友立刻举手，抢着要回答。他们已经学过了，会说"能量使它运动"、"重力使它落下"或"摩擦力使鞋底磨损"。但这些回答都只是文字和名词而已，并没有真正说明什么。它就像下面这个说法一样，"因为神的旨意"，而没有再进一步解释。

由这封备忘录和他选择要回复的那些信看来，在这段时间，他最开心的事是物理和科学的教育问题。有一次他在信里，谈到和我哥哥卡尔一起跟着某一本审查中的物理课本做实验的情形。我读到这一段，觉得非常窝心。当时我哥哥才3岁半。这是他们两人后来有非常紧密的关系以及智力分享的开端。

1967年，费曼得到第一项荣誉学位的提议，是芝加哥大学要颁授的。但他婉拒了。后来其他荣誉学位的提议，他也都没有接受。

1968年，父亲领养了我。

印度拉加斯坦大学物理系辛格(Virendra K. Singh)致费曼 | 1965年10月17日

亲爱的费曼先生：

很久以前，我就开始研读你写的书，现在已经看完了。我衷心地祝贺你的伟大成就，这本书实在写得太好了，可说是物理教科书的里程碑。我实在找不出适当的语词来形容它。用最简单的方式把最难的理论说清楚，是一件很艰巨的任务，并不是每个人都办得到的。我已经向物理系主任推荐这些书，建议每个学生都应该熟读。就像熟读我们印度的圣书《罗摩衍那》(Ramayana)一样。

你的书深深感动了我，请让我知道你学术方面的成就。事实上，我认为你是我理想的"精神导师"，因此请你寄一张签了名的放大照片给我。我要把它挂在系上。

希望你能回信。请务必把相片寄来。

谢谢你

辛格

费曼致辛格 | 1965年11月23日

亲爱的辛格博士：

谢谢你的好意和谄媚。附上一张签了名的相片给你。

诚挚的祝福

理查德·费曼

辛格致费曼 | 1966年2月7日

我尊敬的费曼博士：

你误解了我对你深深的敬意和内心的信任，让我心痛。你或许是不经意地误用"谄媚"这个字眼。可能是我的错，因为在上一封信里，我并没有表明自己也曾是个学物理的学生。我之所以没有明说，是害怕你可能不会寄相片给我。请留意！对一个实至名归的人诚心诚意献上赞美，虽然是出自陌生人口中，也绝对不是什么"谄媚"的。每个人表达事情或感受的技巧可能是不同的，我的心意却是既单纯又直接的。

我知道，一个人不该心存非分之想，写那样一封信给著名的教授，也不能怪你有那种想法与反应。

请相信，我把你寄来的相片，挂在办公室的墙上。

谢谢你

辛格

附笔：你可以不必回信。像你这么忙的人，我不应该占你太多时间的。

费曼致辛格 | 1966年2月14日

亲爱的辛格博士：

我非常抱歉，由于自己用词遣字的疏忽而伤害到你的感情。我随便惯了，绝对没有任何暗指你的来信没有诚意的意思。我写"谄媚"确实是不恰当。这个字的确有负面的含义，但我真的没有那个意思。

如果你很了解我，会知道我是个粗线条的人。对于所有恭维和赞美的话，全依字面上的意思照单全收，完全不会去注意别人是否诚心诚意或别有用心。

你把我的书比喻成《罗摩衍那》，我心里真的非常开心，可以说喜不自胜。

我希望自己在这封信里，没有再犯和上一封信同样的错误。希望你不会因为和我通信，而有不愉快或不舒服的感觉。

诚挚的祝福

理查德·费曼

费曼致萨芭朵丝(J. M. Szabados) | 1965年11月30日

亲爱的萨芭朵丝小姐：

谢谢你写信来称赞我的演说。我很高兴你喜欢我的演讲，更感谢你肯花时间，特别写信来告诉我。你说，你研究物理但凭兴趣，从未受过专业学术训练。在我看起来，你还是有一些成功的机会，但必须拼命努力才行。哪个题材吸引你，你就尽可能以原创的、最不墨守成规的方式，努力钻研。

祝你幸运、成功。

诚挚的祝福

理查德·费曼

费曼致科罗拉多大学天体物理实验室康登(E. U. Condon)博士
| 1965年12月6日

亲爱的康登：

我很难下笔写表扬贝德的东西，因为我自己牵涉在其中，写起来好像在自我表扬一样。我尽了力，只能写出下列这些叙述：

"贝德先生以指导特殊学生的卓越技巧而受到提名。通常，老师碰上特别杰出的学生，总是放手让他们自由发展。但是当贝德发现费曼(就是今年诺贝尔物理学奖的共同得主之一)在他班上时，他给这个孩子更大的挑战、好的建议以及物理方面迷人的新资讯。他准许这个学生不必听课，还从自己的书架上找了一本高等微积分给他，鼓励他利用上物理课的时间仔细研读。他对这个学生解释物理定律里的最小作用量原理(principle of least action)，以后成为费曼所有研究工作的中心思想。最后，这个学生由于敬爱且钦佩这位好老师，决定成为一个教师和科学家；贝德也提供了良好而适当的建议。"

结尾的地方，是很微妙的幽默。他花了很大的功夫，才说服我当个科学家，不要去做教书匠。我或许愿意把这段陈述改写得更完整而清楚些。而且既然是要表扬优良教师，当然不能鼓励学生不要当老师，因此可以把幽默的结尾去掉。我相信你的判断。请照你的意思更改文字和叙述。

诚挚的祝福

理查德·费曼

罗杰斯(Raymond R. Rogers)致费曼 | 1965年12月17日

亲爱的先生：

我今天晚上看电视，发现你在电视上和KNXT电视台的时事评论人高谈阔论，非常惊讶于你对某些事物的极端无知，以及你对于所学与成就的沾沾自喜。你在谈话里还用到"你们这些家伙"这种字眼，令我很不舒服。

你对都市烟雾问题的意见，正好显示出你完全是外行。你说还有很多问题比空气里的烟雾更重要。一个文明眼看就要慢慢死于自己所排放出来的污染物了，还有什么更重要的问题？如果汽车制造商和石油公司肯忍受部分经济损失，问题早就解决掉了。

我只有高中学历。当时我很想进苏洛普学院，也就是加州理工学院的前身，去就读。但是我的智力测验分数太低，所以进不去。我后来跟随一位机工当学徒，从每小时一毛钱工资开始干起。我一生的志向就是要当个最好的机械师，也如愿以偿。

当我从技术实验室(也就是现在的TRW集团)届龄退休，我已经在没有高学历的背景下，达到人生的巅峰。你们这些加州理工学院毕业的聪明毛头小子，竟跑来告诉我事情该怎么做，而且就好像小孩子之间在拌嘴似的，我觉得幼稚得很。

记得在OGO(orbiting geophysical observatory，轨道地球物理观察站)的人造卫星计划里，我告诉他们，某一部分的设计很糟，我可以设计出真正可用的东西。他们开始的时候，都对我的说法嗤之以鼻(心想，一个没读过大学的老粗，也敢说这种大话)。两年后，当OGO卫星在轨道上成功运行的时候，那部分就是我设计的。

你们对原子能的讨论，不像是一群有知识的人。你们的说法冗长费解，对我一点吸引力也没有。有时候，我觉得受教育反而是种妨碍，愈学愈退步。

你是怎么弄到诺贝尔奖的?

真诚的问候

罗杰斯

费曼致罗杰斯 | 1966年1月20日

亲爱的罗杰斯先生:

谢谢你来信谈到KNXT的访谈。你说得很对,我对烟雾和许多事情,都所知有限。连使用很优雅的英语,对我都相当困难。

我之所以得诺贝尔奖,是由于我在物理上的研究成果,设法发现大自然的定律。我很有把握的只是物理,只是这些自然律。我受邀接受电视台新闻节目的访谈,但是在现场,他们却提出各种各样我不了解的东西来问我。我无论如何总是要回答一些,我已经尽了全力了。当然,你显然是不很满意的。

不过我们是在同一条船上,因为你是很高明的机械师,而我是很棒的科学家。但是我们对所谓烟雾的问题,显然都不是真正了解。就像我对它的评论不能令你满意一样,在你的来信中,你对它的评论也不能令我满意。

假设换成你,得到一个伟大机械师的奖项,然后上电视接受一堆人的访问。他们完全不管你的机械背景,也不问你机械问题,却反而追问一些五四三,如烟雾之类的问题,你将如何应付?他们既不管你喜欢什么,也不管你一生奉献了什么,甚至不管你为什么获奖,却反而问一些毫不相干的问题,其实是蛮伤人的。

因此，我在接受访问的过程当中，其实是很不快乐的，尤其是要回答一些我根本不太知道的问题，因此也顾不得什么礼貌了，请你略微体谅些。

但在此顺便提一下，我一直希望自己在机械工厂里，能表现得稍微好一些。我做的东西结合得很差，轴承也老是摇摇晃晃的。要有好的机械师才能做出一些好的装置，可以做一些精密准确的度量。

而物理学家在探索自然律时，非常需要这种精确的度量。因此，我们物理学家非常依赖你们这种人，常需要你们的密切配合。有些物理学家，本身也是技艺精湛的机械师，例如罗兰德(Henry A.Rowland, 1848~1901)，是第一个做出精密的画线机而制作出衍射光栅的人。

至于使用"你们这些家伙"这一类的字眼，很抱歉让你觉得很不舒服。但这是因为我从来不相信口才好和会说很多美丽词藻的人就特别聪明或善良。我认为语言只是表达意思的工具，只要能清楚表达出自己的意思就行了。不过我得承认，"你们这些家伙"听起来不太礼貌，不是那么好。

诚挚的祝福

理查德·费曼

费曼致意大利比萨高等师范学院的两位教授——伯纳迪尼(Gilberto Bernardini)与雷迪卡提(Luig Radicati)
| 1966年2月9日

亲爱的同人：

谢谢你们的邀请。我很喜欢比萨和托斯卡尼这两个地方，当然也很喜欢和你们在一起共事。我最大的困难是,我也很爱这里。

我有个温馨的房子和温暖的家,我并不想把这一切暂时搬到意大利去。我是个爱家、恋家的男人,不能长时间离开家乡出国去。

不过我还是再度感谢你们。或许有一天,我有机会到意大利待上一段时间。但待一年实在是太长了些。

诚挚的祝福

理查德·费曼

《物理教师》杂志编辑布契塔(J. W. Buchta)致费曼
| 1966年2月18日

亲爱的费曼教授:

《物理教师》(*The Physics Teacher*)上有这样一个附注的题目,就是草坪上有个洒水器,喷水的时候是顺时针旋转的;若把它放在水里,而水由喷嘴流进,那么它也会顺时针旋转。怎么会呢?这个问题有个标题,叫"费曼问题",我想,这个问题可能是你首先提出来的。你愿不愿意为《物理教师》写篇评论,说明一下这个问题?

这个问题似乎可以用来讨论对称性、可逆性以及流体力学。我相信本杂志的读者一定非常高兴看到你对这个问题的意见。希望能得到你的具体答复。

诚恳的祝福

布契塔

费曼摄于家中，1966年

费曼致布契塔 | 1966年3月3日

亲爱的布契塔先生：

首先，请不要把草坪上的洒水器问题，标成"费曼问题"。我也是在当研究生的时候，才听别人说起这个问题的。当时我们讨论了一下，我还做了一场小实验来证实自己的想法（实验的最后，还发生了一些小麻烦，某个装置炸了）。这个问题最早出现在1883年马赫（Ernst Mach，1838～1916）出版的《力学的科学》。这书于1893年由马科马克（McCormack）翻译成英文，并由Open Court出版社出版，第299页上有这道题目，还有一张附图，编号是第153a。我想我不需要再针对这个问题，为《物理教师》杂志写评论了。

诚挚的祝福

理查德·费曼

※米歇尔注：草坪上的喷水器问题也出现在《别逗了，费曼先生》一书："第一眼见到的时候，会觉得答案再清楚不过。但是麻烦来了，有人认为它当然会向这个方向转，有人认为它当然会向另一个方向转。"

莱斯湖高中教师黎灵革(Thomas J. Ritzinger)致费曼 | 1966年3月2日

亲爱的费曼先生：

我是威斯康星州北部的物理老师，目前教5个班级的新物理课程PSSC。由于我们的学校在偏远地区，我的学生并不太容易碰到科学家或真正的研究人员，也没有什么机会和这些人谈话。

如果你愿意帮忙，我倒是想到一个好点子，可以让他们有一次和大师对谈的经验，应该会让他们终生难忘。我想和你约个时间，利用长途电话，和我的学生们谈一谈。如果你愿意把这段电话对话列入日程，我会很乐意把所有的学生集合在礼堂里，听你通过长途电话而来的谈话。你可以对他们说些勉励的话，他们也可以问你问题。我会请我们这里的电话公司协助解决所有的技术问题。我想，总通话时间可以订为35分钟或40分钟，你可以先讲个20~25分钟，然后让学生问几个问题。

这个举动对我们学校的学生来说，是个空前的创举。但我相信对130名修物理课的学生来说，一定很有启发性。他们约占全校新生的一半。

如果你在百忙中，能拨出一段时间给我，促成这件美事，我一定尽早把安排的细节告诉你。请你接纳我这个提议。

诚挚的祝福

黎灵革

费曼致黎灵革 | 1966年3月15日

亲爱的黎灵革先生：

真是个疯狂的主意，一定贵死了。但如果你都这么说了，我当然没问题。

不管怎样，我们就来试试这个伟大的电话通信计划吧。但我想把整个通话时间都给学生问问题。我想试试不用黑板，单凭一张嘴，能不能把事情解释清楚。听起来很有趣，我愿意试试看。

我星期二上午、星期三和星期四下午都不行，其他时间大致都没问题，除了4月2日，以及4月22~27日这几天之外，因为在这几天，我会去纽约。

我从来没有听过这么棒、这么有创意的主意(一定贵得不行)!

诚挚的祝福

理查德·费曼

※米歇尔注:黎灵革在1966年4月25日写信来向费曼致谢,说:"学生都非常兴奋,从他们课后的言谈,我知道他们从你的回答和谈论中,受益非常多。"

费曼致全国科学教师协会霍金斯(Mary E.Hawkins)女士
| 1966年3月21日

亲爱的霍金斯女士:

请不要替我举办新闻座谈会(就是布伦小姐在3月7日信中所提的)。我唯一答应的是1966年4月2日星期六,在你们的大会上发表一场演说,演讲的主题是"科学是什么?"。这次演讲的目的,只是要和与会人士一起探讨科学的意义。我知道自己没有什么特别重要或有价值的东西好说的,而且演说的内容一般人一定没有什么兴趣。我不希望有很多不速之客跑来听演讲,也不想为他们扩大演讲的内容。

因为这是教育界的研讨会,记者想知道的,是和教育有关的事。我对这类事情,并没有什么特别深入的研究,因此,不值得为我办个记者招待会或新闻座谈会之类的事。我不会制造新闻。

诚挚的祝福

理查德·费曼

费曼致怀特豪斯女士 | 1966年4月13日

虽然费曼已经不再是加州课程审议委员会的成员。但直到1966年，他还为委员会审查小学的自然科学教科书。

怀特豪斯女士：

下面是我对于一年级和五年级的6种版本科学教科书的意见。福斯曼(Scott Foresman)版本——普通。

在一年级的课本里，关于一些像凝结之类的自然现象，有很简单清楚的实验描述。但是描写动物的内容，大部分都是谈到它们外观上有什么不同，完全没有谈到动物如何生长、繁殖、抚育幼兽之类的事情。

在五年级的课本里，化学与声音的部分很清楚，也写得很好。但是电学与气候的部分写得就不是很好。特别是这两部分的教师手册。并没有注意到所谓正确的答案和大家预期的答案有什么不同。给老师的提示不足以让他防止学生答出完全符合逻辑却不按常规的答案。另外，这些单元的一些实验并不那么容易，可能做不出原先想要的结果。但是老师却没有足够的线索，知道哪里可能出错，或是该怎么办。

麦克米兰(MacMillan)版本——很好。

一年级的课本可读性很高，而且可以直接了解。实验的部分编排得很好，内容的分量合理。五年级的课本也是很好的科学教材，而且非常实际，包含了许多日常生活上的应用实例的照片（并不是艺术家笔下的示意图）。但是依照我的看法，还是塞了过多的材料。

赖劳(Laidlaw)版本——两个年级都很差。

一年级的课本里，用一种有缺陷的分类系统（依照动物的羽毛、翅膀、硬壳和鳞片）来分类动物，造成很多纷扰。在教师手册里，有很多令人混淆或含糊不清的叙述。列了很多问题，但是没什么方向，也不知所以然,例如为什么要将动物分类。他们的想法是把学生引导到预先设想的答案上,就算达到教生物学的目的了。

教师手册的"引导发现"上面有很多问题的答案,需要大量的解释与改写,才能使学生了解。对于那些受到较少科学训练的老师来说,这份教师手册语焉不详,帮助不大。

五年级的课本里,几乎找不到有哪一段是完全正确无误的;而要正确或精确表达出同样的内容并不是那么困难。看起来,编教科书的人头脑似乎不是很清楚。而教师手册也是内容贫乏,难以让老师去弥补课本的缺点,甚至很大部分的内容,里面都有一点小错。

希斯(Heath)版本——很好。

一年级的课本内容简单、正确而优良,没有塞进太多东西,说法也是直截了当的。教师手册对老师而言,是很好的科学教材,使他们比学生领先很多,可以好好指导学生。

五年级的课本里,很正确地强调了仪器的制造与校正。另外,科学实验的部分也很好,采取一种很好的、操作型的观点。但是课一里的实验这么多,要做这么多的装置,等等,会不会分量过多了?

哈寇特,布雷斯与沃德(Harcourt, Brace & World)版本——普通。

一年级的教材内容很好,但是潜藏着一个很严重的缺点。细心的老师可以补救这个缺点,但是粗心的老师却会让缺点扩大而不自知。事实上,在第一课的前面,就出现了这种最危险的情况。每个人都很可能偏离正确的学习方式而走到岔路上去。它以一个问题开头:"把玩具狗上紧发条之后,什么东西让它动起来?"这是很好的开始。接下来,我们应该把玩具狗拆开,让一年级的孩子看看那些齿轮、杠杆、弹簧,仔细看看事情是怎么发生的。但是这么好的问题,却有个很糟糕、毫无意义的答案——对孩子们毫无意义,对我也几乎没有意义:"能量使它动起来。"这个答案可以说适合任何会动的东西。不管是玩具狗、真正的狗或摩托车。

这给学习的人一种印象,科学只是熟练地套一堆公式,以得到标准答案。老师问:"什么使它运动?"很多小朋友立刻举手,抢着要回答。他们已经学过了,会说:"能量使它运动"、"重力使它落下"或"摩擦使鞋底磨损"。但这些回答都只是文字和名词而已,并没有真正说明什么。它就像下面这个说法一样,"因为神的旨意",而没有再进一步解释。

能量是一种非常微妙细致的观念,很难对一年级的学生说清楚,让他们能够了解;但如果要把它硬记下来,不知其所以然,并不困难。相对来说,力就容易得多了。这个版本的教科书,有个如此草率的开头,真是太可惜了。书里很多地方都有类似的问题,只是企图把学生引导到某个特定形式的答案上去。

另外,还有一个不太严重的缺点,就是课本里用了很多艺术家绘制的示意图,来说明事情发生的状况。例如在第34页上,教师手册说,"让同学们看看图4,证实一下自己预测的情况。"等等。而书里没有真实的图片,例如化石。书里也没有建议老师带个化石标本给大家看看。

五年级的课本是很好的科学教材,相当仔细又没有太多的实验。如果不是内容过多的话,我觉得它很不错。

哈泼与劳氏(Harper & Row)版本——很好。

一年级的课本看起来非常好,谈得也很深入。五年级的课本也处理得很好,尤其是有关过程与现象的处理,非常细腻。有一单元讨论到我们如何学事情,也很不错。可能内容太多了一点。你看,例如第180页的词汇。

在两个年级里,我都看到一些有错误或可能误导的陈述。但是它们都是孤立的,而且可以补救。

（我不得不承认，当我还是课程的审议委员时，出版公司把这一套课本寄给我，却让我那3岁半的儿子发现了。他常常要求我读课本里的东西给他听。我们也一起做了一些课本里的实验。等到和别的课本比较，再看看它的教师手册，我现在知道这套一年级和五年级的科学课本是相当不错的。但我还是觉得这套教科书其他年级的课本里，有关"观察，但没有什么理由"的东西太多了。不过，我没有看过其他版本同年级的教科书，因此没有办法比较。不管怎么说，只看一年级和五年级的教材，可能不足以判断一整套6个年级教材的好坏。）

结论

送审的教科书中，有几套是很不错的。但我能不能表达一个不属于科学范围的意见？我认为这些编得还不错的教科书都太贪心了，想教太多的科学知识给学生。学生要学的主题和内容太多了，例如神经细胞构造中，每个部位的名称之类的东西。这些东西在五年级的科学课本里是没有必要的。科学并不比别的学科重要，不应该凌驾一切。好东西太多，也会让人消化不良而倒胃口。另外，我们会不会处于另一种危机之中，就是任课老师的负担太重了。

你问我能不能挑选一套基本教材。如果你的意思是，学校可以决定采用某一套教材，这点当然很好。但我不认为必须同时采用两套教材；除非学生只需要一套教材，另一套则摆在教室或图书馆，供大家翻阅参考。我粗略地检验了一下那些我认为"很好"的教科书，并不觉得有什么严重的缺点，需要利用另一套教科书的某些观点来补救。目前已经有教太多科学内容的趋势了。除了当作参考资料之外，我们已经不需要再加些什么了——我假设你们不会选用赖劳的版本，它显然太简略、太贫乏了。

每个版本的内容都不错，但有些讲得并不清楚。有些老师可能喜欢某个版本，觉得比较简单、好教，有教师手册可依循。但是死记教师手册里的东西来教学生，并不是训练学生独立思考的好方法。而训练学生做独立的思考，是科学教育的目的之一。

在一些比较好的五年级版本里，东西太多了。你们能不能建议老师不必全部教？

最后，所有的教材都假设学校什么设备和教具都有，从小蛇到鸡蛋到电缆。你们怎么可能提供这些乱七八糟的东西？我认为，建议采用某种教材的人，应该仔细看一下它的实验课程设计，想一想如何供应实验材料给学校的老师或学生。这才是负责任的态度。

希望我已指出这些版本的错误与缺点。

很抱歉，我没有时间看马里尔写的《科学原理》。

代我问候各位老朋友。

狄克·费曼

写于星期三凌晨3点30分

费曼致圣荷西基督学校教师戈德歇尔(Richard Godshall)
| 1966年3月2日

1966年2月19日，戈德歇尔先生写信来感谢费曼寄给他一篇一年前写的评论文章《新数学的新教科书》(请参阅《附录五》)。戈德歇尔先生询问费曼对于"SRA大克里夫兰地区数学计划"所推行的"新数学"有什么意见，而且说要买10份费曼的文章抽印本，在校务会议上发给校长和其他人看。他也写了一些他个人对新数学的看法。戈德歇尔先生举出一个例子，说他研读新数学教材3个月之后，看到"乘法在加法上的分配律"是：$2 \times 2 = (1+1) \times 2 = (1 \times 2)+(1 \times 2) =$

_____ + _____ = _____。

于是他找了班上几个成绩很好的学生,问他们知不知道分配律是什么意思。他说,学生的回答至今仍在他的耳边回荡。"我知道2乘2是什么,但我不知道那些空格是什么鬼玩意儿?"没错,有多少学生知道那些空格是什么鬼玩意儿?

亲爱的戈德歇尔先生:

我对你所提的,有关SRA新数学的意见,有些评论。这也是对新数学课程最严重、最多数的批评,就是它动摇了老师和家长对数学教育的信心。就像皇帝的新衣那个故事一样,学生有一种直觉和本领,知道"那些空格"只是一些没有什么用的鬼玩意儿。只有小孩子看清楚皇帝根本没穿衣服。

我认为书本只是协助老师教学的工具,不是发号施令的独裁者。请相信你自己的常识和判断,并且保护自己的学生,不要让课本里没有意义的提示、摘要或虚假的矫饰给吓倒。保持一个独立自主的人格,并且站在学生这一边。

比如说,你要教学生认识"大于"和"小于"的符号,只要提醒他们,>(大于)这个符号的一边比较开(左边,两条线向外发散),另一边比较窄(只有一个点)。因此,在比较开的那边的数字,会大于比较窄的那端的数字(9>5,而5<9)。

我的确参加了数学教科书的评选工作,而且明知SRA的新数学有很多缺点,还是不得不选它(这教材最严重的缺点是缺乏文字叙述性的问题);因为我们只能就有限的几个版本,挑选比较好的教科书来用(过程之困难,是你们很难相信的)。我们也觉得SRA教材太正式而没有弹性,也缺乏文字叙述性的题目,因此,建议了一些补充教材和它合并使用,希望教学上比较平衡。但最后州议会决定要节省经费,就把购买补充教材的预算给砍除了。

随信附上10份文件给你参考,就是你在信里要的东西。

诚挚的祝福

理查德·费曼

费曼的信件草稿(这封信不知道是什么时候写的,也不知道要寄给谁。连最后到底有没有寄出去,都不太清楚。)

亲爱的先生:

关于我对小学数学新课本的意见,谢谢你的批评指正。

你说我并不是数学教育的专家,这点完全正确。我从来没有写过任何小学的数学课本,连一个单元都没写过。我对现在小学生的数学能力,也没有任何第一手的经验。我甚至不太清楚小学数学老师的能力,等等之类的。我有的东西只是这些教科书本身。不过我可以保证,所有的教科书我都仔细看过。

你说,一篇文章若是充满许多容易产生误解的举例,根本不可能做出什么评论。你的这项看法完全正确。你的来信正好印证了你的看法,你的信一次又一次做出误解性的批评。我没有责任针对你的误解做回应,你的很多误解似乎是来自粗枝大叶的浏览。

首先,你否认那些大量用在工程或科学上的数学,都是1920年以前发展出来的。但是你举的例子,却都是1920年以前的产物。其次,你读到"用在物理上的很多数学,并不是单独由数学家发展出来的,很多都有理论物理学家的参与"。于是表示,"大部分的应用数学,都是由非数学家发明的。""很多"当然不是"大部分",更不是"全部"。你的例子只能够说明，并不是所有的应用数学，都是由非数学家发明的。

你说，我暗示那些没有实际用途的数学是有问题的。我否认有这个意思。我只是说，纯数学家通常不太理会数学有什么实际用途。而我们这些使用数学的人，要更加注意数学和使用的事物之间有些什么关系。至少要比纯数学家更关心数学的应用问题，纯数学家通常对这种事情没什么兴趣。不是这样的吗？

我并不反对数学的抽象性，就是这种抽象性才使得它有用。请再仔细读一读我的文章。只是从很多经验，我们知道抽象的东西本身，并没有太多实际的用途。例如许多受数学训练的人，写过不少量子力学的论文，但是不太实用。而且，如果数学要真的有用的话，了解符号与它所代表的应用之间的关系，"也是"很重要的。注意我说的是"也是"，并不是"唯一"。

这些教材现在都在我手边，我们很容易查一下，并没有把17安培和15伏特加在一起的例子。但是有一本教科书，它不像其他课本，居然特别提到数学在科学上有很广泛的用途，还举了个例子："红色星星的温度是8000度，蓝色星星的温度是2000度。约翰看到3颗蓝色星星和1颗红色星星。请问约翰看到的这些星星，总温度是多少？"我本来很高兴居然有教科书肯用实际的例子，说明数学在科学上的用途。但是看到这样的例子，却让我整个呆住了。并不只有这样一个例子，而是整个章节的计算题都是用不同颜色的星星加加减减。因此，你不能把加州公立学校采用什么课本的错，全部都怪到我的头上来。另外，你读过这些课本吗？

我并不反对使用技术名词。我反对的是，只告诉学生某些技术名词，却没有进一步解释它们的意义。关于我在文章里提到的"名词"与"实例"，我并不反对名词，我反对的是，没有以实例来说明的名词。你不认为实例应该跟着名词一起出现吗？有的时候，我们在数学课只学到相关的数学名词的使用，却不知道它们的意义何在。

你或许觉得我有些夸大，不信的话，去翻翻一些数学课本。例如几何课本，我发现上面有上百个名词定义，但真正的事实描述只有两项——就是一个封闭的图形可以把平面分成两个区域；以及长方形的对角线相等。我一直在想，学生单凭对几何图形的直觉，恐怕会比跟着课本，学习得更快、更有效率。如果教科书不能改，老师和学生不如多花点时间在其他的数学课题上，不要浪费那么多时间去背名词定义。

你说，我反对那些不是十进位的进位制？对新生来说，对不起，我不知道你会读它。对教授来说，我可没有反对。

诚挚的祝福

（没签名）

费曼致拍立得公司兰德(Edwin H. Land)先生谈视觉
| 1966年5月19日

亲爱的兰德先生：

这次访问你和你的同事(请原谅我记不住他们的名字)，我觉得非常愉快。你们的实验激起了我很多想法，我的脑子到现在还停不下来。真可惜我不是在麻省理工学院，否则我就可以再次前去打扰，把一些效应的细节再看仔细一些。有太多新东西我本来不太了解，直到最近才知道其中有些是相当重要的。我想把我想到的事写信告诉你们，并不是我认为你们还没有想到，或者想告诉你们什么新鲜事。只是把它当成后续的意见交换，让你们知道我学到多少东西。

在飞机上，我开始思考为什么"正投射是红光，背投射是白光"，结果却没有色彩。我立刻明白，其中有一些我不了解的更基本的东西在里面(这只是其中的一个特例)。谜题在于，为什么当正红和正白的图像(色彩都非常饱和)稍微有点抵消时，色彩会全部消失。在很短的时间里，我认为自己了解(以视网膜的观点)视觉上的色彩感是怎么形成的，当你看到色彩的时候会怎样。但究竟是什么原理决定了在什么情况下，你会看不见色彩？又为什么会看不见呢？

真正的答案必定来自实验，单凭臆想在这个例子里完全派不上用场。但是我在飞机上没办法做实验，只好一直动脑筋想下去。因此为了好玩，我就把自己思索的过程写下来，但并不表示事情一定是这个样子。我只是单纯基于思考的乐趣，想要看看这些想法有多刺激。

我们的第一个原理是视觉的存在是为了求生存。一只动物不论在什么距离、什么角度或什么照明度之下，必须辨认出某一只虫子是不是同样一种虫。对视觉系统简单的生物来说，这是第一要务。它必定是先要得到一些线索，接着要解释这些线索。我所谓的"解释"，必须是为看到的东西建立一些"实体概念"。如果你看到一个椭圆形(我指的是视网膜上的感光细胞感觉到光线)，你必须认识到：它是一个在空间里倾斜的圆。如果事实上真的也是这样，这种反应必须是立即的反应，不能有任何延迟。这种"在空间里倾斜的圆"以及"同样一种虫"就是我所指的"实体概念"。这就很像是理论，可用来解释你看到了什么东西(以视网膜上的感光结果为主)。因此，大小是恒定的，形状也是恒定的(也就是说，梯形和平行四边形都给当成不同方位的长方形来处理)，此外还有亮度的恒定和色彩的恒定等。这些都属于视觉系统中"解释"动作的例子。照度的变换和一个东西色彩的改变，也是视觉的解释行为。

我应该给它取个名字，叫作"解说员"，虽然我并不知道它是怎么运作的。我们人造的机器太简单了，没办法做好这件事。我们通常认为视觉的第一步是很简单的，机器也会做得很好。例如，我们用装置A来度量平均的照明度，用装置B来度量某个点的强度，等等。另外，为了解释亮度的恒定，以及两眼如何把视线差异转化为距离感，还要发展出一套完全不同的装置。此外，要分辨一整排的小点和一条直线，或者是圆或椭圆的不同，需要更复杂的认知装置，等等之类的。我根本不知道这些装置是怎么起作用的。但是总而言之，这些装置的功能特性都是很相近的。其实为了节省时间，我们只要能了解下面那几个关键，可能是比较聪明的做法：①现在有什么东西是已经做好的。②对感官很简单的生物，什么是它生存所必需的。这样，它可以利用感官去分辨什么是食物、什么是它的掠食者。③这个辨识过程中有许多特性，哪些特性是基本的或共通的；因此，我们应该研究这种视觉辨识本身的特性，以后再去研究各项机制的细节（我认为这里谈到的"视觉辨识"问题，在心理学里可能叫作"生成完形"）。

因此，你们所做的视觉色彩的实验，在心理学研究上，可能非常重要。因为他们可以利用控制实验的方法，来研究这个"解释"的过程。而且这整个过程，可以尽量减少"意识"的影响或干扰。

我们假设视觉辨识方法是提供一套理论（或实体概念）给眼睛看到的线索。如果理论符合所有看到的线索，就能理解这个看到的东西。然后，他就把自己的意见送给心智程度上更高级的辨识系统。在我的想象里，心智辨识系统的层次可能是：辨识光点；辨识直线；辨识空间中的矩形；辨识出两个东西并排（一个盒子在桌上）；辨识两个东西重叠（杰克躺在棺材里）；辨识悲剧或感知悲伤等情绪。可能这就是大脑的心智辨识方式了，先做出简单的辨识，接着做出一层层更复杂的辨识来。我们研究的只是其中的一部分"色彩辨识过程"。

因此，由蒙德里安（Piet Mondrian, 1872~1944, 荷兰画家）作品发出来的光线信号，完全符合辨识理论的条件，它就给当成一件彩色

1966年加州理工学院的才艺表演,费曼也上场热舞同欢

作品。如果照明度改变，但是仍然符合"彩色物体在不正常照明状态"辨识理论的条件，则我们感知到的色彩并没有改变。同样的，那些红光和白光的重叠图像，在视网膜上会产生"在某种照明程度下的彩色物体"这种印象。这是一套几乎能符合所有现象的理论（例如双眼的立体视觉影像，以及其他信息交换的理论）。因此我们知道，眼前并没有实际的东西，只有银幕上的影像。（但是这个解释却无法消除由底层心智传上来的色彩的解释，因为这不是可以自主控制的。）但如果图像有轻微的抵消，原先的视觉辨识理论就无法作用了，这时候的"物体"过分复杂，传统的双重影像理论也无法说明，我们就看不到这个"彩色物体"了。

大脑的某部分能让人做很多"色彩思考"工作，真是令人难以置信的事。而且这种解释作用还是不自觉也不能够控制的。事情或许真的是这个样子，也或许不是。最简单的生物只要是能够看东西，就应该能做到这一类的思考。这种"解释过程"由进化发明出来，然后加以改良，一再地运用，而且一层一层地发展上去，愈来愈复杂——这件事难道不是可以想象得到的吗？大脑的进化，很可能就是这个样子，低级的思考与高级的思考是很类似的过程。那些较低级的视觉辨识过程，可能是为了提高效率，才改成自动控制的模式，不需要其他感觉系统的介入。对人类来说，它是内建的本能，不需要学习，是与生俱来的。就像昆虫与其他的简单生物，几乎所有行为模式都是与生俱来的，只需要很少量的学习就行了。

物理学家眼中的心理学，是经由行为习惯的研究，设法找出里面所包含的简单元素，而不是同时研究人类的整个大脑。通常他们会把简单的动物来当作研究的对象，问题是人脑并不是长在这些动物身上，而且我们又如何能知道"毛毛虫怎样看待这个世界"？不过，确实很可能在我们的大脑里，就有这种"简单动物"的行为模式，是进化过程烙印下来的。我们的高层逻辑思考就建立在这些原始的行为模式上,却无法控制这类属于本能的行为模式。"色彩辨识"可能就是这种本能的行为之一。

因此,我很想知道我们什么时候看得见色彩,什么时候又看不见。请把你们所知道的事尽量告诉我。我初步猜测这种"色彩辨识"有两条法则:①如果"实体概念"能充分解释所看到的景象,视觉辨识系统就说它是个实体。②如果出现其他很强烈的规律,是"实体概念,无法解释的,大脑可能就不做出解释,或随着时间不同而做出不同的解释。如果没能解释,这个"没能解释"的信号也会送到更高层的辨识系统去(或许是这样吧,不管它叫什么)。

我还想到一些比较不重要的事情。首先,你们投射到银幕上的所谓红色和白色的光点,实际上只是不同程度的"粉红色"光点。(这里我说的粉红色光点,只是红色投射光和白色投射光有不同比例的混合效果而已。"粉红色光"也可以是绿光或棕色光,等等。)因此,只要在一台投影机里放一张幻灯片,上面有一些红颜料和一些灰色的吸收剂,就可以模拟出完全近似的效果。而理论上,你可以找些朋友,迅速用它来示范。从打出来的投影光上,只会看到红光和灰色光,产生一张全彩的彩色投影。(所谓全彩,就是你用两台投影机,一台投射红光,另一台投射白光所得到的结果,如绿色、橙色、棕色、红色等。)

其次,就是进行一个难得多的实验:用红色和灰色画个图片,把它放在深色天鹅绒屏布上,用投射灯直接投射在图片上(只照亮图片本身,房间的其他部分都只有间接照明)。这个图片看起来也会是全彩的。

我还有其他的想法。但这封信我已经写了两个星期了。其实我一回来,立刻就动笔的,但中间给其他事打断了许多次。我就此打住吧。

不过我要在这里威胁你:如果你不肯到我们这里来,把有关你实验的事演讲给我们听,我就要自己上台去讲这些东西了。

诚挚的祝福

费曼

费利(Tomas E.Firle)致费曼 | 1966年8月7日

亲爱的费曼博士:

我必须向你致谢。不久之前,你发表了一篇文章,其中有一段的开头是:"我站在海滨……"

当我第一次看到这一大段文字时,立刻产生了很强的共鸣。它让我深深觉得美好、优雅,滋生信心。因此,我擅自更动了一些顺序,使它更能抒发我个人的情绪。因为这些文字正好可以做其他更有意思的排列组合。

得知我父亲于7月4日死于德国的消息后,我想和我的继母分享我对生命与大自然的感受,我发现你这篇东西正好是我的心情写照。于是我设法把它翻译成德文,寄给我的继母。但我离开德国很久了,德文也忘得差不多了,我想我的德文翻译一定很差劲。但是你在文字里所表达的,真的很贴近我的思想和感觉,所以我还是寄给了继母。

为什么我要写这封信给你?部分原因是我想表达对你的谢意。你无意间写下的一些字句,对你自己可能没有什么重要的意义,却正好满足另一个人的心灵需求。另外,老实说,我欣赏你思想的细致。对我来说,这篇散文代表了科学的伟大和艺术创造力的结合。

真诚的祝福

费利

我站在海滨

孤独的，开始思索

波涛滚滚，翻来覆去

是分子，堆积成山

每个分子都自顾自地忙自己的事

数以兆计，分散开来……

肉眼所见，却是白色浪花

日复一日，年复一年

在洪荒之初

就像现在这样，雷鸣般地拍打着海岸

为了谁？为了什么而奔忙？

在一个死寂的行星上

还没有任何生物诞生

永不停歇的

任由能量折磨、驱策

那是太阳的慷慨挥霍

肆意洒入太空

只一丁点，就让大海呼啸

而在海洋深处，所有的分子

却反复出现多种模式

直到一种全新的复杂模式现身

它们使别的东西变得和自己一样

于是，全新的进化之舞开始了

尺度增长，愈趋复杂

生物，

成堆的原子、DNA、蛋白质

舞姿更加精确缤纷

从海洋的生命摇篮来到陆地

终于,直立起来……

那是有意识的一群原子,懂得好奇的物质

站在海滨

思索会思索的

我,

在原子的宇宙里

有如宇宙里的一原子

——费曼的《科学与想法》,阿隆斯(A. B. Arons)编辑

费曼致费利 | 1966年10月4日

亲爱的费利先生:

其实是我需要谢谢你。感谢你注意到,甚至欣赏我原本想藏在演讲里的东西。当然,我自己也觉得这份东西还蛮有诗意的。可是在一场公开的演讲里吟诗弄词的,我怕别人会觉得我很荒唐。你重新安排得非常恰当,完全不露痕迹,就像是我原来做的一样。事实上,你应该看看我手写的演讲稿,那是我为演讲所做的准备。那是一行一行写的,就和你的"解读"一样。当然,你觉得值得把它翻译成德文,真是太抬举我了,我觉得倍感荣幸。但是更令我受鼓舞的,是你觉得这份东西可以抒发你对丧父的情怀。

诚挚的祝福

理查德·费曼

费曼致《今日物理》的编辑艾里斯(R.Hobart Ellis, JR.)
| 1966年10月3日

《今日物理》(*Physics Today*)期刊寄了一份问卷给费曼。费曼回答："我从来没读过这本杂志,也不知道为何会出版这份杂志。请把我的名字从赠阅名单中剔除,我不想要。"在1966年8月25日,该杂志的编辑写信来,表示费曼的反应"对他们产生一些值得研究的问题"。主要的顾虑是,自己的杂志什么地方有问题,"是不是我们发行的宗旨不对?或者我们服务的态度不佳?……如果物理学家都不喜欢,也不需要《今日物理》,我们很愿意改变自己,提供一些物理学家喜欢也需要的东西"。以下是费曼的回答。

亲爱的先生:

我并不代表所有的"物理学家",我只是我。我并没有阅读《今日物理》这份杂志,所以不知道它的内容如何。或许很不错,但是我并不知道。我只是请你们不要再寄《今日物理》给我。请依照我上一封信的要求,把我从赠阅名单里删除掉。至于别的物理学家喜欢或不喜欢,需要或不需要,都和这个请求无关。

谢谢你花了很多时间,写了一封这么长的信给我。我并不是要动摇你们对自己杂志的信心,也不是建议你们停止发行这份杂志。只是请你们不要再寄给我而已。你们能不能帮帮忙?拜托啦!

诚挚的祝福

理查德·费曼

●中文版注:

《今日物理》是美国物理学会发行的杂志,多年来已成为一本很重要的物理杂志。1988年2月费曼过世时,以及1989年2月费曼逝世1周年,该杂志皆以封面故事大篇幅刊载纪念费曼的文章。

麻省理工学院林肯实验室沙皮罗(Irwin L.Shapiro)致费曼 | 1966年10月21日

亲爱的费曼教授:

有件事你听了以后,一定觉得很好玩。上星期我们放了你精彩的演讲影片《伟大的守恒原理》之后,无意间听到有几位观众提议,你应该出马角逐州长宝座。我只是不知道他们希望你竞选的是加州州长,还是我们这儿的麻州州长。

诚挚的祝福

沙皮罗

费曼致沙皮罗 | 1966年12月6日

亲爱的沙皮罗教授:

他们说的,当然是加州。我觉得在这个时候,最好是发表一份声明,表示自己并没有意愿。但是话又不要说得太死,让那些促成这件事的民众不会太失望。接着在适当的时候,我就可以表示,自己既然是选民托付重任的人,只好勉为其难,出马为大家服务,同时也感谢他们的支持。不过届时请你不要发表公开的评论。当然,私下你也可以鼓励那些为我的前程在辛苦奔走的人,给他们一些支持与信心。

谢谢你把麻州的情况告诉我。将来我得了好处,绝对不会忘记我的好朋友沙皮罗的。

诚挚的祝福

理查德·费曼

费曼致波士顿的福拉沙(Mike Flasar) | 1966年11月9日

亲爱的先生:

你谈到的理论物理和实验物理所需要的数学能力,基本上是正确的。但是数学成绩B等和这些事没有什么关系。那种数学虽然很常见,但在物理学上,不管是理论或实验领域,都不太需要。

努力找出让自己着迷的东西,当你找到了之后,就知道自己一生的事业了。例如某甲为别人挖水沟,他做这种工作或许是被生活压力所迫,也可能是因为脑袋不够聪明,这种人就是"工具化"的。而某乙也在挖水沟,却特别卖力。虽然旁观的人分不出来他和某甲的工作有什么差别,可是某乙自己知道,他是在挖宝藏。因此,你就认真挖掘自己的宝藏吧。等挖到宝的时候,你就知道接下来要做什么了。

你这个时候,还不必急着做决定,只要依循你熟悉的事务努力去做,其他机会仍然会等着你。诚如你说的,在任何一个研究所里,你都还有机会从理论领域转回实验领域,或者反过来,而且任何时候都行。

当你找寻自己喜欢的东西时,也别忽略物理之外的机会。那些热爱自己工作的人,绝对不是知识偏狭的专家,也不是什么都会的万事通,而是那些做自己喜欢的事的人。你一定要爱上物理以外的活动才行。

诚挚的祝福

理查德·费曼

费曼致加州的戴维斯(Jehiel S.Davis) | 1966年12月6日

亲爱的先生：

我很抱歉，没有关于1922年芝加哥万国博览会所用的彩色电视机的资料。我也不知道应该去哪里寻找这些资料。

诚挚的祝福

理查德·费曼

费曼致印度的阿罗拉(Ashok Arora) | 1967年1月4日

亲爱的阿罗拉：

你对原子力的讨论，可以看得出来你读了很多自己并不了解的东西。我们所讨论的东西是真实而且能碰触到的大自然。我们尝试由理解简单的事物着手，而学习到观念，过程是诚实而直接的。我们研究无数在我们周围发生的小事情：什么使云飘浮在天上；为什么我们在白天看不到星星；为什么有油污的水面会反射出绚丽的色彩；倒水的时候，为什么水从壶嘴出来会形成一条曲线；为什么吊灯前后摇晃的时间是一样的……

当你学会了解释这类小事情之后,你就知道所谓正确的解释是怎么回事。接下来,你就可以进一步去处理更复杂的问题了。

不要读这么多东西。看看自己,想想自己看到了些什么。

我已经要求主事的行政部门,把加州理工学院的入学资料寄给你,里面还有申请奖学金的办法。

诚挚的祝福

理查德·费曼

费曼致瑞典普兰伯格(Tord Pramberg) | 1967年1月4日

亲爱的先生:

我打邦戈鼓是个事实,这件事和我从事理论物理的研究,根本是两码事,完全不相干。理论物理是一种心智活动,是人类心智高度发展的成果之一。你说,研究理论物理的人故意做一些别人也能做的事,例如打邦戈鼓,好证明自己也是个正常人。这根本是胡扯,我认为这种说法对我是一种侮辱。

我有个足以证明自己是个平常人的办法,就是:"你给我滚远一点!"

诚挚的祝福

理查德·费曼

希布斯(Albert R.Hibbs)致费曼 | 1967年1月10日

希布斯博士曾是费曼的研究生,也是《量子力学与路径积分》的共同作者,是费曼的亲密好友之一。多年来,他在"喷气推进实验室"担任过多项重要职务。其中最为人称道的是担任发言人,在很多次太空任务里,他上电视为大众解释任务的内容。(我和我先生就是在他家结婚的。他是"大地之母"教会的函授牧师,为我们主持婚礼。)

喷气推进实验室　办公室便条纸
主题:太空人资格申请

这是推荐信的格式。我跟你提过,拜托你帮我忙的。我想申请当太空人是经过深思熟虑的,并不是随便说说而已。我的年龄和身高虽然都超过标准,但是国家科学院在这些要求项目之下,有一段补充叙述:"对于非常特殊的情况,这些要求项目是可以有例外的。"显然,我必须说明自己在某些方面拥有特殊才能才行。我在太空科学方面有非常好的背景,尤其擅长太空仪器系统。虽然我在这方面学识的渊博应该是独一无二的,但它对阿波罗登月计划可能不是那么重要。不过我在美国科学院国家航空和航天管理局(NASA)的征才计划上,看到他们需要"机敏而想象力丰富"的观测员。我希望自己的背景正好符合需要。

不仅如此,我还觉得自己具备一项别人很少有的才能,很是特殊。我非常擅长和别人沟通科学事务与成果,而且经验丰富。因此,我是集观测员与沟通者于一身的。希望这是我的优势,足以破格入选。

先谢谢你的帮助。

亚伯·希布斯

费曼的秘书布伦特(Bette Brent)小姐致国家科学院
| 1967年1月25日

亲爱的先生：

随信附上加州理工学院费曼教授对于希布斯的机密推荐报告。

我在费曼教授的授权下，打好了报告中的S1、D8、D9和D10的各部分。

诚挚的祝福

费曼的秘书贝蒂·布伦特

评语与结论：

申请人：亚伯·希布斯

S1

希布斯的唯一弱点是，他并不是某个特殊领域的顶尖专家。但依你们的需要来看，这反而是一项优点。他的科学背景和科学精神绝对是一流的，正适合研究一些无法预料的现象。假设有个人受了过多的地质训练，可能会先入为主，认为月球的地质应该和地球的差不多。但是对一位心胸更开阔、更细心而敏锐的观测者(就像希布斯这种人)而言，可能更清楚那究竟是什么东西。希布斯基本上具有冷静、深刻而恢弘的科学态度和兴趣，是很理想的观测者。最后，别忘了他有很多上电视和广播电台介绍科学的经验。他将会非常适合告诉全世界，他看到些什么东西，代表什么意义，以及整个登月计划有什么重大意义。

人格特质

D8

没机会再详细观察。认识他已有一段时间，我认为他非常聪明而敏锐。他会把科学观测精神用在所有经历到的事物上，而且他喜欢寻求常人难及的体验。

D9

他常在电视上或广播节目里，解说一些非常技术性的东西（我们共同写过一本书），当然也能解说非技术性的东西。他非常擅长沟通。而且对什么东西是重要的，相当能够判断，也很能掌握。

D10

他担任过许多职务，领导过不少单位。虽然我没有从他的同事和部属得到第一手资料，但是我从来没听说他个性有问题，难相处。事实上，我和他有过密切的共事经验，过程非常愉快。

费曼致芝加哥大学校长毕多(George W. Beadle) | 1967年1月16日

亲爱的毕多博士：

你们是第一个想颁授荣誉学位给我的人，我由衷感谢你们打算给我这项荣誉。

但是这让我想起自己在普林斯顿得到博士学位时的情景。当时也有人没做啥事，就和我站在同一个讲台上接受荣誉博士学位。我的学位可是做得半死，好不容易才到手的。我当时心想："学位就是应该要完成什么研究工作，才能得到的。"荣誉博士学位其实是贬低了博士学位的价值。好比"荣誉电工执照"，又不能执业，徒有虚名而已。我当时就暗自发誓，如果有一天，我有机会得到这种荣誉学位，一定拒绝接受。

现在，你们终于（已过了25年）给了我一个实现誓言的机会了。

因此，我非常感谢你们的厚爱，但我还是不想接受你们给我的荣誉博士学位。

诚挚的祝福

理查德·费曼

费曼致利薇坦(Tina Levitan) | 1967年1月18日

利薇坦小姐想写一本书《桂冠：犹太诺贝尔奖得主》，她要求费曼寄一份自传和一张黑白照片给她，好放进书里。

亲爱的利薇坦小姐：

我不太适合归入"犹太诺贝尔奖得主"。理由不止一个。其中之一是，我从13岁开始，就放弃犹太教的信仰了。

诚挚的祝福

理查德·费曼

利薇坦致费曼 | 1967年1月30日

亲爱的费曼博士：

你1月18日的来信，我收到了。信中提到说，你不适合放在我那本《犹太诺贝尔奖得主》书中。

其实我的得奖人名单中，不只是包含那些信奉犹太教的人，也包含祖先有一部分血统是犹太人的得主。因为这部分的得奖人一定也从祖先那里，遗传到犹太人的优良特质与才华。

在这种情况下，我能不能够把你也列入名单里？我可以不强调你在13岁时就已经放弃犹太教的信仰这件事。

如果你还有任何理由，不愿意列名在这本书里，是不是也能让我知道？

诚恳的祝福

利薇坦

费曼致利薇坦 | 1967年2月7日

亲爱的利薇坦小姐：

在你上一封信里，你表示那些有部分祖先是犹太血统的人，一定从祖先那里遗传到优良的特质与才华。当然每个子孙都从祖先那里遗传到一些特性。但是很遗憾，我们对这种事情的知识，到今天还是如此地贫乏。过度强调犹太血统或犹太种族的优异性，是很危险而令人反感的，恕我不能苟同。所有的种族对人类的文明与文化，都有一定程度的贡献与影响，也都一样地好。如果承认犹太人的血统里，有些什么假想的特质，可以一直遗传给后代子孙，等于是打开了种族优越论的大门，这根本就是胡说八道。

希特勒持的，就是这种论调。既然你认为犹太人有一些特殊的才华和优良特质可以遗传给后代，就不能否认他们也有一些令人嫌恶的缺点，也会同样留给后代子孙。而且，你也不能不接受其他的种族，譬如"雅利安人"也有一些优异的遗传特质可以流传下去。这样扯下去，优生学的那一套又重新搬上了台面。

第二次世界大战给我们的教训，就是不要认为每个人只从特定的父母或祖先，遗传到什么独有的特质。而是所有有价值的特质，都是人类共有的。只要透过学习，我们就可以具备这些特质，不论你是什么种族的人。

一个人的人格形成，不论好或坏，是受到许多因素决定的。包括他的父亲、他的祖先、他受的社会文化熏陶，加上他的学习、他的想法，以及全世界所有种族和文化的背景。我也不例外。我感谢犹太背景的优良（或部分不好的）元素。但我觉得过度强调它是不恰当的，对别人也是一种侮辱。因为在我这个综合体里，是由许多元素共同发挥影响力的，不单是哪个元素占最大功劳。

在我13岁快要接受坚信礼之前，由于宗教信仰观点的不同，放弃了继续上主日学校。但主要的原因是我突然发现，我们所学的犹太历史，那些聪明、有才华的犹太人，被一群驽钝恶毒的陌生人欺侮的事，与事实相去太远。反犹太者的错误，不在于犹太人并不像他们形容得那么糟，而在于那些缺点并不是犹太人独有的，邪恶、愚蠢、粗鄙，其实是普遍存在于一般人身上的特质。今天，大部分美国的非犹太人都了解这一点。同样的道理，捧犹太者的错误，也不在于犹太人并不像他们形容得那么优，而在于那些优点也不是犹太人独有的，聪明、好心、善良，其实也是普遍存在于一般人身上的特质。真是谢天谢地。

因此，我13岁的时候，不但放弃了犹太人的宗教观，也不再相信犹太人是所谓"神所选择的民族"了。这就是我不愿意列名在你书里的另一个原因。

我希望你能尊重我的心愿。

诚挚的祝福

理查德·费曼

费曼致利薇坦 | **1968年2月16日**

1967年2月16日,利薇坦小姐来信,表示尊重费曼的心愿,没有把他列入书里。1年后,她要写另一本书《科学家与宗教》,想描写"才华洋溢、成就不凡的犹太科学家"群像,再度考虑把费曼列入。她又寄了一份问卷来,并索取照片。

亲爱的利薇坦小姐:

你2月16日寄来的信和问卷已经收到了。请参考我以前的意见,尤其是1967年2月7日的那封信。请谅解我为什么不能和你配合。谢谢你对我的偏爱。

诚挚的祝福

理查德·费曼

费曼致沃森(James D. Watson, 1928～) | **1967年2月10日**

沃森是DNA双螺旋结构的发现人之一。1962年诺贝尔生理学或医学奖得主。

1967年初,费曼和沃森一起访问芝加哥大学。沃森交给费曼一本书的草稿,就是隔年出版的《双螺旋》。后来沃森到加州理工学院,演讲DNA编码系统。下面就是费曼对《双螺旋》书稿的回应。

不必理会那些没有把整本书看完,就随便批评的人。你的工作(我指的是写书这件事)有非常深刻的意义与绝对的必要性,一些明显的小缺失及显得啰唆的插曲，其实无碍宏旨。正常生活里总是不时冒出琐琐碎碎的小事来干扰，而科学研究的路途上也不乏原地打转和挫败，出现情绪的低潮和突然陷入自我怀疑的苦痛；但是当你逼近真理的时候，总有一股强烈得出乎意料的专注，最后终于成功了，你不免会扬扬自得。这就是科学研究工作的原貌。我亲自体会过这种发现科学真理的美妙经验（或许是在第一次的时候！），就像你书里结尾部分所描述的。这完全正确。

这本书如小说般新奇之处，就是它的情节铺陈，以及结尾留下一个很深沉的、关乎人性的未解之谜：所有参与演出的科学角色，由原本的器量狭窄，一下子变成个个胸襟开阔、无私无我，只因为这些人共同看到了大自然给揭露出来的一个美丽角落，就忘了彼此的芥蒂矛盾？或者是因为我们的作者已然大功告成，对自己的工作成果信心十足，连带有了自信，忽然间就望见笔下的角色，个个头顶都射出仁慈圣洁的光环？

别解答这个问题，就把它留在那里。出版的时候，改得愈少愈好。那些认为"科学研究工作不是这样"的人是错的。你在书的前面，描写了一个带点神经质的年轻人对科学界的印象，好像他周围那些从事科学研究的人，动机都有点疑问。这可能是出于误解，我自己倒没有类似的经验，因为我从来没有怀疑过自己的同事，以什么动机在做科学研究。我想你可能是弄错了。但是我并不认识你知道的那些人，而且你说那只是年轻时的一种印象，因此应该没什么关系。但是当你描述到，当科学的真理是如何蹒跚而跨踏的接近你，而你脑子里想的是些什么东西，到了最后真相大白时，你脑子里想的又是什么东西——你确实正确地描述了科学的发现过程。我知道这一点，因为我自己也有过同样美妙而惊心动魄的经验。

如果你当真想要在扉页上，弄点东西上去，就告诉我。我们一定有办法做到。

※米歇尔注：在沃森的《双螺旋》精装本的封面上，真的印了费曼的评语："他描写了科学大发现的经验是如何美妙、如何动人心弦。描写得棒极了。"

加州小学生罗宾森(Danny Robinson)致费曼 | 1967年2月13日

亲爱的先生：

我是一个六年级的学生，叫罗宾森。我们老师在班上念了一段微型化科技的故事给我们听。他念的书是《生活》杂志出版的，书名叫《科学家》。书里说你曾用自己的钱，悬赏1000美元，看谁能做出一个边长不到1/64英寸的电动机。书上也说，有人做出了这样一个电动机，把奖金给领走了。这是真的吗？如果是真的，你能不能告诉我们他用了什么工具？这个电动机有什么作用？性能如何？他花了多久的时间才做出这个电动机？你们把电动机放在什么地方了？

很感谢你抽空看我的信。能不能拜托你回信给我？

谢谢你

罗宾森

费曼致罗宾森 | 1967年2月24日

亲爱的罗宾森先生：

你没有说错，的确是有一个如你信中所描述的电动机。那是麦克莱伦先生为了回应我在一场公开演讲里提出的挑战而做出来的。

我随信附一份我原始的演讲稿,以及麦克莱伦先生的电动机照片与各部零件结构的说明给你。

这种电动机一共做了好几个。我自己有一个,另外有一个在加州理工学院公开展示。麦克莱伦先生自己也收藏着好几个,到现在都还运转得很好。

不过这些电动机并没有什么用途,纯粹是为了好玩才做出来的。如果你仔细阅读我的演讲稿。我还有另一项悬赏,是关于微型化书写。这部分赏金至今还没有人领走。

诚挚的祝福

理查德·费曼

费曼致俄亥俄州某出版社研究开发部马地厄(Aron M.Mathieu) | 1967年2月17日

亲爱的先生:

我的医师禁止我当什么编辑顾问,说这对我的血压不利。我只好封笔不写作,望作家头衔而兴叹。

随信附上25美元和一份手稿,是个到处乱撒银子的呆子寄给我的。为你太太买些花吧。

诚挚的祝福

理查德·费曼

附笔:你寄给我的大纲没有什么想象力,很难相信这能写出什么好东西来。

又记：我把你后面一封信寄来的两章也退回给你。我没有时间好好阅读。

印度孟买的曼宁(R.B.S.Manian)致费曼 | 1967年3月6日

致费曼博士，新路的开拓者

阁下：

像你这样一个大名鼎鼎的人，接到我这样一个无名小子的信(或飞弹)，一定觉得很荒唐而摸不着头脑。我是个物理研究生的毕业生，曾经上过以《费曼物理学讲义》为教科书的物理课。我在课程进行的途中，可以说是一路跌跌撞撞的。物理学无疑是一种青春不死的万灵丹，但是把它一成不变地灌进每个人的喉咙里去，就不是那么回事了。所有经过你头脑的千奇百怪的事，就像红场阅兵时展示出来的所有武器，对我们来说简直是眼花缭乱。我们好像身陷在迷宫里，偏偏又碰上浓雾。

你大概无法体会我那种被一拳击倒的感觉。对大一和大二的学生来说，这套课程实在太沉重了。我们这里的物理改革委员会吵吵闹闹地搞了老半天，弄得人尽皆知，却没有把事情做好。我知道有很多学生辛苦奋战了几个月之后，纷纷丢盔弃甲、潜逃无踪。如果事情真是这个样子，加州理工学院应该也不能幸免于难，久享盛名而不衰呀！人真的不要太贪心，不能也不应该一口吞下太大的一块肉，否则一定会消化不良。物理应该要像这个回旋梯，我的意思是要让学生能按部就班、拾级而上，一步步走向顶端。就算是一条狗在饮河水，也只能喝下那么一小口。而在我们的研究生课程里，居然把你的第二册、第三册和第四册，一股脑儿全上了。

就像李兹和米福德这么有名的人合写的电动力学教科书,也只能安排在研究生才能上。矩阵表述、张量、群论和算子演算,都不适合大二的学生上。你现在应该可以回顾自己以前的所为,等到思维蒸发之后,稍带着一丝悔意。就连像你这么勇敢的人,也不应该竭力推动这么短视的课程改革。你的书非常精彩,这是毫无疑问的,但它就像一个方形的木块想要塞进圆形的洞里。事实上,倾斜的平面可能是过时了,但是上面若有踏脚石,还是可以让人走上更精练的主题。要想爬上圆形大厅的屋顶,需要楼梯或电梯,没有人能不费什么力气,立刻爬上帝国大厦的顶端。

你怎么会变成这个样子。我不是说你用有高度争议性的现代方式来教物理;你自己是用传统的方式来攀登的。如果是我近视,看不清情况,或是我受到"保守力"的导引,请纠正我。请让我也搭上物理学的游行前导花车,让我也习惯万花筒不停变幻的模式。

请回信。我相信你的正直与敦厚。

诚挚的祝福

曼宁

费曼致曼宁 | 1967年3月14日

亲爱的先生:

我觉得你的批评也许是正确的。但是另一方面,如果坚持所有的学生都应该遵循老路,一步一步慢慢学习,同样也是不正确的。所有的学生资质都不太一样,有的适合这种方法,有的适合那种方法,不能一概而论。如果是我的书因为太先进什么的,而你不喜欢,那么还有其他很多比我的更基本的物理教科书可以选用。在你的例子里,或许这些书会更适合你。

如果你的学校选用我的书当大学一年级、二年级的教科书,该受批评的是他们,而不是我。当我们开始进行这一系列的课程时,我们想做的,只是教我当时的学生。因此,我给了他们一系列的演讲。后来决定编辑出版这套书,把它们用在随后几年的物理教学上的人,也不是我。我很自豪这是一套很棒的物理书,但是何时该使用、谁该使用、用在什么地方,我都没有什么意见。

非常感谢你的批评。如果你需要这封信去影响校方,不要采用我的书当课本去教育初年级的大学生,我也乐观其成。祝你幸运、成功。

诚挚的祝福

理查德·费曼

费曼致康涅狄格州寇克伦(Beryl S.Cochran)小姐 | 1967年4月27日

亲爱的寇克伦小姐:

当我愈来愈有经验之后,我知道自己对于教小孩子算术这码子事,根本就是一窍不通。在我尚未有这种自知之明之前,确实写过一些这方面的东西。或许你就是因为这些东西才找上我的。我随信附寄给你。

不过,我目前已经不知道自己是否还同意以前发表的这些看法了。

无能为力的
理查德·费曼

费曼致澳大利亚皇后学院德加利斯(Hugh Degaris)
| 1967年4月27日

德加利斯是个修物理、数学和哲学的大二学生。他表示当费曼老了以后，他愿意取代费曼在科学界的地位。德加利斯还怀疑自己是不是把太多创造力浪费在学习过程，而没有适当发挥在研究上。因此想到加州理工学院可能比目前就读的学校更合适自己的特长。他同意盖尔曼对统一场论的意见，是"我们这个时代的伟大冒险"。希望自己也有"投身其中"的机会。

亲爱的德加利斯先生：

如果你想投身某项科学研究，不论身在何处都没有困难。你必须先学会如何发展和评估自己的想法。你可以先试试自己对"分维"(fractal dimension)有什么想法。这是个纯数学的观念，你得好好发展。在过程中，你一定会学到一些东西的。如果你碰到的想法不够好，或是你让某些无趣的东西给缠住了(这几乎是不可能的)，就必须另找出自己的想法，把它解决掉。

与此同时，你可以用传统的方法在学校或经由书本和百科全书来学物理。这可能会让你有其他的想法。不过你还是要知道物理学上有哪些问题等着你去解决，这样你就可以判断，或许某个想法是值得一直钻研下去的。

就我所知，并没有什么速成的捷径。

诚挚的祝福

理查德·费曼

伦敦的加迪纳(Margaret Gardiner)小姐致费曼 | 1967年5月6日

亲爱的费曼教授：

随信附上一份声明稿，是我们准备在《伦敦时报》买广告版面来刊登的，希望你能同意并签名支持我们的立场。如果经费足够的话，我们也打算买其他发行量更大的报纸来刊登广告。我想邀请参与签名的人数并不多，大概50人左右就够了。这50人希望是英国人普遍认识的美国杰出人士（两国人都知道的名人并不是很多）。下面这些人是已经参与签名的，有：盖勃(Naum Gabo)、海勒(Jo'seph Heller)、赫斯(Stuart Hughs)教授、默顿(Thomas Merton)、拉普波特(Anatol Rapoport)教授、沙皮罗教授、西瑞尔(William Schirer)和维斯可夫教授。我希望网罗到一些至目前为止还没有正式表态反战（至少在英国还不知道他们的立场）的名人来签名。

我们相信，这份声明能对英国的民意产生很大的影响。我们"抗议英国政府支持越战"的运动，在这里不断受到打压与嘲讽，不管是正式或非正式场合，都有人把我们和反美画上等号。大家都认定"那是河内的错"。我们也相信，由于英国是唯一支持越战的欧洲大国，我们政府内部也开始有不同的声音。

我们预备在6月1日和2日刊登广告。那时国会正要开议，而威尔逊首相正要拜访约翰逊总统。如果你同意签名，这是我非常盼望的，请尽早回复。

诚挚的祝福

玛格丽特·加迪纳

附笔：如果你愿意赞助广告费用，支票抬头请注明"加迪纳与库斯托，越南专户"。

这份由英国人熟知的美国名人签名的声明，将以广告方式刊登在英国《伦敦时报》，全文如下：

我们这些深切关注越南战争形势发展的美国公民，希望在此把我们反对美国和英国政府官方立场的意见公之于世并记录下来。就是：河内政府并不是唯一的阻挠和平协议的绊脚石。相反的，有很多证据显示，我们美国政府不理会协商的呼吁，一再地将战争规模升级，才是阻绝许多协商机会的主因。

我们保证，你们对这种可耻战争的不安情绪，绝对不等同于反美情绪。这场战争已经把它所声称要捍卫的美好价值观念，摧毁殆尽。因此，任何反对战争的表示，应被视为热爱并且认同我们美国的价值观念。

费曼致加迪纳 | 1967年5月15日

亲爱的加迪纳小姐：

我对你声明里的精神深表同情，对声明的最后那一段也深有同感，因此本来想签名支持的。但是很遗憾的，我对于声明稿第一段提到的论点，并不清楚。你说有明显的证据显示，美国政府将战争规模升级，阻碍了进行协商的机会。这我看不懂。当然，原本将战事升级的企图是以战逼和，迫使越南政府肯坐下来谈判。这一点似乎是失败了。但是我不知道除了将战争规模升级之外，还有什么其他的方法或机会，能使河内政府愿意谈判。不过我们都不在越南，无法评论那里发生的事是对是错。只是战争的确摧毁了那些我们原本想维护的美好事物。

我对自己是否有立场，签名支持这样的声明并没有把握，因此觉得很懊恼。不过我有个退而求其次的替代方案。随信寄上一张小额的捐款支票，协助你们刊登广告。

诚挚的祝福

理查德·费曼

费曼致丹内克(Donald H.Deneck) | 1967年6月27日

这件事不知道是由费曼的一次电话，还是一封信引起的。1967年6月13日，纽约"约翰·威利父子出版公司"的物理编辑丹内克写了一封道歉信给费曼，谈到寄了一封宣传信给他所引起的误会。"虽然这封信看起来像是只写给您的一封信，但是拜现代印刷术之赐，这其实是大量寄发的广告信。全美国大约有3000位物理教授都收到这样的一封信"。他希望费曼不会因此而困窘或生气。

亲爱的先生：

你误会我的意思了。我只是想减少自己收到的邮件数量，不管是作者寄来的，或是从任何地方寄来的，并没有困窘不困窘的问题。我只想从你们的通信录里除名。你能不能把我的名字从贵公司的通信录名单中划掉？我对所有的出版公司都这样要求，包括艾迪生-卫斯理公司在内。谢谢你，我没有生气的意思。

诚挚的祝福

理查德·费曼

费曼的长子卡尔与爱犬奇威,摄于1968年

费曼致洛克菲勒大学柯克(Mark Kac)教授 | 1967年10月3日

亲爱的柯克：

对不起，我并不想到什么地方去演讲。我喜欢这里，想安安静静地工作。准备讲稿，出发，发表演讲，然后跑回来，对我平静的生活是一种干扰。

但我还是感谢你们的邀请。

诚挚的祝福

理查德·费曼

费曼致《纽约时报杂志》 | 1967年10月

致编辑：

看到自己的名字和家里小狗的照片，出现在《纽约时报杂志》，标题是《两个寻找夸克的人》(见《附录六》)，真是一件很有趣的事情。虽然我做了很多你们在文章里描述的工作，但我不是促成其他科学家想到夸克这种粒子的人之一。"夸克"是盖尔曼的伟大创见之一，是他独立想出来的。

理查德·费曼

费曼致韦纳(Robert Winer)女士 | 1967年10月24日

看到费曼在《洛杉矶时报》的一篇针对现代诗的评论,韦纳女士写了一封信给费曼。她觉得费曼的评论,总而言之,就是抱怨现代诗人对近代物理没有兴趣。而事实上,现代诗人却写了很多和近代科学有关的作品,其中包括星际太空、红移、类星体。她的结论是,费曼以"喜欢令人望而生畏的困难事物"出名,她还随信附了诗人奥登(Wystan H. Auden,1907~1973)的作品《儿童版现代物理导览读后》给费曼。

如果那些顶级物理学家所知道的

有关事实的事都是真的

那么所有人云亦云的琐琐碎碎、无足轻重

我们平常世界所包含的东西(都将不再有任何意义)

我们将拥有更美好的时光

比大星云更宽广,也比我们脑中的原子更丰富

婚姻将不再有什么乐趣

而更糟糕的是

所有粒子四散飞射,每秒几千英里,波及全宇宙

在这其中,爱人的亲吻

不是没有丝毫感觉的轻

就是重到会折断恋人的头骨

虽然我凝视的脸

要刮它是太残酷了些

但,年复一年,它都回绝

这项古老的请求,而它终仍保有

感谢老天爷,足够的质量

使它能够维持在那里,而非不确定的松垮

就像别的地方那样

我们的眼睛喜欢把这里

看成适合居住的地方

这是以地球为宇宙中心的观点

而建筑师所建构的,也是欧几里得空间

但是,谁创造了某个神话

说我们的房子跨坐在一个不断扩张的马鞍上?

我们的这种热情

化成一股不断寻找的过程

是一种令人无可置疑的事实

但是我将在其中发现更多的欣喜

如果我能更清楚知道

我们要知识来做什么

如果能自由决定要知道些什么

我们的心当然会更平静

看来,似乎已做过一次选择

不管我们是否关心

尺度的极端状态

真正成为一个生物的

是体型中等的家伙,

或者在大自然的政治舞台上

都得是聪明的

这是我们该要学习的

——奥登,《关于屋子》

亲爱的韦纳女士：

我先前没有回你7月7日的来信，是因为我出去度假了。现在我已经回到家，开始处理整个暑假累积的所有信件。

我对诗人的主要论点，并不是抱怨现代诗人对近代物理的进展不感兴趣。而是说他们对最近400年来，科学家所揭露的大自然的奥秘，表现了一副无动于衷的冷漠态度，完全没有情绪上的激动和欣赏。

奥登先生的诗作正好证实了他对大自然的美妙缺乏感动。他自己也说了，想更清楚地知道"我们要知识来做什么"。我们要知识是因为：如此我们才能更爱大自然。当我手上拿着一朵美丽的花儿时，难道你不会换个角度来欣赏它吗？

当然，人类需要知识还有其他的目的，例如打仗、创造商业利益、帮助疾苦的人，等等，有各种不同的动机和价值。这些明显的动机和后果，诗人是知道的，也写了很多作品。但是从那些学习大自然在生物与非生物上表现的规律，从而产生的情绪，如敬畏、好奇、欣喜和热爱等，加在一起（它们本来就是合一的），却很少在现代诗作里出现。自从文艺复兴以来，人类应该已经学会欣赏大自然美妙的特质了。

当代世人是愚蠢的，更可悲的是，这种愚蠢只能利用艺术来调节。当然，没有了艺术的科学，对此事是无能为力的。艺术和诗可以把美丽带回人类的心灵里，逐渐使生命更加美丽起来。

我觉得可悲的是，在科学里，我已经看到一种强烈的美感了。但是看到这种美的人实在太少了，因此也很少让诗人看见。至于一般人，看得出来的人更是凤毛麟角了。

从另一方面来看，你的说法也许是正确的，很可能我看的诗太少了。但至少，你附给我的这首诗，我可是看得很仔细的。它正好证实了我的观点，就是现代诗人完全不了解大自然的知识里那种动人心弦的情绪力量。

诚挚的祝福

理查德·费曼

附笔：你可以找到我的第一手、更完整的评论。在《费曼物理学讲义》第一册第3章第6页的脚注里。

费曼致普林斯顿大学校长波因(Robert F.Boheen)博士 | 1968年2月16日

亲爱的先生：

很抱歉，但我并不想接受你们打算颁授给我的荣誉博士学位。我已经有一个普林斯顿的博士学位了，而且是脚踏实地拼来的。在我得到博士学位的那个毕业典礼上，我还记得当时看到别人获颁荣誉博士学位，心里很不是滋味。我那时就觉得，博士学位应该是真的要做出一番研究成果，才有价值。所谓荣誉博士学位，其实是贬低了博士的价值。

诚挚的祝福

理查德·费曼

费曼致韦尔斯(Bruce Jowers) | 1969年4月25日

韦尔斯是加州的高中生，自认为是未来的科学家。他写了两封信给费曼，很可惜我们只找到其中的一封。信里谈到核聚变的装置，以及他觉得其中的基本错误。他还建议了解决的办法：①他认为加热气体直到气体具有足够的能量进行核聚变，太耗能了，"为什么不让加热气体的能量少一些，大概只要原先的3/4就够了，然后把气体变成等离子体，再用等离子体加速器来加速，让两股等离子体束迎面对撞气体粒子就可达到能够聚变的能量"。②为了造成可控制的核聚变，必须把等离子体包围住，韦尔斯建议让等离子体在一根很长的磁管里运动。他指出，在速度很高的时候才会发生反应，而高速产生的惯性，有助于控制反应。③他认为应该加碳或其他的催化剂来协助核聚变反应。"我看到的所有天文学书籍，都说太阳是借着碳原子做催化剂来完成核聚变反应的。但我没有看到你们用过催化剂。"韦尔斯还附了一张所提出的装置的图。在信的结尾，韦尔斯说："我希望这封信对你有一点价值。如果可能的话，你可以把我的主意撕成碎片，再把碎纸丢还给我。我还是个高中生，需要一些经验，谢谢你。"

亲爱的先生：

你写了两封信给我，要我把你的主意撕成碎片，然后丢还给你。你可能会很高兴我并不打算这么做，因为整体而言，你的主意是正确的。然而在另一方面，希望你听了也不要太失望，就是：你提出来的主意，以前都有人想到了。

关于核聚变的反应器，确实有人建议过用催化剂，不过不是碳。我们用来聚变的原子，比氢更容易聚变。我们用氘或氚，它们比较容易作用，并且有时候也利用锂来做催化剂，使反应速率快一点。太阳里并没有多少氘或氚，只能从氢开始，因此必须用碳做催化剂。而且太阳的核聚变作用速率也太慢了，不适合我们用，我们必须试试别的反应方式。譬如让两束等离子体对撞之类的，这也是好主意，我们也试过了。至于局限的问题是要使等离子体束保持完整，不要发散开来，逸出装置外。

至于原子核的胶合力,你的说法几乎是对的。中子数较大的原子核并不稳定,但这并不是电子把它们拉开的,而是存在一种法则,不让很多相同种类的粒子占据同一个空间,除非给它们很多能量。(这就是为什么同一原子的所有电子,不会都聚集在原子核附近,它们会彼此保持适当的距离,形成电子壳层的结构,在离原子核很远的地方运动。)我们在你建议的那类实验里,知道电子对原子核内的核子,只有微弱的效应。在不同的物质里,同样的元素可能有不同的化学形式(因此,电子的运动和原子核之间的距离也可能不同)。但是化学形式对原子核的能量,只有些微的影响,也不会影响原子核的衰变速率。原子核本身则是利用强相互作用力,结合在一起的。这种强相互作用存在于核子之间(如中子和中子,中子和质子以及质子和质子之间)。由于质子和质子之间有静电斥力存在,核子之间的结合情况还必须稍作修正。我目前所做的工作,就是与"核力是怎么来的"相关的东西。

诚挚的祝福

理查德·费曼

费曼致王安迪(Andy Wang) | 1969年9月30日

就读宾州哈弗福德学院的王安迪是从香港到美国来的留学生,想要念物理。但是他以前的物理成绩并不好,学习有些困难。他写了封信给费曼,还把以前的成绩单附给费曼参考。

亲爱的王先生:

很抱歉,在我更了解你之前,实在没办法给你什么建议。有时候,像你这样的情况只是由于某件事不明朗,就整个卡住了。只要找出问

卡尔、米歇尔、费曼共度米歇尔的第一个生日,摄于1969年

费曼看着他的两个孩子在海滩上玩耍

题，形势就会豁然开朗。但有的时候，问题就不是这么简单、这么好解决了，这时候可能不值得费上九牛二虎之力去搞它。你的电磁学有93分，看起来很不错。但是要你硬往石墙上撞去，似乎也是不明智的。我该说些什么呢？

这样吧，去找些对物理也有同样兴趣的朋友，和他们谈论有关物理的事情。如果你发现自己能用很流畅的语言，按自己的方式解释各种物理现象，而他们也能充分了解你所说的，那就没问题了。不久之后，你会发现，你能对自己解释事情是怎么发生的。否则，就死心放弃学物理，另外找个出路。如果你找不到这种朋友，去当家庭教师，教教基础物理，看看进行得顺不顺利。

诚挚的祝福

理查德·费曼

费曼致匈牙利技术出版社总监索特(Sandor Solt) | 1969年4月25日

亲爱的索特先生：

听到你说觉得《费曼物理学讲义》这套书非常好，准备把它们翻译成匈牙利文时，我非常高兴。以后你们匈牙利的学生也有机会看到这套书，真是令人开心。

你建议删除部分章节(例如，第48章第9页)，要求我允许你这么做。我很难同意你这么做。因为如果有人把你译的书，和别人所翻译的书拿来比较，就会发现你好像动了什么手脚，偷工减料的，不会害得你很尴尬吗？你删除这些章节的原因(可能是重复了，或者现代的研究已经证实那是不正确的)，可能读者并不清楚，结果读者会连带怀疑起你其他部分的翻译，是否也不够翔实。

因此我建议你，不如把所有的内容全部翻译出来，然后对于你有意见的那些章节，就加上"译者注"之类的说明，解释你对这部分内容的看法，例如它有重复或过时了等，让学生知道科学是一种原创性的工作，新的后续研究常常会改变老观念。而我自己也会很高兴看到你们这些物理学家对我的想法有些什么批评。

我自己倒是还没有注意到，我的想法在什么地方出了问题。你们附加的批评，会使这套书增色，因此，如果你愿意的话，我很希望你添加这一类的注脚，但请你完整保留整套书的内容。

我再次感谢你的耐心，肯把这本书翻译成匈牙利文。

诚挚的祝福

理查德·费曼

费曼致莱特(H.Dudley Wright) | 1969年5月1日

住在瑞士日内瓦的杜德立·莱特先生，是费曼的老友，他设立了一项"费曼奖学金"。

1969~1970学年度的奖学金得主是杨纲凯(Kenneth Young)，加州理工学院主修物理的学生。

亲爱的杜德立：

系主任波南先生已经写信告诉你明年费曼奖学金的得主是谁了。本来我也应该写些东西和他的信一起寄给你的。但是他是个做事很有效率的系主任，比我这个粗心大意的教授，动作快多了。

这个得奖的学生非常棒，可说是最佳人选。有些时候，挑选是非常容易的，因为有人就像鹤立鸡群，一眼就看得出来。这次就是如此，我们一开始就搞定了。

有人说，我们毕业学生的素质，一年不如一年（或许是和别校的毕业生相比较的结果，可能人家进步得更快）。我们这位大学部的学生可真的是非常优秀，值得获奖。其实我们先前听到他和同学谈起来，准备转到普林斯顿去。但这项奖学金改变了他的心意，使他愿意继续留下来。真是谢谢你了。

最近有什么消息吗？我们近来有没有碰面的机会？

这里一切如常，家里的每个人都很好。新闻是我们收养了一个女婴。刚收养的时候，她才2个月大，现在她已经8个月大了。当然，她非常聪明可爱。另外，我开了一次小型画展，就在加州理工学院雅典娜馆（Athenaeum）的地下室。因此，未来会发生什么事是很难说的，你最好把我送给你的那些画收藏好。

敬爱你的

理查德·费曼

费曼致加州理工学院教职员同事的公开信 | 1969年5月12日

张贴在温尼特学生活动中心。

大家普遍认为加州理工学院的学生都闷闷不乐，需要师长们更多的鼓励与关怀。因此，最近进行了很多这方面的研究调查工作，并成立了好几个委员会，来改善师生之间的关系。但直到目前为止，我们这些师长所做的种种努力，好像都没有得到学生的任何回响与反应。但是我在这里想对大家报告的，是近来学生们似乎也察觉到这种改变，开始做出一些小回应，往改善师生关系的方向前进。小小的火苗已经开始冒出头来，我认为应该让所有的老师都知道这种形势的改变，并且做好准备。

上个星期六晚上，我受邀到佩吉院(Page House)。在我观赏一部电影的时候，忽然闯入一群穿宽袍、执木剑的男女，把我带到法兰德斯院(Fleming House)去了。他们为我皇袍加身〔由一群可爱的女仆人(米歇尔注：加州理工学院1970年才开始招收女学生，这些女生一定是附近学院的校园美女)〕，戴上皇冠，并宣布我是国王(你们当中一些道貌岸然的人可能会不以为然，认为很像罗马宫廷里的酒池肉林狂欢宴)。他们给我送上有4种不同乳酪口味的面包，还有斗士为我竞技、表演。

接着有位哲人趋前宣布，要为国王选妃。立刻就出现4位美女当候选女子，供我挑选。她们每个人都使出浑身解数，在我面前大跳艳舞。后来我发现自己的头枕在其中一位最美丽的女孩膝上，在我们观赏话剧的时候，她把葡萄一颗颗剥下，喂进我嘴里。(我飘飘然，不太记得话剧演的是什么了。)我所有的要求都马上兑现。她们用乳液(后来知道是一种牌子的绵羊油)按摩我的背。有人拿来一盆热水，我的女伴随为我脱下鞋袜，让我把脚泡入热水盆里。一群乐师为我表演八孔长笛和邦戈鼓。一个酒神打扮的人一直提供美酒。而国王喝的，是一种非常可口的专用瓶装甜酒。

在这种情况下，当然有人妒忌国王。于是就有人阴谋要造反，把国王放逐。但我早已安排间谍在女侍当中，因此事先就得到风声，轻轻松松就把一场阴谋叛乱扫平了。

最后，大家决定(经过一番测试之后)，我不必亲自驾着马车回府，另由清醒的御者送我回家。

考虑到这些学生还欠缺取悦师长的经验(譬如我要颗金橘,他们就找不到),我认为这是他们诚心诚意想改善师生关系的第一步。我有很好的理由相信,这代表一股新的政策正在形成。因此我建议,下次有同学邀请你到学生宿舍去的时候,你最好要有心理准备,会受到十分隆重的款待。因为他们会愈来愈有经验,学生之间也会互相竞争,各出奇招。

在美食醇酒的招待下,我和学生的关系突然变得非常亲密。酒酣耳热之际,我忽然察觉到学生的真正意图。就是在很多大学校园里,因为反越战气氛而纷扰不安的此时,他们希望自己校园里有一种平静、快乐的学习风气。他们想要的,并不是学校行政当局所说的和所做的,例如招收更多学生或招收女生这种事,也不是其他很复杂的心理因素。这些本意,隐藏在一些连他们自己也不太确定的表面主张之下。他们只要求一件事,在当时的情况下,对我来说是一件轻而易举的事。我只要宣布,所有法兰德斯院的学生,物理成绩都是A就行了,就足以让他们露出一副欣喜若狂的表情。

我相信我的同事们一定会了解,为什么我说,要处理好师生关系这件事易如反掌。大家只要把表象和实质分清楚就行了。只要师生关系和谐,我们学校不会出现其他校园的那种骚动与不安的问题。

至于法兰德斯院的男士,还有女宾,就谢谢你们了,令我有一次终身难忘的经验!

理查得斯·费曼旋思　国王

第 8 部　　鼓声咚咚 | 1970~1975年

对我来说,打邦戈鼓从来都不能算是一种音乐。
我只是打着好玩,制造一些有节奏的噪声。

费曼在教育上的持续努力，为他赢得了1972年美国物理教师学会的厄司特奖章。这是一项杰出的荣耀，使他和许多同时代的大师比肩而立，如：贝特、布契塔、戴森、顾德斯坦、莫里逊、奥本海默、拉比、维斯可夫、惠勒、撒迦利亚。第二年，费曼又获颁玻尔国际金质奖章。

在这段时间里，费曼的物理研究工作主要是发展部分子(parton，就是渐近自由的夸克)的重要概念，这些概念一直到今天还在应用。他也做更多更专业的演讲，后来也改编成教科书，如《统计力学》与《光子强子相互作用》。费曼也继续研究相对论性夸克。

费曼对计算机也愈来愈有兴趣，因此在1973年，他开始和麻省理工学院的傅雷德金(Edward Fredkin，计算机科学界的狂人)谈论发展"人工智能"的可能性。这是他以往相当排斥的名词。

在这个纷纷扰扰的年代，很有趣但并不令人意外的是，许多人都想拱他出马，角逐政治上的名位与权力，并且把他和一些政治议题挂钩。费曼在为自己辩护，为什么决定去发展原子弹，以及评论女性的科学才能时，写过一些真情流露、相当坦率的信件。

●中文版注：

戴森(Freeman Dyson, 1923~)和顾德斯坦(David L. Goodstein)在本书内这是第一次出现。戴森是普林斯顿高级研究所物理学教授，曾形容费曼"既是天才，也是丑角……我爱此人之甚，几如崇拜偶像"。顾德斯坦是加州理工学院资深物理学教授，曾为《费曼物理学讲义》作序。

阿巴班内尔(Henry Abarbanel)给出席者的备忘录 | 1970年5月1日

此致：出席第15届高能物理国际研讨会的科学家

起草人：普林斯顿大学阿巴班内尔

议题：苏联以政治理由拒绝特定团体出席国际研讨会

说明：可能大家都知道，从1967年6月开始，苏联已经开始采取一项政策，就是在境内举办任何国际研讨会，拒绝以色列科学家参与。他们利用一种政治手法，就是发邀请函的时候，并没有排除任何特定对象，还是全部邀请。但是在核发入境签证上动手脚，让某些人得不到入境许可，不得其门而入。这里出于政治考虑，而排除某个特定团体参与学术交流的举动，在科学界是一件无法忍受的事。我建议我们一致采取下列行动，以防止这种事情发生在我们高能物理的研讨会上。

我想寄一份严正声明(内容如附件)给大会的筹办单位，就是苏联国家科学院，以及苏联外交部。内容主要是告诉他们，如果有任何团体因政治考虑而被拒绝参加这次大会，那么下面这些签了名的科学家也不会出席这次在基辅召开的大会。由于以色列代表团的签证，预计要到1970年6月1日才能确定，因此这封信会等到那个日期之后才寄出。当然若一切顺利，这封信也不必寄了。如果你同意这份声明的基本理念，请签了名之后寄回来给我，并且留下你的通讯和联络方式，好让我在1970年8月间，可以和你联系，特别是大会的前1周。至少在开会之前72小时，我会让签了名并且留下通讯方式的人知道，以色列代表或其他任何有意出席大会的团体，是否被排斥在外。到时候，如何行动可由各位凭自己的知识作判断。时间是个很关键的因素，因为每个人要到什么时候才能拿到苏联签证，是很难预知的。就算你原本就打算参加了，也要到开会的前一周或前几天，才能拿到签证。

我这样说好了。如果对这次的抗议行动有任何建议，我都由衷地欢迎,也可以随时改变方式。我衷心期盼这件事不会发生,我们最好是白忙一场。但有备无患,事先做好防范,总比临时一筹莫展好。

所有科学家的签名和抗议信,在必要的时候会寄给大会的筹办单位,就是苏联国家科学院和苏联外交部。请在1970年5月25日之前回信。如果你曾经把大会的开会通知转达给任何知名的科学家,是否可以请你把我这封信和声明稿也转给他?谢谢你了。

下面签名的科学家,都认为第15届国际高能物理研讨会应该公开,让所有的物理学家都能够出席。如果任何团体由于政治立场的不同而遭排除,我们将拒绝出席这项会议。

费曼致阿巴班内尔 | 1970年5月14日

亲爱的阿巴班内尔博士:

我已经多次拒绝出席在苏联召开的研讨会,也包括这次的基辅大会。我不以科学研讨的名义访问苏联,是由于苏联政府对科学家的钳制政策,限制科学家做什么或去哪里。我同意你的声明。但它好像暗示,如果以色列的科学家能够出席会议,我就会去似的。这违反我的本意,我根本不去。其实苏联科学界的弊病比这件事严重多了。因此,我不想签名。

诚挚的祝福

理查德·费曼

费曼致英国代表卡迪(K. A. Cardy) | 1970年8月27日

卡迪是"联合国教科文组织"(UNESCO)的英国代表,想提名费曼,争取"科学普及化"贡献的卡林佳奖(Kalinga Prize)。

亲爱的先生:

听到你考虑提名我,争取联合国教科文组织为科学普及化贡献所颁的卡林佳奖,我觉得非常荣幸。但是我认为自己并不适合争取这奖项,感谢你的美意。另外,因为我正打算到印度去旅行。如果不小心得到这个奖,回来的时候,别人要我说明印度的科学普及状况时,我就很难推辞了。

抱歉我这么晚才给你回信。当你的信到的时候,我正好出去度假了。刚刚才看到你的信。

诚挚的祝福

理查德·费曼

古根汉(John Simon Guggenheim)纪念基金会机密报告 | 1970年12月9日

古根汉奖金候选人:盖尔曼

推荐人:理查德·费曼

推荐报告:

在高能物理的领域里,几乎每一项重要理论的发现,都和盖尔曼的名字扯上一些关系。事实上,我们知道的所有这些粒子的对称性,就是他直接研究出来的。让这位候选人有足够的经费去做任何他想做的事，可说是对物理发展的最大贡献，也必定会有最丰硕的成果。把奖金用在这个地方，将会提高你们基金会的名誉与声望。

理查德·费曼签字

※米歇尔注：不知道是不是费曼的推荐信产生了影响，盖尔曼得到了1971年的古根汉奖金。

费曼致柯鲁克(Stanistow Kruk) | 1972年1月18日

柯鲁克先生是18岁的波兰学生，写信给费曼，问道："你对科学世界持什么样的态度？你怎么有这么伟大的科学成就？你对于还没有发现的物理定律，有什么想法？……你在18岁，像我这个年纪的时候，知不知道自己将有个大好前程？"

亲爱的柯鲁克先生：

很抱歉，你的问题都太大了，很难用三言两语说清楚。

我只能告诉你，我有一本英文演讲集，书名是《物理定律的本性》。至于用波兰文发行的演讲集，可参考 *Feynman Wykxady Z Fizyki, Warszawa 1970 Panst-wowe Wydawnictwo Naukowe*，但这本书你很可能已经看过了。

我在18岁的时候，并不知道自己的未来会如何，但我知道我自己要做个科学家。这是很刺激、有趣而重要的工作。

诚挚的祝福

理查德·费曼

费曼与米歇尔,摄于1970年

麻省理工学院教授基斯佳科夫斯基(Vera Kistiakowsky)致费曼
| 1972年2月11日

亲爱的费曼教授：

你最近在美国物理学会年会发表的一些有关妇女的言论，以及你在书里提到的和女性有关的言论，我想表示一下意见。我正好以美国物理学会的女性物理学家委员会主席身份，撰写一份女性在物理学界情况的报告。因此，这件事让我感同身受。

你说，女性在物理学界的确受到一些差别待遇，你也说，这样的情况很荒谬。你的说法有很深远的正面影响，尤其与会的听众绝大部分是物理教师。你的见解也不同于一般人。虽然很多物理学家都把两性平等挂在嘴上，表示不管男女，在物理的研究上有相等的才华，但只是说说而已。他们通常也认为，由于婚姻和养儿育女的牵绊，女性和男性在学术成就的表现上，是有差异的。其实这样的想法是有问题的。统计结果指出，已婚妇女在科学上的成就超过单身的女性科学家。但很多人借口说，"影响成就的因素太多了"，而不理会上述的统计事实。因此，如果你的名望能让社会大众普遍接受你的说法，你应该有资格获颁女权运动的斯坦顿奖章(Elizabeth Cady Stanton medal)。

但是我对你在《费曼物理学讲义》里提到的，有关一件女性的逸事，我觉得你是把精力浪费在无足轻重的琐事上了。我之所以这样说，是因为你在书里开玩笑扯到的那位女驾驶员，只是一件鸡毛蒜皮的小事。我还是很开心地用你的书当我教学的课本，并没有挑动女权意识的神经。这已经是好多年前的事了，当时我还没有开始阅读女权运动的书籍，并思索女性社会地位的问题。从那之后，我的女性意识开始觉醒，我开始观察自己的行为，并且在女儿的支持下，从事很多心理学和社会学的研究，得到一些很明显的结果：就是所有的媒体和社会大

费曼1970年在阿岗国家实验室演讲的神情

众都对女性灌输一种她们能力稍差的印象，让女性以一种鱼与熊掌不可兼得的矛盾心态来看待自己事业上的成功。简单地说，我觉得你在书里引述的女性逸事，会造成人们的一种错觉。他们会觉得：你看，费曼(伟大的物理学家)笔下的女孩笨笨的，不像男性物理学家那么聪明；我是个女孩子，可能不适合当个物理学家。

当然，这种说法可能是过度简化了。但我认为其中含有许多真实的成分。如果你把故事里的"女人"，用一个含有浓厚种族歧视的词来取代，如"黑鬼"，就可以看出这则逸事的隐含意思了。尤其你以今日的声望，更会增加它们的负面反应。因此，我个人认为这不是微不足道的小事，这比女博士物理学家受到的不平等待遇，影响更要严重。

诚挚的祝福

基斯佳科夫斯基

● 中文版注：

与女驾驶员相关的故事，请看《你干吗在乎别人怎么想》一书的第7章。

费曼致基斯佳科夫斯基 | 1972年2月14日

亲爱的基斯佳科夫斯基博士：

很感谢你的来信。很不幸，我以前在书里引述的一件逸事，今日却变得有些敏感。或许我当时应该更小心些，别去提它比较好。但现在已经有点晚了。事实上，我同意我妹妹对这件事的看法(她正好也是女博士)，她认为，除非故意误解本意，否则根本是小事一桩。你说这故事让人觉得,"费曼笔下的女孩笨笨的,不像男性物理学家那么聪明",这是你的看法,我并不觉得如此,尤其是后半句。这样的说法对我并不公平。虽然我在书里,有两处提到"女驾驶员"和"女人的心思常改变",对女人似乎有些不敬;但我也提过"一位非常天才的母亲",以及"哥伦比亚大学吴健雄女士的实验"这两段杰出女性的叙述,应该足够补偿。至于一个核物理学家女友的故事,是真人真事。只是它谈的,是特定人物,而不是泛指所有女性。

我妹妹认为,物理是一门很难的学问。要学好物理,不但要具备客观独立的思考能力,不会人云亦云,还要非常地专注,不为无关紧要的鸡毛蒜皮之事分心。她认为有人若是过度在意速度的定义是不是够精确,或某种度量能力是否具有普遍性,或者书里偶然提到的例子是不是太敏感,这样的人在研究物理的过程中,是得不到乐趣的。

我妹妹的看法可能是错的。但我觉得我们都应该更理性一点,把重点放在书里真正的主题上。如果我们的潜意识要做出离题很远的结论,要能把它拉回正题。现实世界的问题已经够多了,够我们忙的。

如你所说,你的女权运动神经并没有给挑起。这已经足够证明,你的推论不一定成立。别人的神经应该和你的一样。

诚挚的祝福

理查德·费曼

费曼致赛沙吉里(A. V. Seshagiri) | 1972年10月4日

赛沙吉里是印度孟买的19岁学生,写了一封8页的长信给费曼。他有严重的口吃问题,他告诉费曼,因为这语言障碍,他可说是吃尽了苦头。而且他和老师的相处也出了问题,赛沙吉里觉得他的老师"以打击学生信心、消弭学生的学习热诚为能事……他们敝帚自珍,并不想传播知识"。他觉得加州理工学院似乎是一个理想的学习环境,可以让他"不受骚扰,心平气和地学习"。

亲爱的赛沙吉里先生:

你很幸运,你喜欢的学科是物理。学习物理不太会受到语言障碍的影响。事实上,物理常需要单独研究,你必须自己教自己,自我成长。不必太在意你的老师的态度。有很多不同程度的物理书可在市面上买到,物理学的各个不同领域都有,每本书的写法也不太一样。你要去找一套适合你程度的书——那种你很喜欢看,又可以从里面学到很多东西的书。如果你正好觉得我的书写得很有趣,我随信寄一本全是习题的小书给你。不过我的书对你来说,很可能太难了些。我给你的这些习题,如果你现在没办法解答,也不要紧。放轻松些,先阅读那些你真的看得懂的东西。你的知识是会随着阅读而逐渐增长的。

请你了解,现在你和老师之间的困难,并不是印度普遍存在的情况。我把你信里提到的窘况,和我一些熟悉印度的同事讨论过。他们都在印度待过很多年,对印度的教育环境有一定程度的了解。当你的学习更上一层楼,你就更有机会碰上很和善、了解你困难的好老师。

想进入加州理工学院念大学部,是非常困难的,尤其是外国学生,更是难上加难。但是,进研究所,尤其是攻读博士,情况就容易多了。事实上,今年我们物理研究所招收的20位博士班研究生,就有两位是印度来的。我建议你留在印度,完成学业,得到学士学位和硕士学位。如果到时候你还没有改变研究物理的心意,就可以申请美国的研究所。

这时候,你要心平气和地学习那些你有兴趣的东西,真正了解其中的道理。我不知道你的兴趣何在,也不了解你的程度,因此没有办法推荐什么特别的书给你。你可以到孟买的图书馆,去找适合你的书。

诚挚的祝福

理查德·费曼

费曼致小希布斯(Bart Hibbs) | 1972年10月13日

小希布斯是希布斯博士的儿子。

亲爱的小希布斯:

你要我写信告诉你,为什么太阳快要下山的时候,是红色的。

太阳光是由7种颜色的光合成的。空气分子对每种颜色的光,散射能力都不一样。蓝色光最容易被空气分子散射,红色光最不容易。因此,天空的颜色(在背离太阳的方向)通常就是被空气分子散射光线的颜色。大家都知道天空是蓝色的。而那些没有被散射掉,直接由太阳穿过空气,进入我们眼睛的颜色,蓝色就比较少些。阳光穿透的空气愈多,它里面蓝色光的分量就愈少。由于落日的时候,阳光通过很长的大气层,才进入我们的眼睛,看起来当然是红红的啦。

落日的时候,天空和云朵的颜色非常漂亮,但形成的原因也非常复杂。其中有些颜色是太阳直接照射在云朵上而形成的,有些是散射到较高天空的阳光映照下来而形成的。因此,千变万化,彩霞满天。

我希望这样已解答了你的问题。如果你因此而想到更多的问题,就写信给我。我也会设法回答的。

你的好朋友狄克·费曼

费曼致芝加哥的钱德(K. Chand)医师 | 1972年11月6日

费曼到芝加哥参加高能物理研讨会。当他走在人行道上时,不小心被地上的长草绊倒,把膝盖骨撞裂了。

亲爱的钱德医师:

我是你9月7日动膝盖骨手术的病人。你要求我出院之后的一个月或两个月,写信把复原的情况告诉你。我的复原情况很好,一切都如你预料的。我今天膝盖可以弯到90°(所以我才记起来,要写信给你),而且每天以1°左右的成绩在持续进步中。谢谢你和库肯尼医师做了这么好的手术。请把我深挚的谢意转达给他。

这次的搭机旅程非常轻松愉快。在搭机和下飞机的时候,他们(美国航空)都准备了轮椅。他们还给了我靠近机舱门的特别座位,前面的空间很宽敞。更体贴的是,由于飞机并没有客满,他们把我旁边的座位都空了出来,因此我有3个排在一起的座位。整个飞行途中,我的脚都舒舒服服地放在椅子的小枕头上。

我在你们医院的日子,的确过得很愉快,而且还记得很多位好心友善的医护人员,例如护士小姐平内克、营养师钱小姐、理疗师布雷斯先生和乔伊斯先生等人。只是当我看到保险公司为我支付的每日医疗费用账单时,还是吓了一跳!

如果我另一个膝盖也得跌碎的话,我希望会发生在芝加哥,那我就可以再度碰上各位了。我正准备去芝加哥访问国家加速器实验室,时间大约是12月初。按照过去的经验,我应该会再跌倒。请各位预先准备好。

诚挚的祝福

理查德·费曼

费曼致吉布森(Malcolm Gibson) | 1972年12月29日

吉布森15岁,从英国写信来问,"在知道原子弹这种武器的可怕威力之后",想知道费曼参加原子弹研制计划的个人理由。他也理解费曼这种大师级人物的时间宝贵,或许会"觉得不必向我这个毛头小子说明理由"。最后,他说并不确定费曼是否做过原子弹,如果没有,愿意为自己鲁莽的打扰道歉。

亲爱的吉布森:
我确实参加过原子弹的制造。主要的理由是我怕纳粹先做出原子弹,征服全世界。
诚挚的祝福

理查德·费曼

费曼致密苏里州春田市赫斯提(Ben Hasty) | 1973年7月1日

这年生日,费曼收到一张别致的生日卡。卡片的内容是"祝生日快乐,费曼!一群上普通物理课、读《费曼物理学讲义》的开心学生。谢谢你?"生日卡上装饰着许多数学符号,有箭头、加号、无限符号、惊叹号、圆点的乘号,以及用积分符号代替费曼英文姓氏开头的F,等等,后面还有16个签名。

亲爱的同学：

如果不是我亲眼看到，一定不会相信这件事。一群很开心的学生，联合寄生日卡给那个写课本的教授？真是有没有搞错？在我们那个年代，学生都很痛恨那位写书的人，为自己带来这么多的苦难与折磨。或许年头真的变了，但我看出来你们还没有堕落到那个地步，因为在"谢谢你"之后，你们用的是问号。

你们真是太棒了，给我一个很大的惊喜。这又是一个令人难以置信的故事，将来我一定要讲给我的孙子听。

非常感谢你们，祝你们幸运。

理查德·费曼

费曼致丹麦哥本哈根福斯达(Niles Fosdal) | 1973年5月9日

亲爱的福斯达先生：

我当然愿意接受你们的美意。考虑颁玻尔国际金质奖章给我，是我极大的荣誉，真是令人惊喜的消息。我太太和我很愿意在9月30日到10月7日这段时间内访问哥本哈根。我们还计划带着11岁的儿子同去。我很乐意发表一场演讲，只是还没有想好要讲什么题目。

谢谢你们认为我值得获这个奖。我们会珍惜你们给我们的机会，好好地去哥本哈根探险一番。我知道哥本哈根是一座很美妙的城市，已经造访过许多次了。但是我太太还没有机会去拜访。我很高兴能为她导游。

诚挚的祝福

理查德·费曼

费曼致阿格·玻尔(Aage Bohr) | 1973年9月6日

亲爱的阿格：

任何时候，我都愿意和物理学家或学物理的学生谈话。但我不太喜欢正式的演讲。我们能不能采取比较轻松的座谈方式？大家坐在一起聊聊问题，有问有答的，这样我会自在些。

如果你觉得这样并不合适，请尽早告诉我，我会设法想一些适当的题目。但我还是希望不必这么正式。

诚挚的祝福

理查德·费曼

● 中文版注：

阿格·玻尔(Aage Bohr, 1922~2009)，丹麦物理学家，1922年诺贝尔物理学奖得主玻尔(Niels Bohr)的第四子，因发展原子核的结构理论，而获得1975年诺贝尔物理学奖。

1973年10月,费曼从丹麦女王手中接受玻尔国际金质奖章

费曼致意大利米兰辛格特(H. B. Hingert)教授 | 1973年9月12日

> 辛格特教授怀疑，费曼去巴西讲学之前，是否学了西班牙语？但他认为，巴西曾是葡萄牙殖民地，费曼学的应该是葡萄牙语才对。

亲爱的辛格特教授：

谢谢你的来信。《费曼物理学讲义》这套书是艾迪生·卫斯理公司出版的。我相信在英文书店里应该买得到。

我去南美洲之前，确实学了西班牙语。我当时想去南美洲走走，但是还没有决定要去哪里，因此学了西班牙语备用。后来我接到邀请，到巴西做3个月的研究。我是在成行之前的一个半月，才收到邀请，所以在这6个星期里，我赶快学了一些应急的葡萄牙语会话。

很多人喜欢听我因为语言不通，遭人家捉弄的故事，因此我也不特别去说破，故意装得好像我根本不知道巴西是说葡萄牙语似的。我希望听故事的人能满足于这些故事，不要再深入追究。其实我受的愚弄还多着呢。两害相权取其轻，就让这些傻事继续流传下去吧。

诚挚的祝福

理查德·费曼

费曼致加州斯佩兹(Hubert Speth)先生 | 1973年10月10日

亲爱的斯佩兹先生：

谢谢你来信祝福。我们刚从哥本哈根回来，卡尔和我们一道去了。给你说对了，他看到我从丹麦女王手里接受奖章时，高兴得不得了。

诚挚的祝福

理查德·费曼

费曼致麻省理工学院付雷德金(Edward Fredkin)教授
| 1973年10月18日

亲爱的付雷德金:

我有很多事该谢谢你。

我们加州理工学院有个同事叫温斯顿(M. Weinstein),很喜欢"人工智能"(或不管它叫什么东西)这一类的玩意儿。他建议我定期在电脑的终端机上敲敲打打的,而这个终端机又可以连上全国各个先进的电脑系统,好看看会发生什么事。我想,我现在对电脑的能力有些认识了,也开始思考我们接下来需要些什么等等之类的问题。而在做这些事的过程中,我得到很多乐趣。他说,是你建议他来找我的,因此我要谢谢你。

如果你愿意的话,或许可以给我一些建议,告诉我你希望我做些什么,或思考哪一方面的事。我还认不清我们现在所做的事,头和尾是在哪里。我现在开始玩的,是Macsyma,是一个叫布拉史东(Don Brabstone)的人教我的。你对于该思考的方向,有什么建议吗?我的初步印象是,Macsyma系统似乎笨笨的,它对于我工作中经常要用到的代数运算并没有什么帮助。但我不知道这算不算是适当的评语?如果真的是,就让我不幸而言中了。

现在谈另一件事。你曾经提供给加州理工学院一笔钱,让我能随意运用。我一直想不出有什么适当的用途。但去年,有个很优秀的研究人员(已经得到博士学位),叫雷方达(Finn Ravndal),觉得必须回挪威找份工作。我会和他共事,我们还合作发表过一篇论文。我对这件事觉得很难过,因为:①我们必须分离;②他会陷在挪威,做一种他既不喜欢,也不能发挥才干的事。忽然,我想到了你给我的礼物。我用这笔钱提供他在这里继续工作1年的机会。我们的领域(高能物理)忽然充满了新的想法与刺激,而我们这一年的合作真是既丰硕又愉快。

现在,他已经得到哥本哈根玻尔学院的一个职位,玻尔学院是相当有声望的好地方。因此,我们救回了一个好手。这也要谢谢你。

我把你给我的"缪斯"送给一个住公寓的小男孩。我已经充分享受过了。

你那儿有没有什么新消息?

诚挚的祝福

理查德·费曼

※米歇尔注:信尾提到的缪斯(Muse),是数字音乐盒之类的东西。就付雷德金教授所知,那是第一个里面有数字电路的大众产品。

费曼致雷顿(R. B. Leighton) | 1974年4月18日

主旨:邀请付雷德金教授造访1年。

目前担任麻省理工学院计算机科学实验室MAC计划主持人的付雷德金教授,明年有意来我们加州理工学院待上1年,做些研究交流的工作。但是计算机科学有许多分歧,每个人的兴趣也不同,研究的对象五花八门,范围很广。因此,我们这里相关科系的人,有人对于他的造访非常有兴趣,也有人持冷淡的态度。所以,若有其他科系的人也对他表示支持,应该有助于他获聘为本校的费尔柴尔德讲座(Fairchild Fellow)教授。

我对计算机科学的一个专门领域特别有兴趣。很不幸的是，这个领域的名称叫作"人工智能"。我之所以说很不幸，是因为这个名词已经被一些乱七八糟的商品给用烂了。就像当年什么都叫"原子"，连原子笔、原子袜都出现过。事实上，今天的电脑全都只能根据指令一步一步执行而已，还谈不上什么智能。它们完全听命行事，百分之百服从你的指示。对于那些你想解释些什么，或盘算要做些什么之类的事，电脑是完全无能为力的。它们也不能自主地想出该做什么事来。

因此，在产业界就出现所谓程式设计的行业，譬如，为某家公司建立电脑化的存货管理系统。这就需要有人先把存货管理的问题统统搞清楚、列出来，对程序设计人员说明你要些什么东西，再由程序设计师为电脑设计一连串的指令，叫它依照你希望的方式去运作。我们可以利用电脑来协助程序设计工作到什么程度，目前还不知道。最后能要求电脑设计出自己运作的程序吗？只要把我们现在告诉程序设计师的资料告诉电脑，就万事OK了吗？

小孩子学习语言的过程很自然，他只要听见别人说了什么话，再看这句话是用在什么场合，不久他就会了。但从心理学的角度来看，这是个很深奥的问题。到底其中有哪些机制在发生作用？又是如何发生作用的？事实上，每个正常的小孩都会说话。但我们大概没有办法借由研究某个机器，来解答这个问题。不过，这确实是很棒的学术研究题目，可看看至少在理论上，有没有可能找出一些机器可以进行类似工作的方式。依照这种方式，我们至少可以开始猜想，大脑里有什么样的结构和作用机制，让它能学习语言。除此之外，如果这样的一种机器(或是有个能力稍差但功能类似的东西)能真的设计出来，并且由软件来操作，这也算是一种具有自动程序设计(automatic programming)能力的装置了。

费曼摄于墨西哥海滨,1974年

在麻省理工学院，大家都觉得这类问题非常有趣。他们在这方面也做了很多先进的研究，可说前途无量。我自己也打算从明年开始，花点时间想想这一类的事。如果能就近和付雷德金讨论，一定很有价值。因此，我个人也支持邀聘的提议。

但是付雷德金教授的来访，意义还不仅如此而已。他在电脑产业和实务操作上都经验丰富，对电脑科学和电脑工业的未来发展，有卓越的见识。举例来说，他是电脑终端机连线与分时系统的先驱开拓者，麻省理工学院的系统大部分是由他建立起来的。在影像处理方面，他更是著名的专家，发明并且发展出很多特殊的电脑软件和硬件。在利用电脑软件来处理符号、代数、方程式和微积分运算方面，他也是主要的推动者。(麻省理工学院研发的这套软件系统叫Macsyma。)

付雷德金教授到我们这里来，可以扩展我们电脑科学相关科系的领域，引起更多人对电脑科学的兴趣和热情，也可以让学生有机会接触到更广阔的电脑世界。

我认为争取他造访是为我们加州理工学院开创好机会。因此，我愿意和计算机科学系那些建议邀请他来的人，共同署名推荐。我希望物理系的其他教授也愿意加入推荐行列，使他的这次访问，成为全校性的议题，增加他来访的效益。

费曼教授

副本：柯劳瑟(F. M. Clauser)教授、温斯顿教授

※米歇尔注：付雷德金教授如愿成行，造访加州理工学院1年。很巧，英国剑桥大学理论物理学家霍金(Stephen Hawking, 1942～2018)也是在同一学年度(1974～1975)获聘为费尔柴尔德讲座教授，前来加州理工学院驻访。

费曼致得州大学奥伦(Paul Olum)教授 | 1974年10月31日

保罗·奥伦博士是费曼在普林斯顿时期的同学,也是物理学家。他在10月23日写信邀请费曼前去得州大学两星期,做几场演讲。奥伦刚离开康奈尔大学,来到得州大学担任理学院院长。他在信中说明了离开康奈尔的原因,并满怀希望来到得州,因为"参与一项开创工作,比兢兢业业守着前人的成就,设法保持其声名不遂,有创造力多了,也更吸引人"。但是在信末,奥伦却写道,由于得州大学校长突然遭到董事会撤换,不确定他自己以后会怎样,或者该怎么办。

亲爱的保罗:

真难得能听到你的消息。但我很遗憾听到你没有坚持走学术研究的道路。幸好我并没有屈服,还死守研究岗位而不退。虽然我已经不像当年那么聪敏了,但仍然以很大的乐趣继续从事物理研究工作。

我和一位英国来的女孩子结婚了,婚姻生活美满,现在已经有两个小孩(儿子12岁,女儿6岁)。家庭生活的美妙令我心满意足,我觉得所有生活上的问题都已经解决了。

或许是充分享受到家庭的欢乐与温暖,我变得很不愿意出远门,甚至两个星期都嫌太久。因此,虽然我遗憾于不能和你见面,还是要婉拒你们邀我到奥斯汀访问的美意。

保重了

理查德·费曼

费曼致BBC电视公司大卫·帕特森(David Paterson)先生
| 1974年11月19日

亲爱的大卫：

前几天晚上，我看到你制作的寻找夸克的节目。我要恭贺你，制作了第一流的节目。我知道对你而言，这个主题有多么的困难。虽然你是外行人，但你已经完全掌握了这个主题，才能将所有的访谈内容、图片和资料等素材，安排得如此天衣无缝而又恰到好处。这给我们物理学家一个很好的范例，如何利用简单清楚的方法，把深奥难解的主题表达出来。我本来很怀疑这种方式是不是可行，而你证明了这是可行的。

我还必须承认，为自己的同事感到自豪。我看到他们表现得非常完美。物理学家毕竟不是一般人想象的那么笨拙。

当然，最重要的是，这个节目完成了一项非常困难的沟通任务。这点我们彼此心知肚明，就不必多说了。因此，我在这里谢谢你了。

诚挚的祝福

理查德·费曼

费曼致印第安纳大学编辑助理贝里(Roberta Berry)
| 1974年12月18日

贝里女士写信来，争取重印《科学是什么？》一文的同意书，作为大学的一门课"公民与科学"的教材。

亲爱的贝里女士：

没问题。但那是我在1966年的演讲，时间已经隔得很久了。因此，里面有些谈到女生的想法，现在可能变得相当敏感，不像以前可以随兴说说。我当然没有歧视女性的意思。或许这些年来的变化，你我都无能为力。但如果你仔细读过这份东西，仍想重印的话，我是无所谓的。就看你们了。

诚挚的祝福

理查德·费曼

费曼致布须曼(B. E. Bushman) | 1975年1月7日

住在加州拉古纳海滩的布须曼先生来信，问有关"部分子"(qarton)的参考资料。

亲爱的布须曼先生：

我很难推荐简单的参考资料给你。有关部分子的理论，是我在《光子强子相互作用》这本书里提到的。讨论的过程很长，叙述又非常具有技术性。书是由班哲明(W. A. Benjamin)公司出版的。但我可以设法说得简单一点，部分子的意思是这样的：如果我们假定质子、中子、介子等这些东西都还不是基本粒子，而是由一些更基本的东西组成的。这些更基本的东西就是一些更简单的粒子，就像原子是由更简单的电子和原子核或电子、质子和中子组成的。对于这些还未知的简单粒子，我们给它一个名字，就叫部分子。接下来的问题是"部分子会是什么样子？"也就是说，它们带多少电荷，等等——如果真有这种东西的话。

到目前为止,这个概念看起来还蛮不错的,绝大多数的部分子都是夸克;但可能也有不带电的那种粒子。

诚挚的祝福

理查德·费曼

加州棕榈泉马库斯(David A. Marcus)致费曼 | 1975年1月13日

亲爱的费曼先生:

在你研究原子能并且设法控制它的时候,有没有考虑到,原子能究竟是人类的诅咒,还是人类的救赎?

人类利用这么巨大的力量,而你又直接贡献了心力,促成它的实现。回顾过去这段科学发展过程,你有些什么想法?

你是以恐惧还是期待的心情瞻望未来的?

我是个业余的历史学家和人类学家。你的意见对我非常珍贵。

敬爱你的
马库斯

费曼致马库斯 | 1975年2月18日

亲爱的马库斯先生:

对于你提的大问题(原子能究竟是人类的诅咒还是救赎),说真的,我只能回答不知道。我瞻望未来,既不恐惧,也不过度乐观,只是充满一种不确定的感受,不知道会怎样。

　　诚挚的祝福

理查德·费曼

费曼致汉密尔顿(David Hamilton) | 1975年3月26日

　　1975年2月22日,一位名叫汉密尔顿的办公室用品零售商写信给费曼,询问他对自己某些想法的意见。这位仁兄在信件的开头表示,他先前也写信给费曼的同事盖尔曼,但没得到回信。他希望费曼能回信,因为他非常喜欢费曼在电视上的表现。

　　汉密尔顿的想法是,建造"8"字形的粒子加速器来研究基本粒子。他认为这种形状有很大的优点,粒子在各自的圆周轨道运转,在"8"字的中央对撞。他询问,对撞之后,粒子运动的速率是否会快过光速?因为当粒子的速率接近光速时,它们的相对速率会是光速的两倍。他还建议用叫作"火花室"的不同的粒子探测器来研究对撞产生的粒子。

　　亲爱的汉密尔顿先生:

　　你的主意非常棒,棒到事实上已经有一座这种装置在使用了。在瑞士日内瓦的欧洲粒子物理研究中心(CERN, European Organization for Nuclear Research)有一座粒子束对撞机,就是这种"8"字形的粒子加速器。他们把质子加速到质量几乎是静质量的30倍(这是相对论性效应),速率相当接近光速,只比光速少1/2000。质子就"储备"在两个圆环里,它们一圈又一圈地飞转,在中央的地方A,有些质子会碰个正着。科学家就在这里做实验,看看会发生什么事。如果要以传统方式产生同样剧烈的撞击,我们必须让一个质子加速去撞击另一个静止的质子,那需要比"8"字形粒子加速器高60倍的能量——也就是说,须把质子加速到质量为静质量的1800倍。

虽然依照一般的方式计算,当两个质子的速率都接近光速时,它们之间的相对速率会接近光速的两倍。但是爱因斯坦已经告诉我们,这种想法只适用在运动速率很低的时候。速率接近光速时,这种想法是错的。相对论的效应是,不管从哪个角度或立场看,物体之间的相对速率绝不会超过光速。在这个例子里,相对速率只比光速慢了700万分之一。

至于撞击之后产生的粒子,的确是用火花室之类的东西在探测。这个实验已经得到许多非常有趣的结果,但大家都还一头雾水,想要弄清楚到底发生了什么事。

斯坦福大学也有一座类似的粒子束对撞机,但是只有一个环,里面加速的是电子,撞击的对象是正电子。几个月前,冒出一种事先没人预料到的新粒子,叫作 φ,大约是质子的3倍重。它一定会大幅度地改变我们对物质构造的观念。

因此,你的想法正是今日高能物理实验室里最先进设备的观念。我希望你不会因为已经有人想到了而觉得失望,英雄所见略同嘛。

诚挚的祝福

理查德·费曼

费曼(署名Ofey)的素描作品之一

费曼致麦康纳(William L. Mcconnell) | 1975年3月5日

麦康纳博士曾经把圣路易地区的天才高中生和研究人员配对做研究。他认为那些智力很高的人,比一般人更容易训练,学什么都很快就上手。他知道费曼学画画之后,来信要一件作品,希望挂在办公室的墙上。

亲爱的麦康纳博士:

我不知道有所谓的"智力的一般理论",但我还记得自己年轻的时候,发展还蛮偏的。我虽然自然科学和数学还不错。但人文学科就很差了,并不是什么科目都很好。(幸好我爱上的女孩子,艺术修养很好,在弹钢琴和写诗方面,都有很高的才华。)我一直到年长才开始学画——从1964年开始。对我来说,打邦戈鼓从来都不能算是一种音乐。我只是打着好玩,制造一些有节奏的噪声,其中没有什么智力的意义在里面。

很抱歉我不能寄画给你。我的政策是,绝不把画给那些认为它的价值在于绘画者是个物理学家的人。

诚挚的祝福

理查德·费曼

费曼致匹兹堡的读者华纳(Kenneth R. Warner JR.) | 1975年4月1日

1975年3月6日,华纳先生写信来求助。他在PBS的节目《新星》

上看到费曼，就去买了《费曼物理学讲义》回家，挣扎着设法看懂书的内容。来信的开头，自陈自己的狼狈窘态不像费曼在《新星》节目中的风流潇洒，一看就知道是专业级的大师；而自己的生活环境只允许当个业余的爱好者。他接着描述，当自己把一个问题搞清楚时，那种舒畅的喜悦。例如他在书上看到，当一个粒子撞上墙又弹回来时，传递给墙面的动量是 $2mv$（m 是粒子的质量，v 是速率）。这个 2 是因为粒子要先完全停下来，然后重新开始运动。

接下来，华纳先生就正式提问了。在书里的第 15 章，费曼假设在一艘等速前进的太空船中，不可能用实验方法测出自己的绝对速率，例如，比较两种时钟的滴答速率的实验。接着费曼利用这个假设，推导出一些物理定律的行为，例如当物体的运动速率愈来愈快时，它的质量会变大。华纳先生弄不懂的是费曼这个"不可能测出绝对速率"的前提。如何验证这个前提？"我看不懂这个前提，更别提看懂其中的奥妙了"。费曼的回信如下。

亲爱的华纳先生：

你比我所知道的许多业余爱好者，懂的东西多多了。任何可以说明 $2mv$ 的 2 的意义的人，一定不是真的业余人士，要不然就有很大的危险可能弄假成真，变成真的非业余人士。

你看不懂书里那段和时钟有关的"归谬法"。是因为你不熟悉它的原由。"我们假设不可能"决定一艘太空船的绝对速率，这不是基于任何逻辑或必须的理由，而是为了要论证下去，要论证一个可能的自然原理。这个原理是由很多实验的结果归纳出来的——这些实验，例如迈克耳孙（A. A. Michelson, 1852~1931）和莫雷（E. W. Morley, 1838~1923）的实验，都是设计来度量地球的绝对速度的，但全都失败了。

后来，愚笨的人类终于觉悟［其实只有庞加莱(Henri Poincaré, 1854～1912)或爱因斯坦等少数几个人想到］，这件事或许是不可能的。因此，他们就假设，如果大自然的原理就是这个样子，会发生哪些结果。我在书里，就是跟着他们的假设去论证，结果是成功的。这项假设推论出来的结果，例如"物体的运动速度变快，质量会增加"，最后在实验里获得证实。

诚挚的祝福

理查德·费曼

费曼致史丹利(Michael Stanley) | 1975年3月31日

史丹利是纽约西奈山医学院药学研究所的研究生，来信询问："如何不让创造力窒息，随时随地保持高度的战备，以新颖的方法来解决问题？"

亲爱的史丹利先生：

我不知道该如何回答你的问题，我没发现有任何窒碍难行的地方。你只要在碰到任何问题时，不管是大是小，是难是易，时时想到用全新的角度来审视它就行了。你不希望"让创造力窒息"，所以，你只要时时提醒自己这一点就够了。难道你连思考的时间都没有吗？

诚挚的祝福

理查德·费曼

费曼在加州理工学院1975年的毕业典礼日于校园中留影

费曼致加州州长布朗(Edmund G. Brown Jr.) | 1975年6月23日

亲爱的先生：

我希望你支持资质优异的学生的教育计划，签署第480号州议会法案。

我是个理论物理学家，得过1965年的诺贝尔物理学奖。我的儿子13岁，女儿7岁，都是资质优异的孩子，喜爱从事智力活动。常有人问我，该把他们送进怎样的学校，好让他们的天分可以充分发展？我总是回答："我想让他们像一般人一样，进入加州的公立学校。"因为在正常的公立学校里，他们都是很快乐的学生。不像我小时候就读的学校(纽约的公立学校)，非常的沉闷、无聊。不过听说现在学校的课程，都已经大大改善了。尤其已注意到学生有各种不同的程度，于是教材多元，可以满足不同学生的需求。对于我儿子的快乐学习最有帮助的，主要就是为他这类学生而设计的特殊课程，也就是为少数资质优异的学生而设的特殊教育计划。对这些学生来说，这个计划就像沙漠里的绿洲。

让资质优异学生的智能，继续保持活力与成长，对他们是很重要的，对社会也一样。总不能让教育反而把他们的才华扼杀掉。除此之外，在和贵族化私立学校的竞争中，公立学校也应该有些平等的竞争机会。如果弄得聪明小孩的父母，只能把小孩往私立学校送，那就太可悲了。而事实上正好相反，公立学校比私立学校好得多。因为班上若有一些聪明学生的刺激，会激发其他同学产生新想法，也会鼓舞老师的教学热诚，使得学校不会变成很枯燥无味的场所。由同学提出来的意见，会让别的学生见贤思齐，可以提高学习的标准与成效。

我对加州教育的兴趣，并不只是考虑到自己的小孩。身为一个教育工作者(我在大学教物理)，我对教育有广泛的兴趣。我曾在加州的课程委员会担任过两年的课程审查工作，从1964到1965年，对教育工作还不算外行。

因此,我希望你能签署法案,让特殊教育计划能持续进行下去,使我们的学校也可以继续照顾到那些最好的学生。

诚挚的祝福

理查德·费曼

西雅图的安格莉妲(Ilene Ungerleider)致费曼
| 1975年,日期不详

亲爱的费曼:
我已经爱上你了。
从在《新星》上看到你,
真高兴你还活着。
我欣赏你的机智、聪明、出色、英俊,
你是我梦幻中的男人。
是不是很多物理学家都有"粉丝"?
至少你有一个最忠实的!

安格莉妲

费曼带着儿子卡尔和女儿米歇尔到野外露营、探险。摄于1975年

费曼致安格莉妲 | 1975年8月11日

亲爱的安格莉妲：

我现在是独一无二的了——一个有人爱慕的物理学家。而爱慕者还是只看到他上电视，就爱上了他。

谢谢你啦，哦，粉丝！现在我可以说什么都有了。以后我心满意足，不必再嫉妒一些电影明星了。

你的"粉条"
理查德·费曼

（或者我该自称什么呢？这对我来说，还是全新的经验。）

费曼致聂瓦(William Neva) | 1975年8月14日

"身为外行人，有个问题一直困扰着我。我相信成千上万的其他人，或许连你在内，都有同样的困扰，就是'隐形'这件事。真的可能制造或产生隐形的效果吗？我们可以用什么方式，让一个东西从眼前消失，不能以任何光学方法看到？" 1975年7月23日，聂瓦先生写了一封信来，问费曼这个问题。

亲爱的聂瓦先生：

谢谢你的来信，和信中所提的"隐形"问题。我的建议是，你这个问题最好是去请教第一流的魔术师，也许能得到最好的答案。

我的意思并不是暗示，这个问题的答案有些滑稽或好笑，我是很认真的。魔术师最擅长的，是让一件事以非常不寻常的方式发生或表现出来，但又不违反任何物理定律，只是把整个事件以非常奇妙的方式去安排处理而已。

就我所知，没有任何物理现象，如X线透视等，能产生你所谓的隐形效应。因此，如果它是可能的，应该也会遵守一般的物理定律。这正是第一流魔术师的看家本领，利用正常的途径，产生看起来完全不可能的效果。

诚挚的祝福

理查德·费曼

费曼致加州卢瑟福(David Rutherford)先生 | 1975年8月14日

卢瑟福先生好奇，问是否可能用磁带把梦境录下来？就像把影像用录像带录起来那样。

亲爱的卢瑟福先生：

这件事的困难在于：要录下脑子里的梦境，就得测量和记录脑波，但是脑波的脉冲难以转换成录像带的动画影像，尤其要完全还原梦中所见的景象，更是几乎不可能。如果可以转换，应该有一套转换程序或转换码，但我们对此毫无线索和头绪。不过我深信，梦中影像的信息量一定过于庞大，绝非任何现代的影像技术所能处理的。我打个比方，这就好像我们利用一幅画的重量，或每种颜色的使用量等资料，就想知道它原来画的是什么，一样的困难。我们还需要更详细的资料才行，譬如：哪种颜色是画在什么地方。

梦境牵涉无数神经细胞的交互作用与信号脉冲，我怀疑根本不可能去解码数量如此庞大的信号脉冲。一般的成像技术绝对是办不到的。

诚挚的祝福

理查德·费曼

考克斯(Beulah Elizabeth Cox)致费曼 | 1975年8月22日

物理学家认为电力是由电荷周围的电力场线所产生的。高斯定律(Gauss's law)表示，通过任何封闭表面(如球面或立方体表面)的电场线总数，正比于里面包含的电荷总数。下面这封信讨论的，就是高斯定律。

亲爱的费曼博士：

我是弗吉尼亚州威廉与玛丽学院的学生，最近修普通物理。有一道关于高斯定律的问题和中空的导体有关：如果一个电荷在一个中空的导体里，但并没有和导体接触，那么电荷产生的电场会不会被这个中空导体遮蔽掉？导体外还有没有电场的效应？

我读过《费曼物理学讲义》第二册第五章全部的内容，除了倒数的第二段之外，我都了解。在这段里，你说："……封闭在导体内的静电荷分布，不会在导体外产生任何电场。"这段叙述有点含糊，似乎和你前面的说法冲突。我们老师给我看了一个很简单的装置，用来示范高斯定律。他把电荷放在一个封闭导体的中央，然后用电压计去度量，在导体外还是有电场效应存在。

你能不能解释一下，书里的那段叙述是什么意思？我实在搞不懂，希望你能回个信来。

我的地址写在上面。

诚挚的祝福

考克斯

附笔：我必须承认，写这封信还有个私人的原因。考试的时候，我把你书上的叙述写在答案纸上，老师没有给分。我后来拿着你的书去向老师讨分数，他还是不理会。如果你能澄清这个问题，我将很感激。先在此谢谢你了。

费曼致考克斯 | 1975年9月12日

亲爱的考克斯小姐：

你的老师没给你分数是正确的，因为你的答案错了。他不是已经把高斯定律示范给你看了？你还怀疑什么？在科学上，你应该相信逻辑和辩证，再仔细下结论，而不要相信权威。

你确实很正确地读了我的书，也了解书的内容。我弄错了，所以那段叙述是不对的。我当时所想的，可能是一个接了地的导体圆球，或者是其他把电荷效应引走的东西，使得里面的电荷不会对外面产生效应。我现在已经记不得当时在想些什么。但我弄错了。你因为相信我，也跟着受害。

我们都运气不好。

希望你将来在物理的学习过程上，有更好的运气。

诚挚的祝福

　　　　　　　　　　　　　　　　　　　　　　　理查德·费曼

费曼致乔治(Alexander George) | 1975年9月26日

1975年9月20日，纽约的乔治先生来信问：现在的科学世界里，还可不可能有"独立的重大突破"发生？当时，乔治先生还一直独自进行科学研究。但不断有人劝告他，要有新发现一定得有个研究团队。

亲爱的乔治先生：

要回答你的问题，必须先知道你研究的是物理学的哪个领域。

在高能物理，由于每项实验都是如此的复杂、精巧，用到的仪器设备又是这么昂贵，非要有一个庞大的研究团队不可。

但是当得到结果之后，要想了解实验的真正意义，或是要发明某些比较聪明的理论工具，则可以由一个人单独进行。最后，那些好的理论工作，依我看来，永远是适合一个人静静地做。因为好的想法是出现在某个人的脑子里，而不是出现在研讨会的讨论上。

当然，永远要和别人保持联系，阅读文献，和同事聊天、讨论，对思想的酝酿，是绝对有帮助的。

诚挚的祝福

　　　　　　　　　　　　　　　　　　　　　　　理查德·费曼

费曼致芝加哥大学任命委员会主席希德布兰(R. H. Hildebrand)
| 1975年10月28日

亲爱的希德布兰教授：

这是针对10月1日来信的回复。很抱歉，我个人有个原则，就是不为任何单位评估那些曾在那个单位或仍在那个单位工作的人。我的理由是，那个单位比我更有足够的机会，好好评估那个目标人选，比我的评估更直接、更贴切。

这是我个人的原则，多年来也都一直这样做。这和你要我评估的人选，没有任何关联。

基于这个缘故，我不能有例外。否则的话，我有的人评估，有的人又不予置评，会让人误会我的不肯评估，就是负面的表态。那就违背我的本意了。

因此，很抱歉，我只好回绝你的要求。

诚挚的祝福

理查德·费曼

※米歇尔注：自从1964年10月20日回信给萨克森之后，对于类似的要求，费曼都依样画葫芦，拒绝评估那个还在他们单位里的目标人选。

第 9 部　　　不改其志 | 1976~1981年

得奖后 10 年内，如果费曼没染上 "做官症"，维斯可夫就算赌输了，须付 10 美元给费曼。

1978年6月，费曼60岁时，动了第一次腹腔癌手术。他在无意间注意到自己身体侧面有个肿块，就医检查才发现的。手术取出来的肿瘤已经有橄榄球那么大了，重达2.7千克。在这段时间里，费曼与温妮丝双双与癌症战斗，都以极大的勇气接受手术及后续治疗。他的生病确实减少了他的教学与通信活动。他后来对信件的选择更严，回信的比例降低了。

　　但在生涯的这个阶段，费曼在加州理工学院已经是人尽皆知的一号人物了，他的故事到处流传。动手术前后，住校的学生想表达对他的爱戴，在一整面宿舍墙壁挂起大画布，画出一座老式酒吧，里面还画了个很写实的裸女，再签上费曼的英文姓名缩写RPF(其实费曼在画作上，用的是化名Ofey)。不久之后，这个裸女从画布上给切下来，在校园里到处流传。最后这幅裸女画流传到一个演讲厅里，终于引起学校一些女职员的不悦，就给没收了。学生在写给费曼的信上表示："虽然那个伟大的作品没有再出现过，但它长存在我们心中。我们认为你一定对它很有兴趣。它是全世界第一幅签了费曼名字的假画。"

　　费曼的回答是："我自己惹的麻烦够多了，已经够我应付的。没想到我什么也没做，你们这些家伙还给我添一堆问题。"

　　在物理学的世界里，费曼这一阶段研究的是夸克喷注(quark jets)的实质现象分析，与他合作的是菲尔德(Rick Field)，负责实际的电脑计算工作。这是一段很艰苦的过程，费曼企图证明量子色动力学(QCD, quantum chromodynamics)中的夸克禁闭(quark confinement)。唯一和这项研究有关的论文，似乎是1981年发表的《2+1维度下，杨-米尔斯(Yang-Mills)理论的定性行为》。

●中文版注：

杨-米尔斯的"杨"，是杨振宁教授。

费曼永远是最受学生爱戴的老师。1978年摄于加州理工学院

费曼致麻省理工学院物理教授维斯可夫(Viktor Weisskopf)
| 1976年1月6日

费曼得到诺贝尔奖之后不久,维斯可夫就和费曼打了一个赌。他认为费曼最后一定会往行政职务上发展,就如同在费曼给奥伦的信中所说的,染上"做官症"。

亲爱的教授:

我已经找到当年我们打赌的那份记录,你寄给我的赌金太高了,因此我退15美元给你。我根据那份纪录,现在写下正式的书面声明:"1976年1月6日,我费曼,目前既没有担任任何一项打赌记录内所提到的'负有行政责任的主管职务',过去10年内没有担任过任何一项这类职务。因此,这项打赌的赌金应该由维斯可夫教授支付。"

诚挚的祝福

理查德·费曼

※打赌记录:

兹于1965年12月15日,理查德·费曼教授与威克特·维斯可夫教授两人,在日内瓦的欧洲粒子物理研究中心(CERN)一起吃午餐,打了一个赌。

打赌的事情和赌金如下:

在未来10年内,也就是1975年12月31日之前,如果费曼担任了任何一项"负有行政责任的主管职务",就必须付维斯可夫10美元。

相反的,在这段时间之内,如果费曼不曾担任过任何这一类的职务,维斯可夫就算赌输了,须付10美元给费曼。

所谓"负有行政责任的主管职务"系指具有下列特性的职位:拥有

这种职务的人，可以命令别人执行某些行动。而这个受命的人不论了解或不了解这项行动，也不管他喜欢或不喜欢，都必须去做。

若前述的规范发生争议，则仲裁人是寇克科尼(Giuseppe Cocconi)先生。他的决定，双方同意无条件接受。

立约人：理查德·费曼

立约人：威克特·维斯可夫

见证人：寇克科尼

牛津大学出版社助理编辑休斯(A. M. Hughes)致费曼
| 1976年1月19日

亲爱的先生：

牛津大学出版社正准备出版《牛津英语大辞典新词补编》第三册。因为你是"部分子"这个词的创造者，我们想请教你这个词的起源资料。

《牛津英语大辞典新词补编》是一部史实字典，相当考究单词短语的起源，会注明这个字词最早在什么地方出现。然而"部分子"这个词，起源却很令人困惑。我发现它出现在1969年9月25日这一期的《物理评论》第1975页，也发现它是你在1969年9月5日与6日的高能对撞研讨会上创造出来的词(会议公报上记载着这件事，公报是由杨振宁博士等人编纂的)。但是我也在稍早戴林兹(R. H. Dalintz)的皇家学会贝克讲座报告(刊登于1969年7月26日的《新科学家》杂志)上发现这个词，不过这只能算间接证据。

该期《新科学家》的第679页，记载戴林兹说："……所谓费曼的

'部分子'理论。"因此,我想请问,有没有什么文献比《新科学家》更早出现"部分子"字眼的,否则戴林兹为何这样说?但我在你早年发表的论文里,找不到这个词。或许你在那个时候,还没有准备要发表。如果发表过,麻烦把确切的文献寄给我,我将极为感谢。

另外,《新词补编》为"部分子"所下的定义,我也一并写在这里供你参考,看看你有没有什么意见。"部分子是一种假想的粒子,是核子的组成单元。费曼用它来解释核子非弹性散射高能电子的现象"。

但愿我的请求,不会给你造成太大的困扰,也希望能得到你的回音,相信一定很有意思。

信任你的
休斯,科学助理编辑

费曼致休斯 | 1976年2月4日

亲爱的休斯先生:

这是回你1月19日编号O. C. /RWB的信。你对"部分子"所给的定义,和对它的考证工作,很令人佩服。我不记得有什么更早的文献了。我在口头的讨论上,虽然用得更早,但就我所知,你提到的已经是最早出现的一些书面资料了。

诚挚的祝福

理查德·费曼

费曼致华沙大学理论物理研究所所长楚劳特曼(Andzej Trautman)
| 1976年2月4日

亲爱的楚劳特曼教授：

我们这里有个年轻的波兰女学生，叫凯尔珂芙丝卡，表现非常好。她在这里的第一件事就是参加转学考试，看看是否符合我们学校的要求。因为我们学校的声誉相当好，想来的学生实在太多了，远远超出我们能够接受的额度。因此，我们订了很高的入学资格要求。凯尔珂芙丝卡小姐考得非常好，成绩非常高，我们学校立刻录取了她。事后证实，她果然杰出，很快就成为班上的拔尖人物。她正是我们这种学校最想要培养的学生。教到这样优秀的学生，我们觉得加州理工学院的优异与独特性，才真正施展开来，使得学生的科学潜能充分发展，延伸到无止境的前方。

如果这种美事被迫中断，使我们学校和这种优秀学生的关系无法延续下去，将意味着人类潜能的损失。这可是一场悲剧。

这件事之所以引起我的关心，是因为她的签证出了一点问题，使她无法继续留在美国完成学业。我写信给你，是希望你或许能够、也愿意帮助一位波兰同胞，发展出全部的才华，成为一个对社会有用的人。你能不能帮助她解决在签证上遭遇的问题？非常感谢你。

诚挚的祝福

理查德·费曼

※米歇尔注：楚劳特曼教授回信赞同，凯尔珂芙丝卡小姐最好能留在加州理工学院完成学业，同时通知她重填一份新的申请书，就可让护照及签证延期。

费曼致BBC科学节目首席制作人大卫·帕特森(David Paterson) | 1976年2月11日

亲爱的大卫:

很高兴听到你的消息。我阅读了你随信所附的"时间旅行"资料,但只看到第二段就没有再看下去。因为我也相信,时间旅行是不可能的事情,而且我相信,我的同事也和我持一样的看法。那些科幻小说的作者,误解了我的观点,说电子的过去就是正电子。他们不懂科学理论和因果原理是完全一致的,不能据此推论说,我们有可能在时间当中旅行,回到过去。

诚挚的祝福

理查德·费曼

费曼致《加州科技》杂志编辑 | 1976年2月27日

1974年,加州理工学院的文学教授一致通过,建议聘英国文学教授勒蓓尔(Jenijoy La Belle)为终身教授职。但人文学院的院长哈腾贝克(Robert Huttenback)驳回了推荐案,他改变终身教授的审核标准(结果勒蓓尔仍然符合),也不接受仲裁(这会对勒蓓尔有利)。两性工作平等委员会的决议也支持勒蓓尔教授。最后,勒蓓尔教授和学校达成协议,在1979年成为加州理工学院第一位女性终身教授。

我想评论一下你们杂志的做法。你们在本期的首页,给出勒蓓尔教授对这个伤感情事件的复杂观点。上一期,则已经刊出整个事件的完整版,非常翔实而清晰地叙述了整个事件,勒蓓尔小姐已不再需要答复其他访问了。我有个同事把你们的两份报道拿来给我看，然后说了一句："真是会粉饰太平！"我对整个事件的过程和发展，都一清二楚。因此知道他说的是事实。但他对这件事并没有亲身参与，他怎么会知道你们的报道是在粉饰太平？他笑着提醒我，他本身是个物理学家，很会判断不同物理实验的证据。

在物理世界里，真相很少是完全清楚的，更不用说那些和人有关的事了，怎么可能会如此清晰呢？因此，没有任何疑点的事，不可能会是事实。

我在当初文学教授决定推荐勒蓓尔的时候，就认识她了。是她介绍我如何在图书馆里搜寻文学资料，并且介绍我去杭廷顿图书馆，让我体会手捧着一本牛顿所写的古籍的喜悦。我可以直接了解牛顿到底知道多少、不知道多少，什么是他用的而今天我们仍在使用的表示法。如果勒蓓尔离开加州理工学院，我会非常难过，那会是加州理工学院的重大损失。

我对英国文学所知有限，因此很难做出适当的评论。但我一开始就知道，加州理工学院的人文学科领域也有很严格的标准，就是"没发表论文就淘汰"(publish or perish)，或者应该说是"若不能在一流学术期刊上发表论文，就淘汰出局"。但现在，有人已经在顶尖期刊上发表论文了，为什么还会受到打压或排挤呢？

不过最让我震惊的，是在这整个事件中，那些英国文学终身教授所受到的对待。我很高兴勒蓓尔的怒火，终于让整件事曝光。从来没有人注意到他们，他们的意见和想法也没有人在意。他们为我们和我们的学生，付出这么多的心力，使我们这里更富有人文气息，更适合居留，就如同人文学院成立的宗旨。我写这封信的目的，就是要告诉他们，虽然我对他们研究的东西，无知得可怜（我相信，他们对我的专业领域所知道的，比我对他们专业领域所知道的东西多得多），我仍然对他们表达高度的敬意，感谢他们对学校和学生的贡献；并且对于他们受到的漠视，感到抱歉与遗憾。

写这样一封信有点甘冒大不韪。如果你对某个措施表示了意见，那些躲在校园一角、握有生杀大权的臭猫鼠(秘书小姐，请不要改动这个字眼，我想让他们知道我的文学造诣有多差，这学校多么需要优秀的文学教授)，说不定会把你逮进委员会，弄得你一身臭。下决心是很困难的。

诚挚的祝福

理查德·费曼

费曼致苏联国家科学院物理研究所金斯伯格(V. L. Ginsburg)
| 1976年3月16日

亲爱的金斯伯格教授：

我听说明年你可能有机会到我们加州理工学院来访问。

这个消息让我非常高兴。我们又可以像上次在波兰碰面那样，(1961年吧？)交换一些想法，互相学习一些不同的东西。这次的相处时间会长得多，我们可以谈的物理问题势必多很多，也将深入得多。这里有很多人抱持和我同样的想法，对你的来访也都寄予厚望。从我阅读的科学期刊和我在波兰与匈牙利碰到的物理学家来看，苏联物理学界对很多问题有自己一套独立的见解，也有许多和我们不同的想法。最起码，我们两边强调的重点就完全不同。因此，我期望这种意见交换会有很丰硕的成果。

请接受我们的邀请而且务必前来。我不想期望落空。

诚挚的祝福

理查德·费曼

费曼致BBC艾利奥特(John Elliot) | 1976年4月7日

霍耶(Fred Hoyle, 1915~2001)是英国有名的天文物理学家, 也是剑桥大学教授。他有许多充满创意的点子, 有些非常成功(例如下面这封信里所说的, 重元素是在恒星内部燃烧核燃料产生的), 也有很多是错的。他最为人所知的事, 是反对宇宙起源的大爆炸说。他认为宇宙是稳恒态且具有无限寿命的。他主张物质不断从星际或星系间的太空里产生, 当宇宙不断膨胀时, 留下的空隙就由这些物质填补。20世纪60年代的天文观测, 推翻了这个稳恒态理论, 大爆炸学说又再度获得证实。

由于霍耶常到加州理工学院访问, 所以费曼也认识他, 并且在朋友间的交谈里, 对他相当肯定。1976年, BBC邀请费曼参加一个和霍耶有关的影片制作。

亲爱的艾利奥特先生:

我觉得并不合适。我不认为自己对霍耶的认识或了解很清楚, 可以在摄影机前面, 对他的生活侃侃而谈。我曾设法想象自己能够说些什么, 但发现自己对他或其他人到底做过什么并没有那么确定。譬如你要我谈谈他在"基本粒子研究上做过的事", 但我真的不知道他在这方面做过什么事, 也不知道你说的是什么。

我所能想到的一件可能合适提起的事件, 是他第一次到加州理工学院拜访时, 曾举行过一连串的讨论会。当时他谈道, 如果所有的元素都是来自氢原子的话(正如他的稳恒态理论所建议的), 那么重元素很可能产生于恒星的内部。他还非常仔细地分析整个过程, 把相关细节都描述出来, 相当吸引人。霍耶的结论是, 如果碳原子核没有一个762万eV的能级, 那么这件事就不可能发生。由于他非常相信自己的氢原子理论,因此声称碳原子核一定会有一个这样的能级。

我们对这件事的印象都非常深刻。要找出某个元素的原子核能级,居然不是在实验室观测原子核的各种作用,而是看天上的恒星。做这种事的人真是勇气可嘉,值得大书特书。

他果然是对的,不久之后,这个能级就给人发现了。

我偶尔有几次机会,和他与富勒(William Fowler, 1911～1995, 1983年诺贝尔物理学奖得主)一起讨论其他的天文物理问题。霍耶也做了一些和宇宙学或引力有关的场论,这是不是你所谓的粒子研究工作?但我从来就不会认为他这些理论是对的,他不久也放弃了这些理论。我不认为你们要的,会是我对这些理论的技术性评估。

当然,就个人来说,我是很喜欢这家伙,也很乐意促成这件美事。但是有那么多人和霍耶有更亲密的关系与更深入的了解,因此,我有点奇怪你怎么会想到要我来谈他。或许你们误会我和霍耶关系非常亲密。其实倒没有。

诚挚的祝福

理查德·费曼

加州的大学生明古伦(Mark Minguillon)致费曼 | 1976年4月14日

亲爱的费曼博士:

我是个19岁的物理系学生,研究过很多有关你,以及你对科学的那些有名的贡献的事。就我的了解,你曾经参加原子弹的研制计划,与其他科学家共同铺设了通往核能时代的道路。

在我的化学课里,我们开始讨论当年的"曼哈顿工程",以及当年参加"曼哈顿工程"的科学家,哪些人现在改变了立场,开始反对原子能或核能。

如果没有记错的话,我在不久之前才读到一篇文章,里面提到一件事,说你到今天还是保持着支持核能发展的立场。但我的老师却不以为然,认为事实可能并非如此。

费曼博士,如果你能在百忙之中,拨出一点点时间,来澄清我和老师之间这点小小的争论,我将非常感谢你。而且你对核能的看法,可能会启发全班同学更深层的认识。

感谢你的宝贵时间。

尊敬你的
明古伦

费曼致明古伦 | 1976年4月23日

亲爱的明古伦先生:

要讨论原子弹和核能之间这种既复杂又不确定的关系,要花的可不是"一点点"我的宝贵时间而已。做个很简单的结论,我不觉得核能有什么问题,除了它被有意地用来为非作歹之外,譬如引爆、搞破坏、偷核燃料去做原子弹,或者是使用过的核燃料棒辐射外泄,等等。但所有这些,都只是技术或工程上的问题,我们大部分都能够解决,因此我认为风险是可以控制的。如果经济上有必要的话,应该要发展核能。至于原子弹和核武器的问题,则复杂得多。我没有办法用简短扼要的陈述,把我的观点讲清楚。

这样说吧,我想,在你和老师的争论当中,或许是你对。但这并不表示，我们知道什么是对的。只因为费曼说他支持核能，就没有值得我们注意或争论的事了吗？那么，我可以再告诉你(因为我知道)，费曼根本就搞不清楚他自己在说些什么。他知道一些别的事(或许吧)，但对这件事没把握。

别管那些"权威人士"说什么，要自己想一想。

诚挚的祝福

理查德·费曼

明古伦致费曼 | 1976年7月31日

几个月之后，明古伦又因为别的事情，写信给费曼。

亲爱的费曼博士：

我是个19岁的物理系学生，在加州南部的一所学院就读。在我选读物理学的某些特别领域，好当作主修科目时，却发生了一些问题。

我对物理学的兴趣出现于1972年。那一年，我在西班牙的一所学校里，碰到一位很了不起的物理教授，我的兴趣才被确定下来。我决定日后把物理当作自己的生涯目标。

我开始很有兴趣地阅读一些早期的科学发展资料，尤其是有关原子和原子核之类的。玻尔、汤姆孙、海森伯和查德威克，都成了我心目中的英雄。很快的，我就对原子核和粒子物理特别感兴趣。当然，我并没有这方面的任何正式学位，所以我现在才来修物理。

费曼博士，我的问题是这样的：所有我能接触到的人，对于粒子物理这个领域，都只是一知半解的。我得不到和这领域有关的正确资讯，不知道它还是不是一个很有发展前景的开放性领域，还是一个快要饱和、路子愈来愈窄的领域。没有人知道，是不是那些能够做的研究，都已经有人做过了。这虽然是我很喜欢的领域，但会不会该做的事都已经让别人做掉了，只剩个空壳子？

我以前也写信给你，是因为我知道你研究过核物理（谁能忘掉你在洛斯阿拉莫斯期间，对原子弹有多大的贡献）和粒子物理，可能是当今最值得尊敬的一位科学家。如果有谁知道我问题的答案，那个人一定非您莫属了。我很抱歉耽误你的宝贵时间。但似乎没有人愿意或能够帮我这个忙。如果你能帮助，我将万分感激。

非常非常感谢你。

最尊敬你的

明古伦

●中文版注：

玻尔（Nies Bohr，1885~1962）是丹麦物理学家，以卢瑟福的原子模型为基础，提出氢原子结构理论。

汤姆孙（Joseph J. Thomson，1856~1940）是英国物理学家，电子的发现人。

海森伯（Werner Heisenberg，1901~1976）是德国理论物理学家，创立量子力学，提出"不确定性原理"。

查德威克（James Chadwick，1891~1974）是英国物理学家，中子的发现人。

此四人都是诺贝尔物理学奖得主。

The reason I write to you now is because I know you have done research into nuclear physics (who can forget your great contributions to the Manhattan Project during your stay at Los Alamos) and particle physics and you are probably one of today's most respected physicists. If any one should know, you would.

I am sorry to have to ask you for some of your time, but no one seems to want to, or be able to, help me. I would be very grateful if you would.

Thank you very much Dr. Feynman.

Most respectfully yours,

Mark Minguillon

Dear Mr. Minguillon.

Relax. I'm no fill in all the research done. New discoveries research leads to new discoveries and new questions to answer by more research.

Particle physics is the frontier of unknown physical laws to be discovered. It is very active and completely now — but it is hard to get a job in it because so many people want to.

But have no fear you are just starting out and

should not pick a subfield of physics so soon. Just learn more and see what interests you most and what you like to do best as you go along and ~~you~~ you will not have any difficulty trouble choosing when you know more.

By the way at about your age I didn't know even what field I wanted. I entered M.I.T. in mathematics, changed to Electrical Engineering for a while and then settled in physics. What field of physics? I have ~~worked in~~ aside from deciding I liked theoretical work but I have wandered around from stresses in molecules to quantum electrodynamics, theory of liquid helium, and recently particle physics. You do any problem that you can, regardless of field.

Yours
RF

费曼致明古伦 | 1976年8月16日

亲爱的明古伦先生:

放轻松,没有哪个领域是所有的研究工作都让人做光了的。每个研究都会产生新的发现和新的问题,需要更多的研究才能够回答。

粒子物理是那些有待发现的物理定律的最前线,是个非常有活力而完全开放的领域。但是从事这个领域的人太多了,可能难找到工作。

不过别担心,你才刚开始起步,时间还早得很呢,不必太早就选定某个物理主题。尽量多学点东西,看看什么东西最吸引你,而你做什么事觉得最开心。你知道得愈多,选择起来就愈容易。

另外,当我在你这个年纪的时候,根本不知道自己以后想进入哪个研究领域。我进麻省理工学院读数学,转到电机工程一阵子,最后才在物理系定了下来。物理系要从事哪个领域呢?因为我喜欢理论工作,我从分子的应力到量子理论的电动力学都涉猎。我也研究液态氦的理论、核物理、水流的湍流现象(最后这两项研究不太成功,因此没有发表什么论文)以及最近在研究的粒子物理。

你不必理会什么物理领域,处理你能解决的任何问题就行了。

诚挚的祝福

理查德·费曼

费曼致哈佛大学物理系柯尔曼(Sidney Coleman)教授 | 1976年8月13日

东方基金会有意赞助举办物理研讨会。费曼与其他两位物理学家,丘氏(Geoffey Chew)和芬克斯坦(David Finkelstein)都推荐柯尔曼教授为研讨会的咨询顾问。柯尔曼的来信,第一项提到,研讨会将广开善门,下列人士如果愿意来,都欢迎参加……丘氏、柯尔曼……费曼、芬克斯坦……李政道……拉比……至于研讨会的名称,则打算采用《量子场论的最新态势》。虽然费曼和丘氏并没有从事这方面的研究,但大家还是热烈地欢迎他们参加。因为有他们与会,大家会觉得很开心。

亲爱的柯尔曼:

关于东方基金会的研讨会,我认为规模应该小一些,只邀请那些真正研究量子场论的专家来出席。对于你信里谈的第一项,就是邀请名单的事。我倒想请教,为什么要邀费曼那个家伙?就我所知,他在这个领域里并没有做什么研究,也没有比别人高明的地方。如果你能再精简一下名单,只邀请这个领域的核心专家,我或许会考虑列席。

诚挚的祝福

理查德·费曼

※米歇尔注:柯尔曼教授回信说,名单经过再精简,已经把"费曼"给删掉了,因此再度邀请他参加。费曼列席了研讨会。

费曼致密歇根州立大学英语系卡莱索(E. Fred Carlisle)教授
| 1977年1月24日

密歇根州立大学想为大学部的理工科学生,开一门特别的科学文

章写作课程。他们打算把《费曼物理学讲义》里面的一章《引力理论》，选入科学文选。

亲爱的卡莱索教授：

你来信说，想把《费曼物理学讲义》里的那篇《引力理论》，放入科学文选里。我当然同意，希望你认为它有用。

但是你的课程是英文写作，我想你对这篇文章是怎么写成的，一定很感兴趣。它本来是我的口语演讲（当时我手里只有一页很简短的大纲），然后录音下来，接着有人——主要是雷顿，把它整理成流畅可读的文稿，有些部分特意删除，有些内容经过增补或重整，只有一部分非常接近原来的口语。这是一件大工程，因为我的英文不好，很难说出读得通的东西。然后我再细读一遍，看看有没有什么需要进一步修改的地方……接下来，我就不管这些了，又开始准备另一次演讲的内容。

由于著作权属于加州理工学院，我会要求校方寄一份同意书给你，作为凭据。

诚挚的祝福

理查德·费曼

费曼致帕沙迪纳联合学区办公室主任柯帝尼斯(Ramon Cortines)
| 1977年4月25日

亲爱的柯帝尼斯先生：

我的朋友拉夫·雷顿(Ralph Leighton)已经和你谈过这个问题，但他建议我还是正式写封信给你。我的儿子卡尔在这个学年度进入约翰穆尔高中。根据加州的法律,他要上卫生教育和驾驶课程。另外,根据帕沙迪纳联合学区的规定,他也要上消费者保护的课程。他必须在16岁这一年,上完这些课程。但因为他早读,比同年龄的儿童提早一年就学,因此,实际上他比同班同学要小一岁。

为了要在11年级的时候,同时上健康教育、驾驶和消费者保护课,卡尔必须放弃一门选修课程。他目前选修的3门课是物理、微积分和拉丁文。当然,他也可以在暑假上暑期班,把其中一门课修完。但因为他上课非常认真,我觉得年轻孩子每年至少应该有3个月的完整假期来充电,暂时把功课摆在一边,好释放压力重新出发。

我相信卡尔够聪明,有足够的能力在较短的时间内,把健康教育、驾驶和消费者保护这3门课学会,而不需要花一整年的课程时间。我发现加州大学伯克莱分校附设的工艺学校,有提供健康教育和驾驶课的函授课程。学生只要按时上交作业,最后参加一项鉴定考试(可在自己的中学由原科目的老师考,或由公立图书馆的合格人员主考),就可以获得承认。而雷顿先生是帕沙迪纳联合学区的合格教师,他告诉我所有这些课程的内容,都可以在学区教育委员会的档案里找到。

因此,我想请你允许我的儿子,参加健康教育和驾驶的函授课程,至于消费者保护课程,则以鉴定考试来代替。当然所有的课程内容都不会遗漏。如果可以这样,我会亲自监督卡尔在学校的选课安排,和学校老师好好商量。当然,如果你有其他建议,我也乐于接受。

诚挚的祝福

理查德·费曼

※米歇尔注:拉夫·雷顿是罗伯·雷顿的儿子。罗伯·雷顿是加州理工学院的教授,也是《费曼物理学讲义》的编辑。拉夫·雷顿则是《别逗了,费曼先生》《你管别人怎么想》的共同著作人。

费曼1977年的全家出游

费曼致比利时德佛瑞斯(J. T. Devreese) | 1977年10月26日

德佛瑞斯教授写信来告诉费曼，说他们在高等研究院主办的路径积分研讨会上，都提到费曼，很思念费曼。研讨会的公报预计在1978年初发行。由于费曼是路径积分法的开山祖师，他们想把研讨会的论文集献给费曼，当作他60岁生日的贺礼。如果愿意为这本论文集写个跋，大家会觉得非常光荣。

亲爱的德佛瑞斯教授：

我非常遗憾无法参加你们的研讨会。因为那段时间，我太太和我正好带着孩子，在美国西部和加拿大玩。有很多次，当我在野外躺进睡袋时，脑子里一直在想：你们的研讨会开得如何了，如果我能出席，肯定会很棒的。

会议的论文集若是能寄来，我一定很开心，也一定会好好阅读。先谢谢你了，一定要记得寄一本给我。

你想把论文集当作我60岁的生日礼物，真是太好了。但如果要我做些什么事(譬如要写些什么的，跋吗)，那我的喜悦会减少很多。这不太公平，我是个大懒人，不想动笔。

你是一番好意，但其实不需要正式做些什么事来为我贺寿。你、桑伯和很多参加研讨会的人，早已经直接为我增添很大的光彩了。你们注意到我的研究工作，而且把它进一步发扬光大。我能够看到别人为这份工作所做的努力，而且还集结成册，收录在同一本研讨会论文集里，真是高兴得不得了。对我而言，这表示我当年(1914年)的发明是有用的，直到今天，还有很多物理学家在运用。还有什么比这个更光荣的呢？

再次谢谢你。

诚挚的祝福

理查德·费曼

施特劳斯(Lewis H. Strauss)致费曼 | 1977年8月2日

亲爱的费曼博士:

这封信之所以会写给你,是因为你曾是爱因斯坦奖的得奖人。

爱因斯坦奖在以下的年份,颁给了这些得奖人:

1951年　施温格教授(与费曼同一年获颁诺贝尔物理学奖)

1951年　哥德尔教授(Kurt Godel, 1906~1978, 原籍奥地利的美国数学大师)

1954年　费曼博士

1958年　泰勒博士(美国氢弹之父)

1959年　厉比博士(Willard F. Libby, 1908~1980, 1960年诺贝尔化学奖得主)

1960年　齐拉德博士(Leo Szilard, 1898~1964, 生于匈牙利的美国物理学家,原子弹构想者之一)

1961年　阿瓦雷兹博士(Luis Alvarez, 1911~1988, 1968年诺贝尔物理学奖得主)

1962年　华伦博士(Shields Warren, 1898~1980, 病理学家,防制游离辐射的专家)

1965年　惠勒博士(费曼的老师,"黑洞"一词的发明人,量子引力论的主要创始人之一)

1967年　罗森布鲁斯博士(Marshall N. Rosenbluth, 1927~2003,

等离子体物理的大师)

1970年　奈曼博士(Yuval Ne'eman, 促成粒子物理革命的功臣之一)

1972年　魏格纳博士(Engene P. Wigner, 1902~1995, 1963年诺贝尔物理学奖得主)

后来由于创办这个奖项的施特劳斯纪念基金会负责人，施特劳斯先生(Lewis L. Strauss)去世，这个奖项也停办了一阵子。

现在，已经过一段时间的沉淀，可能和奖金有关的细节问题也得到完满的解决，因此今年又决定恢复这个奖项。我们已经注意到剑桥大学霍金博士所做的理论研究。他的研究领域正好是爱因斯坦本人长久努力的目标。

你认不认为霍金博士的研究很重要，可以得到爱因斯坦奖？我们若颁奖给他，会不会让别人觉得他是因为同情票而得奖？你的脑海里有没有比他更适当的得奖人选？你若惠赐意见，我们将十分感激。

诚挚的祝福

施特劳斯

费曼致施特劳斯 | 1977年8月9日

亲爱的施特劳斯先生：

这是回复你8月2日的来信。我非常同意霍金博士的成就值得获颁爱因斯坦奖。

诚挚的祝福

理查德·费曼

费曼致康奈尔大学化学系费雪(Michael E. Fisher)
| 1977年11月15日

> 费雪博士正和荣格特海根斯(Christopher Longuet-Higgins)合作，为1968年诺贝尔化学奖得主翁萨格(Lars Onsager, 1903～1976)写传记。写信来问费曼有没有相关的回忆或资料。

亲爱的费雪博士：

你要我提供一些和翁萨格有关的个人互动经验，我仅就记忆所及的事告诉你，但确切的日期和时间已经不能确定了。我也不想间接谈些阅读他论文得到的感受，只谈我直接和他本人接触过的事。

我们的第一次接触大约是1951年，在日本举行的第一次理论物理研讨会上。我刚完成一项和液态氦的特性有关的理论。这对我是个全新的领域，因此在研讨会上，很多这领域的大高手，我都是初次见到。就在轮到我报告的前一天，晚餐时我正好和翁萨格邻座。他问我："这么说，你认为自己找到一项和液态氦有关的理论喽？"我傻傻地回了一句"是呀！"他没再多说什么，只回了一声"哦！"。我当时觉得他似乎不相信我做得到，认为我的理论只是另一篇胡扯。

第二天演讲的时候，我很平静地解释了所有能解释的东西，只除了一点。但我也坦白道歉，承认自己对于氦相变时的热力学函数特性，还没有很深入的了解，还有一些东西是无力解释的。轮到听众提问的时候，翁萨格首先发难。"费曼先生是我们这个领域的新人，显然有些事情他并不知道，因此我们应该告诉他。"我听到这里，整个人呆掉了，心里升起一股寒意，比昨天晚上的感觉更糟糕。我哪里有问题？有什么愚笨的错误让他逮到？接着他说："所以我认为，我们应该告诉他，氦接近相变时的热力学函数特性，其实根本还没有人能确实了解。不仅是氦如此,对所有物质都差不多是这个样子。因此,他对液态氦的这一部分不太清楚,完全不影响他的论文的价值,也不减低他对其他现象的了解。"

这时,我才知道。原来他是这样一位亲切和善的长者。他的不喜多言,让我误会他是个不友善的人。这之后,我们又在不同的国际会议场合碰了几次面,也常交谈,对不同的物理问题交换一些意见(如:相变、湍流、氦、超导性)。和我比起来,他的话少多了,但言简意赅,短短的话里含有许多重要的想法。而他总是自然而然地流露出一股真诚的善意。

有一次,我和他在讨论事情的时候,忽然有个年轻人,跑过来对我们两人解释他对于超导性的想法。我一时听不懂这小伙子在说些什么,因此,我想他一定是在胡说八道(这是我的坏习惯)。但我很惊讶地听见翁萨格居然说:"不错,听起来这似乎是问题的答案。"难道谜样的超导性问题,已经有答案了吗?我认为当时的那个年轻人可能是库珀(Leon N. Cooper, 1930~,提出BCS超导理论的人之一,1972年诺贝尔物理学奖得主),你能不能查一查?

说得更深入一些,和翁萨格的相处,至少在下面几项工作上影响了我。他对液态电介质中相互作用偶极的研究,解决了一个令大家非常困扰的物理问题。于是我仔细研究,以了解液态氦里的转子相互作用。我会对他所提"二维尺度不存在湍流"的定理,非常有兴趣,他为此还推导出相关的哈密顿函数。最后,也是最直接的,我独立发现了量子化的涡旋,并不知道其实他在之前就已经发现了。但他处理这个发现的方式,正是标准的翁萨格作风——他并没有写论文发表这项发现,而只是在某次国际研讨会上,有个人就完全不同的题目发表报告,后来在讨论时,翁萨格叙述了他的发现,让会议记录记了下来。当然,对我而言,发现自己和翁萨格得到相同的结论,是一次重大的鼓舞,至少表示自己走上了正确的方向。

诚挚的祝福

理查德·费曼

费曼致哈佛大学数学系吉尔(Tepper L. Gill) | 1977年10月10日

亲爱的吉尔博士：

谢谢你把自己做的无限张量积的研究论文寄给我。

我对现代数学的研究已经相当陌生，因此没办法了解它。但是我很高兴知道，自己起头的东西连专业的数学家都很感兴趣。发现有序算子是一件很好玩的事(时间就是一种非常特殊的有序参数)。我从一开始，就知道它们可能的用途应该很多，可以和随机算子分庭抗礼。我花了很多时间，想找出公式，尝试解决随机搅拌涂料的混合率问题，或是解答外地核层的随机对流产生的地球磁场，当然也包括道理相通的紊流问题。但是都还没有令自己满意的进展，因此我没有在这几方面发表任何论文。不过我知道，有序算子总有一天会变得非常重要。

很高兴听说数学家也跑进来玩了，相信你也觉得这个东西很好玩。根据你的引述，它似乎具备了所有会迷惑数学家的条件，它"和原罪亲密接触，令数学家心痛"。

诚挚的祝福

理查德·费曼

费曼致列文(Max M. Levin) | 1977年11月21日

加州大学圣塔鲁兹分校的列文博士,在校长辛思海默(Sinsheimer)和山德士教授的建议下,写信给费曼。他正在规划一系列探讨科学和艺术之关系的演讲。他认为费曼对这个题目一定很有兴趣,想问他愿不愿意出席研讨会,做一场演讲。

亲爱的列文博士:

仔细想了一小段时间之后,我想不出艺术对物理学有什么重大的影响。它很可能是有影响的,只是我找不出一个例子来。可见我不是可以在你的研讨会上演讲的候选人。

辛思海默校长和山德士教授之所以想到我,可能是他们听说我在学画画。他们认为画画当然是艺术活动。

我现在还在一个小型的旧金山芭蕾舞团客串打邦戈鼓,因此科学界的朋友若是谈到音乐或舞蹈与科学有啥关系时,一定也会想到我。其实,我对这些关系根本一无所知。

诚挚的祝福

理查德·费曼

费曼致沙克研究院(Salk Institute)克里克博士 | 1978年3月7日

●中文版注:

法兰西斯·克里克(Francis Crick, 1916~2004)是英国分子生物学家,与沃森(James D. Watson, 1928~)于1953年共同发现DNA的双

螺旋结构，1962年共同获得诺贝尔生理学或医学奖。克里克后来跨行进入认知科学领域，从视觉研究心灵。

亲爱的法兰西斯：

很抱歉，我不得不没有看就把你的论文寄还给你。我近来太忙了，实在没有空再看别人的理论，免得自己再陷入泥淖，难以自拔。你的东西可能非常美妙，会害得我又想东想西、不得安宁。干脆硬起心肠不看算了。

诚挚的祝福

理查德·费曼

克里克致费曼 | 1978年3月10日

亲爱的狄克：

别不好意思，我也干过同样的事。我们分子生物学界流行史塔尔(Franklin Stahl)的一句名言："别告诉我，我可能会胡思乱想的。"

老友

法兰西斯

费曼于1978年在校园舞台剧《市长万岁》中
(*Fiorello*,一出政治讽刺剧)演一个角色

1978年全家出游墨西哥,费曼与母亲卢西莉、妻子温妮丝、女儿米歇尔、儿子卡尔,在画了"费曼图"的旅游车前面合影

日本神户戴利亚哥(Rafael Dy-Liacco)致费曼 | 1978年5月24日

亲爱的费曼博士：

请原谅我很冒昧地把自己的想法寄来给你。我的脑子里有个关于宇宙射线来源的独特想法，可是不知道应该讲给谁听。我曾写信给《科学美国人》杂志的读者投稿栏，希望能刊登出来，这样一来，那些懂这个题目的科学家就能评论，说它对或是不对。可惜并没有获得刊登。我只能把这个想法告诉我唯一认识的一个懂物理的人，就是我的高中物理老师（我是个16岁的高中生），但我有很多理由不愿和他谈。

我父亲一直说，《科学美国人》的编辑一定是想剽窃我的创意。我简直要被他逼疯了。我在某个介绍宇宙的影片中见过你，你给我的印象是我所认识的人当中，看起来最诚恳的，虽然你在节目中只谈论物理。因此，我想麻烦你花点时间，批评一下我的想法。如果你愿意的话，请用简单一点的名词，好让我能看得懂。我想知道的最要紧的一件事是，这是不是一个新想法？我的想法是这样子的。

假设：太阳的外层存在着一层反物质。

粒子和它们的反粒子发生随机碰撞，这就是宇宙射线的稳定来源，量虽少却十分重要。

太阳磁场很强的时候，譬如有大量的太阳黑子产生时，带电粒子的移动不再是那么随机了，它们会被加速往一个太阳磁极移动；而带相反电荷的粒子也同样被加速往另一个磁极。因此，带电粒子更有机会和它们的反物质发生碰撞。结果，粒子与反粒子的碰撞机会增加，宇宙射线的数量也会增加。这就是当太阳黑子很活跃的时候，宇宙射线也跟着增加的原因。

诚挚的祝福

戴利亚哥

费曼致戴利亚哥 | 1978年6月6日

亲爱的戴利亚哥先生：

你的宇宙射线来自太阳外层反物质的看法，很可能是错的。理由有好几个。

首先，以太阳所含的巨大质量来看，这层反物质支持不了多久，很快就会消耗完。因为它们的消耗量这么大，你马上就得面临一个新的问题，就是这些反物质是从哪里来的？

其次，宇宙射线的能量通常很高，远超过物质和反物质互撞、消灭而遗留的能量。你也无法说明来自太阳系之外的太空，能量非常高的宇宙射线。这不是太阳磁暴所能解释的。

最后，物质和反物质碰撞而湮灭，产生的是 γ 射线，或称高能光子，而不是高速的质子。但是射到地球的宇宙射线，主要是高能量的质子，而不是 γ 射线。

物理学家的假设是这样的：较低能量的宇宙射线并不是来自太阳，而是太阳磁场的变化把太空中的氢离子(也就是质子)加速而成的。这种说法目前没有出现什么严重的问题。至于高能宇宙射线的来源，我们目前还不太清楚。

继续保持你在这方面的兴趣。如果第一次没有成功，就再试一次。也要告诉你爸爸，不必担心剽窃的问题，科学界并不像商场或其他行业。我们都在共同努力，设法了解大自然。我们都学会要非常注意尊重任何人的想法。如果这个想法真的很有用的话,我们是非常乐意让他先发表的。从17世纪之后,我们在这方面就不再有什么严重的问题发生了。

诚挚的祝福

理查德·费曼

鲍林(Linus Pauling)致费曼 | 1978年6月28日

亲爱的狄克:

琳达告诉我,你切除了一个蛮大的恶性肿瘤。这种长在腹腔的恶性肿瘤是很严重的,5年的存活率相当低。化学治疗没有什么用。在英国,很少用化疗来处理这种恶性肿瘤。

我认为你当务之急,就是立刻开始大量摄取维生素C,每天至少20克。我正和一个腹部有恶性肿瘤扩散的病人通信,他前3个月,每天摄取60克维生素C,现在情况好多了。服用量也降到每天35克。

随信附一些参考文献给你,从当中还可以找到更多的参考文献。琳达会告诉你,在哪里弄得到纯的维生素C和抗坏血酸钠。也会告诉你该如何服用。

维生素C的主要作用是增强身体的免疫功能。一些细胞毒素类的药物会破坏身体的免疫功能,可能也会降低维生素C的功效。另一方面,像BCG这类刺激免疫功能的药物,则可和维生素C一起服用。一旦你开始服用维生素C,很重要的是不能中断,不要吃吃停停的。

我们还有另一篇论文发表在《国家科学院会报》。此外,日本的森下(Morishita)和村田(Murata)也得到和我们类似的结果。

祝福你

林纳斯·鲍林

附笔：不要吃甜食，少吃肉。多吃蔬菜、水果，多喝蔬果汁和果汁。

费曼致鲍林 | 1978年7月7日

亲爱的林纳斯：

非常开心听到你的消息，也谢谢你特别关心我的问题。

我得的癌症是一种很少见的腹腔恶性肿瘤，叫黏液样脂肉瘤，是一种含大量黏液的软组织肿瘤。虽然开刀取出来的时候，它已经有2700克，但是还包裹得相当完整。显然我的手术已经把它切除得干干净净。病理报告也显示，癌细胞并没有侵入我的血液系统。因此，我的肿瘤医师霍尔(Thomas C. Hall)，是班塞(Seymour Benzer, 加州理工学院遗传学家)介绍的，他也不建议做化学治疗。他只是很仔细地用X线做全身检查，看看有没有转移到其他地方。不管怎样，我已经把你的信交给他看，看看参考文献里谈的那些事他熟不熟悉。

琳达已经把资料统统都告诉我了，就是你在信里详细叮咛的那些事。林纳斯，你最大的成就之一就是帮助生出这么可爱的女儿来。

再次感谢你的关心。

诚挚的祝福

理查德·费曼

费曼致欧勒(R. Wayne Oler) | 1979年3月2日

> 欧勒是班哲明/康明思(Benjamin/Cummins)出版公司的副总经理，写了一封谈费曼的版税的信来。他关切一个问题：很多出版社会寄免费的教科书给有机会采用为课本的教授。有些教授就把这些公关书卖掉，增加自己的收入。欧勒先生认为这件事会影响教科书市场，可能减少出版公司的利润和作者的版税。

亲爱的欧勒先生：

我想，我们不要太贪心吧！

很不巧，我写书的目的不是想赚钱，而是想传播知识，因此我的意见和你不太一样。

依我看，如果你寄免费教科书给教授的目的，是要推销这些书，并且和教授建立良好的关系。那么这些书已经达到目标了。如果它们能再卖给别人去用，更增加书的附加价值，有什么不好呢？如果你不喜欢这件事发生，就不要寄书出去呀！

如果你寄书出去，是希望寄书后得到一些正面的反馈，那么在你把书寄出的时候，你已经得到应得的利益了；不管你原来想的利益是什么。如果收到书的人能用它再创造一些价值，我们有什么立场禁止他这么做？你寄给了他，书就是他的了，不是吗？如果寄书的净效益是负数(就是销售的减少超过寄书的广告和公共效益)，只要停止寄书就能停止损失了。这是很简单的逻辑。

以前，也常有出版公司主动寄给我全新的书或回头书，而我很讨厌人家对我打广告。现在，你的信给我一个新点子，我知道怎么处理那些书了。

诚挚的祝福

理查德·费曼

1979年,费曼接受卡特总统颁发的国家科学奖章

费曼致荷兰的狄库伊斯(G. C. Dijkhuis) | 1979年6月13日

亲爱的狄库伊斯博士：

谢谢你来信提到《费曼物理学讲义》第三册第21章第8节的符号。我在讲义的前面说过，这就像一场场专题讨论会。而现在，你把这个符号当真，甚至当成了方程式的符号。可是在专题讨论的现场，大家都很清楚这符号写错了。千万不要相信我随手写下的符号。你们应该相信自己仔细推导出来的东西。(很抱歉，我现在没有耐性再把讲义全部检查一遍。你可以认定，我当时写下的符号有一半的机会，用法是不正确的。)

诚挚的祝福

理查德·费曼

费曼致光学涂布实验室公司伊斯里(Robert Ilsley) | 1979年6月13日

亲爱的伊斯里先生：

这封信是要确认我们6月13日星期三的电话交谈。我在电话里说的是，我不能担任你们这家光电公司的董事。主要原因是我欠缺企业管理经验。我不认为你们公司其他外聘董事的丰富企业经验，足以弥补我的不足。我没有足够的信心，可以执行董事的职责。这会让我很不自在。也因为这种不自在的感觉，让我婉拒你的盛情邀请。

感谢你的殷勤和耐心，包含我在这件事上表现出来的优柔寡断。

为了这件事,你一定有些困扰,也耗费一些时间与金钱。请多包涵。

经过这件事之后,我开始对光电产业和前景感兴趣。我将会高度关注你们公司的发展情形,希望我们能时时保持联系。

很高兴能认识你和工厂里的一些朋友。

祝你好运

理查德·费曼

费曼致温妮丝、米歇尔和卡尔 | 1980年6月29日

下午3点,写于奥林匹克大饭店游泳池畔。

亲爱的温妮丝、米歇尔(卡尔也在家吗?):

这是我抵达雅典的第3天。

我在饭店的游泳池畔写信,信纸就铺在我膝上。因为桌子太高而椅子又太矮,用起来很不舒服。

这次旅行虽然是准时到达,但过程当中很不舒服。因为飞机客满,每个位子都有人,拥挤不堪。伊利亚波洛教授带着他侄儿和一个学生到雅典机场来接我。他侄儿和卡尔同岁。另外,我很惊讶,这里的气候和我们帕沙迪纳很像(但气温大约低个5摄氏度),蔬菜的种类也差不多,附近的山丘光秃秃的,有很多沙漠地形和仙人掌,湿度也很低,相当干燥,夜里也是凉飕飕的。不过相似的部分也仅止于此了。雅典城大而无当,丑陋、喧闹,充满了汽车的废气。绿灯一亮,汽车就像是看到青草的兔子,不管三七二十一地横冲直撞。等到红灯亮的时候,到处都听见刺耳的刹车声,而且每个人都乱鸣喇叭(黄灯亮的时候)。这一

点倒很像墨西哥市。只不过这里的人看起来没有那么穷,街上的乞丐很少。不过温妮丝,你会很喜欢这里的,商店真多,都是一小间一小间的。卡尔一定也很喜欢在老城区到处逛,那里小巷杂错,有很多稀奇古怪的玩意儿。

昨天我到考古博物馆参观。里面有很多马的雕像,大部分是石雕。米歇尔一定会爱看的。其中有件很大的青铜作品,是个男孩骑在奔驰的骏马上,看了很令人感动。但展品太多,标示又不很清楚。我走得双腿发软,把看过的东西全搞混了。而且我们以前已经见过很多类似的希腊雕像了,所以觉得有点枯燥。其中只有一件很特别的东西,和别的东西都不一样。它是1900年从海里打捞起来的一个机械制品,有点像现代闹钟的内部组件,有一些齿轮接合在一起,当然,上面还有标示着刻度的图和古代希腊的铭文。我怀疑它是个冒牌古董。1959年的《科学美国人》杂志上,曾有篇文章介绍过这个东西。

昨天下午,我去雅典的卫城参观。这座古城就在市中心的一块岩石台地上,有名的帕特农神殿和其他古老神殿的遗址就在这里。帕特农神殿保存得很好,非常壮观。温妮丝,记不记得我们在西西里岛的塞加斯塔遗迹看过一座令人非常感动的神殿?差不多是那种感觉。当时我们还走进里面去参观。但是在这里,不准上台阶,不准在廊柱间行走。伊利亚波洛教授的姐姐带着一本笔记簿陪我们参观。她是个考古学家,一路向我们解说。从希腊传记作家普卢塔克(Plutarch,46~120)谈起,每块碑文都不放过。

看来希腊人非常看重他们的历史。从小学6年级开始,就要学古希腊史,每星期有10节课。这根本是一种祖宗崇拜,尊古而抑今。他们总是再三强调古希腊人是如何伟大。当然。希腊老祖宗确实了不起。但你若想鼓励一下现代的希腊人,说他们并不会不及祖先,并且提起他们的实证科学、数学成就、文艺复兴艺术以及哲学思想上的进展等,其实都超越了古人。他们并不觉得受到称赞,反而会问你:"你说这些话是什么意思?古希腊人有什么不好?"然后继续贬低现代,推崇古人。好像今人的成就全是靠他们祖先的余荫,却不知道心存感激似的。

依我看,现代希腊人有很严重的恋祖情结,整天在那里自怜自艾的。当我说道,欧洲数学的最重要进展是发生在16世纪,意大利数学家塔塔利亚(Tartaglia,1499~1557)发现三次方程的解法时,他们并不觉得与有荣焉。这个解法的本身虽然没有多大的用处,但却证明了现代人可以做出古希腊人做不到的事,在当代人的心理上,有非常重大的意义。从此,欧洲人不再一味模仿古人,因而有助于文艺复兴运动的兴起。现代希腊人在学校里学的那些东西,只会打击士气,让学生觉得自己远不如祖先优秀。

我问那位考古学家女士,可曾有人发现过和博物馆里那个机器类似的文物,譬如说比它更简单,或是更复杂的类似东西?她说她不知道我说的是什么。于是我约了她和她儿子一起到博物馆去。她儿子就是到机场接我的,那个和卡尔同岁的教授侄儿。因为正在学物理,把我当成像古希腊英雄似的人物看待。我带她看了那个稀奇古怪的东西,并且把我的疑点告诉她。她听了,很不以为然,反问我:"埃拉托斯特尼(Eratosthenes,公元前3世纪的希腊科学家)不是曾经测量出太阳到地球的距离吗?他当时难道不需要一些比较精密的科学仪器?"唉!这些钻研古籍的现代希腊学者,是多么的无知呀!难怪他们一点也不喜欢现代。他们根本不属于这个时代,也不了解这个时代。但后来她也觉得这东西有点蹊跷,于是带我到博物馆的库房里去。她相信库房里一定有些类似的收藏品,而至少她可以找到有关这件东西的完整资料。结果库房里并没有其他的类似收藏品。而所谓资料,总共只有3篇文章(其中包括刊登在《科学美国人》上的那篇),全是同一个人写的,而且还是耶鲁大学毕业的美国人。

我猜那些希腊人一定觉得美国人很笨。馆里那么多精美的雕像和画像，蕴含着多少美丽的神话和传说故事，他不去欣赏，单单对一具机械作品有兴趣。(当考古学家问博物馆的一位女职员，有没有编号15087展品的详细资料，因为一个美国来的大教授想多知道一点和这件文物有关的东西，她咕哝着："博物馆里这么多好东西，他为什么偏偏挑那一件？那东西有什么特别的？")

这里人人都抱怨天气热，怕我会受不了。其实此地的平均温度还比帕沙迪纳低5摄氏度左右呢。商店和机关下午1点半到5点半午休，说是天气太热了。这主意还真不错，大家都好好地睡个午觉，然后晚上再混到半夜。通常的晚餐时间是9点半到10点，那时候比较凉快些。最近新订了一条法律，为了节约能源，所有的饭馆和酒店必须在凌晨两点打烊了。弄得大家抱怨连连，说如此一来，雅典的生活步调都给破坏了。

现在正好是一点半到五点半的午休时间，我趁这个机会写信给你们。说实在的，我很想念你们，还是在家好。想来我对旅行已经没有什么兴致了。我在这里还有一天半的停留。出门之前，你们热心推荐我去一处美丽的卵石海滩，和一处重要的古迹(大半已经损毁)。但这两处其实还蛮远的，单程要坐2~4小时的游览车。因此我哪儿都不想去。算了，我还是乖乖留在饭店里，准备一下克里特岛的演讲稿好了。他们要我多加3场演讲，听众是专程到克里特岛来听我演说的希腊大学生。我准备按照在新西兰演讲的做法，可是我还没有拟好大纲。

我很想念你们大家，尤其在晚上要上床睡觉的时候。没有狗狗可以搔痒，也没有对象可以道晚安。

爱你们的理查德、老爸

附笔：字迹难认的话，别担心。我只是随便写写，没啥重要的事。我在雅典过得很好。

哈特(Michael H. Hart)致费曼 | 1980年3月25日

亲爱的费曼教授:

去年秋天的某日上午,我正在教一些大学生电磁学,我把 $F_{mag} = qv \times B$ 这道公式写给他们看。我指出,就如大部分的教科书所说的,根据公式,由于磁力 F_{mag} 永远和 ds 垂直,所以磁力是不可能做功的。

几天之后在实验室里,我利用一块永久磁铁移动一根小铁棒。小铁棒放在桌上,我用手指头把它抓住,而我把永久磁铁摆在它上方。

我的一个学生(他显然不够聪明,不了解课本内容的正确意思)忽然问我,如果磁力不能做功,那磁铁是怎么移动小铁棒的呢?真是个笨问题!这个显然矛盾的现象的解释,对我而言几乎是不假思索的。但我忽然觉得很难用简单的话来把这个问题说明白,让这么笨的学生也听得懂。(我忽然觉得很泄气,觉得现在的高中教育相当失败,这种程度的学生也能毕业,进大学来。)你是不是能帮个忙,告诉我该怎么说,才能让这种学生也能懂。

诚恳地请求你

哈特助理教授

费曼致哈特 | 1980年12月4日

亲爱的哈特教授:

我最近整理书桌,才发现你那封提到磁场做功的有趣问题的信。我大概一开始的时候,因为需要稍微想一想,就把它搁在一旁。请原谅我。或许是我不肯承认,过去这半年来,我一直想不出适当的说法,不知道该怎么回信。现在终于有了答案。

在物理学上,"谁做功"这个概念并不是很明确,也没多大的用途。它对我们的直觉和认知没有什么帮助。假设我有两块砖A和B,用一只略微压缩的弹簧连在一起。A的位置固定不变,B向A移动而压缩弹簧,那么弹簧可以做功的能量,显然来自B。但如果反过来,B固定不动,A向B移动,则做功的能量就是A提供的。至于到底哪个是哪个,就看观测者的相对运动是什么而定。如果我们只是把A、B两块砖拿在手里,互相推挤靠拢,那我们只能说弹簧做功的能量,是由A和B同时提供的。谁会去管它们各自出了多少功?因为这完全看我的手是怎么移动的。要进一步追究其间的细节,就没有什么意义了。这只是一个例子。

现在,我们假设A是一块磁铁,B是一个带着电荷Q的轮子。如果A接近B,B就转快一些,那么,多出来的动能是哪里来的呢?来自把它们(也就是A和B)推在一起的力,这就是我想说的。

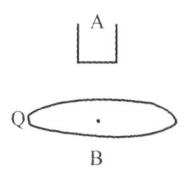

但我们有个定理,说:一个粒子的动能,不可能被磁场改变。在这个例子里,当然,如果你坚持的话,轮子动能的改变是由于电场的改变,而电场的改变是磁铁移动造成的。但是你的笨学生要的,是个直觉上合理的答案,而且是反过来的情形,就是:如果A是固定的,B向着A移动会怎样?这里并没有电场存在呀!它是由一种说起来很复杂、作用在轮辐上而把轮子往上推的力(到底是什么?)所做的功。这个笨学生没耐心去仔细推敲:谁移向谁这种事,其实和问题呈现的方式有关,但是和答案的本质无关。他们不知道其实两者之间,谁移向谁只是相对的,和实质的物理作用没什么关系。他们不了解这一点,坚持要一个答案,你只好引经据典去解释,陷入烦琐的细枝末节里。

但最后,你举的磁铁和小铁棒的例子是最有趣的。这需要特别的考虑。磁矩的产生，来自电子的自旋，而这是一种量子力学效应。它的力并不是来自$E+v\times B$；如果硬要从往典理论找出近似的描述，那就是原子的磁偶极矩。这回，磁场就可以做功了。这里的矛盾可以经由观测来分辩。事实上，如果原子里的电子遵守的是经典物理，原子就不会表现得像个小磁铁（详见《费曼物理学讲义》第2册第34章第6节）。

笨学生问的简单问题，常常有非常复杂的答案。只有聪明学生才被训练得会问那种复杂的问题，然而答案其实很简单，老师都知道答案，只有当老师的，才想得到那种答案简单的简单问题。

诚挚的祝福

理查德·费曼

费曼致麦克阿瑟基金会计划主任弗洛恩德(Gerald Freund)
| 1981年4月6日

沃富仁(Stephen Wolfram)是个理论物理学的奇才，1979年才20岁，就得到加州理工学院的博士学位。之后又在加州理工学院待了好几年，才转去普林斯顿高等研究院。

亲爱的弗洛恩德博士：

在找寻别的东西的时候，我发现这封推荐沃富仁的信还躺在抽屉里，没有完成。

我其实很不喜欢替人家写推荐信。因此当褚威格(Georgr Zweig)来问我这件事的时候，我压根儿没有想起来。现在，我抗拒这种不愿意为人推荐的本意，特别是我的秘书把这份被我一时疏忽、搁了一小阵子的推荐信继续完成。

你问我的是沃富仁的能耐，是否能有资格获得麦克阿瑟基金会的资助。

沃富仁博士确实是非常杰出的，正是你们的计划应该奖励的对象。他在很多领域里，都有非常多的原创性研究。例子不胜枚举，例如，他发明了一种很天才的方法，来比较高能物理的实验结果和量子色动力学理论所预测的现象；虽然这个理论还不完整。另外一个例子是，他在临时需要的情况下，设计并写出一套全新的电脑程序，来做代数和符号的运算，而整个工作全是原创且独立完成的。他分析了宇宙早期重子(baryon)的形成，指出在这项工作中其他人所犯的重大错误。

沃富仁在理论物理的所有基础问题上，更是功劳非凡，无论是引力、宇宙学以及崭新而尚未划定领域的理论，例如强子物理与弱相互作用，都有建树。他研究每个问题的方法，并不是大量阅读相关文献，而是以自己的方式，亲自解决它。他非常卖力地在研究。他的勤奋和他的做法，正是他那多姿多彩的原创性成果的来源。

这里举办过的研讨会，沃富仁都会出席，没有一次会缺少他那精辟独到的评论、询问或批判。我不知道这个领域里，还有谁比沃富仁博士的见解更为广阔。他好像对每个问题都有研究，而且对每个研究的问题都有创见或严谨的判断。

诚挚的祝福

理查德·费曼

※米歇尔注：沃富仁博士得到1981年麦克阿瑟基金会的"天才奖"。

费曼与山卓拉、维娜丝在自家草坪上晒太阳。摄于1981年

费曼致麻省理工学院林肯实验室李维斯(Rodney C. Lewis)
| 1981年8月10日

李维斯先生来信,说非常欣赏费曼在麻省理工学院所做的学术报告。李维斯指出,他觉得很多科学家和教育工作者,已经丧失了探索未知领域的雀跃心情。李维斯说他已厌倦了标准教科书里的范例,很高兴费曼的观点与众不同。

亲爱的李维斯先生:

谢谢你的善意来信。听到你说很喜欢我所做的学术报告,让我很高兴。别对那些枯燥的标准教科书失望。只要常常停下来,合上书本,想想书上到底说的是什么,然后试着用自己的话去诠释看看,你就会看到大自然的美妙和精神。书本给我们的,只是硬邦邦的事实,但我们的想象力可以让它们栩栩如生。

当我还是个坐在父亲膝上的小男孩时,父亲就教会我怎么做了。他读《大英百科全书》给我听,常常故意停下来问我,现在书上到底在说什么呀?例如,书上说"霸王龙的头有1米宽",意思是说,如果它站在外面的草地上看你,它的头会在2楼窗外,盯着你的卧室瞧。如果它伸进头来,会同时撞破两扇窗户。等到我稍大些,我们又重读这段文字时,他会提醒我,霸王龙的颈部肌肉有多强壮,以及体重与肌肉截面积之间有什么比例关系等。他也会告诉我,为什么陆地上的动物不可能长得像海里的鲸那般大,为什么蚱蜢可以跳得和马跃起来一样高。所有这些,都来自思索恐龙的头。

诚挚的祝福

理查德·费曼

费曼致唐恩·聂米克(Don Nemec) | 1981年10月19日

聂米克和费曼连续通了8年的信。他们两人有个共同的朋友,就是厉立(John Lilly)医师。厉立是以"孤立舱"(isolation tank)方式研究人类意识的先驱(最著名的,可能是他在种间通信方面的研究,尤其是人和海豚的通信)。他们通信讨论的问题范围很广,有一封是讨论厉立的"感觉剥夺舱"。聂米克以物理学家的观点,写了大约1页的看法,费曼又加注了一些意见,讨论梦境和超觉经验(out-of-body experience)。大部分信件都是聂米克执笔,由费曼加注一些意见。下面这封,是费曼最长的一封回信。

亲爱的唐恩:

非常高兴接到你8月5日写来的长信。你看起来开心得很,也胖得多,比起在帕沙迪纳时变了些。看起来,帕沙迪纳不是个可以进行超觉实验的理想地点。

你知道的,我还是认为你一直练习而且仔细研究的心灵经验,只是脑子在放松状态的一种奇妙现象。这种奇妙的感觉,完全是内在而自我的,但它其实深受你的信仰和你的亲身经验所影响。也就是说,当你脑子没有放松时,在想什么东西,以及你日常生活中,每天运用大脑的方式和思考的方向等,都会影响这种奇妙的内在经验。因此,我不认为它是所谓的"和宇宙智慧的接触"或者"探索真实世界的某个未知层面"等。换句话说,我们每个人对这个"外在的"真实世界,都可能有这种类似的共同经验。这些经验最多只是像每个人经历到的梦境一样罢了。而梦境,依我看,是不可能预测未来的,也不可能显示正在其他地方发生的事。日有所思,夜有所梦。梦境只会告诉你,你白天在思考或担心什么事情。

好,就算事情如你所说的,谁又能证明或反驳这些事情呢?

很高兴听说你找到了研究这件事的人(金姆)。我不知道你是不是仍然和她一起工作。她可能有一些超觉经验,但你说:"她也无法说服自己,这种经验除了表现出来的现象之外,还有什么意义。"什么是"表现出来的现象"?

你也猜得出来,我对这件事觉得很遗憾。这么一个聪明又有才干的女孩,居然放弃好好的大学教职,去追求这种虚幻的、偶然发生的内在经验,弄得自己整天神经兮兮的。难道她就不能兼顾,让两件事各占适当的比例吗?因为依我个人的观点,她只是在追求一种幻觉和幻想,弃令人喜悦和刺激的真实世界于不顾。而这个真实世界对她的思想却更有帮助,更美丽,也更令人喜爱。

谢谢你的信。别忘了继续保持联系,稍微瘦身一下。祝你好运。

你的好朋友
费曼

费曼致麻省理工学院乐利(P. P. Lele)教授 | 1981年11月16日

亲爱的乐利博士:

非常感谢你给我寄来超声波研究报告。你的超声波设备所描绘的图像,非常清楚又有创意,分析的功能也非常强。比起现在普遍使用的设备,超越很多,令人印象深刻。希望它最后也能像初步测试时一样成功。

我很感谢你愿意提供自己的技术,为我检查及治疗恶性肿瘤。我会非常慎重地考虑。至今我试过的那些传统疗法,效果都不很满意。加州大学洛杉矶分校的教授认为,外科手术仍然是最佳的选择。因此,我已经决定下星期要再动手术,由莫顿(Donald Morton)医师主刀。

动手术之前,我们已经试过一般的化学治疗、一些放射性治疗和高温疗法。所谓高温疗法是用1350万赫的磁场1000瓦,来照射腹部。连续10天之内,每天有1次35分钟的疗程。但是没有一种治疗方法有明显的效果。这些治疗的主要目的,是使肿瘤缩小,让原来很困难的手术变得容易些。他们并没有在肿瘤内部插入温度计。和你的技术相比,算是相当粗糙。

或许当我的恶性肿瘤再度复发时,你会再次考虑把我当作你超声波治疗的候选病人。

谢谢你花了很多时间,在电话里耐心和我讨论这些事情。

诚挚的祝福

理查德·费曼

第10部　　电视新星｜1982~1984年

如果你觉得我有点疯疯癫癫的，我现在有借口了，因为我的脑壳钻了两个洞。你摸摸看，就在这儿。

20世纪80年代早期,大西洋两岸都播出一个专访费曼的纪录性节目《发现的乐趣》。片长1小时,有大量费曼近距离的特写。出乎一般评论家意料之外的是,观众非常喜欢这个节目。更多的人写信来了,其中包含很多的物理门外汉、赞美者和一些跟着瞎起哄的好奇人士。

由这段时期的信件当中,我们可以看出费曼在处理信件态度上的转变,从原先的很有耐心,变得很直率。这时候对他来说,时间变得更珍贵了。在1982年年初的一封信里,费曼表示,他发现自己很难用通信方式来讨论问题。他说:"我的习惯是一碰到有疑问的地方,就要立刻澄清。我没有耐心去慢慢思索它可能是什么意思。"尽管如此,费曼还是花了一些时间展读一封封陌生人的来信。这些信不管是技术性或非专业的,通常既没有组织又思绪杂乱。但费曼在回信中,总是单刀直入,精确地提出信里所谈论的重点或本质。

与此同时,费曼的健康状态也一直有问题。费曼的母亲在1981年11月初去世。丧礼之后不久,费曼为了自己腹部的恶性肿瘤再度开刀。这次手术时间长达14.5小时,而在手术中,又发生主动脉剥离,需要大量输血,总共输了大约3.3万毫升。数十名加州理工学院的教职员和学生以及附近喷气推进实验室的员工,都赶到加州大学洛杉矶分校附属医院去献血。我记得当时曾在电话中与其中一些人谈话,设法把能够献血的人集中起来做个安排。他们对我父亲的热爱和赞赏都化为具体的行动,帮助我们家顺利度过这段困难的时光。

1984年3月,费曼期待很久的个人电脑终于到货了。他开车到店里去取货,在停车场的人行道不小心跌了一跤。撞破了头。他把头上的血擦掉,仍旧到店里取了电脑回家。当晚,我和母亲在外面逛了一整天回到家时,发现他正愉快地玩着新电脑,身上还穿着那件沾满血迹的衬衫。当时他以为自己没事了,但几个星期之后,才发现有脑膜下血肿,部分血液集中在脑的表面,就是那一跤引起的。后来他又回到医院,在脑壳上钻两个小洞,把血块引出来,减轻压力,后来,他常常拿这件事和朋友开玩笑,说:"如果你觉得我有点疯疯癫癫的,我现在有借口了,因为我的脑壳钻了两个洞。你摸摸看,就在这儿。"

这之后,电脑在他的专业和他的时间上,都占了很显著的地位。由于我哥哥卡尔的刺激,他不时思索并演讲有关电脑的题目,并且思考电脑的极限以及量子电脑的可能性。

赖特(Don Wright)致费曼 | 1981年11月23日

1981年11月,赛克斯(Christopher Sykes)的纪录片《发现的乐趣》首次出现在BBC的《地平》(Horizon)系列节目中。

亲爱的教授:

我不像大多数美国人,有那么多时间。这是我第一次,恐怕也是最后一次,写信给在电视节目上出现的人。我觉得你在电视上的谈话实在太感人了(不管是叫演讲或是叫访问,总之是你在说话)。我指的是今晚BBC第二频道上的节目,因此我非得写这封信不可。

如果你有机会到英格兰来,而且有时间可以造访多塞特郡的斯温奇村,我们会竭诚地欢迎你。这里是英国的小乡村,景色优美、民风淳朴。

我知道你的垃圾箱一定比我的大很多,但我还是把这封信寄给你,碰碰运气。

谢谢你在电视上的谈话。

诚挚的祝福

赖特

费曼致赖特 | 1982年1月13日

亲爱的赖特先生:

谢谢你来信告诉我,你很喜欢我在电视节目上的谈话。我是个美国人,你对这可能有些不很自在。但是我要特别告诉你,我太太可是不折不扣的正宗英国女人,来自约克夏郡。她给我的"家教",把我改造得很不错,我应该已颇有英国绅士的风范。

诚挚的祝福

理查德·费曼

费曼致葛里菲丝(Connie Griffiths) | 1982年1月25日

英国的葛里菲丝也看了《地平》那个节目,写信来建议费曼试试冥思静坐,认为冥思静坐可以使人的心神更加安宁,可节省费曼的时间和精力,增进效率。信里提道:"我看得出你的思考非常细腻而清晰。但即使如此,我还是认为你处理的那些问题实在太困难了。因此,冥思静坐可以使你的思想更集中在你研究的问题上,不会分心去管那些没用的旁枝末节。它可以让你的心灵到达全新的境界,很接近空相的境界。在那个境界里,自然律和你非常接近,会整个展现出来,而不是一点一滴慢慢出现。"

亲爱的葛里菲丝小姐:

谢谢你有关冥思静坐的来信。

我试过类似的东西,是一个心理医师朋友厉立发明的,叫作感觉剥夺舱。一个人漂浮在盐水里,没有声音,没有光,没有什么感官的功能,近乎绝对寂静。我试过很多次,好几个钟头,也产生一些幻觉似的经验,等等。

当然,它和冥思静坐是不一样的东西。但是我有一种感觉,就是这种身心松弛的经验或体验,虽然在心理上让人有一种更了解自我的感觉，但它绝对不是那种要解决硬问题所需要的硬思想的替代品。这种硬思想需要专业的学术训练，必须先把脑子装满了科学的事实，再经过某种脑力激荡，或者只要放松下来，或许所有的事情都会豁然开朗。

不管怎样，总而言之，谢谢你的建议。

诚挚的祝福

理查德·费曼

苏格兰丹地大学(University of Dundee)心理系
沃尔夫(J. Gerard Wolff)致费曼 | 1981年1月23日

亲爱的费曼博士：

我觉得你今天在BBC《地平》节目里所说的话很有意思。尤其你谈到，处理牵涉理论的问题时，可以用观察来检测理论的正确性，更让我感触很深。

我研究的问题是，小孩子是怎么学会说话的。在我的研究领域里，碰上的正好是你说的问题。显然小孩子的大脑里，在分析听到的语言里，做了许多和文法与句型有关的复杂比较工作。许多语言学习理论，都说得很简单，很像大纲似的。但其实语言学习的运作是非常复杂的，因此那些理论变得很难去证实或反驳。

要处理这个问题，我喜欢的并不是数学的方法(可能部分的原因是我不懂多少数学)。我是把理论用电脑程序表现出来，让电脑去分析、整理语言学习的过程。这种技巧在许多科学领域都已经很普遍了，你不太可能没有想到。但是你在节目的访谈里并没有提到它的可能性，我觉得或许值得对你说一声。

我同意，物理学的研究方法用到社会科学上，几乎都走了样，结不了果。但在社会科学里也有一些很实际的问题，像语言的学习，可以推演出精确的理论或假说，我们也可以获得有价值的见解。

你觉得电脑模拟对你的问题会有帮助吗？

诚挚的祝福

沃尔夫

费曼致沃尔夫 | 1982年2月4日

亲爱的沃尔夫博士：

谢谢你注意到我的节目。

你猜对了，我确实想过用电脑来模拟小孩子学习语言的过程，但我是用另外的方式。在研究电脑的能力时，有朋友给了我一个问题。电脑程序可以教会电脑下棋，而且下得很好，也能教电脑打桥牌。你能为电脑设计一套程序，教它玩游戏吗？首先把游戏规则告诉它，然后和它玩几次。它随着经验的累积，技巧愈来愈好（就像人一样）。当它学到更多的时候，虽然每次要搜寻的存储量变得很庞大，但电脑运算速度实在太快了，这一点不成问题。电脑玩游戏的速度并不会慢下来，这就是所谓智能型的电脑。

想到这个之后，首先我想用一套简单的系统来试试。就像你提到的，我想教电脑学数学，希望它的数学能力愈来愈好。接着，我就想教电脑学语言，或类似这种"最简单"的问题。接下来，我就思考到，小孩子是怎么学说话的呢？

但是我找不到一个方法，教电脑把学到的知识储存起来，不管是单词还是语法。电脑的内存是很大的，储存资料不成问题，搜寻起来也不困难。但要怎么储存知识，却让我束手无策。

你对这个问题有什么好主意吗？如果你在这方面发表过任何论文，能不能给我一份复印本参考？在我的物理问题里，我们当然也试图利用电脑来研究一些细节。有些东西也是这样处理的。但是到目前为止，电脑的能力仍然有所不足，没有办法得到清楚的结果。

诚挚的祝福

理查德·费曼

费曼致瑞士日内瓦杜德立·莱特(H. Dudley Wright)
| 1982年2月17日

亲爱的杜德立：

总算手术成功，我的意思是说，我还活着。事实上是，我复原的情况非常好。现在几乎随时可到日内瓦去看你，只要你愿意。在短暂的中断之后，我期待近日可以恢复工作。

几乎每天，我都到加州理工学院去上班。但我的秘书海伦却不准我教课，她认为我该休息一年。但是她无法阻止我做研究，我比以前更努力思考。

听说你3月份要来，我非常高兴。到时候就可见到你了。要住我家吗？你什么时候要让我到日内瓦去，看看一切事情进展得如何？大伙儿可以再聚一聚。

诚挚的祝福

理查德·费曼

费曼致沙克研究院霍夫曼(Frederic de Hoffman) | 1982年3月29日

亲爱的霍夫曼：

谢谢你1月29日的来信(我的信箱都快塞爆了，花了一些工夫才整理得差不多)。我觉得好多了，而且已经开始正常授课(本周起)。我也很遗憾我们好久没有见面了。

诚挚的祝福

理查德·费曼

费曼致瑞士日内瓦维尔·特雷迪(V. Telegdi)教授 | 1982年3月30日

嗨，维尔：

谢谢你的来信。没有什么好担心的，我已经完全复原了。我在11月的时候，动了一次腹腔癌手术，医师把看到的东西都割掉了。因此，我现在缺了很多器官。有些器官虽然还留着，也多多少少割掉了一部分。医师说，手术过程中，我几乎要成为他第一次手术失败的病人，幸好最后没事。

你最近有没有回加州理工学院的计划？或许我们可以在日内瓦见面。我希望6月的第一周或第二周，有机会去那儿一趟。

诚挚的祝福

理查德·费曼

附笔：我这学期已经开始授课。完全恢复百分之百的正常活动了。

费曼致辛默(Stuart Zimmer) | 1982年2月18日

辛默先生是纽约的高中自然科学教师,为了鼓励学生研习自然科学,学校准备开辟一间"美国科学"的展览室。他要求费曼的亲笔签名,想把这个签名摆在诺贝尔奖得主区。

亲爱的辛默先生:

我不同意所谓"美国科学"展览的想法。科学是全人类共同努力的成果,如果没有其他地区的科学发展,美国科学什么也不是。

其次,令我很困扰的是,人人都把诺贝尔奖得主当成最重要的科学家。为什么我们对那些由瑞典国家科学院挑选出来的科学家那么重视?对一般民众来说,这或许没有什么不好,但是教自然科学的老师,应该有自己独立的选择:哪些科学家对他最有启示,哪些科学家他最想介绍给学生,要学生注意或效法。

不过别管我的意见,放手实施你的计划吧。我只是被诺贝尔奖得主这个头衔搞烦了,发发牢骚而已。这是你要的亲笔签名。

诚挚的祝福

理查德·费曼

英国大学生伍德沃德(Alan Woodward)致费曼 | 1981年12月29日

亲爱的费曼教授:

我知道物理教授是非常忙碌的,但还是抱着一丝希望写信给你,希望将来有一天会收到回信。

我只是个南安普敦大学的物理系学生，但是对物理科学的怀疑已经在我内心深处蔓延。我看到所有这些学生、讲师和教授，都只全神贯注于自己研究的小小课题，根本就不知道实验室门外的世界。他们不食人间烟火，只是逐字逐句地照字面去解释所有的事情，完全不知道我们的世界朝哪个方向发展。他们只关心自己的科学。这样对吗？

不仅如此，当有人想和他们讨论某些议题时，他们往往不愿意善尽自己的社会责任，表达什么独立的意见。我觉得自己有点孤单，像个傻子。

现在，我们在课堂上用你的书，教的是你的理论。而且我的量子物理老师海伊，一再对我们强调，说你对物理学有多么大的推动力量。因此，你显然是物理界的权威人士之一。但是，难道你从来没有过像我这样的忧虑吗？

我曾经身为皇家海军军官，但最后决定告别军旅生涯，寻求更普通的生活。不幸的是，我觉得投身物理学习，仍然让我的人生有所欠缺。我怕自己不能清楚地描述自己担心的事，但我希望你能了解我的意思。或许有一天，你愿意把你自己的想法告诉我，解除我的困惑，让我能安然释怀。

诚心诚意的

伍德沃德

费曼致伍德沃德 | 1982年3月31日

亲爱的伍德沃德：

增加知识和所谓人性化的生涯规划当然是不冲突的，不管你学的是什么，都一样。而且，就算你的教授和同学只知道某些事情，完全忽略另一些事情(正如你说的"实验室门外的世界"),也不影响你一面学习他们所知道的事,同时深入了解他们有盲点的事。

当然,物理学课程里传授的东西,会令你感到有所欠缺。你不可能单靠物理,就想发展出健全的人格,生命里的其他部分也必须融合进来。

诚挚的祝福

理查德·费曼

费曼致法柏(Yetta Farber) | 1982年3月30日

法柏女士写信来,提醒费曼在康奈尔大学的时候,曾经和她约会。信中说了一段故事,这故事令她每次在报纸上看到费曼的名字,就想笑。故事是这样的:就在他们开始约会之后不久,当地有个强奸犯作案。报上形容这个人"穿一件棕色或近似棕色的皮夹克"(费曼习惯穿一件棕色皮夹克)。这个社会新闻在康奈尔大学校园传了开来。"呀!我和一个很棒的家伙约会,他穿着一件棕色的皮夹克,说不定就是他。"因此,当你再打电话来约我的时候,我就推说:"抱歉,我没空。"

法柏小姐当年还认为费曼太年轻了,不可能是助理教授,一定是吹牛。其实费曼当时已经是正教授了。

亲爱的法柏:

我当时一直弄不清楚,为什么康奈尔的小姐和我出去约会一次之后,就不再和我约会。现在我总算明白了,原来是棕色皮夹克的错。

由于一直受到可爱女孩子(像你那样)的拒绝,我心灰意冷,于是离开康奈尔,到加州来。这里的天气很暖和,我出门不必再穿皮夹克了,终于有女生肯和我约会一次以上,因此我娶了她。我一直都以为加州女孩比较有耐心、肯包容,但我现在终于明白真正的原因了。

比较起来,物理比女孩子好懂得多。

你的前约会男友
费曼

费曼致加州大学伯克莱分校物理系马拉斯(Richard Marrus)
| 1982年4月30日

亲爱的马拉斯博士:

我的一个学生汤玛斯(米歇尔注:是化名)要求我写信给你,说明一下他想申请到伯克莱分校去研究粒子物理的事情。

他是个优秀学生(我相信你手边一定有他的成绩单),有很强的独立性和自主性。在他学习量子色动力学时,我们经常有机会深谈,因为这正是我研究的东西。事情进行得可说相当顺利,他也经常提出深刻的问题。他离开我跑到你那里去,我觉得好可惜。我认为应该向你解释一下整个情况。

首先,他总是觉得加州理工学院的社交环境不佳,尤其是女生太少了。除此之外,这些年来,我们并没有许多优秀的学生,他觉得找不到可以互相切磋的益友。而他总认为,伯克莱的社交环境比较正常(我认为也未必)。他之所以一直没有采取行动,主要原因是他喜欢跟着我做研究。

但在去年秋天,我病得很严重,必须进行一项很大的手术。手术的结果很可能回天乏术，或我从此无法再教书了。很幸运的是我逃过一劫，挺了过来。

这个不确定因素，加上他个人遭遇到一些挫折（他交往过一个女孩，但失恋了），使他很灰心，也非常困扰。他开始到加州大学洛杉矶分校去选课，做些研究，因为他的住所离洛杉矶分校很近。但我相信他仍在加州理工学院选了一些课。

他现在似乎已从挫折中重新站了起来，而且下定决心，要转学到伯克莱分校去。

总而言之，他是个好学生，我为失去他而感到惋惜。我知道他的申请太迟，但我希望你能帮点忙。我认为他的才华不应该虚掷。因此，如果你能收他，我会很开心。

诚挚的祝福

理查德·费曼

费曼致斯坦福大学物理系卡布雷拉(Blas Cabrera)
| 1982年9月7日

1931年，伟大的物理学家狄拉克相当肯定地表示，自然界一定存在"磁单极子"。这种基本粒子是磁场的场源，就像电子是电场的场源。而且他还预测了这种磁单极子产生的磁场强度。这项预测引发了许多实验，70多年来，许多人都在寻找这种磁单极子。

1981至1982年间，卡布雷拉博士刚刚担任斯坦福大学的助理教授，全心全力设计了一个很灵敏的实验来找寻磁单极子。他还为此特别设计了一种装置，称为"超导量子干涉仪"(SQUID, superconducting quantum interference device)。1982年2月14日,卡布雷拉的实验出现一个骤然激发,很"符合"磁单极子通过实验装置的情形。很多物理学家纷纷来打听实验结果,好像他已经找到磁单极子似的。但是卡布雷拉本人并不以为然。他发表了一篇论文,把实验的细节很直率而详尽地写出来。他解释,那个骤然激发确实符合大家期待的磁单极子现象,可用来决定自然界磁单极子数目的上限。卡布雷拉的论文在物理界引起一阵很大的震撼,很多物理学家误会了他的意思,把他的论文解读成他发现了磁单极子。

1982年5月,卡布雷拉在加州理工学院的物理研讨会上,发表他实验的细节。通常这种研讨会,费曼一定参加,而且会问主讲人很多问题,让研讨会生色不少。在卡布雷拉的研讨会上,费曼对于实验的细节,问了许多非常深入的问题。卡布雷拉显然对于自己在会场上的即席答复不很满意。回去之后,于6月24日写了一封长信来,进一步澄清自己的说法。"我想回答几个星期前在研讨会上,你提出来的问题。现在,我想更清楚地解释一下。关于超导量子干涉仪设备的作用原理,我的原始构想还是来自你《费曼物理学讲义》第三册里的叙述。当时我还只是弗吉尼亚大学的物理系学生……你的三册物理书,使我一开始就体会物理学的整体性和一致性。我要谢谢你。"他接着写了三整页的东西,详细说明相关的技术细节,还附了6张图。

亲爱的卡布雷拉博士:

我非常感谢你的来信,详细说明了超导量子干涉仪设备的作用方式与原理。

在你的研讨会后几天,我终于了解你所设计的装置的作用。因此,我在研讨会上问的问题和所做的评论,都显得很愚蠢。你这个装置的最大弱点,是通过线圈上的亚量子通量变化。(一个月前,我本想写信告诉你这件事。但因故没有写完全信,就没有寄出去。这一段话,是我从那封未投寄的信抄下来的。我现在有机会写完它了。)

有很多理论学家这样说你,"卡布雷拉说他找到了磁单极子。"但是我知道,你对自己实验结果的评估和态度,却保守得多。这种态度的本身更符合科学的精神与标准。因此,每当我听到人家这样说,就替你辩护,说你并不觉得自己走了那么远。确实,你的实验结果看起来像是磁单极子露出踪迹时该有的特质,但是实验结果只出现了一次,无法再度验证。所以,你对这个实验结果并不满意。(正如你在信里的倒数第二段所说的。)

不久之前,有位仁兄到我的办公室来,表示:近来的理论预测说,磁单极子会和质子发生强烈的交互作用,如果你的实验真的发现磁单极子的话,我们早就看到很明显的质子衰变了。他幸灾乐祸地说:"卡布雷拉一定尴尬死了。"我问他:"为什么?""因为他说他发现了磁单极子呀!"

我很仔细地,把你对这件事的看法和立场解释了一遍,然后问他,如果他换成是你,会觉得如何?其实我们对磁单极子的特性,还所知有限,很可能今天的美丽新理论都还无法正确推测。有些理论物理学家并不了解理论和实验之间的关系,不了解他们的理论若要成真,应该具备什么要件、经过什么样的验证。

因此,继续进行你那漂亮的工作。如果大自然再度对你眨眼,发个电报告诉我!

诚挚的祝福

理查德·费曼

※米歇尔注:大自然并没有再度眨眼。截至2004年,卡布雷拉的实验结果仍是最接近磁单极子存在的事件。卡布雷拉后来成为斯坦福

有名的正教授，仍积极从事基础物理的实验。

费曼写给温妮丝和米歇尔的长信，题目叫《财富的诅咒》
| 1982年9月12日

亲爱的温妮丝和米歇尔：

昨天，唐纳德带我去看一个人。他说我一定会觉得很有意思的。我现在就把整件事从头到尾告诉你们。这个人叫作欧罗兹科，是个玻利维亚锡矿企业家的孩子，从父亲那里继承到一大笔财产。他在附近买了一处产业(其实是个大农场)，正在将老旧的建筑物改建，听说已经施工7年了，不知道什么时候才会弄好。我们是开着唐纳德的劳斯莱斯轿车去的，而且开车的是我。这又有另一件趣事。前一天晚上，我们一起出去时，唐纳德喝醉了，但仍坚持要开车送我。为了安全起见，我骗他说我从没有开过劳斯莱斯这种名贵的车子，请他让我过过瘾。他就答应了。因此这天早上，为了不戳穿昨晚的善意谎言，我还是表现出很想开车的样子。

当唐纳德告诉我"到了"的时候，我吓了一跳，老实说，还相当失望。我本来以为会看到一个富丽堂皇的入口大门的，却只看到由一些木架随随便便搭起来的入口处，就像普通的小工地一样。但是欧罗兹科已经站在那里迎接我们了。他个头瘦小，颇为英俊，看起来大约是55岁，相当精明干练的样子，表现得很殷勤。当唐纳德告诉他，我批评入口大门不是很华丽时，他只是笑了笑。接下来，我们开车到附近的饭店去，他的态度一直很平和，彬彬有礼，让人颇有好感。渐渐地，我由一些小动作看出他机智的一面。(当我到停车场停车的时候，他私下问唐纳德我是干什么的。唐纳德告诉他,我是个大学教授时,他有点惊讶,"大学教授怎么会开劳斯莱斯?"唐纳德并没有说穿真相,其实车子是唐纳德的。)

但是接下来。谈话内容就变得比较不好玩了。首先,他表示这家饭店不是吃简单午餐的好地方,因为这里供应的食物并不自然。他提出一些和动物习性有关的模糊概念,来佐证自己的说法。我们很快就看出欧罗兹科先生是个有原则而且正直的人,他一再表态,人应该节制欲望,要自制,要为生态或环境做些牺牲。另外,他对美国的道德沦丧也感到忧心,他认为这种情况主要是媒体造成的。

唐纳德告诉他我最近动过大手术,他听了之后,露出一种难以置信的表情。他说因为我看起来气色太好了,完全不像是动过大手术的人。接着,他很正经地告诉我,如果我一直保持这种乐观的态度,他"可以确定"我的癌症一定不会复发。我听了微微地笑了起来,他追问我是不是在笑他说的话。我说:"是的,我觉得自己好像在一个算命师的帐篷里。"接着我解释,自己对这个世界并不像他这么有把握。他不同意我的看法,举了一个例子,说他母亲活到80岁,一直都健康良好。但后来只因为三件忧心的事,就与世长辞了。第一件是什么事,我已经忘了。第二件事是他们兄弟失和,从此各奔前程,老死不相往来,失和的原因据他说,是因为他兄弟偷他的钱。(他兄弟显然不是很成功。我在后半段的信里会提到。)第三件是好几年前,他女儿被人家绑架,付了很多赎金才救回来。女儿现在已经15岁了。

最后这件事是个悲剧故事。她被绑匪拘禁了好几个月。绑匪要求250万法郎的赎金,必须全是100法郎的小面额钞票,还不能连号。他数2.5万张钞票,数到手指破皮出血(唐纳德在先前已经告诉我这件事)。女儿安全获释之后,对于绑匪的情况和遭拘禁期间的生活,坚决不肯透露。她只说绑匪警告她,如果露了口风,会杀死她爸爸。过了好久,他们一家人才走出这件事的阴影。

欧罗兹科说了很多他早年生活的事。譬如他的家庭女教师经常痛骂他,因为他个子小,又带有一点点印度人的血统。而他老是很惭愧自己继承了一大笔财富,他觉得自己对这些钱的赚取没有丝毫贡献和功劳。当然这些自我表白是有心理分析师来帮助他做的。另外有些故事和他成长的天主教环境有关。后来为了自我改善,他又改信了新教,但是到了现在,他什么宗教都不相信。因为他怀疑上帝,为什么早知道一个人会失败,还要来考验他,还要来折磨他。另外有件事他也无法理解,在女儿绑架案很危急的关头,有一次他发现自己竟然不自觉地跪下来,对上帝祷告。他问我这代表什么意义,是否可以证明他理性的焦虑是真实存在的。我告诉他,自己像他一样,也是很坚定的无神论者。但在他那种情况下,我相信自己也会跪下来祷告的。碰上这种无助情况的时候,一个失去希望的人,难免会发出这种苦闷的呐喊。他听了我的回答,显得很高兴,喃喃自语地说:"不错,事情就是这样。"

用过午餐之后,我们又回到他的房子去。这时候简陋的入口大门已经打开了。我们经过几个温室、一些锯倒的树干、几部混凝土搅拌机,来到一栋方方正正的大房子前。这房子以前是粮仓,现在已经整建完毕,但看起来还是没什么趣味。这时候,有两条很凶恶的大狼狗咆哮着冲过来,但它们只让我想起我们以前养的巴夏。倒是唐纳德显然有点怕狗。欧罗兹科再三保证,这两只狗不会咬人,没什么关系的,一面尽力用手抓住它们的颈圈;但狗儿显然不太愿意听话。我们没有先进屋,而是走向屋后的一大片绿地。这里绿草如茵,是一个很繁茂的果园,果树结实累累。欧罗兹科带我们走进果园参观,告诉我们这是一种非常珍贵、稀有的西洋李品种。并且腾出一只手来,摘些李子请我们尝。因此,有只狗就给放开了,绕着我们一边吠,一边打转。

主人又再三保证,这只狗不咬人的。我很相信他的话,我看得出这两只狗只是好嬉戏，想逗能，就像小孩子一样。我伸出一只手，让那只狗闻闻。主人却高声警告我，不要想去摸那只狗，那是有点危险的。当那只自由活动的狗挡在唐纳德身前时，他有点害怕而稍微停了下来，但欧罗兹科先生却说："不要突然停下来！"又说："不要表现出害怕的样子，因为狗会嗅出你的害怕而更加激动。"那只活动的狗又跑到我身后，伸出鼻子闻闻我的大腿。其实它只是想和人嬉戏，但欧罗兹科先生完全搞不懂狗儿的心理，只是喋喋不休地说"别管它们，它们不会怎么样，不要伸手去碰它们，否则它们可能会发恶"之类的话。我认为，虽然狗儿乱吠并不可爱，但它们基本上是相当和善的。

接着，我们进了屋子。这是一栋以大理石为主的建筑——大理石地板，大理石梁柱，大理石阶梯，什么都是大理石的。起居室非常大，有10米高，两侧各有一大片玻璃幕。我不愿意说它是窗，说是商店的橱窗倒还有点像，只是它们更加巨大。墙上涂着白色的灰泥，挂了6幅超大的中世纪挂毯。有两座巨型的镀金烛台，由天花板垂挂下来。自从我进入这个空荡荡的大理石房子之后，还没有看到半件家具。但起居室里其实到处都是他母亲收藏的古董家具，只是都还放在条板箱里没有开封，因此我们什么都没看到。他说了很多次现在房子里摆了这些箱子之后，变得多么杂乱(搬进这些箱子之前，这屋子已经装修了7年，而且他搬进来之后，也已经住了1年半)，而且他也说了可能采取的对付手段：他有一天会把这些箱子从屋顶推出去。屋外铺的，是一些老旧的陶瓷地砖。

接着，我们进了一间大小还比较正常的房间，只是它异常地狭长。房间中央摆着一张很狭长的古董餐桌，大概有5米长(我觉得地上好像画了记号，桌子应该放在那里似的)，搭配6张古董椅，还有成套的餐具柜放在旁边。桌上有个古里古怪的古董烛台，插着3根蜡烛。这房间的墙上灰灰的，还没有完全上漆，墙上还有工匠留下来的铅笔记号。另外装饰着几幅由古罗马房子拆下来的古画,大概是来自庞贝古城。主人介绍说,这些画都带有强烈的神话含义。最完整的一幅很简单,只是一只吃无花果的鸽子。这些画的色彩都很黯淡,画作边缘还有一圈橙黄色,而且边缘并不整齐,表示它们是从别的墙壁上弄下来的。最大的一幅画,画的是三个裸女和一座喷泉。唐纳德和主人很认真地讨论这幅画是不是挂太高了。我后来才搞清楚,他们谈论的高度差异居然只有4厘米而已。真是闲着没事干。

当我们走近房间的一侧时,欧罗兹科先生说:"我们到厨房去看看吧。"我才知道有一扇没有油漆、看起来很像墙的门(其实到目前为止,这房子到处都是还没完工似的模样)。更奇怪的是,门上并没有把手。推门进去之后,我们进入一间和其他房间呈鲜明对比的现代化厨房。这里设备齐全,有全套高级橱柜、铜水槽和现代化的水龙头。除了角落有3个大木桶(每个直径1.2米,都用油布盖着)之外,一切都很正常。而在厨房中央,还有一件你想象得到的家具,就是一张桌子。桌上有半条吐司,听说是他太太亲手做的。他当场切了一块请我尝尝,还涂上他太太做的果酱,就是他果园的果树生产的西洋李,味道相当可口。

接下来,我们参观他的图书室。为了要进图书室,我们必须爬上一道很高很窄的大理石阶梯,它让我想起玛雅人的金字塔。图书室非常大,复合式的地板上铺着棕色地毯。到处都是书架,架上摆满了书。有些是珍贵的古籍,如《罗马艺术里的动物》《希腊水瓶》之类的;几乎各时代、各种语言的书都有。这房子已经完工一年半了,但他还不会有时间坐在这里看书。图书室没有椅子,不过可以坐在地板上。欧罗兹科问了我一个问题,就是有个门,上面画了一个圆圈,写了几个数字,例如1562、1563等。他问我这有什么典故。我建议他不妨就在自己的图书室里找找,说不定就有答案。

我们四处参观的时候,不时传来一阵工具凿水泥的声音,好像房子的某处正在施工。我们走过一道阶梯(当然也是大理石啦)上去之后,看到屋里有一座很大的金库(现在还是空的),两扇厚达半米的钢门,还装置了所有银行金库该有的锁。而且这两扇门,比我看过的任何金库门都更宽些。有个工人正沿着墙脚,凿一条很细的排水沟,预备给装在金库的冷气机排水之用。

有几个房间还摆满了条板箱,有些箱子已经开封了。主人指着一块很奇特的木雕板,问我:"你猜猜看它是什么地方来的?"我猜错了。他说他也忘了这东西的出处,只记得那是个T字开头的岛屿。我们又连猜了几个,他说都不是,他不记得会是其中之一。

我不再带着你们上上下下,在房子里绕来绕去了。正当我们准备离开,他给我们一些李子时,他忽然想起还有一尊玛雅的石雕像没有给我看(午餐交谈的时候,他知道我对玛雅文化有兴趣)。我们于是进了另一个房间,那尊石像就盖在一张半透明的塑料布下。掀开塑料布来仔细欣赏,那是个大约有2/3真人大小的白色石雕人像(应该是软砂岩),以很奇怪的姿势站立着,一只手很优雅地高举过头,而脖子却扭向一侧,好像无法负担头部的重量似的。虽然如此,它可不像一般的古老石雕,在头上有很多装饰,只在耳朵上有件饰物,年代应该不会太早。但是这个房间里最值得一提的东西,倒不是这尊雕像,而是一块块放得到处都是的壁画原作,全都是暗红色的,应该是有什么东西覆盖在上面保护。怎么可能会有这些东西?只有一种可能,就是来自发现古代岩壁画的博南帕克山洞,因为画上人物的姿势,就像博南帕克岩壁画上描绘的,绝大部分是因犯。我问他这些东西是从哪里来的,是不是博南帕克。他说不知道。但或许他知道,只是不肯告诉我。因为把这些东西运出墨西哥,是违法的。(唐纳德说,要把罗马的古画运出意大利,也是违法的。他常听到欧罗兹科在电话里,以很低很低的声音,安排各项细节。而欧罗兹科的太太和女儿,是唐纳德太太和女儿的好朋友。欧罗兹科坚持要他太太自己做面包和果酱。我认为这件事对她很好,至少可以让她比较接近大自然。)

我离开之后再稍微想一想这件事,发现我原来认为蛮和善的欧罗兹科,其实是很恐怖的超现实怪人。想想他们三个人,他、他太太和女儿,坐在那个只有三根蜡烛的幽暗房间里吃晚饭(欧罗兹科其他的孩子都在外就学),房间里还没有装电灯。四周都是颜色黯淡的、阴森森的古画。这是个专横、自以为是、假道学的人,蛮横守着他所谓的原则为乐,包括要太太亲手做面包、制果酱。他令走狗守在门外,让屋里备妥的金库收藏其他民族的文化遗迹。玻利维亚的锡矿成就了这一切,也支配了这一切。那些不是他赚来的钱,正耗费在收藏其他文化的古物上。他觉得这样才能弥补心里的罪恶感。

他没有朋友,他的世界已经被疯狂地扭曲、变形了。像这样,根本就是一种财富的诅咒或枷锁。

我爱你们

理查德

附笔:这也提醒了我,我们银行负债的问题解决了没有?

约翰霍普金斯大学物理系亨利(Richard C. Henry)致费曼
| 1982年12月2日

亲爱的费曼教授:

我是个寄身在物理系的天文学家。由于必须配合课程安排,教授物理课。后来我渐渐发现在教物理课的时候,有很多乐趣,和教天文学不同。我把这些乐趣的一部分发表在《物理教师》上(随信附一份副本)。如果你能抽空看看，或者给我一些指教，我会非常开心。

我之所以写信给你，是因为我到佛罗里达度感恩节假期的时候，为了消遣，看了一本艾丁顿写的《相对论的数学理论》。他对方程式的叙述非常好，几乎和你在《费曼物理学讲义》里说的一样好。但是有个很有趣的问题，他却无法用文字的叙述来讨论，也无法以数学形式来讨论。这个问题是：若有一个三维空间的世界，具有两个时间维度，会是什么样子？（请看所附的艾丁顿的书。）

我问自己这个问题，也问过研究所的同事，甚至在一次聚会里问过米斯纳，但至今还没有答案。首先，我自问：是否二维的时间尺度是不可能的，这样才会产生量子物理这种好玩又奇怪的东西？最近，我又觉得答案可能很无趣：完全相同的时钟，有不同的走速，如果它们撞在一起，走速就改变。

如果答案很有趣，会不会是一篇很好的题材？或许你可以动笔，投给《物理教师》？这只是一个建议。谢谢你看我的信。

诚挚的祝福

亨利

附笔：我还没有把这封信转知《物理教师》期刊的编辑。因此，没有任何"令人失望"的压力存在。

●中文版注：

艾丁顿(Arthur Stanley Eddington, 1882~1944)是英国天文物理学家、数学家，他的工作奠定了现代天文学的基础。1919年他率队在西非外海的一个普林西贝岛上，利用日全食的机会观测到星光偏折的现象，证实了爱因斯坦广义相对论的预测。《相对论的数学理论》是他在1923年所写的，受到爱因斯坦的高度赞赏。米斯纳(Chales Misner)是美国马里兰大学名誉物理教授，广义相对论专家。

费曼致亨利 | 1983年1月7日

在这封给亨利博士的回信里，可能是唯一提到我父亲和我哥哥之间亲密关系的一次。他们一向很亲近，从卡尔的青少年起，两人就合作无间。他们常常一起散步，讨论相当技术性的想法(我知道，因为我常当跟屁虫，紧跟在后面走。同时自怨自艾，都没人理我)。

我父亲对电脑的兴趣，可以说是受到卡尔热情的感染。他们两人共同保存着一本记事本，上面记的都是他们解决过的电脑问题。卡尔在麻省理工学院就读的时候，常常把电脑课的笔记本寄回来给我老爸看。在"加州理工学院档案"里，有一封完全是技术性讨论的长信，就是老爸在那段时间写给卡尔的。在这封打好字的信末尾，老爸亲笔写了一句话："继续加油，爱你的老爸，费曼。"在我父亲的生活里，有卡尔这样的孩子，是他很得意的事。他们两人同声共气，说他以卡尔为傲，那是太轻描淡写了。

亲爱的亨利教授：

正好前几天，我和儿子卡尔在墨西哥的海滨度假，我们讨论了两个时间维度和两个空间维度的问题与情况。这件事想起来当然很有趣。卡尔发展出一种视觉化的几何方式，就像一个平面的每个点上，都可以有个小的二维图像之类的东西。我们发现可以用这种东西来讨论一些运动学上的问题。不过我已经忘了这个东西的细节，也不知道他回学校之后,有没有把这个问题继续发展下去。如果你想问他,他的地址我写在下面。

诚挚的祝福

理查德·费曼

※米歇尔注:亨利教授并没有继续向卡尔请教这个问题。

费曼致坎普(Beata C. Kamp) | 1983年12月28日

　　加州的坎普小姐写信来,说当地的PBS电视台播放了3次费曼的《发现的乐趣》,她都从头到尾仔细观赏。来信除了表示对费曼的敬佩之外,她提议费曼不妨也去"探索精神层面"的问题,就像她和她表哥那样。她认为像费曼这种追求硬知识的人,探索心灵一定也成果丰硕。"你发掘出藏在物质里的秘密,靠的是自己的脑力。而我却聆听心灵发出来的寂静的声音,告诉我事情后面的真相和神秘。"

亲爱的坎普小姐:
谢谢你那封有趣的来信。
　　当然有些东西比知识更神秘,而且除了科学之外,应该还有其他的方法,也能提供所谓的真相或事理。我喜欢科学方法,这是因为当你想到一些主意时,可以设计出若干实验,看看自己的想法到底是对是错。大自然会通过实验的结果,告诉你是否正确。之后你就可以顺着正确的道路走下去。其他形式的智慧,并没有同等的确认方法去分辨真实和假象。因此,我选择用简单的方法走简单的路。你和你表哥所追求的，是一种更困难的事情，可以指导你们的东西更少。

希望你的努力有结果，祝你好运。

诚挚的祝福

理查德·费曼

费曼致BBC电视公司赛克斯(Christopher Sykes) | 1983年3月11日

《发现的乐趣》在美国的电视台，是安排在《新星》(Nova)节目中播出的。

亲爱的赛克斯：

《新星》节目总算大功告成，我们应该为它喝彩。

这个节目非常成功，我接到所有朋友来自四面八方的好评。很多喜爱这个节目的陌生人也写信来称赞。不过结果不太公平，就是我得到如潮的佳评和满堂的喝彩，你却只得到一些轻描淡写的评论，像是"总算没有问出一些愚蠢的问题"之类的。很少人知道(就连吃这行饭的人也包括在内)，这个节目到底是怎么做成的。他们得到的印象都是我只要坐着，张开嘴讲一个钟头就行了。就像一些美妙的艺术作品，看起来那么自然、那么奇妙，好像它本来就在那里似的，创作的艺术家反而隐而不显。

你我都知道其实是怎么回事。三整天的访问，才得到4个小时的毛片。最后还要剪接成1个小时的节目。但你的原始构想是如此细腻，又如此周全，设计出的对话又如此自然，使它变成一个出类拔萃的好节目。恭喜"你的节目"红遍了整个美国。

《新星》节目的工作人员说，他们存有录音带。但依从前的《新星》节目的经验来看，索取剧本的人比索取录音带的人多得多。我自己看过一份这类的剧本，是以前的《新星》节目的剧本。看了之后，心里还是吃了一惊，觉得很不满意。不但文字生硬、很难阅读，连句子都很少是完整的，语法之差更不必说了。

我还没有费多少心思在新节目上。但我已经学会了相信你的专业判断，那比我的判断正确得多。因此，如果你说它们OK，那它们就OK。我知道所有的心血都是耗在剪辑室里。

祝你好运。

理查德·费曼

费曼致威克斯(Dorothy W. Weeks)博士 | 1983年2月25日

麻省的威克斯小姐写信来称赞："你的《新星》节目真是超棒的。"接着他提到费曼在节目中说的一段话。费曼说，对于他的物理故事，儿子和女儿的反应完全不同。威克斯女士说，她也注意到男孩子和女孩子在学习物理时表现出来的差异。另外，她想知道费曼自己认不认识一个控制论(cybernetics)怪才，名叫维纳(Norbert Weiner，1894~1964)。

亲爱的威克斯博士：

谢谢你的来信。我的两个小孩对我的物理故事，反应完全不同。但我并不认为原因是出在他们一个是男孩、一个是女孩。我认为每个人都是不同的个体，即使我有两个儿子，他们的反应可能也会是不一样的。

当我是麻省理工学院的学生时,维纳就已经在麻省理工学院教书了。我是常常看到他,但对他并不熟。

诚挚的祝福

理查德·费曼

美国自然史博物馆人类学馆长卡内罗(Robert L. Carneiro)致费曼 | 1983年2月1日

亲爱的费曼教授:

前几天在电视上,看到介绍你的生活和你的物理研究工作的一个节目《新星》,我觉得非常有启发性,让我受益良多。我有个1岁的儿子,现在正是应该开始注意他的教育问题的时候。在节目里,听到令尊如何用巧妙的方法,引导你朝科学方式上去思考,最后终于走上科学家这条路,让我印象非常深刻。从你的成就,可以证明他的引导方式是相当成功的。我决定自己也拿来用用看。

现在,我要谈到这封信的主题了。在节目的某一段谈话里,你对社会科学的想法,持一种相当保留的态度。这对我并不是一件新鲜事。多年以来,我觉得很多自然科学家对社会科学都有些贬抑、有些误解。但我很想试试看,能不能使你改变这种态度。

物理学家(或一般人)对社会科学之所以不以为然,主要有两个原因。首先,他们认为社会科学天生就不太可能是科学的一支,因为它研究的对象是人和社会的特性,而人的本性是变幻莫测的。其次,它不可能实际检验,因此是不存在所谓科学的。我们就依序来谈谈这两项假设。

我们都知道进化的过程,是一系列组织层次的提升,愈来愈趋于复杂。如果说进化进行到某个很高的层次,譬如说产生了文明之后,原来运作得好好的因果关系,忽然就中断了;那些在其他进化层次所具有的模式、秩序和规律,完全不再适用。这不是一件很奇怪的事吗?而这些模式、秩序与规律,正是所有科学的基础。这种不合常理的事,不但我不相信,我敢说,你也不会相信的。

现在,我们再来谈一般人的第二个瞧不起社会科学的原因。可能就是社会科学的叙述方式和专有名词,使它看起来一点也不科学,这当然是一项不争的事实。但是你或其他物理学家能不能花点心思,来看看我们这个社会科学领域里的人到底做了些什么事?不要就这样一味主张,我们所作所为的一切,都不能算是纯正的科学。我不认为你会这么武断。

说了这些之后,我很鲁莽地随信附上几篇我所发表的论文的抽印本给你。我尽量以科学的观点,来研究社会系统里面某些确定的特质。我的看法是,在这些研究过程中所发现的一些规律,可以用科学方式来陈述与表示,也应该可以视为科学。

我知道你有很多更重要的事在忙。但或许你有足够的好奇心,想知道我们自命是科学家的这批人,到底在玩些什么把戏,而且所谓的社会科学又是些什么玩意,会大略地看一看我寄给你的东西。那样,你或许会重新评估一下,社会科学到底是不是科学。

不用说,我当然很希望能够得到你的回信,不管你的结论是什么。

诚挚的祝福

卡内罗

费曼致卡内罗 | 1983年2月28日

亲爱的卡内罗博士：

当然，你是对的。

我在提到伪科学的时候，不经意说到社会科学。我这样说是很不恰当的。我在说这些话的时候，心里想的是"很多东西挂着科学的名义，其实根本不算是科学"。当时，我心底真的没有涉及人类学、历史学、考古学等学科。我当然承认它们都是科学，也不愿意用含混的态度，一竿子打翻一船人。但是这种无心之言，的确已经对一些领域造成某种程度的伤害。我为此向你郑重道歉——但恐怕已经于事无补了。

诚挚的祝福

带一些自责的
理查德·费曼

附笔：今天晚上，我准备放松一下，好好阅读你寄给我的那些论文。

卡恩(Judah Cahn)致费曼 | 1983年1月26日

卡恩博士在1946年主持了费曼父亲的丧礼。

亲爱的狄克：

距离我们相互通信，已经好多好多年了。昨晚我很幸运地在电视上看到你，你的表现简直棒极了。令我非常感动的，不仅是你回忆了你的父亲，同时你介绍了你的论文教育与生命哲学。

我很高兴地告诉你，我的孩子也跟随着你的脚步。长子史蒂夫，曾任佛蒙特大学的哲学系主任，现在是华盛顿国家人道捐款基金会的会长。次子则在教英文。

随信附上一本我写的书给你。这书虽然不算什么，但也代表了我对自己处理过的事情的想法。希望你有空的时候，稍微看一下，再把你的想法告诉我。

我们上次通信的时候，我曾告诉你，我到苏联做了一趟大范围的旅游，并且在很多大学和教师举办研讨会。我并没有提起，我和朗道曾有过短暂碰面的机会。这是发生在他出那场可怕的车祸之前，而他的出现，让我觉得非常荣幸。我不知道你是否曾经见过他。他是那种非常特别的人，你一眼就看得出来，知道无法把他归类。他一定具有很强的幽默感，否则不可能经历那么恐怖的审判而活下来。我在附给你的书上，也提到他的故事。

我还没有从犹太牧师职务退休，也还要享受阅读与写作的乐趣。我永远不会忘记当年你在以色列教堂的聚会里所说的话，我现在经常引述。我怀疑你是不是还记得。当时你谈论的主题是原子弹，你的讲稿准备得很完整。在演说过程中，你忽然脱离了讲稿，大声地对某些不特定的对象，而不是对与会者说话。我还记得你说的话，可能并不完全精确，但一定很接近。你说："有人要我帮忙，制造全世界最具毁灭力的装置。但从来没人问我该怎么用它。现在我终于知道我干了什么事，也知道这些装置可以做出什么事来，我有些恐惧。"在说了"我有些恐惧"之后，你就坐了下来。狄克，当你走回座位，坐在我旁边的时候，我永远不会忘记你那时脸上的表情。你不是个信仰很虔诚的人，严格说起来，我也不是。但你说的话真的应验了。现在不只有你不安，我们所有的人也开始觉得不安了。

我重读了你的一封信,你在信中表示,如果有一种没有上帝的宗教,你或许会了解它。因此,我寄了一本我那个学哲学的长子所写的书给你,书里有这个问题的答案。他有机会也许会出差到加州去,如果他抽得出时间来,你也方便的话,或许你们可以通过电话联系,或见面聊聊,我会很开心的。

我也寄一本次子维克特写的书给你,这是他早年写的书。我挑这本书给你,他一定不以为然,但我自己很喜欢它。我想,像你这么喜欢笑的人,一定也同样会喜欢的。维克特的其他著作,都和剧作家斯托帕德(Tom Stoppard)的荒谬剧有关。

希望你全家平安快乐,而你继续保持成功快乐的生活。

深深祝福你

犹大·卡恩

费曼致卡恩 | 1983年3月15日

亲爱的犹大:

多么美妙,居然能接到你的信。你有那样的好儿子,确实值得自豪。我也一样。我同样有两个孩子,一儿(21岁)一女(14岁)。儿子在麻省理工学院攻读电脑,很快就要毕业了。女儿则迷上了马术和大提琴。

你可能还记得我母亲。她大约一年前过世了。我母亲非常喜欢你,经常追忆起你和以色列教会。

我最好奇也很感兴趣的事,是你对我在以色列教堂演讲的记忆。我已经不记得自己确实讲过什么话了。如果你问我的话,我依稀记得自己讲过什么话。那时应该是所谓的"兄弟周",我很慎重地说明了原子弹是什么玩意儿,因此,领先敌人把它做出来,是件多么重要的事。然后,我说了:"但这整件事出了严重的问题。人类应该像手足一样,兄弟之间应该基于爱而不是恐惧。"接着坐了下来。

我好奇的是,我们的老记忆到底有多可靠?在我们回顾往事时,这些记忆的片段又是怎么出现、怎么构成的?或许我们记得的,只是我们想说的话,而不是真正说过的话。你的记忆可能比我的更准确。我很可能说了你提到的那些话,因为它的确表达了我当时的心情。

谢谢你的来信。

诚挚的祝福

理查德·费曼

休斯敦(Heidi Houston)致费曼 | 1983年5月2日

亲爱的费曼教授:

我认为你在上星期物理座谈会上的评论,是自大、粗鲁而不一致的。而且你的态度对学生(或者是博士后研究员?)产生了不良的示范。那些坐在你旁边的学生一直交头接耳、痴痴傻笑,显得无礼而吵闹。请你稍微注意些。

但我个人对你,还是保有很高的敬意。

诚挚的

休斯敦

费曼致休斯敦(写在办公室便条纸上) | 1983年5月13日

谢谢你对我在座谈会上行为的指正。你或许是对的,我会注意些。

费曼致瓦利(Bob Valley) | 1983年10月14日

瓦利先生是我的高中代数老师。他认为我解题的方法不正确,给了我很低的分数。详情我在本书的前言中已经介绍过了。

亲爱的瓦利先生:

我为上星期二在学校对你的批评道歉。我那样的行为完全是没必要的。而且在和一些对你比较熟悉的人谈过之后,我发现我那天对你的批评是不公平的。我弄错了,希望你能接受我的道歉,原谅我的出言不逊。

如果你对我想表达的数学概念有兴趣,我把它附在信里,供你参考。

诚挚的祝福

理查德·费曼

费曼致伦敦的贝斯特(Frances Best) | 1983年11月2日

贝斯特小姐是个19岁的学生,最近开始读《费曼物理学讲义》。她发现自己很喜欢物理。因此，她爸妈就每星期花1小时，为她讲习物理，她也非常喜欢。不幸的是，她的期末考试成绩并不好，使她没有办法进大学。于是她写信给费曼，寻求一些指点。

亲爱的贝斯特小姐：

我接到你的信，为你想要进大学研习物理所遭遇的困境，难过得掉泪。你发现了物理的美妙而这么喜欢学物理，这是很棒的事。大自然确实是很美妙的。

当然，学习物理最好的方式还是进大学。但很不幸的是，你发现自己进不去。

我不太熟悉英国的教育体制。在美国，我们有各种不同的学校，其中有大有小，有公立的，也有私立的，各有不同的专攻领域与项目。因此，有人即使进不了他原先选择的学校也一定可以找到一所他能就读的学校。我想，这件事我恐怕帮不了什么忙，我只能给你一些老生常谈的建议，就是一切还没有定论，你还年轻、强健，只要坚持下去，应该会成功的。我想你以前一定想过或听过类似的事情——年轻人就是没有耐心，对时间显得很急躁。

很抱歉，我对你的遭遇除了深表同情和陈腔滥调之外，帮不上什么实际的忙。很高兴听到你说觉得我的书有些用处。希望它不会让你觉得太难而倍感挫折，而是能带领你细察大自然的美妙模式，引起你的愉悦。

诚挚的祝福

理查德·费曼

费曼致布莱维提尔(Paul Privateer) | 1983年11月9日

看过《新星》节目之后,圣何塞州立大学英文系的布莱维提尔博士写信给费曼,表达他对这个节目的喜爱。但他怀疑,科学和文学是否有相通之处。由于费曼在节目中举了一个史例:"诗人布雷克(William Blake,1757~1827)对牛顿怀有公开的敌意……他认为牛顿把宇宙弄成机械式的,只能依循定律而运行,否定了想象力在人类经验上的崇高地位。"布莱维提尔于是邀请费曼,在科学和文学对话的研讨会上做一场演讲,"我非常期待你的这场演讲。就算你自称,自己的文学素养很缺乏,我也知道这是你的谦虚之词。"

亲爱的布莱维提尔博士:

非常感谢你写这封长信来,给我关于《新星》节目的指教,并邀请我参加科学和文学对话研讨会。很惭愧,我当然无法接受邀请在研讨会上演讲,我真的完全缺乏文学素养。这可不像你想的,只是自谦之词。伪装是骗不了内行人的。我之所以知道布雷克对牛顿的看法,那只是偶然的小插曲。因为我们这里有位非常迷人的英国文学教授,我请她吃午饭时,她告诉我的。而她是布雷克迷。

诚挚的祝福

理查德·费曼

※米歇尔注:费曼在信里提到的,加州理工学院的英国文学教授,就是前文提过的勒蓓尔。她和费曼讨论布雷克对牛顿的看法,并且让费曼看一幅布雷克所画的彩色作品,把牛顿画在海底。费曼很喜欢这件作品。

费曼致莱斯(Jack M. Rice, Jr.) | 1983年11月11日

《洛杉矶时报》登载了一篇文章《诺贝尔奖的另一面》，费曼在文章里提到自己得奖时，那种又高兴又怕成为公众焦点的矛盾心理。莱斯先生看了这篇文章之后，写了一封很唠叨的长信来。他的结尾说："你可能是故作潇洒，对诺贝尔和他的奖项表示不在乎。但这只表示你是个脾气很坏的讨厌鬼罢了。"

亲爱的莱斯先生：

谢谢你来信提到我在《洛杉矶时报》上的某些陈述。你说得没错，我可能是脾气很坏的讨厌鬼，才会如此对报社记者忠实表达出自己对得奖的感觉。其实我讲过这些话之后，就有点后悔，一直想打电话给他，请他把这段谈话拿掉，但就是联系不上，我也没办法。

我对诺贝尔奖的感觉，可能有点幼稚或孩子气，但却是真实的。我在当天清晨4点左右，就被纽约一位记者的电话吵醒，他告诉了我这件事。诺贝尔奖委员会并没有事先告诉我这消息，也没有问我想不想接受这个奖。按我的个性，若我事先知道，我会安安静静地婉谢这份荣誉。但知道得太晚，已经不可能了。如果报纸的记者都已经知道我得了诺贝尔奖，我再公开拒绝，引起的骚动会更大，会激起全世界的注意，那就太造作了。

得奖之后，我平静的生活受到很大的干扰。不管它应不应该，或者你觉得事情怎么演变成这样子，或是不管你喜不喜欢；对我而言，我的生活的确受到某些干扰。另一方面，就像你指出的，我公开这样说，真是个令人讨厌的老鬼。真可笑，我居然在报纸上公开抱怨说自己不喜欢曝光过度。

在你的话里，好像觉得我批评诺贝尔奖，就等于在批评瑞典人或

诺贝尔本人似的。当然我并不是这个意思。我和我太太到瑞典领奖时，受到了热诚友善的欢迎，正好稍可弥补这个奖带给我的困扰。我有许多瑞典籍的朋友和学生，他们都是很棒的人。如果你觉得我的想法是负面的，那可真令人遗憾。

我不熟悉诺贝尔先生的生平，也不了解他提供这个奖的真正动机。如果我在受访时对他个人有所批评，那一定是无心之言，我不知道自己在胡言乱语些什么。

但愿在你生命里，有许多荣耀等着你。我知道你会表现得比我更优雅，进退得宜。

讨厌鬼
理查德·费曼

费曼致梅旻(David Mermin) | 1984年3月30日

梅旻是康奈尔大学的教授，也是杰出的物理学家。他和费曼一样，喜欢用简单优雅的解释来说明复杂难懂的物理现象。1981年，他发表了一篇量子力学的论文，让费曼看了很开心，因此写了下面这封信给他。

亲爱的梅旻博士：

我知道的最漂亮的一篇物理论文，就是你发表在《美国物理期刊》第49卷(1981年)第10期的那一篇。

从我成熟以来，就一直致力于用简单的语法，把量子力学的一些奇异特性表示出来，而且我希望做到简而再简的程度。我发表过许多场演说，总是说得愈来愈简练。最近已经做到和你相当接近的程度了，例如用3句话来代替原来的6句，等等。但是当我看到你所做的介绍，竟是那么简单、明了，实在自叹不如。

因此，在最近的演说场合里，如果提到这个议题，我几乎都是借用你的说法。当然会特别提到这是你说的。谢谢你了。

我还试过几次，设法说明自旋与统计之间的关系。但是不太成功。你能不能也试试看？或许我们哪天有机会碰面，可以讨论一下要怎么说明两个粒子互相交换时，就相当于把其中一个粒子旋转360°，而另一个却保持不变。我们都知道这种现象，问题是该怎么解释？

诚挚的祝福

理查德·费曼

※米歇尔注：所谓自旋与统计之间的关系，费曼指的是基本粒子的自旋角动量(spin angular momentum，以普朗克常量为单位)，在统计物理学意义上若都是整数，就可以处于相同的量子态(也就是彼此在同时同地做相同的事情)；若基本粒子的自旋是半整数的，那就永远不会处在相同的量子态。许多重要的物理现象，都是由这个"自旋与统计之间的关系"来支撑的，例如激光束的激发、固体物质不是那么容易被压碎。费曼想找个简单的方法来解释这种关系。费曼和梅旻都知道，不管是什么基本粒子，都具备一个简单特性：两个粒子无论自旋是整数还是半整数，如果是可以互换的，得到的结果和把其中一个转360°但不互换，是一样的。费曼希望梅旻能有更简单的方法，解释基本粒子这种古怪的旋转特性。

梅旻致费曼 | 1984年4月11日

亲爱的费曼博士：

谢谢你来信提到我所做出来的一些通俗化尝试。其实我自己也很喜欢那篇论文。我已经明白，物理学家有两类：有一类是能够欣赏物理，另一类则完全无法掌握这一点。我一直认为你是属于第一类的物理学家，现在更是完全确定了……对于两个基本粒子的互相交换，等于其中一个转360°这件事，我还想不出有什么简单的方式可以说明为什么会这样。我甚至也找不到一种可以令自己满意的复杂说明。如果你有任何进展，请寄一份复印件给我。

再一次谢谢你这么亲切的来信。你通过你的作品，对我的物理思考和写作的尝试，其影响比任何人的都要深。我很高兴自己至少还有一点点机会，可以回报你。

诚挚的祝福

梅旻

费曼致布莱德雷(William G. Bradley) | 1984年7月13日

布莱德雷博士是杭延顿医学研究中心磁共振(MIR)造影实验室主任。

亲爱的布莱德雷博士：

谢谢你寄给我有关我脑部的MIR照片。这个仪器拍摄出来的照片，细致程度和影像解析度都是非常惊人的。

但是你看不到我在想什么。而显然，我的头脑还有一些功能上的损伤。因为我记得拍摄时间是6月25日19点33分24秒，但你的机器却显示，摄影时间是6月6日19点33分18秒。6秒钟的差别我倒是不在乎，因为发生意外之前，我对时间的误差已经有10秒钟左右，我想这大概是上了年纪的关系。但是差了19天，就表示我脑部的功能有严重的损伤，可能是这次的脑膜下血肿造成的。

诚挚的祝福

理查德·费曼

费曼致鲁勒提(Eric W. Leuliette) | 1984年9月24日

鲁勒提是高中生，16岁，想知道该怎么准备上大学，将来以研究物理为职业。

亲爱的鲁勒提：

有很多事情，我所知有限。其中一件就是要怎么准备，才能成为理论物理学家。我猜最好的方法，应该是全心全意投入你最喜欢、最感兴趣的事情。如果到最后，它不是带着你成为理论物理学家，而是成为律师或电机工程师，那也很好呀！尽管朝那方面发展就是了。如果你在年轻的时候，就找到一件你很喜欢做的事，而这件事又足够大，足够你一辈子去玩，那就太美妙了。因为不管那是什么事，如果你真的很高明，如果你真的热爱它。一定会玩出名堂的。人家就会付钱，请你继续玩下去。

至于上大学的财务问题，我们会请相关的人员把有用的资料寄给你参考。

诚挚的祝福

理查德·费曼

附笔：设法把我的《费曼物理学讲义》借出图书馆去瞧瞧。你应该会喜欢当中的某一部分；如果没有任何喜欢的部分，这三大册书也会帮助你决定，以后究竟想做什么。

加州大学尔湾分校波特(Frank Potter)致费曼 | 1984年11月15日

费曼教授：

我要诚心诚意地感谢你，影响了我的一生和我的生涯规划。你或许记不清楚了。但是1965~1967年间，你每星期和温斯坦(Bruce Winstein)到休斯研究实验室，有个加州理工学院大学部的学生固定搭你的便车，那个学生就是我。当时你正在讲授基本物理，而温斯坦好像是讲授天体物理。在大约两小时车程的途中，你常讲些物理界的轶事或物理基本概念，很像是个小型的"试教"一样。

你演示了怎么提出物理问题，然后如何直指问题核心。整个过程既有趣又刺激。这种言传身教终于影响了我，改变了我的人生目标。本来我在大学部是念电机工程的，后来我在1973年得到的是物理博士学位。我发现你散发出来的精神，一直持续影响着我。我在加州大学尔湾分校的物理讲座，也是跟你学的。

在车厢里的谈话，有一段我记得特别清楚，因为这段话影响了我一生思考问题的方式。我一直努力实践这段讨论所涉及的观念。那时，温斯坦问你："如果在你的生涯中，可以重新来过，做些不同的事，你会做什么?"你毫不迟疑地回答:"我会设法忘掉我是怎么解决问题的。然后,每当问题产生的时候,我可能会用不同的方法去处理它。我不愿意想到我以前是怎么解决问题的。"

我必须诚实向你报告,我非常努力地朝这个目标迈进。至少,在思考物理问题的时候,是这么做的。起初,当研究生的时候,用这种态度来处理问题是很沉重的负担,因为我经常必须从很基本的地方重新出发。经过几年的练习之后,我开始领略到每当面对一个问题的时候,那种新鲜感是多么美妙啊。它甚至让我能在传统物理问题和崭新观念之间,转来转去,悠游自在。从你这样的一种态度,我得到这么大的乐趣,你真是我这一生中最重要的贵人,惠我良多,我实在感激不尽。

在我的生涯里,对物理可能没有很大的贡献,但我并不特别在意这一点。我已经发现了大自然的魅力和挑战性,而且我拥有一些从你身上学到的精神。我也有个幸福美满的家庭,而且我有自己向往的自由,可以思考任何事情。

我希望你接到很多像这样的道谢信。对你来说,这真的是应得的,当之无愧。你的一举一动、一言一行,对很多人都有重大的影响。你已经给了我们不凡的导引,你的精神风范正逐渐散播到更多角落,我相信一定会永远流传下去。

满怀感恩之心的

法兰克·波特

费曼致波特博士 | 1984年11月21日

亲爱的法兰克：

你这好小子，法兰克，可真会写信。

我当然记得你，还有温斯坦（另一个是施利赫特），一起到休斯实验室去的事。只是我记不得那一段特别的谈话了，就是你提到的忘掉所有答案的事。不过我完全同意这种想法。你的来信很令我惊讶。当我发现，有很多人采取和我不同的方式来处理事情时，我常常会感到惊讶。我对于用不同的想法来重新思考事情，觉得有很大的乐趣。很高兴知道这种喜新厌旧的思考方式也传染给你，还让你乐此不疲。

当然，我一再展读你的来信。给人这样捧上天，感觉还真是棒得不得了。

谢谢你了。

诚挚的祝福

理查德·费曼

第11部　最后一幕｜1985~1987年

死亡太无聊了，我可不愿死两次。

历史告诉我们，仅有的一个完人，已给钉在十字架上了。

1985年1月，一本收集了很多费曼故事的书出版了，就是《别逗了，费曼先生》。这本书出乎我父亲和出版社的意料之外，居然非常成功，连续14周都在《纽约时报》的畅销书排行榜上。同一年，另一本他的量子电动力学著作也出版了，书名是《QED：光和物质的奇妙理论》。在书里，费曼煞费苦心地详细为外行人解释量子理论，只用了很少的数学。如果你想知道他为什么会得到诺贝尔奖，那么这本书就是为你所写的。

1986年，在美国航空与航天管理局代理局长格拉姆(William Graham)的力邀下，费曼勉为其难地加入总统调查委员会，调查航天飞机"挑战者号"的真正失事原因。格拉姆曾是费曼"物理X讲座"的学生。费曼已在另一本书《你干吗在乎别人怎么想》里，把这段过程详详细细地说了一遍。在公开听证会的关键时刻，费曼把固体燃料助推火箭上使用的一个O形橡皮环，浸在一杯冰水里，将发生事故的技术性原因，清楚地为观众示范一遍，使大家一看就明白。

之后不到两年，费曼就过世了，时间是1988年2月15日。主要的死因是肾衰竭引起的昏迷。当时他身旁有三位女性：太太温妮丝、妹妹琼恩和表妹法兰西丝。费曼最终说的话是："死亡太无聊了，我可不愿死两次。"

费曼致施韦伯(Silvan Schweber) | 1985年1月28日

施韦伯写了一本书《1938至1950年间的量子场论》，其中有一章是《费曼与时空过程的视觉化》。他把草稿寄来给费曼看，他认为费曼一定会觉得这篇东西很枯燥，但他也希望费曼或许会发现里面有些新鲜的东西。施韦伯盼望费曼尽量提供意见和指正。

亲爱的施韦伯：

首先，抱歉我拖了这么久。因为我们这里出了一点意外，我所有关于你的东西都掉了。你的原稿和我写在上面的注记，都不见了。因此，我只好重新来过。

其次，我并不觉得这篇东西枯燥。相反的，我觉得它很有趣。而且有很多东西，我以为再也见不到了，居然又看到了，令我很惊讶！例如那页有关复数的打字稿，我记得是在我那台玩具似的简陋打字机上打出来的，我没料到那页东西居然还在。另外，我也不知道自己居然写了这么多的信。回顾自己以前是怎么想的，确实是很有趣的事，你们这些搞历史的就是有这种本事，可以把过去重建，弄得看起来好像真的一样。

下面我提一些意见，可能可以当作修正的参考。但这只是就我记忆所及，不一定是"事实"。另外还有些打字错误，我就不管了。

第4页的最后一段。我进入麻省理工学院的时候，是数学系的学生（课程代号18）。不久之后，我跑去问当时的数学系主任富兰克林："除了可以用来教更高等的数学之外，高等数学还有什么用处？"他的回答是："如果你一定要弄清楚这个问题，那你显然不适合读数学。"于是我转到电机工程系（课程代号6），去念些比较实际的东西。但很快又回到以理论为主的物理系（课程代号8），之后就一直留在物理系了。

第9页中段。(评论)我不知道他们想用3年代替4年,幸好他们没有这么做。

第9页最上面那段。我得到哈佛大学的奖学金,是因为赢得一项全国性的数学大赛。虽然我是物理系的学生,但数学系来邀我共同组队。因为一队需要4个人,他们人数不足。他们查了过去的记录,发现我念过数学系。我并没有把握,但他们给我过去的考题让我练习,我就披挂上阵了。

第14页 第2段。在"其他人"当中有冯·诺伊曼(John von Neuman,1903～1957,原籍匈牙利的美国大数学家,计算机理论创建人)。

第17页第3段。应该读成"在这个新版本里,他们采取……"

第24页最后一段。(评论)我对这件事的兴趣是这样来的:高中的时候,我有个非常能干的同学,叫哈里斯。毕业后,我进了麻省理工学院,他进了伦斯勒技术学院,成为电机工程师。有一年暑假(大约是大一升大二时吧?)他回到法罗克维来,我们一块儿散步。他谈到当时很新颖的反馈式放大器,他想用不同的方式来设计这种放大器,以避免振荡。他认为大自然一定有某种定律,不可能让一个电路的阻抗迅速消失,又没有严重的相移。我认为那也许只是频率响应区的一种信号反射,因为不可能没有信号进来,却有信号放大出去。但当时我们都太嫩了,显然无法处理这个问题所牵涉的复杂数学细节。因此,你会发现4年之后我偶然发现博德的论文时,为什么会那么开心了。

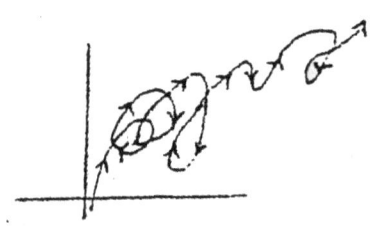

第23页。我发现课本的图1并没有列出参考文献。这个图(如果我没记错它的出处的话)应该更像这样,或者其他更复杂的结。

第25页第12行。我完成博士论文之前,就参加了威尔森的军事研究工作,写论文的事就停了下来,过了一段时间后,我要求暂时放下工作,离开几星期,去把和我论文有关的想法处理一下,免得我忘了。但是在做这件事的时候,我发现了一个以前卡住我的错误。因此,惠勒教授建议我立刻把论文写好,赶快把博士学位先弄到手。

(评论)这一页上有很多公式。我通常不需要再去检查这些公式,对不对?

第32页第6行。我不知道怎样用传统方法,来计算狄拉克理论与空穴的自能(self-energy),因为我从来没有仔细研究过。而我的路径积分法当时也还没有完全搞成功,还不能用于狄拉克理论的电子上。但是我当时却知道一个简单的方法,可以表示电子之间的相互作用。我设法把这个方法改良成一种规则(见第65页的图60),可以对频率积分或对不同质量的光子做积分。因此,第二天我回去请贝特教授设法用传统方法把结果计算出来。贝特对传统方法非常在行,所以,计算是贝特做的,并不是我。

第40页顶端。你从阿格·玻尔那儿收集到这些资料,真是太好了。我只是从我的角度去看这件事,只能猜测他和他父亲之间,可能出了什么事。但没有办法证实。

第66页第16行。"除了一些很好的简化方式之外"可能是错的。次行则可能是"另外一些没那么尖锐的东西"。

第70页的最上面那段。犯下这项错误的故事很有趣。就我所记得的,可能是这样:首先,我得到一个相对论性的结果。但是有位学生发现,在推进过程的前面某一行有个错误,因此它一定不会是不变量。但在几页之后,他又发现另一处错误,使得两个同样复杂的项互相抵消掉了。负负得正，我居然得到正确的结果。这种两个错误正好互相抵消的神奇事件，可能是因为我对结果有一种很强烈的感觉，认为算出来的结果应该是相对论性的。

第71页第2段。可能我记得的，只是我心底盼望发生的事情。但我怀疑这段有关艾吉斯的故事可能从未发生过。你能不能向贝特查证一下？施温格和我互相比较笔记与结果，我们是很要好的朋友。我们当面讨论过这件事，后来还通过电话互相联系，比较结果。我们并不了解对方所用的方法，但彼此相信对方所做的事一定是有意义的。甚至在别人还不相信我们的时候，就已经有这种互信基础了。我们互相比较最后的结果，而且以自己的方法大略指出对方的结果有没有意义，或者可能是哪里出错。我们很多地方都互相协助。很多人开玩笑说我们是互相竞争的对手，但我从来不觉得有这种情绪或态势。从第70页的最后一段，大家应该能够知道我的想法。我觉得一个老问题就快要由我或施温格给解决了，心里非常兴奋。听起来不像有什么硝烟味。

第76页第14行。"轰炸员"的隐喻是我在康奈尔大学的时候，某个学生想出来的（他在第二次世界大战期间，真的是轰炸机上的投弹手），是形容我写好了论文，到处投石问路，骚扰人，想征求别人的意见。这种比喻不算好，但好像也没别的形容词了。

第76页。为什么"幻想"这个词会打错？我们能信赖听写员吗？可能我的发音很糟糕，常念错音。

第87页。事实上我有印象，好像阿格·玻尔也表示过意见。施温格的结果更完整。因为他做了电荷的重正化。而我当时还没有把真空极化的问题处理到满意，就是你知道的那4个圆（见次页）。

我们(施温格和我)后来发现,我做出了Ⅰ+Ⅱ+Ⅲ(不含电荷的重正化),而他做出了Ⅰ,没做Ⅱ和Ⅲ,但有电荷的重正化,而我弄混了,以为这种电荷重正化就是真空极化的Ⅳ。我们两人碰面的时候,我还没有做出Ⅳ来,我以为他做出来了,我现在仍然不知道,当时他是不是已经做出Ⅳ的满意结果,或者还没有。

第100页的第4段。我在结尾的说法很差,原来的文字是:"这是我得到诺贝尔奖的时刻。"其实,我的意思并不是说,在这时候,我对自己会得诺贝尔奖已经心中有数。老实说,我从来就没有想过得诺贝尔奖这件事,我真正的意思是,在这一刻,我有一种"中了大奖"的兴奋和喜悦,因为我发现自己在某方面做得不错,有些贡献。

第106页。这里有必要放入这种宗教式的观点吗?一般人对这种宗教性的看法,经常是很敏感的。因此我这一生在处理类似的言论时,总是非常和缓,小心翼翼的。小引号里的文字就更加震撼了。(好吧,我猜对你的读者也许没有那么震撼!)

第107页。瓦德(Morgan Ward)教授曾对我指出,同样的说法曾指出下面这个方程式 $x^7+y^{13}=z^{11}$(其中x与y的乘方互为素数),不可能有整数解,但结果它们居然有,而且还是无限多组解。

第111页最后一段。我举个例子来说。当一位历史学家在描写后代子孙的时候,却告诉我们,后代子孙会怎么想我们,这是不恰当的。他可以把现在的情况做一番界定,然后推论后代子孙可能会有的意见,但不可以直接就把意见表述出来。所有的注记,你都在底下详细列出参考文献。但你这段描述的参考文献在哪里?

我所有量子电动力学的知识,几乎全部来自费米1933年写的一篇简单论文,刊登在《现代物理评论》上。

诚挚的祝福

理查德·费曼

●中文版注：

费米(Enrico Fermi, 1901~1954)，原籍意大利的美国物理学家，1938年诺贝尔物理学奖得主。他是1942年12月在芝加哥大学进行的、世界上第一次受控核反应实验的负责人。

费曼致韩福特(Bernard Hanft)｜1985年2月4日

纽约的韩福特先生寄了一个绑着线的垫圈来，示范一种他发现的新的物理力，他称为"韩福特力"。这种韩福特力的作用方式如下，他写道："它会让悬吊的任何物体，不论任何材质或结构，对着自己的轴旋转。"韩福特先生觉得，既然这个旋转不需要任何能量，应该可以发展成一种源源不绝的动力。

亲爱的韩福特先生：

谢谢你的来信，里面提到旋转力和圆周力，以及示范这些力的垫圈和线。

这种旋转力是很有趣的现象，而且乍看之下，还会令人觉得不解。但是我做了一些实验之后，已经知道它的作用原理。虽然它看起来似乎违反能量守恒定律，但其实并没有。我认为是线里的纤维有一种自然扭转的倾向，好达到较低的能量状态(假设这是线在制造过程中形成的)。简单地说，我是指当线没有给拉长的时候，它其实是处在扭曲的状态；而当你把线拉长时，例如挂上垫圈，垫圈是有重量的，线就变得比较扭曲，因为它伸长了。这力是来自线给扭开拉长的力。

因为，当你把垫圈线挂起来之后，它会开始旋转。旋转所需要的能量来自把线拉长些,使它比较少扭曲。而拉长线的,是悬吊物的重量(在这个例子里就是垫圈),是悬吊物提供了旋转的能量。

为了证实我的预测,也就是细线让垫圈给拉长,我把垫圈先固定住,量它顶端的位置,做个记号,然后再让它自由旋转。果然在它旋转最厉害的时候,位置最低,但只低了2毫米。起初我还有些怀疑,因为垫圈转得这么厉害,不像是这么小的距离所释放的能量可以应付的。但在简短的计算之后,就会知道我的直觉是错。低2毫米所释放出来的能量如果完全转变成动能,可以让圆盘状的物体每秒转3圈。(不过我认为垫圈不可能转得那么快,因为在线内的摩擦和空气阻力,都会消耗一些能量。)

当线完全伸展的时候,由重量产生的张力就不再起作用了。这时候,线本身又可以自由地转回它那稍微带点扭曲、稍短些的原来结构。因此,整个现象可以一再重复。

圆周力的效应就比较没那么有意思了,因为大家对它比较熟悉。有个利用手环的办公室游戏,就是这个把戏。用一条细线把一个手环绑住,然后垂下来,叫一个女孩用手握在线的上端。然后你问这个女孩子问题,看看手环是以顺时针或逆时针转动,就知道她的答案为"是"或"否",而她不必说出来。其实手环的转动是来自手的轻微运动,而这种运动是很轻微、不自觉的下意识行为。你试着握住线,然后把手靠在固定的桌面或把手上(连手指都要注意,让它不能移动),试试看,就知道了。

再度谢谢你,让我注意到这些有娱乐效果的现象。

诚挚的祝福

理查德·费曼

寇特斯(Robert F. Coutts)致费曼 | 1985年4月

费曼博士：

我获提名角逐"科学与数学杰出教学"的总统奖，但是这个奖需要好几份推荐信。我很冒昧地想让你为我写一封推荐信，我会非常感激你的帮忙。或许你可以提一提这么多年来，你到范诺伊斯高中来和我一起分享物理教学乐趣的事。我知道为人写推荐信是一件很痛苦的事，我实在不应该开口。但我很期待争取这项名声与荣耀，为学校增光，以吸引到好学生。谢谢你的大力帮忙。

另外有个口信请带给你的可爱的秘书小姐。总统奖的收件截止日期是4月19日。

我的学生和我都期待你24日的来访。

感激你的

寇特斯

费曼致加州教育厅科学委员会主席甄女士(Melinda Jan) | 1985年4月16日

亲爱的甄女士：

我很高兴听说寇特斯获提名角逐"科学与数学杰出教学"的总统奖。我此生有许多小乐趣，其中之一就是每年一到两次到范诺伊斯高中为寇特斯班上的学生回答物理问题。这项活动是寇特斯在好几年前创办的，我每年都参加。学生提出的问题五花八门，什么都有，像相对论、黑洞、云、旋转陀螺、磁力，等等，所有你想得到的问题都有。这个课程是活的，而且非常有趣。全班的学生似乎和我一样，都非常喜欢这个节目。他们也非常活泼，非常喜欢问。我一直认为。这是寇特斯先生喜爱科学与教育的结果。他在课堂开始的几分钟前，总是很热切地想把他新设计的实验或装置，或原创的新想法告诉我。

如果你选了他，一定会为自己的选择自豪的。

诚挚的祝福

理查德·费曼

德碧·费曼(Debbie Feynman)致费曼 | 1985年1月20日

亲爱的费曼博士：

我在这个时候写信给你，有好几个理由，在这里会提到。你看下去就会明白。

首先，我要解释一下。我们两家的姓氏相同，因此可能有某种亲戚关系。我父亲名字是伯特，祖父叫法兰克，他在1966年去世。我的曾祖父叫哈利，曾祖母是莎拉。我相信(如果有错的话，请告诉我)你是我曾祖父兄弟的子孙。我们是七亲等的族叔侄关系。我父亲伯特可能是你五亲等的堂兄弟。

我叫德碧，在4月就满17岁了。现在是森林山丘高中二年级的学生。我读的是所谓"数学与科学优等生课程"。我的自然科学老师过去常常会问，我和你是不是有亲戚关系。我当然说有，毕竟姓费曼的人很少，而且你是非常有声望的科学家，在科学界大名鼎鼎。去年年底，我还在第13电视频道看过你，那是个1小时长的访问节目。

我母亲叫奥代丽，今年夏天，她和我爸要带我去做一次告别青少年的旅行，我们也准备到加州去。我还不知道在加州会离你们多远。如果可能的话，希望能和你碰上一面，将使这趟旅行格外有意义。当然，我父母也会觉得很自豪。

因为这是我们第一次通信，很难把事情完全敲定，我也不知道你们家的情况，不知道该怎么问候大家。

我爸妈知道我写信给你，都很高兴。你若想到什么事，请不要客气，随时可以问我。

我很兴奋地期待你的回信，并且祝福你们一家人。

诚挚的祝福

德碧·费曼

费曼致族侄女德碧 | 1985年5月7日

嗨！德碧：

看到有人签着我的姓，而这个人又不是我太太、孩子或姐妹，实在是一件有趣的事。当然，因为这正巧也是你的姓。这算是个很少有的姓氏，因为我们无疑有某种远房亲戚关系。没有人会毫无目的，创造两次相同的怪姓。

但是我们的亲戚关系有多近，就需要一些调查工作了。就我所知，我父亲是梅尔维尔，我有个叔叔叫亚瑟，很年轻就早亡，没有留下子裔。我有两位姑姑，结婚之后都改从夫姓。我的祖母叫安娜，一直住在纽约的布鲁克林。她先生，也就是我祖父，叫杰可布。他们的婚姻出了问题，因此杰可布跑到加州去，重新再娶(有些姓费曼的人，住在加州的长滩)。

据我和我妹妹所知，杰可布原来的姓是波拉克(Pollock)，但他从俄国的明斯克移民来美国后,就把太太的姓氏稍加改动了一下,当成自己新的姓,即费曼。杰可布后来把他两个弟弟也弄到美国来。他们到美国之后,也都改姓费曼。这就是我所知道的整个故事了。我们不知道杰可布的那两个兄弟叫什么名字。会不会是哈利?如果是的话,我就是你曾祖父兄弟的孙子。我的女儿米歇尔今年16岁。这表示她和你的高祖父是同一个人。

不管怎么样,我们一定有某种亲戚关系不会错。如果不能证明,就当它是好了,反正亲戚不嫌多,这样也比较有趣。

因此,当你们旅行到加州来的时候,大家一起见个面。你们决定好什么时候来之后,请打电话通知我们,电话号码如下……

你的(可能)亲戚

理查德·费曼

附笔:最近诺顿(Norton)公司出版了一本书,叫作《别逗了,费曼先生》,我们家人的名字都在书上。

※米歇尔注:可惜没联系好,德碧小姐一家人到加州来的时候,我们正好出门,错过见面的机会。

费曼致伯明翰精神病学与医学中心卡姆(Robert L. Kamm)
| 1985年7月19日

卡姆和费曼同一天进普林斯顿,战争期间也和他一起在洛斯阿拉莫斯工作。他写信来,提道:"我们一起在普林斯顿的餐厅吃饭。在艾

森赫夫人办的茶会上,她拿牛奶和柠檬给你加茶时,我也在场。"读了《别逗了,费曼先生!》之后,他才想起该为太太珍,向费曼兴师问罪。当时洛斯阿拉莫斯的主管常因为门或保险箱没锁好,而责备女秘书珍。卡姆认为费曼欠他太太一个正式的道歉。

亲爱的卡姆:

谢谢你的来信。很高兴听到你的消息,我也重温了你的回忆。但我认为你的疑惑恐怕还没有解决。因为我开锁之后,从来不会让门或保险箱是打开的。我的作风是打开保险箱,放一张字条进去,告诉它的主人,说它不够安全,再好好关上。我对保险箱里的东西,都有高度的敬意,不会让别人有偷走的机会。我的恶作剧只是要大家提高警觉,注意安全问题。

诚挚的祝福

理查德·费曼

费曼致贾福夫人(Mrs. Harry Garver) | 1985年9月3日

贾福夫人贝蒂是费曼的另一位长期秘书。当我父亲回她这封信时,我只是个高二的学生。

亲爱的贝蒂:

谢谢你的来信,很高兴听到你的消息。我已经头发半白了,但还没有当祖父。我得子也晚,不知道何时才能含饴弄孙呢。

诚挚的祝福

理查德·费曼

费曼与卡尔父子俩在海边讨论事情,摄于1985年

费曼与温妮丝的银婚(25周年)纪念照,摄于1985年

费曼致柏耐丝·薛恩史丁(Bernice Schornstein)
| 1985年9月5日

柏耐丝的女儿宝丽写信给费曼,提起多年前母亲辈和费曼的陈年往事,"好像是某个聚会之后,你和她以及佛罗伦丝走路回家。三人手牵手,走在大街中央,还高声唱歌。我妈认为,虽然有当年的相片,但你可能已经不记得她了。可是我认为,怎么会有人能忘了她呢?"柏耐丝自己也写信来,为侄儿向费曼要签名照片。

亲爱的柏耐丝:

从来信当中那么有限的蛛丝马迹,我当然记不得你是谁。还好你女儿写信来,另外给了我一些线索,我终于想起两位美丽的迷人精,先后上楼,"找更舒服的地方"。而我却被另一些人缠住,在楼下无法脱身,我们真的享受了一段美好的时光——你、我和你表妹佛罗伦丝。

看起来,我当年非常欣赏的那种乐观与幽默的个性,又在你女儿身上重现。她很细心地提醒我,不必怕接到你的信,因为她知道应该叫谁"爸爸"。显然他们知道我们关系非比寻常,还比我们承认的深厚。时代已经不同了,或许我们应该晚一点出生。

当然,我很乐意送一本签了名的书给你表妹的儿子。很高兴这段美好的记忆再度有人提起。

诚挚的祝福

理查德·费曼

费曼致柯施兰(Daniel E. Koshland, JR.) | 1985年9月3日

《科学》期刊的柯施兰博士向费曼请教,问他对新理论"弦论"的看法。

亲爱的柯施兰博士:

请原谅我迟至今日,才回你6月17日的来信。我6月1日就离开办公室,因此没有看到你的信。你问我对"弦论"的看法,我只能说,我不相信它。但是我并没有好好研究过弦论,因此也说不出为什么不相信。这种个人的偏见应该不是报道的好题材。

诚挚的祝福

理查德·费曼

史戴德(Klaus Stadler)博士致费曼 | 1985年10月4日

亲爱的费曼教授:

首先容我做个自我介绍。我是你的书《别逗了,费曼先生》德文版的责任编辑。我们派普(Piper)出版公司很荣幸能得到这本书的德文版授权。你慕尼黑的同事,傅雷茨(Harald Fritzsch)教授多次参加了这本书出版事务的讨论。如果你同意的话,我会邀请傅雷茨教授为德文版的书写篇序言。

傅雷茨教授还建议我们,把这本书做一点删减。他认为其中有些部分对德国读者而言,不太重要。我希望他在几天之内,给我一份建议删减的清单。当然,我会尽快把傅雷茨的建议和清单寄给你。

最近，我们得到你的新书《量子电动力学》将由普林斯顿出版社发行的消息。我在法兰克福书展期间，会和普林斯顿大学出版社接触，希望得到这本书的德文版权。

你有没有其他的出书计划，适合列入我们科学书籍的选题？我对你的任何书都有兴趣。

这封信的最后一个问题是，德文版的《别逗了，费曼先生》出版的时候，你有没有机会到德国来巡回演讲？包括到大学或普朗克研究院演讲？我们打算在1986年秋天出书。

我期待你的回信。

致上最高的敬意

史戴德

费曼致史戴德 | 1985年10月15日

亲爱的史戴德博士：

你的来信谈到我的书《别逗了，费曼先生！》，并且建议做一些删减，说对德国读者可能不重要。

由这项建议，可以看出你们对我这本书的特质完全误会了。在这本书里，可以说没有任何东西对德国读者是重要的。对其他国家的任何读者也一样。它既不是一本科学书，也不是一本严肃的书，甚至不是一本传记。它只是一些简短、互不相干的逸事。我们希望带给一般读者某些乐趣，不应该装模作样，说它有多重要。这一点请你在做广告和宣传的时候，特别说明白，否则会让不知情的读者大为失望的。（这本书在美国广获好评。对他有意见的人都是因为过度期待而失望。）

如果你们把这本书当成一般读物来处理,不当成很正式的科学书,我会比较喜欢。至于翻译,应该找一个很有幽默感的人,可以体会这本书散发出来的趣味,而不要过度强调它的重要性或硬度,那就更符合这本书的特质了。因为它的确不是那种很重要的硬书。当然,如果做些删减,这本书的效果或许会加强,但删减的理由并不是它们不重要,否则整本书都会删掉。

你提到的新书《量子电动力学》,则是完全不同的另一回事。那是为程度很高的外行人和非常喜欢近代物理的年轻人所写的,很严肃的科学书。很高兴你对这本书也有兴趣。

诚挚的祝福

理查德·费曼

费曼致田纳(Edward Tenner) | 1985年11月14日

1985年3月21日,普林斯顿大学出版社寄了一封信给费曼的秘书海伦,谈到为新书《量子电动力学》宣传的事。信里保证不在宣传品上提费曼得诺贝尔奖的事,而且把提到"传奇般的幽默"那部分也去掉了。但是在出版之前,还有许多事需要处理。

亲爱的田纳先生:

毛特纳博士已经把我《量子电动力学》的封面给我过目了。果然又漂亮又端庄,我非常开心。所有看过的人都称赞这个封面很有品位。[但我还是要老实说,当他们打开封面的勒口,发现有另外一本新书的广告时,觉得很惊讶,他们认为有点美中不足。这点我不知道,我不了解一般的做法是什么。我只知道皮尔斯(Rudy Peierls)那本书很不错,我相当喜欢。但是我并不希望在别人的书的封面勒口里,广告我的新书。]

很高兴这本书即将上市。我非常好奇一般人接受的程度会是怎样,读者能不能理解?我很难说结果会是如何。谢谢你。

诚挚的祝福

理查德·费曼

※米歇尔注:田纳先生回信,盛赞新书的封面设计人阿杰钦格(Mark Argetsinger)。他也保证,皮尔斯的新书《候鸟》的介绍,在以后再版的时候会拿掉。而且他会让出版部门的人知道,费曼不喜欢别人的书上出现自己著作的广告文字。

费曼致印第安纳州圣母大学物理系库欣(James T. Cushing)
| 1985年10月21日

库欣教授寄了一份论文的草稿来,谈到海森伯的S矩阵计划。

亲爱的库欣教授:

我读了你所写的,有关海森伯S矩阵的回顾论文,觉得很有趣。但我没有什么意见和评论。我一直认为海森伯的这项研究,是很多后续研究工作的起点。

另外,我总觉得你在最后一句里提出来的问题怪怪的。就我看来,这个问题的答案似乎是在暗示:如果海森伯没有做出这个东西来,其他人也很快会研究出来,因为它非常有用,也非常必要。

其实倒不见得,我们并没有那么聪明。譬如爱因斯坦的广义相对论。当然也有人说,德国数学家希尔伯特(David Hilbert, 1862~1943)也已经独自上路了。我对这段历史不太清楚。你认为如果爱因斯坦没有提出相对论,需要过多久才会有另外的人提出来?

诚挚的祝福

理查德·费曼

沃富仁致费曼 | 1985年9月26日

20世纪80年代早期,沃富仁的兴趣已经从基本物理的传统领域,转向新兴的复杂(complexity)科学领城。但是有些科学家和科学行政主管人员很怀疑这个新的方向。

亲爱的费曼:

首先,非常感谢你寄来的有关密码系统的信。我已经戒掉随时想学新东西的瘾头了,但这一次又重犯老毛病。我会试试看你提的方法,看它能发展到什么程度,并对它做系统性的了解。特别是看看,能不能在多项式时间里抓出它的核心来。但我必须说,我非常相信这个系统一定非常难以破解。我认为这个系统的破解,一定很像在解NP完备问题。我解出来之后,一定会告诉你。

我随信寄一些刚写好的东西给你。它和科学本身无关(其实科学是我最爱写的东西),倒是有点像关于科学组织的问题。我在普林斯顿高等研究院的处境愈来愈辛苦,已经到了应该准备离开的时候了。而且我找不到一个比较好的地方,可以支持我继续研究我现在感兴趣的东西。

因此，我正在考虑是不是成立一个新的研究单位，建立适合自己的研究环境。如果现在就有这种机构，情况会好得多，可惜并没有。现在有几个和复杂科学有关的计划正在进行，但我觉得它们似乎是漫无头绪。你或许会觉得处理这类行政工作真是浪费时间，我也不确定自己是不是同意这个看法。但我觉得自己没什么选择余地。既然非做不可，我就尽全力把它做好。如果你对这件事有任何看法或建议，我将感激不尽。

深深祝福你

沃富仁

费曼致沃富仁 | 1985年10月14日

亲爱的沃富仁：

1.我不认为目前的科学组织架构不利于"复杂科学研究"的发展。因此，我不觉得有必要成立新的研究机构。

2.你说你要建立自己的研究环境，但你其实是办不到的。你或许能建立起一个你很喜欢在里面工作的环境，但你实际做的事，却是这个环境的行政与管理，你并不在研究环境里面，而是在它的外面。这种行政管理的环境应该不是你想追求的，是吗？你不会喜欢行政人员的，因为你和他们格格不入。

你并不懂"一般人"，对你来说，他们是一些"傻家伙"。因此，你会受不了他们，或者说无法很有耐心去包容他们的缺点。如果你想要有效率地和他们打交道，可能你会把自己逼疯(或者让他们给逼疯)。

找个方法做你的研究，尽可能不要和非技术人员接触，除了疯狂陷入爱河之外。这就是我给你的忠告，老友。

诚挚的祝福

理查德·费曼

※米歇尔注：沃富仁并没有听从费曼的忠告。他不但设立了一个研究机构，还成立了一家"沃富仁研究"公司，销售广受应用的Mathematica"数学精"软件。和费曼预测的相反，沃富仁干了好几年成功的公司执行长，而且恣意追求各种新科学。他还在2002年出版了一本巨著《一种新科学》。他在1990年初已经坠入爱河，很愉快地结了婚。

纽曼(Thomas H. Newman)致费曼 | 1985年11月11日

1985年秋天，斯坦福大学电机教授皮斯(R. Fabian Pease)与研究生纽曼联名写信给费曼，说他们准备好要赢取费曼在1959年的演讲"这下面空间还大得很呢！"所悬赏的第一项挑战。在下面的信及所附的资料里，他们提出了自己的成果。

费曼教授：

随信附给你的照片，是我们用穿透式电子显微镜(TEM)技术将教科书整页依比例缩小2.5万倍的图像。现在，你应该已经核对过原始文件了。如果还没有，我们可以提供缩小倍数的证明方法与原始文件。我们这种TEM技术，可以校准到误差只有10%。你可以拿同等放大倍率的TEM标准校准图片，和TEM拍摄的底片排在一起互相比较。

另外，附上我们准备样本的详细步骤及说明，包括如何曝光、显影和检查。如果你还需要任何其他的参考资料，请告诉我们。

纽曼、皮斯

第 11 部 最后一幕 | 1985~1987 年

费曼致纽曼 | 1985年11月19日

亲爱的纽曼博士：

恭喜你和你同事。你们做出来的东西，当然满足我想给奖的想法。其他人曾做出同样小或比你们更小的记号，但没有人试过把整页放大并印出来，特别是用512×512的点阵印表机印出来。图片每个点的宽度，大概只排得下60个原子。

我很难想象，在每边只有1/160毫米的范围里，可以印些什么东西。它比肉眼可辨识的程度还小20倍，大概只有光波波长的10倍。整部《大英百科全书》大概是5万页到10万页，若用你们的技术来处理，边长应该会小于2毫米，只比大头针的针头大一点点。

你对氮化硅方形窗的描述不太完整。这些方形窗有多大？每个方形窗代表一整页，或者一个字母（这比较不可能）？以后在电脑上会不会有更进一步的应用？

正如很久以前的承诺，我随信附上1000美元支票，祝贺你们的成就。

诚挚的祝福

理查德·费曼

※米歇尔注：这封信等于是纳米科技早期发展史的句点，也揭开了纳米科技新时代的序幕。

费曼致纽曼夫人(Joan T. Newman) | 1986年11月10日

纽曼夫人是前两封信中纽曼的母亲。纽曼得到费曼给的奖金之后,他母亲特别写信给费曼表示感激:"谢谢你的奖励,不但鼓舞了你自己的创意,连带也鼓舞了你的学生与读者的创意。"虽然她自己完全不懂物理学在研究什么东西,她却为儿子和他的成就感到无比的自豪与欣慰——"没有比我儿子更适合得你的奖赏的人了"。

亲爱的纽曼夫人:

得到一封来自科学家母亲的感谢信,是多么令人惊喜的事情。我很高兴得知他母亲对这件事的看法,而做母亲的其实不知道儿子在忙些什么,仍然觉得与有荣焉。我知道这一点,因为我妈根本不知道我到底在做什么,却也一直以我为荣。在常人眼里,像我这样"想破了头"会有什么乐趣?像令郎那样,在实验室日夜苦干,怎么会有乐趣?但是有母亲的支持,造就了我的成功与事业。我相信在你们的家庭里,情况也是一样的。

诚挚的祝福

理查德·费曼

费曼致康奈尔大学物理系艾萨克生(Michael lsaason) | 1985年12月20日

亲爱的艾萨克生博士:

这件事可能会令你感到失望,但我必须告诉你,奖金已经让别人捷足先登了。

我当然在以前就知道你的工作,而且很感兴趣。文桑特(Tom Van Sant)是我的朋友,告诉过我你为他做了什么事。我经常谈到很微小的东西,而且展示你们的神奇眼睛的幻灯片,那就像艺术家所完成的最微型的艺术。

但是当我接到斯坦福大学寄来的整页资料的缩小图片,实在太高兴了。虽然我知道有人缩的比例比他们做得更小,可我还是把奖金寄给他们了。我忘了是不是曾经很明确地告诉过你,有人已经把奖金抱走了?

开火车头,拖着大家往前跑,还真是难!我想,我不是好的火车驾驶员。

当斯坦福的人声称他们做出我要的东西之后,第一次碰面我就告诉他们,有人做出比他们更小的东西。我也提起你和文桑特一起做了个神奇眼睛。但他们给我看的,是一整页的教科书,让我印象非常深刻。他们并没有公开这次碰面的谈话内容,因此没有多少人知道他们的成就。

总而言之,祝你圣诞快乐。我随信附寄一份圣诞礼物给你,鼓励你继续进行那美妙的工作。

你的朋友
理查德·费曼

费曼致贾西亚(Armando Garcia J.) | 1985年12月11日

贾西亚是委内瑞拉的高中科学教师,他在9月18日写了一封密密麻麻的5页长信来，请求费曼的协助。他班上的双胞胎学生提出一项具体事证，似乎违反能量守恒定律，但他无法提出可以令人信服的答案。而且提出问题的学生还拿这件事到处炫耀，说他们把老师给考倒了。"我教室里的学生一连好几个星期都在议论这件事，但一点结果也没有……以前的学生碰到我，也会讽刺我：'怎么样，你把那对双胞胎解决掉没有？'"

双胞胎提出来的问题是这样的：当你把重物(譬如杠铃)从头顶放下来的时候，重物的势能改变了。根据能量守恒定律，重物的大部分势能必须转移成身体里的某种形式的能量，也就是势能应该转移给身体的肌肉，对肌肉做功。但是日常生活经验却告诉我们，事情不是这样的。大家都知道，不管你是举起杠铃或放下杠铃，都必须使出全力。因此，能量不可能是守恒的。贾西亚还提到另一个例子，说登山时，不管是上坡或下坡，都必须使力，肌肉都一样酸痛。但能量守恒定律却指出，他只有上山的时候需要做功？下山并不需要。贾西亚请教费曼，如何使我们日常生活上的经验，与能量守恒定律之间，不会产生矛盾？

亲爱的贾西亚先生：

谢谢你的来信，以及信里所提的能量问题。

你的困难是来自于你所处理的是个开放系统：有个人在流汗、呼吸(吸入空气，把空气加热，把一些氧气变成二氧化碳)、消化食物，等等，还运用自己的肌肉从事劳动工作，产生一些机械功。要找出做了某个动作之后的能量改变量，我们必须考虑到系统里的所有事情，并且分析这些事情的能量变化，才能得到总结果。譬如，我们必须考虑到空气的温度变化和空气的化学变化所涉及的能量改变；这个人所消化的食物，他流汗前后的能量变化(汗由液体变成蒸汽)，杠铃位置改变的势能差异，等等。而实际上，和所有其他能量变化的大小来比，机械能在这个系统里只占了很小很小的一部分。

因此。如果没有经过仔细的检查与度量,没有人能断言上面提到的那个开放系统,总能量是否有改变。(或是不计算进出整个系统的热能和化学能,而硬说系统的能量改变了。)只注意整个系统当中,极少量机械能的增加或减少,就拿来代表整个系统的能量变化情形,是很不恰当的。若只看一个重物的上上下下,就妄言整个系统的能量变化情况,显然是不够的。整个系统所涉及的能量消耗是很大的(如身体的体温、新陈代谢变化,等等),机械能的改变,占的比例太小了,小得微不足道。

举些数字给你参考。为了保持体温和新陈代谢,我们从食物和氧气所消耗的化学能,功率为100瓦,也就是每秒要消耗100焦耳的能量。如果一天24小时,等于86400秒,我们因为新陈代谢所需要的能量就是100乘以86400,约等于10^7焦,也大约等于2300千卡或大卡。也就是每个人每天大约要消耗2000大卡。现在,假设某人把10千克的重物举1米高,他做的功是10乘1乘9.8,大约等于100焦。以人活命所需的新陈代谢功率100瓦来看,这个做功的能量只够我们活1秒钟。

这就是为什么我们不觉得上楼梯和下楼梯有多大差别的原因。(但其实我们应该承认,若楼梯的阶数很多的话,下楼梯还是比上楼梯轻松一些。)

因此,要准确度量这个包含人在内的开放系统,能量是不是守恒,必须长时间度量所有进入与离开这个系统的能量。譬如一整天,从早餐到第二天早餐。我们可以假设在这一天之内,人的内部并没有什么变化。通常,我们可以利用动物,像老鼠来做观察。我们度量进入的气体和食物,以及排出来的东西,再度量所有牵涉在其中的能量变化。

事实上,能量守恒定律最先就是由这种动物实验的观察结果提出来的。做实验的人是梅耶(Julius Robert von Mayer, 1814~1878)医师。后来对一些简单的物理和化学系统,所做的更加精确的度量,只是更确认能量守恒定律的成立而已。今日，我们甚至在个别的原子碰撞上，也证实能量守恒定律的真实性。而更复杂的系统只不过是一群原子发生碰撞的结果而已，因此，能量守恒定律也应该成立。

你的双胞胎学生把自己的感觉，以定性的方式描述出来，说能量守恒定律是错的。但如果他们仔细检验自己的判断，仔细度量那些不为人注意的、所有进出系统的能量，我认为他们将会发现以前梅耶医师已经发现过的东西。而这东西后来也经过很多人的证实，就是能量是守恒的。举起重物时消耗的氧气量，比起放下重物时消耗的氧气量，还是多一些。

学生怀疑物理定律不正确，其实是件好事。怀疑或质问的态度并没有害处，很多新发现就是这样产生的。有所怀疑的地方，若能以实验来检验、解答，就须以实验来检验、解答。能量和温度一样，是纯量，没有方向性。若从一个任意点开始度量，可以是正也可以是负，所以能量的改变当然是有符号的。举起重物的时候，物体的能量会增加（而全世界的其他部分，能量会减少）；放下重物的时候，能量改变的符号会反过来。

由你的信看起来，在委内瑞拉，如果一个老师说某件事他不知道，或者没把握，好像会遭人耻笑。我很庆幸自己没有这种困扰。我其实是所知有限，经常会说"我不知道"。毕竟我出生的时候，什么都不知道，而又只有一点点时间可以学这学那的。如果有件事你本来以为自己是知道的，后来却发现其实自己不是那么清楚，也不是那么有把握，倒是一件很有趣的事。我的学生就经常让我体会到这一点，就像你的双胞胎学生对你提出质问那样。他们终究是帮助了我，把事情弄得更清楚。

总而言之，希望这封信对你有点帮助。祝你和你的学生好运，可以教学相长。

诚挚的祝福

理查德·费曼

费曼致《洛杉矶时报》科学记者邓巴特(L. Dembart)
| 1986年1月15日

亲爱的邓巴特先生：

谢谢你在社论里提到我的名字。如果你不打算写一篇更长的专栏文章，能不能请你把下面这封信，登在"读者来函"的版面？

你在《就是这么奇妙》的社论里，提到匈牙利物理学家厄否(Baton Roland von Eötvös, 1848～1919)1909年做的一个老实验，结果有一些小小的不规律。有学者诠释说，这是由一种新的"第五力"造成的。你也正确地提到，说费曼不相信这种观点，但你的陈述太简短了，并没有说明我不相信的理由。这可能会让你的读者误会，说科学只是由少数权威人士的意见来决定的把戏。因此，我想利用这个机会解释一下。

如果厄否的老实验结果，真的是由费区巴赫教授所说的第五力造成的，那么在180米左右的范围，它应该就有够强的效应，会在别的实验也显现出来。例如，我们在很深的矿坑里量到的重力，准确到误差只有1%。(不管这些偏差是否表示，牛顿的引力定律需要做适当的修正。这是另一个很有意思的问题。)但如果费区巴赫的论文所建议的第五力存在的话，重力度量实验的误差至少会有15%。这部分的计算是论文作者自己算出来的(若更仔细地分析，会是30%)。虽然论文作者已经了解这种情形(已打过电话求证)，却仍然声称"非常符合，令人惊奇"。事实上，这么夸张的声称，正足以证明他们不可能是正确的。

新观点总是非常迷人，因为物理学家希望发现大自然的奥秘。而任何偏离预期结果的实验，也总是很快会引起大家的注意，因为我们很可能由此发现一些新的东西。

但是很不幸，这篇论文本身就具有一些否定自己立论的内容在里面。"第五力"之所以得到这么广泛的报道，很可能是论文作者"热心过度"的结果。

诚挚的祝福

理查德·费曼

※米歇尔注：这封信刊登在次日的《洛杉矶时报》上。

费曼致温妮丝和米歇尔 | 1986年2月12日，星期三下午2点，于华盛顿

这封信是费曼刚加入"挑战者号"航天飞机失事原因总统特别调查委员会时所写的。

（我找不到旅馆的信纸，所以随便找了些纸，别见怪。）

最亲爱的温妮丝和米歇尔：

这是我第一次有时间给你们写信，我想念你们。我后面会谈到我是怎么抽出一天空来(在一大堆非常无聊的会议行程中)参观访问的。这是一次探险，和我书里面那些探险故事同样有趣。温妮丝你真的说对了。我确实和其他人完全不同。我完全是自由的，可以不受任何阶层的任何人影响。而我的推理方式是单刀直入的，我也很诚实。这里有非常强大的政治力量在运作，互相较劲。虽然人们各以不同的观点，对我解释同样的事情，但我完全不予理会。我以近乎天真而单纯的心思，沿着一条笔直的大路前进。首先要查清楚的是，为什么，在物理实质原因上，航天飞机会失事？至于后面的问题，为什么有人会做出显然错误的决定，就不关我的事了。

1986年2月11日。费曼在"挑战者号"航天飞机失事调查的公开会议上陈词。他以一杯冰水的简单实验,证明O形环遇冷失去弹性,是造成意外的主因你知道的,在星期一下午4点钟,他们告诉我,我已经获选为总统特别调查委员会的成员之一,我应该搭飞机在星期二晚上赶到华盛顿,参加星期三召开的会议。因此,星期二的一整天,在希布斯和他的技术人员的协助下,我恶补了所有和航天飞机有关的技术资料。我以前觉得航天飞机是很无聊的东西,对它可说一无所知。现在我在相关知识上已经穿戴整齐,可以上阵了。而且我觉得自己还准备得相当充分,因为我学得很快。

星期三是委员们"非正式"的聚会,大家彼此碰面,互相了解一下。除此之外,就没有安排别的事了。主席罗吉斯(William P. Rogers)一再提醒我们,和媒体保持良好的关系多么重要,而媒体又是多么娇贵。因此,在2月5日星期四的第一场正式会议,就是公开的会议。这场会议的行程安排有一整天,会有专人为委员简报航天飞机"挑战者号"和它的飞行过程。我花了一整个晚上,拟了一份很长的清单,都是失事的可能原因。我还做了一些计算,譬如算算负载重量之类的,让整个工作慢慢动起来。

2月6日星期五,委员会的另一位成员,空军的库提纳(Donald J. Kutyna)将军,把以前他们调查泰坦火箭失事的经验告诉我们。他们做得非常好。我很高兴前一个晚上自己所拟的清单,和他们的做法不谋而合,只是没有他们的计划那么有系统、那么完整。我很高兴能有机会和这样的人共事,很多其他委员也有相同的感觉。有人自告奋勇,依自己的专才,管理调查行动的进行,或者保存记录、撰写报告等。看起来气氛不错,我们就要上路了。

但主席(他是个非技术人员)却表示:泰坦火箭的失事报告对我们没有什么参考价值,因为空军当时掌握许多详细的技术资料,但我们得不到类似的相关细节(他是公然说谎,因为载人航天飞机有更严密的监视记录资料,我们能掌握的资料远比无人的泰坦火箭多得多),很可能我们只能指出,这件事是怎么会发生的。而委员会的另一位共同主席也说,我们并不打算做那种深入细节的实质技术调查,我们只是从各方汇集技术意见云云。

我一直要设法切入,表达反对立场,但总是被什么事给打断或干扰,例如某人走进来介绍什么的、主席又指示一个新的调查方向等。最后决定的是,我们下星期四一起到佛罗里达的肯尼迪宇航中心,听他们做简报;星期四和星期五两天都留在当地。而在讨论的早期,就有人好心提醒我们,可以个别的或者几个人一组(次级委员会)到任何地方去,得到自己想要的资料。我想要提议说,我去做某件事(有几个物理学家表示愿意和我一起工作),而且我已经把手边的工作都安排妥当,短时间内可以全心全意、完全投入调查工作。但是我似乎得不到任何工作指派,而且当我表示意见时,会议其实已经中断了。会议副主席(宇航员阿姆斯壮)又重提,我们不做实际的细部调查工作。因此,在快要结束会议的时候,我问主席:"这么说,在随后的这五天内(星期六、星期日、星期一、星期二与星期三),我应该到波士顿去,做我原先的顾问工作喽?""是的,就去吧。"我被他弄得火冒三丈!我想不必解释,你也知道我为什么生气!

走出会场的时候,我相当灰心。忽然,我想到了格拉姆,他曾是我的学生,现在是航空和航天管理局的头头,也是他要求我参加调查委员会的。我打了电话给他。格拉姆接到电话之后,觉得有些惶恐。于是他打了几个电话,做了些安排,看看我能不能到休斯敦(约翰逊空军基地,航空和航天管理局的遥测中心),或亚拉巴马州的汉斯维尔(引擎制造中心)去。我拒绝了去休斯敦的建议,这样等于公然反对罗吉斯,我还不想弄得这么僵。基于尊重调查委员会主席,格拉姆打电话给另一位委员阿奇森(律师,和罗吉斯是好友),请他向罗吉斯说明。阿奇森也认为这是个好主意,说愿意试试看。但后来回我电话的时候,他说很奇怪,罗吉斯居然不同意这样的安排。罗吉斯坚持"我们要依正常的方法办事",不同意我一个人到处乱跑。

后来,格拉姆想到一个折中的好办法:我还是留在华盛顿,虽然接下来就是周末假期,他还是要他手下大将(都是推进系统、引擎和航天飞机方面的高级主管)到华府来,和我做深入的交谈。我认为这安排也可以。后来罗吉斯打电话给我,想抓住我的脚跟。他解释自己是好不容易才把这个调查委员会弄妥当,而且现在各界对我们都虎视眈眈,准备看笑话,因此照规矩办事有多么重要等。最后他问我是不是还想去航空和航天管理局?我说"是的",我说我们已经开过两次会了,还没有谈到该怎么着手进行调查,或者该怎么分工。(会议上大部分都是罗吉斯在发言,说他是如何熟悉华府政治圈的运作方式,和媒体保持良好的关系有多重要,为什么非要按部就班照章行事才行:告诉那些记者,任何问题都要找他,罗吉斯,得到的回答才算数,等等。)

罗吉斯最后问我,是不是希望他召集所有的调查委员,星期一再度开会,讨论我希望的分工?我说"是的。"他话锋一转,说:"好,你可以留在华盛顿听报告。"接着说:"我听说你对住的宾馆不太满意。我来替你换一家比较好的宾馆。"我不想要占这种小便宜,就回答他,这家宾馆很好,不必麻烦了。我个人的舒适与否,与整个委员会的调查行动比起来,根本微不足道。他不死心,又提了一次,我再度拒绝(这使我想起当年在伦敦机场,"给他一杯茶,安抚一下"那件往事)。

因此整个星期六,我就听航空和航天管理局的人为我做简报。当天下午,我们深入讨论到助推火箭每节箭体之间的接头和O形环的细节。O形环可能是关键,它在以前也曾局部失效过,或许是挑战者号失事的主要原因。星期天,我和格拉姆一家人到太空博物馆参观,就是卡尔最喜欢的那个博物馆。我们在开馆之前的1小时就进入参观,完全不必和别人挤来挤去。毕竟他是航空和航天管理局的大老板,这就是权势。

这些日子的傍晚,我都到表妹法兰西丝和恰克的家里吃晚饭,消磨这段时光。他们很热诚地接待我,让我充分放松心情。但是我并没有像往常那样,说很多故事,因为他们夫妇都在传媒界工作。我不愿泄密,也不愿有泄密的嫌疑。我曾告诉罗吉斯,我在华盛顿有这门和传媒界很近的亲戚,去拜访他们不知道方不方便?他很大方地说:当然没问题,他自己也有亲戚朋友在美联社工作,他也记得法兰西丝,等等。我对他的反应感到很开心。但现在当我在写这封信的时候,我开始有不同的想法。罗吉斯似乎太没戒心了,在对我们一再告诫泄密的严重后果之后,居然这么对我不设防?

这件事让我提高警觉。你看,亲爱的,我已经染上弥漫在华府的疑心病了!当他想打击我或阻止我做某件事的时候,一定会控告我泄露某些非常重要的资料。我想这件事里面,一定有某些东西是有些人不愿意我发现的。如果我太接近禁区,一定有人会设法打击我,令我形象或名誉受损。但我认为自己有金钟罩,应该是刀枪不入的。其他的调查委员像库提纳,就有空军的立场要兼顾。莱德(女宇航员)是约翰逊空军基地的人,等等,每个人似乎都有些顾虑,会投鼠忌器。

不过我还是要多加小心,注意到可能来自四面八方的冷箭。其实没有人是真正刀枪不入的,他们会躲在你背后的暗处。因此,为了提防暗算,我停留华盛顿期间就不再去拜访法兰西丝和恰克了。或许我先问问法兰西丝,是不是太神经质了。罗吉斯已经再三保证没关系,但他对我的态度过分轻松了。我很可能是他的眼中钉呢。

不论如何,星期一和星期二,我们各有一场特别的内部会议与公开会议。因为《纽约时报》登出一则消息,斗大的标题,说有内部资料指出,接头的O形环可能是危险的所在。但这件事在我启程赴华盛顿之前,就已经知道了。喷射推进实验室(JPL)的人已告诉我相关的细节。这件事考验调查委员会对媒体关系的紧急应变能力。在此之前，我们还没有做过一件和调查真相有关的事。到现在都还没有。我们明天早上6点15分要搭专机(两架飞机)到肯尼迪宇航中心去听简报。无疑的，他们会把所有的东西都告诉我们，而且是一群真正的专家。但你就是没时间和其中的任何人做详尽的细节讨论。好吧，此路不通。不过，若我对星期五的行程或内容不满意，我决定周六和周日留在那儿继续讨论。如果还是不满意，就继续待下去。我已经决定，要找出究竟发生了什么事，让所有的馅都露出来。

我很像一只闯入瓷器店的母牛。他们最好的办法是把母牛拉到店外，让它回到农庄上犁田。其实更好的比喻是，我是一只进了瓷器店的公牛，因为那些瓷器的造型做成了母牛，现在他们怎么拉我都拉不走的啦。

我猜，他们打算用排山倒海的数据和细部技术资料来撑死我，希望我把全部的注意力都放在技术细节上，这样他们就有充分的时间来修饰那些危险的证据。但这种诡计不会得逞，因为(1)我对技术资料的胃口很好，消化力奇佳，远超出他们的想象；(2)我已经闻到一些气味，而这种气味我是不会忘记的。因为我喜欢探险，最擅长追踪那些蛛丝马迹了。

我真想留在家里，不管做些什么别的事都好。但我在这儿也还好啦。

拉尔夫今天早上从瑞典打电话给我，报告他美妙的进展。赛克斯也和他在一起。唉，唐努乌梁海！

爱你们的
理查德

附笔：赛克斯在17日左右会到洛杉矶来，停留几天。 这封信如果你按下私密的部分,也别把其他内容全透露给他算了,虽然前面有些牢骚,但其实一切还算好。

再附笔:留下这几天的报纸。我今天早上到五角大楼去。他们把《纽约时报》的剪报寄到家里去了。

※米歇尔注:拉尔夫·莱顿是费曼的老朋友,一起打鼓的同伴,也是《别逗了,费曼先生!》和《你干吗在乎别人怎么想》这两本书的共同作者。费曼记得自己搜集的20世纪30年代的邮票里,有个湮没无闻的地方叫"唐努乌梁海",因此向拉尔夫挑战,要他去找出这个地方。这段冒险故事叙述在拉尔夫所著的《费曼的最后旅程:发现唐努乌梁海》(*Tuva or Bust*)中。

费曼致罗吉斯主席 | **1986年5月24日**

亲爱的罗吉斯先生:

我很抱歉自己必须在星期六中午的时候离开,因此没有时间和你充分讨论调查报告里的问题。我觉得我们的航天飞机失事调查报告,对航空和航天管理局的航天飞机计划似乎批评过度了。我希望借着这个机会,更详细地表达我的立场。

我们的责任,是找出航天飞机失事的直接原因或最可能的原因,并且提出建议,避免以后再发生这种意外。很不幸的,我们发现在行政管理上有很多严重的瑕疵,也是发生事故的可能原因。而且这并不是个案失误,而是普遍存在的缺失。因此,我们在报告中列出了我们观察到的证据和我们的看法。

好友拉尔夫·莱顿是一起打鼓的同伴,也是《别逗了,费曼先生》和《你干吗在乎别人怎么想》的共同作者。摄于1987年

这件事对我们国家的太空计划该如何继续实施，已经产生严重的影响。因为太空计划牵涉的预算非常庞大，而且有很多其他的支援性计划都和航天飞机有关，可谓牵一发而动全身。更不用提那些更重要的增加军事与科学力量，或商业性的太空应用活动了。我们国家整个的太空计划和它的定位，都将重新接受全国人民、国会和总统的检验。我们并没有充分讨论这种形势，我们在报告里所做的建议，也没有这么宏观的格局。我认为，我们应该提供必要的资讯，让做决策的人，可以据此做出聪明的决策。

我们的责任是尽可能提供完整、公平而正确的资讯。我们已展示出各种事实，可以说做出了很漂亮的调查工作。报告里对航空和航天管理局航天飞机计划的大量负面观察，让人看得触目惊心。这结果令人很遗憾，但很不幸的是却都是事实。如果我们意图隐瞒，反而可能造成更大的伤害。如果总统要做出明智的决策，他必须知道所有的内情。

如果我们的报告看起来不太平衡，那就应该把另一面的证据也包括进来。我们是不是也把调查过程中所看到的，他们做得非常好的工作也包括进来？或者在建议中提到这个计划中的某些好的东西，应该要持续保持下来。其中一个例子，就是计算机软件检验系统。

虽然我看起来似乎太天真了，还有些盲目的乐观，但是我觉得航空和航天管理局对这次调查工作的态度很不错，他们尽全力配合，把所有资料摊开给我们看，没有丝毫隐瞒，包含进行所有我们要求的测试。航空和航天管理局对我们这个事故调查小组是完全开诚布公的。

总而言之，如果我们在报告里，只字不提航空和航天管理局所做的那些很棒的事，对我们的报告反而是个缺点，至少代表它不完整。对照我们在报告里所呈现出来的大量例证，这个缺陷就更显著了，好像我们这些委员都耳不聪、目不明似的。

我下星期一将回到华盛顿，我们可以和其他委员一起讨论这个问题。我们可以有一整个星期的时间。或许他们可以说服我，说我的观点偏离我们调查委员会的主轴。那么我也许会改变主意。当然我现在对这一点还持保留态度，我目前仍是相当坚持的。

我同意我对"可靠度"所做的报告，不必放在调查报告的正文里，而以附录的方式来处理，只要它不是消失在档案里就行了。这是我们双方都可接受的折中方案。

调查委员费曼，诺贝尔奖、爱因斯坦奖及厄司特奖章得主，政治的门外汉。

费曼致阿奇森(David Acheson) | 1986年11月5日

航天飞机失事调查委员会的任务结束之后，其中一位调查委员、律师出身的阿奇森写信来，谈到别的调查委员的消息。他听说费曼生病了，特别祝他早日康复。

亲爱的阿奇森：
谢谢你来信告诉我那些消息。

我正在家里休养，身体也慢慢恢复。我也希望什么时候能再和你见个面。但除非是法院的传票，没有什么东西可以再把我弄到华府去了。

诚挚的祝福

理查德·费曼

费曼致航空和航天管理局宇航员办公室主任杨恩(John W. Young)
| 1986年12月8日

> 杨恩博士写信来,感谢费曼在"挑战者号"航天飞机失事调查委员会的工作。"我们知道这是一项非常困难的任务,不管是技术上、实质上或情绪上都很不容易处理。你的报告周密而有见解,可以协助航空和航天管理局尽快回到正常的运作轨道上。你对国家和我们宇航员办公室,有很大的贡献。"

亲爱的杨恩博士:

谢谢你对我在"挑战者号"航天飞机失事的调查工作的赞美。

很抱歉我没有时间直接和宇航员讨论这件事,或者非正式地和你碰个面。我们在调查委员会内部有分工,这一部分是由莱德博士负责的,她也如实把你的意见传达给了我们大家。

在一次我们举行的公开听证会上,哈兹菲尔德、你和其他的宇航员都做了证词。仔细分析你们的证词之后,我对你印象特别深刻。似乎只有你能以清晰的思路,考虑到未来的发展和事故的原因。接着我们由后续的听证会,很快就看出,一些高级的管理人员根本是不知所云,尽说些:没有人告诉他啦,不知道信息传递系统会崩溃啦之类的废话。没人告诉他们是因为他们不喜欢有意见,不爱听坏消息。他们通常只在意自己在媒体和国会的形象。因此基层官员都知道的真相是:你自己想办法解决,不要来烦我,不过不能把事情搞砸。

就像《绿野仙踪》的故事一样,尽管航空和航天管理局在这方面一直维持良好的声誉和传统,但只要出现几道屏幕,沟通系统就不良了。我听说近来又发生同样的事,复杂的问题以不显眼的方式,出现在某个角落里。连所谓的联合检查小组都得不到相关的资料。

你们宇航员能协助清除这一滩死水,让它保持流动和新鲜吗?

诚挚的祝福

理查德·费曼

费曼致库提纳 | 1986年12月8日

有一份《柯刻报告》(*Cook Report*)指出,"挑战者号"航天飞机的失事调查委员会,在政府的授意下,掩盖了事实的真相,藏起许多发现到的事实,并且协助航空和航天管理局的人作伪证。

亲爱的库提纳:

谢谢你寄给我《柯刻报告》的资料,我早就预料到会发生这一类的问题。当然,它里面有些批评是相当敏感的,而每一次的调查,不管对象是什么,由什么团体来主持,永远都有些偏执狂在一旁虎视眈眈,伺机提出尖刻的批评。你也是调查委员,亲身参与了这个工作,当然知道自己做了一件了不起的事。这不是局外人能够了解的。然而,如果主席当初肯采纳我们的意见,报告就会更完美了。当然,历史已经告诉过我们,仅有的一个完人,已给钉在十字架上了。

报告里有一段鬼话:"有证据显示,航空和航天管理局的人不仅在调查委员会的公开听证会上作伪证;甚至在不公开的会议上,委员们也建议他们捏造证据。"你会相信吗?

我的外科手术很成功,身体恢复得很好。希望不久可以安排一下,再度会面。

诚挚的祝福

理查德·费曼

※米歇尔注：库提纳将军告诉我，曾任航空和航天管理局资源分析师的柯刻(Richard C. Cook)发现，事故之前，航空和航天管理局已准备增加预算去修补O形环。航空和航天管理局早已知道O形环的瑕疵会影响飞行安全，却没有及时处理。库提纳将军表示，从来没有听说作伪证的事。他认为，航空和航天管理局的沉默使柯刻误认为调查委员会掩盖事实。调查委员会其实在调查过程中，已指出航空和航天管理局的疏失，才导致这次失事。费曼在调查报告的附录F，都有详细的叙述。库提纳将军强调："特别委员会的调查方向是锁定在：找出航天飞机意外爆炸的技术原因，而非扮演抓鬼大队去怪罪任何个人。"

加拿大帕尔默(Leigh Palmer)博士致费曼 | 1987年1月1日

亲爱的费曼教授：

我儿子大卫告诉我，你身体不适。我听了觉得很难过。我要告诉你上个学期发生的一件事。我觉得这件事，基本上和你有一些关系，而它正好展示出一种很强烈(但可以避免)的人性弱点，是一种在学习上的偏见。

大概有二十几年了，我一直想了解汉伯里布朗(Robert Hanbury Brown, 1916～2002)和特威斯(Richard Twiss)的强干涉(intensity interference)效应。我好几次问同事，请他们为我解释这个效应，好让我这颗实验主义的脑袋，多少吸收一点理论，但总得不到令我满意的回答。我甚至怀疑我问过的人，到底对我只知道字面意思的这东西了解多少？我只知道他们经常卖弄一些名词，像"玻色-爱因斯坦凝聚"之类的，那对我并没有帮助。那段时间，我甚至负责讲授大学部和研究所的光学课程，还教了好几学期的统计力学，其中包含量子统计学。我以为自己是了解这些东西的。但对"汉伯里布朗-特威斯"这玩意儿，就没有把握了。

后来，我女儿从华盛顿大学的书店买了一本《量子电动力学》给我。（这本书在加拿大的温哥华，居然买不到。）我是在《科学美国人》杂志的书评上看到这本书的。我很开心地阅读，但当时我还在教书，阅读的进度很慢。我是用物理学家的身份来看一本为喜爱科学的大众所写的书。当然，我并不懂量子电动力学，也希望能从这本书得到一些见识。当我跟着书里清晰的思路前进，我知识里的一些空隙就慢慢给填补起来了。了解了自己在读什么东西之后，我开始详读书里的注解。长久以来存在心里的"汉伯里布朗-特威斯"疑惑，居然慢慢地云开雾散，忽然就明白它是什么了。我不放心，又翻回前面，重看了一遍。这件事最重要的启示是：我发现至少有个领域，是我一无所知的。

这件事的教训非常清楚：一个准备好的心灵，随时可以吸收知识；但同样的心灵，如果自行设定"我是学不会的"，则也固执得无法突破和穿透。在我的授课经验里，当然经常必须克服学生的这种心态。我一直以为自己没有这种毛病，已经免疫了，现在终于明白无法身免。到了50多岁，居然还能从教学大师那里学到一些新东西，实在是一件很开心的事。原本我以为自己永远无法了解这件事的，但是你对我解释了那是什么，而在解说之前并没有先告诉我，你现在要解释的是什么东西。我的心灵没有设防，因此没有抗拒你传达进来的东西。我以后会记得这个高明的手法，在教学的时候用上去。你并不是有意如此，不过若是学生存心排斥学习某个主题时，这是一个非常有效的穿透技巧。

我们全家每个人都很珍惜这份和你、你家人的缘分。虽然我们远在加拿大的英属哥伦比亚，我儿子大卫不可能跑到加州理工学院去当你的学生，但他从你的书，也间接受到你很深的影响。希望新年带给你和全家平安喜乐，祝你早日渡过难关。

诚挚的祝福你

帕尔默

费曼致帕尔默 | 1987年1月12日

亲爱的帕尔默博士：

在教和学的过程中，最神秘难解的，就是存在于两者中间这种很明显的障碍。它是如何产生的？该怎么去克服呢？

你学习"汉伯里布朗-特威斯效应"的障碍，很幸运地消除了，但我们真的学到一项有用的技巧了吗？或许有的学生会受这种方式启发，就是"教授在说明某项主题之前，没有先说明自己想解释些什么"。问题是，班上通常有很多学生，他们都是不同的个体，想法也都不一样。对某些学生有效的方法，对其他学生可能无效。不过，有时候我们有机会个别指导学生(只有在这种时候，我才觉得自己是个有效益的好老师)，这时候，或许这项技巧可以派上用场。谢谢你提醒了我这一点，我只是偶尔不自觉地用上它，自己并不知道。

我记得在拜访西蒙弗雷泽大学(Simon Fraser University)的时候去过温哥华，印象非常美好。谢谢你又让我忆起这段美好时光。

诚挚的祝福

理查德·费曼

费曼致约德尔(H. J. Jodl) | 1987年4月10日

德国凯泽斯劳滕大学(Universität Kaiserslautern)物理系的约德尔教授写信给费曼，要求翻译并重印《科学是什么？》一文。

亲爱的约德尔教授：

我同意你可以翻译我的文章，登在你的杂志上。不过现在世界已经改变了，我文章里有一段文字，描述"一个女孩教另一个女孩，如何编织彩色的菱形花纹长袜"。你能不能为我加上一段作者(费曼)的脚注？我想加注的文字是："这世界变得多么美妙，在女性的谈话里，解析几何已经成为家常便饭了。"

诚挚的祝福

理查德·费曼

英国剑桥大学卡德(Nigel Calder)致费曼 | 1987年7月2日

亲爱的狄克：

我很悲伤地告诉你，我们的好朋友、老同事菲利普·戴利(Philip Daly)已经是脑瘤末期的病人。他在5月底开过一次刀，但病情已扩大到开刀也没有什么用的地步了。

他现在居家静养，为BBC电视台做一些20世纪科学报道和广播电视史的工作。我去看过他两次，帮助他处理一些事情。

他知道自己病情严重，但并不知道那么糟糕。他自认为可以拖到年底，还和我谈起9月要在美国播出的影片。他太太佩缇倒是知道实际的病情，但是对他有所隐瞒。其实他只剩几个星期的时间，而不是几个月。

我相信他一定很高兴得到你的消息。我的意思是指一封简短的信或一张慰问卡片。太强烈的同情反而会引起他的情绪激动。这倒不是由于他来日不多，而是肿瘤影响了他的情绪。

我希望你也要好好保重，维持良好的体能状况。狄克，去年我很荣幸也很开心能在剑桥见到你，我们对量子电动力学的闲聊，让我回味无穷。虽然我的说服力不太够，不能劝你不要这么劳累。

深深祝福你

卡德

费曼致英格兰菲利普·戴利 | 1987年7月22日

亲爱的菲利普：

我听说外科医师不但对我动刀，也对你动手。希望你康复得很好。我康复得非常慢，因此向医师抱怨。他笑笑告诉我，病来如山倒，病去似抽丝，每个病人都觉得自己康复得比别人慢。因此要有耐心。

你最近有没有机会到美国来？如果你靠近洛杉矶，一定要来看我们。可惜今年夏天我们没有去英国的计划。温妮丝也问候你。

诚挚的祝福

理查德·费曼

凡得海(Vincent A. Van Der Hyde)致费曼 | 1986年7月3日

亲爱的费曼博士：

你好，这封信的开头看起来似乎有点奇怪。但是当你继续读下去，知道我想干什么时，可能就不觉得那么奇怪了。

首先，我有个16岁的儿子，应该说是继子，他非常聪明。你知道，这世上并没有什么所谓的天才，但他在数学和自然科学上，比我聪明多了。就像每个人一样，他老是想搞清楚生命的意义何在。只是他还不知道，没有人能真正搞清楚生命的意义在哪里，但这并没有什么关系。有关系的是每个人都必须过自己的生活。而我这孩子，极其聪明，数学、物理和化学都很强，爱玩遥控模型飞机，喜读机翼设计的书——上面有一堆方程式，我看都看不懂。

但与此同时，他还在设法成长，为自己在这个世界上设法打开一条路。他有点胖，有些害羞，并没有多少自信，因此他常假装自己够强壮、够成熟。他常常在寻找模仿的偶像，或者说是成长的标杆人物。他也很努力地面对高中课业，今年秋天，他就高中毕业，可以进大学了。大学生涯对他而言，是即将要面对的问题。他很想进一所好大学，但以他的高中成绩来说，可能会有点问题。

现在，我不想做一个紧盯着人的父亲，不想给孩子太大的压力。老实说，不管他想做什么，只要不是坏事，我都没意见。我在1960年是个电机工程师，因为我爸爸要我当电机工程师，但最后我却成为犯罪学的专家。因此，我知道父母对孩子的压力是怎么回事，也知道最后的结果是无济于事。我只要求他不管想做什么事，都要全力以赴。这是对自己诚实、不自欺的方式。如果你有能力做好某件事，那么尽全力去做好，也是一种义务。这种想法不管是以前或现在，恐怕不太流行。但是一个有天赋才华的人，去做自己喜爱的事情时，怎么可能有所保留而

费曼的棋局

永远的费曼

不使尽全力呢?

不管如何,在过去两年与他的老师讨论之后,终于浮现出某种模式。看起来,他对科学知识的吸收非常迅速。在看到你如何做好一件事之后,他也决定要尽自己所能,快速做好自己想做的事。有些老师的确鼓励他这样做,当然这很好;但是……每个学生的成绩好坏,是由考试分数决定的,而考试的内容只涵盖那些每个人都能懂的东西。我的儿子马丁认为这些东西太简单了,因此平时根本不屑做家庭作业。他宁愿去做一些他觉得有趣的事,而这些事远超出班上同学的能力,没有人会做。但是平时分数对总成绩也占了相当的比例,因此尽管他做了很多相当困难的事,学校成绩并不太好。结果,他成为一个吊儿郎当的游荡者,常给老师惹麻烦,我也只好对他严加管教。他就好像龙困浅滩,日子并不好过,整天胡说瞎扯的。对那些文科的课目,情况就更糟糕了。但是他知道那些课程当中,很多是华而不实的花拳绣腿。你看,情况就是这个样子。

现在,重点来了。几个月前,我偶然看到一本书,书名很有趣(而且与众不同),而封面上的人看起来像个成功的喜剧演员,并不像物理学家。我和马丁两人都看了这本书,都觉得非常非常有趣。我们也注意到,几乎每个故事都有一些含意在里面。这不是一本只有一些有趣故事的书。这是一本谈到我们世界是怎么运作的书。真聪明!

我们也注意到"挑战者号"航天飞机失事的新闻和罗吉斯主持的调查委员会。委员会里有位仁兄,就是写这本书的人。他不打官腔,不装斯文,协助国家航空和航天管理局恢复正常的运行轨道。

了不起!

因此我想到,这就是我想找的那号人物了。我儿子读了他的书,开始注意所有和他有关的新闻,而他还是个诺贝尔奖的得主。那些喜欢科学的孩子会佩服而且肯效法的对象,就是这种人。

我前面说过，我有这些困扰。而你显然非常懂科学；由你写的书看起来，你显然也很会鼓舞人。谁知道像你这样的人，对一个16岁的聪明孩子会有什么影响？或许可以让他稍微静下来，仔细想一想，自己究竟是要什么。怎么才能得到自己想要的东西……

或许，你肯写信给这个孩子，告诉他，你认为"生命的意义是什么"，什么叫作"搞科学"，应该怎么训练自己，才能达成自己的目标，等等，我都没意见。请告诉他所有你想告诉他的东西。有的时候，只要知道外面有人了解你、关心你，就足够让一个小孩有巨大的改变了。那可以让孩子的翅膀伸直，鼻子抬高。谢谢你了。

诚挚的祝福

凡得海

附笔：那是一本很棒的书。希望你能再写一些给大众看的通俗读物。

费曼致凡得海 | 1986年7月21日

亲爱的凡得海先生：

你来信要求我，写信给你的孩子，说说我认为的"生命的意义何在"，等等，好像我有些智慧似的。或许我偶尔会表现出有点智慧的样子，但其实我没有。我只知道自己有些看法。

当我开始看你信的时候，我告诉自己："这是个很聪明的人。"当然，这是因为你在信里提到的若干看法，和我想的一样。例如，"只是他还不知道，没有人能真正搞清楚生命的意义在哪里，但这并没有什么关系。""不管他想做什么，只要不是坏事，我都没意见。""不管想做什么事，都要全力以赴。"你还提到什么义务啦、天赋啦之类的看法，这点和我稍有差异。我认为全力以赴是你想得到真正快乐的唯一方法，并不是一种义务。对于你真正爱做的事，一定是会使尽全力的。

事实上，如果你真正喜爱什么事情，又有一点自由的话，全力以赴常是不由自主的。甚至在我那本疯狂的书里也提到(我并没有强调，但这是真的)，我在画图的时候，也是身不由己，拼命想画。还有我在研究玛雅文，在打鼓，或在破解保险箱的密码时，情况都是一样的。生命中真正的乐趣，就是这种一再重复的考验，让你了解到自己的潜力有多大，究竟能做到什么地步。

有些人(譬如我，或你儿子)在年轻的时候，只想知道自己对某一个主题，究竟可以走多快、到多远、进多深。其他东西对他来说，相对的都不重要，是可以忽略的。但是日后渐渐长大，就知道无论什么事务，只要付出足够的精力和时间，涉猎够深，都是很有趣的。因为他在年轻的时候已经学到了，如果对一件事全心投入，就会得到乐趣。投入愈多、喜乐愈大。只是后来才会发现，别的事也一样，而且几乎所有的事都是这样。

让他去吧，让他去做这种稍有偏差的学习。针对自己感兴趣的东西，全心全意投入，而不理会其他的科目。当然，我们目前的教育系统和学校的制度，会给他很低的评价，但他会得到补偿的。这比一个知道很多事，但每件事都只知道一点点的人好多了。

我讲一个诺贝尔奖得主格拉泽(Donald Arthur Glaser, 1926~2013)的故事给你听，会让你得到一些安慰。他念小学三年级的时候，老师把他爸妈叫到学校来，建议他们把孩子转到启智班。老师觉得格拉泽好像有严重的学习障碍，但是他爸妈不为所动。到了四年级学到长除法的时候，格拉泽开始崭露头角，表现出罕见的才华。我记得格拉泽告诉我,在低年级的时候,老师总是问大家一些笨问题,他根本懒得回答。但是他发现长除法有点难度,答案并不是那么显而易见,而且过程还相当引人入胜,因此开始注意听课。

所以你不必太担心。但是也别让他偏离正途太远而完全失控,像格拉泽幼年那种情况。

我能给他什么忠告?他当然是不会听我的。但是你们两人,老子和小子,应该常常在黄昏的时候,一起散步闲聊,不必有什么特定的主题和路线,随便谈谈。因为父亲是个聪明人,儿子也相当聪明,他们其实有许多相似的观点。这我知道,因为我当过父亲,我也当过人家的儿子。

当然,父子俩对同一件事情的看法不会完全一致,但年长者较深沉的智慧,可慢慢引起年轻人的注意和兴趣,发生潜移默化的效果。要有耐心,这事是急不来的。接下来,我就直接回答你在信里分别提出来的问题。

问题:应该怎么训练自己,才能达成自己的目标?

回答:很多不同的科学家,都采取不同的道路,但是条条大路通罗马。我采取的方法和你儿子所采取的完全一样,也就是非常努力的,拼命去做自己最喜欢做的事。另外设法保持别的科目不要得零分,只要能低空掠过就行了。不必考虑"以后要当什么"这种问题,他已经知道自己以后要做什么事了,因此就让他去做吧。但是对某些其他的事情,要有个最低要求,别让社会出面来阻止你,让你一事无成。

问题:怎么让一个16岁的聪明小孩静下来,仔细想一想?

回答:现在是没什么办法,我也希望这件事不要发生。但爱上一个很棒的女孩,可能会有奇妙的转变。他们只要静静地在夜里低声轻谈,或许一切就不同了。

不必担心,老爹。这是另一位也有个很棒的小子的老爹给你的意见。

诚挚的祝福

理查德·费曼

※米歇尔注:当这本书正要付印的时候,凡得海先生告诉我,他儿子马丁在大学碰上一个很棒的女孩,现在已经结婚且育有两子。马丁在夏威夷大学攻读海洋物理学的博士学位,已经到最后一年。凡得海先生认为,费曼的这封信带给他深远的影响,重要性根本无从估计。

他接着表示:"但我知道这封信对我这个为人父母的人,实在太重要了。而且我知道,我儿子永远不会忘记,有这么一位'大人物'曾经为他的成长,投注过这份心意。"

附录一　　我有一种信仰
——费曼接受《观点》节目的访谈

※1959年5月1日，KNXT电视台派史道特(Bill Stout)访问费曼，录制了《观点》(*Viewpoint*)节目。

史道特：诗人朗费罗(H. W. Longfellow, 1807~1882)曾写道："所有的事都会改变，变成崭新、奇异的事。"这句话特别适合今天这个崭新、奇异的太空世纪。我们也可以回顾另一位诗人珈音(Omar khayyam, 1048~1122)在《鲁拜集》里所写的："浑圆天盖碧深沉，月运星移古至今。莫向苍天求解脱，苍天旋转不由心。"（注：中译采黄克孙教授的七言绝句衍译。）

今天，在我们的《观点》节目里，要探讨的是你我和科学家的神秘世界之间的关系。我们邀请的来宾是杰出的年轻理论物理学家、加州理工学院的物理学教授——费曼博士。

请问费曼博士，你认为今天的科学家是不是可以用20世纪20年代，英国作家贝比思科(E. Babisco)的一句话"那个打开了门，最后才进房间的人"来形容？你和你的同行协助创造了这个美丽新世界，你真的和一般人同样处在其中吗？我指的是社会大众。

费曼：这个嘛，我们为大家所创造的世界，并不是一个社交的世界。

史道特：你的意思是？

费曼：我做科学研究的动机，老实说、严格说，并不是一般所谓的促进人类福祉。我最主要的动机是好奇，很想找出我们生活的世界是什么样子。如果按照你刚才所提的比喻，我们的确打开了一扇门，走进一间自己原先一无所知的房间，想发现里面到底有些什么；而最后的结果，自然而然地会变成一些有益国计民生的事。当你发现大自然的某些运作方式，你可以利用这些知识做些实际的用途，例如做出更好的涂料、做出炸弹之类的东西。世上的其他人运用了科学研究的成果，因此从这种意义来说,我们也为大家打开了那扇门。

史道特:你对科学成果后来的实际应用,并不太介意?

费曼:也不能这样说。身为人类的一分子,我当然也会关心。

史道特:但身为一个科学家又怎样呢?

费曼:这个嘛,我做科学研究的主要动机并没有那么直接。我是说主要动机,当然还有一些别的动机。毕竟人类是一体的,你也生活在其中,所以也会想知道自己研究的东西到底有什么用处。当然最好是不要给用在歪路上,但是任何应用你都会关心。当你发现自己研究出来的东西,经过某种巧思发展成某种东西,而对人类有实际的用途时,还是很有趣的。这样的科学研究总是带来重大的好处。当然,你没办法确定一定会带来好处,因为在你做研究的时候,并不知道最后会是什么结果,你发现的东西究竟会造福人类还是贻害子孙。因此,你不会有发现一件有用东西的满足感和喜悦,因为你同时可能觉得,它或许会变成很可怕的东西。任何新的想法,都有善恶两面的可能用途。

史道特:例如原子弹。

费曼:那些由核裂变产生的巨大能量,既可以用来制造原子弹,也可以用来发电。这就是一个例子。

史道特:像这种核裂变的研究,最后出现了原子弹,会不会令当初参与研究工作的科学家,产生心理上的困扰?

费曼:让我先以科学家的立场来回答这个问题,再以一般人的身份来回答。首先,关于发现"原子核裂变"这件事,完全没有心理困扰,它非常刺激、非常令人兴奋。以前都认为原子核是牢不可破的,没想到当你用适当的东西去碰撞它,它就分裂成两片,像水滴一样溅开。这是非常有趣而迷人的事。核裂变之后,释放出巨大的能量,并逸出很多中子,也产生了放射性,可以用在其他实验上。这些结果很令人兴奋。

接下来要谈核裂变释放的巨大能量。常有人说，是科学家造出原子弹来。其实不然，是工程界做出来的。制造原子弹的原因是第二次世界大战期间的一种军事需求。当然，很多科学家也投身其中，但当时他们所做的，并不是科学研究。大战期间，他们都变成工程师，他们为了执行这项军事任务，纷纷离开实验室。科学家有时候也会为别的事离开实验室，例如想利用核能来发电。但不管是什么用途，这些都和科学研究是完全不同的。

现在，我以身为人类的一分子来看这件事。确实，我在大战期间参加了原子弹的研制工作。若问我现在对这件事觉得怎样？我自己有一种理念，就是不为过去所做的事懊悔，只是设法记住你当时为什么做出那样的决定。当时，我之所以离开实验室，是因为赢得战争的胜利非常重要，覆巢之下无完卵。每个当代的人都了解，为什么会发生第二次世界大战。我们害怕如果德国人抢先做出原子弹，世界局势将不堪设想，因为当时德国是由一个丧心病狂的疯子在领导。我不知道人类文明究竟可以维持到什么时候，但是我知道，如果德国科学家先造出原子弹，我们将毫无希望，人类的文明很可能就此毁灭。因此，我投入这项任务最主要的理由，是害怕德国科学家先做出原子弹。我觉得我有义务去研发原子弹，帮助我们国家在战事中取得更有利的地位。

史道特：所以说，你和你们这类的科学家，并不是工程师，不会做出实际应用……

费曼：理论和应用是很难截然划分的。同一个人，有时会同时做两种事。

史道特：但你现在做的事是科学家的事。你对制造更好的汽车、更好的涂料和新的冷冻食品这一类的事，并没有兴趣……

费曼：对于我做的事你是很容易立刻区分的。我做的工作并没有什么秘密。它是国际性的，全世界都知道。各国科学家不但经常有信件往来，也定期借着科学期刊来讨论。苏联人也会告诉我们，他们在做些什么，我也会告诉他们，我在做些什么。这是一种跨越国界的共同努力，目标是共同的，动机就是世界上到处都存在的好奇心。请原谅我打断了你的话。

史道特：没关系、没关系。你正好解释了我想要问的重点。当我们跨越了这种自由交流的科学领域，就进入工程应用的范畴，例如制造原子弹、火箭或其他东西。因此，就出现许多保密的问题，限制了意见的自由交换。你从事过任何机密性的计划吗？

费曼：没有。

史道特：这是出自个人的意愿吗？

费曼：是出自个人的意愿。

史道特：你就是不愿意参加机密性的计划喽？

费曼：这么说吧，我主观上不喜欢这种工作，那是因为我想研究科学，想找出大自然是怎么运作的。四时行焉，百物生焉，大自然的运作并不是什么机密，因此科学研究也不应该是机密的。科学和机密扯不上边。机密的部分是后来工程发展的需要，而我对于这部分工作没什么兴趣。除非是在世界大战期间那种压力之下，我才会去做。

史道特：我怀疑，你今天这种不喜欢工程发展的工作，和不参与机密性计划的态度，可能是当年参加原子弹研制工程的后遗症。

费曼：是的，我相当不愿意参与机密性的计划。

史道特：为什么？

费曼：理由很多。我认为事情本身是没有什么机密的，那是人为加上去的。我觉得，一个人若是必须决定自己做的事情当中，什么是可以说的，什么又是不能说的，那会非常辛苦。对我而言，那是很难的事。而且我觉得整个民主的理念，就是主权在民，人民应该要充分知情。当机密存在的时候，人民其实是被蒙在鼓里的。

现在，有一种很天真的看法，说如果没有保密措施的话，苏联人就什么事都知道。但另一方面，采取保密措施的结果，却发生一些很有趣的现象。有些苏联人不希望我们知道而奋力保密的事，我们其实已经知道了；但我们也得保密，不让对方察觉我们已经知道了，我们要假装什么都不知道。这不是很可笑吗？我认为这种保密措施，使事情变得过分复杂了。

史道特：有报告指出，其实苏联在发射第一颗人造地球卫星之前，我们就知道了，只是没有告诉一般老百姓而已。

费曼：对，就类似这种情况。

史道特：因此，大部分美国人都让这件事给吓了一跳，觉得非常恐慌。主因是事先毫不知情。

费曼：这是一个很好的例子。因为知道或不知道苏联人要干什么事，差别很大。故意秘而不宣，会让大家受到很大的震撼。这件事其实很重要，但我们一直被蒙在鼓里。另外还有一点，从事机密性计划还有个难处，它会让你有精神分裂的感觉。你必须记住，哪些事是你知道但不能张扬出去的，因此会造成你尽量少开口的习惯。万不得已必须讲话的时候，会支支吾吾的，一副口齿不清的样子。因为有些主题，一旦你开始侃侃而谈，就不知道自己会不会不小心说漏了嘴，把不该讲的机密泄露出去。所以，我不喜欢做有机密性的工作。

史道特：你说了很多保密措施的缺点。那么你对于忠诚宣誓，以及伴随政府保密措施而来的思想监控，还有，科学与工程领域的行政管理工作有愈来愈多的趋势，有些什么看法？

费曼：这些是政治性很强的复杂问题，我愿意承认自己不知道。我个人当然有些意见可以表示。但我并不认为自己在这方面的意见，一定比别人的意见更高明、更有价值。

史道特：除非你自己在这个系统里面工作，又必须处理这些问题，你才会发声。

费曼：不错。我对这些问题并不太熟悉。

史道特：你刚才提到，民主的力量来自告知人民。你觉得自己和别的科学家，不考虑那些参与最高机密的技术发展的人，而是像你这种纯粹研究科学的人，或你在加州理工学院的同事，是不是已经善尽了告知大众的责任？告诉他们世界可能的变化与走向？如果没能告诉大家现在的世界是什么样子，至少告诉大家明天的世界是什么样子。

费曼：并没有，我们并没有尽全力。如果我们全都把手边的研究工作停下来，开始做教育百姓的事，大家对科学的内容和本质应该会更了解。但是大家不要忘了，这群人的专业是学术研究。他们之所以投身科学研究，主要是因为他们对大自然有兴趣，对和人沟通比较没兴趣。很多科学家非常醉心于工作，优游在个人的小天地里，就是不太喜欢和别人打交道。因此，告知群众并非他们的主要兴趣，效果当然也就打了折扣。

但这种说法并不能以偏概全。科学家也有很多类，有许多科学家也很喜欢做知识传播的事。事实上，所有科学家或多或少都在进行科学传播的工作。我们教书，把知识告诉学生，我们也常演讲，尽量让一般人能听懂我们在讲什么。偶尔也写书，还经常发表论文。但将科学知识传达给一般人，是非常困难的事。由于近两三百年来，科学发展一日千里，累积了大量的知识。但一般人对这类知识往往一无所知。有时候，人们会问你在干什么，但要解释给他们听，却需要很大的耐心。因为你做的，可能是科学发展最尖端的领域，而要了解这个东西，需要有许多背景知识。这些背景知识是两三百年的科学研究成果累积出来的，想简要地说明这两三百年的背景知识，是非常困难的。因此，人们也不容易弄懂你在做什么。

史道特：到目前为止，我们听了很多关于科学的事，以及科学家应该尽量和一般人沟通的想法。但是你做的那种科学，那种非常高深的纯理论科学，有可能向人们说清楚、讲明白吗？或者，你觉得他们会有兴趣知道吗？或许他们只想知道实用的科学，那些会改善生活，使明年的汽车更美观坚固、轻巧安全的科学？

费曼：一般人确实是有你提到的那种倾向，但并不是所有的人都如此。还是有很多人想要知道，我们的世界是怎么运作的。一般人问的问题可以分成三类。第一类是，这件事和我有什么关系？第二类是，它和你有什么关系？你在做些什么事？这是因为他们对我这个人感兴趣。最后一类是，星星为什么会发亮？你看，只有最后这类问题，谈起来才有意思。因为最后这类问题的动机是好奇心，和你研究科学的动机是一样的。因此，你立刻会有一种得遇知音的感觉，很想去满足他的好奇心。你就会花很多时间，对他解释星星为什么会发亮。他则报以会心的微笑，大家都非常开心。但如果人家问的是："你到底在干什么？"他想知道的是你，而不是事情，就没有前面的问题那么有趣了。如果问题变成第一类的"这和我有什么关系？对我有什么影响？"那就更无趣了。因为我不知道自己研究的东西，究竟对什么人会有什么影响。我完全没有办法回答这一类的问题。

史道特：若是对你的工作，表达出很自私的兴趣，你就没办法回答了。

费曼：如果你是指某种负面的想法，我想是的。

史道特：我不是这个意思。我不认为考虑到自己，一定是负面的想法。

费曼：我同意你的看法。但这就是科学和社会的关系，以及它的效应。我从事的工作对社会有什么效益？从某种意义来说，大家注意的大部分是它的机械效益或具象效益。问科学对大家的生活会有什么影响，不就等于在问，科学会不会影响明天汽车的大小？能不能只按一下按钮,食物就煮好了、跑出来?一般人所谓对生活的影响,很少是指精神或思想这类抽象的东西,例如:会不会影响我们对这个世界的认知?影响"我们来自何处、去往何方"的哲学理念?或者"地球是个在太空中旋转的球体"的观念是对的,"地球趴在一只大象的背上"的想法是错的?你看,这些想法都来自科学的结果。我认为科学最有趣的结果,是影响人们的理念与想法,而想法的改变又产生新的研究和调查。这种影响才是最深远的,远超过技术改进的层次。我们现在能以电波传递电视画面,这件事当然很有意思。但更有意思的是,电波是借什么传递的?如何传递?光和电之间有什么关系?等等。我觉得这些东西很令人兴奋。这和所谓的社会责任并没有什么关系,它属于智能的范畴。

史道特:你期望我们这种社会里,有很多人对光电之类的原理充满强烈好奇心吗?

费曼:我不知道你能期望什么,但很多人都是有好奇心的。我对大众有不小的信心,因为我经常和很多人谈话,接触到很多的人。他们不全然倾向于实用的立场。我发现他们大都对科学原理很感兴趣,他们并不是只关心自己和生活。不过话说回来,虽然有好奇心的人很多,但是真正对外面的世界有兴趣的人,我觉得并不太多。

史道特:撇开那些纯科学的兴趣,像星星为什么会发亮,地球和空气是怎么回事之类的不谈,你认为科学会不会影响人们的宗教信仰,使他们的信仰动摇?你能不能一方面是个科学家,知道所有这些你知道的事,同时又是一个以传统的观点来看,信仰很虔诚的人?

费曼:我只能谈我自己,我个人是无法兼顾的。我的意思是说,从我接受的这些科学训练来看,我没有办法做个很传统的信仰虔诚的人。这是两种无法调和的情况。对我而言,那些传统宗教信仰的想法,就是圣经之类的典籍所提的,内容实在太贫乏、太有限了。他们无法了解这个世界多么宽广,而演化的时间又多么漫长。在宽广的宇宙和长久的演化过程里，发生了这么多的事。一般的宗教却只强调人，对宇宙的其他部分鲜少着墨。但是对我来说，根本不可能在人的身上花这么多的精力，对宇宙的其他部分完全放着不管。我不相信在这么奇妙、不可思议的宇宙里，经过这么长久时间的演化，有这么浩瀚的空间，这么多不同种类的动物、植物，这么多不同的原子和星球的运行，所有这些都只是上帝建造的一个舞台，只是为了观察其中一种叫作"人"的生物，在里面与善恶挣扎缠斗。这是大部分宗教的想法。为这么一场戏，这个舞台未免太大了。因此，我不认为这是个正确的图像。

史道特：这是你在从事科学研究工作，成熟之后得到的结论吗？

费曼：我不知道自己什么时候才成熟，是15岁或16岁。但我大约在那个时期就放弃了宗教信仰……

史道特：你是在理性的基础上，改变心意的吗？

费曼：应该是的，我不知道当时有多理性，但绝不冲动。从此我改变了自己的想法。

史道特：我的意思是说，你是根据自己的推论，而不是受到别人的影响？

费曼：是的。

史道特：是根据你所学习、接受而且相信的事？

费曼：对的。而且不仅如此，学科学的人还有另一种特质，使他们和别的不同的人很难相处。这些我不是听来的，而是亲身的经历；也不只是由于我们在观察这个世界的时候，使用的观点和宗教人士的观点不同。宗教对这个世界的理论是，上帝创造了这世界，而且神爱世人；世人若有需求，可以呼喊主名祷告，等等。这幅图像和我们所见的完全不同。这只是其中之一，另外还有一件事。当你在观察科学发展的时候，有一件非常重要的事是所有重大发展所必需的，那就是：你不知道某些事的答案，所以才去研究相关的细节。你问自己很多和这件事有关的问题。你说,你对这些问题不能确定。

我们在科学里经常是不确定的,我们就是不知道;但我们学得愈多,就愈来愈有把握说,某件事愈来愈可能是真实的,或者某种想法愈来愈可能是错误的。但是你很难从上帝的理论得到类似的启发。譬如,你对自己说"我认为这很可能是真的";但这也许只是你认为应该采取的一种观点,或者你发现这种观点在处理事情上是有用的,你可不会管这观点究竟正不正确。我暂且搁下我对上帝有很大的偏见,我这么说吧,一旦科学研究工作达到了某个阶段,若是我也这么说:"好啦,这是一个很有趣的理论,我想它非常可能是真的,我们不用再深究了。感谢主的恩典!"这可就累了,那科学就很难再进步了。

史道特:科学没有教条吗?

费曼:你无法接受什么绝对的东西,你就是不能确定。一旦你有了这种感觉,宗教对你就失去启发的力量了。现在的社会有很多问题,因此宗教有很大的帮助——教人要做好事,提醒人节制自己的欲望,因为欲望是很难满足的。而每个人在走出教堂的时候,总是比进去的时候变得稍微好一些。

史道特:一种向善的力量?

费曼:一种向善的启示力量。现在我们的问题是,如何不依赖这种形而上学理论的力量,不必相信这些神迹似的想法,例如耶稣从坟墓中复活过来,等等,还能维持这股向善的力量。要过个好基督徒的生活,帮助你的邻居,己所欲、施于人,难道非要相信耶稣死而复活之类的怪力乱神的想法才行吗?依照传统的宗教想法,答案是肯定的。但我认为这对于受过良好科学训练的人来说,是一件相当困难的事。难怪宗教家说我们这些科学家是"世智聪辩,增益邪心"。因为我们没有办法从世俗所谓的神的教导上得到启发。这里面有很多所谓的迷信或异端邪说存在。

史道特：你在前面提过，大部分的科学家主要的兴趣并不是社会上的人际关系，不是那种很多人共同生活在一起时，应该注意的关系。

费曼：以科学家的身份与立场是这样。但以人的立场来说……

史道特：以人的立场而言，他们还是重视的。

费曼：是的。

史道特：因此，即使是科学家，他从科学的角度，不接受传统的宗教观念，他仍然可以是个正派的好人，爱太太，爱孩子，乐于助人。

费曼：那当然。在耶稣的道德教诲里，没有什么东西，以科学的观点来看是不可信的。我从遥远的恒星学到的东西，没有一件能告诉我"金律"不是真的，或者我应该要杀生不杀生。科学和这件事一点关系也没有。但是那些发展宗教的人，把一些杂七杂八的东西放了进去：除了伦理道德的诉求之外，他们还放进一些杂七杂八的东西。信徒不只要相信道德金律，还必须相信耶稣的神迹。我不认为这些神迹是真实的，但我仍然认为这位伟大哲人的教导值得注意与学习。科学并不会让一个人变得不道德，科学只是不认同宗教对我们的宇宙所持的形而上学观念，例如宇宙是怎么来的，宇宙创生的时间有多久，处女生子这件事可不可能……为什么我们一定要知道这些杂七杂八的东西，还必须相信呢？

史道特：当然，大部分的人并不是科学家。这些人会不会觉得科学动摇了他们宗教信仰的基础？那些不够聪明，无法决定自己该信什么或不该信什么的人，是不是干脆只好放弃，不理会这些争议？

费曼：因为宗教把两件不相干的事绑在一起了。举个例子来说吧，他们教信众十诫，但是他们并不满足于只教导十诫的内容，只把它说成是人类的经验，是待人处世的好方式。他们教导十诫，是因为它是耶和华以闪电刻在石头上赐给摩西的。因此，当科学介入的时候，大概会认定：这十诫不可能是由闪电刻在石头上交给摩西的。一个思想很单纯的人，听了科学家的说法之后，可能会觉得，"原来整件事都是虚构的。但我不敢质疑这个神迹，否则十诫就失去任何宗教基础了。"然而，情况不一定非要这样不可。其实这种道德诉求，可以是凡人提出来的，一点问题也没有。摩西可以是凡人，仍旧可以写出同样棒的东西来。我还是会相信，还是会遵守。可惜宗教硬是把两种性质不同的想法混合起来，彻底焊在一起，说十诫的源头是上帝用闪电显示的，是你们必须遵守的信仰。因此当科学介入，挑战其中的某一部分时，例如十诫是怎么来的，信徒就觉得很紧张，好像道德金律的那部分也同时受到挑战似的。但其实是宗教硬把两种不同的想法，不必要地联结在一起，两种想法之间并没有实质的必然关系。这是我的感觉，是我自己对宗教与科学之间的关系的一种想法。我是有点极端的。我希望你能了解，并不是所有的科学家都抱持我这种想法。当然啦，当我们走出自己的专业领域之后，我们往往不知道自己在说什么。对于宗教这件事，我的想法也可能完全是错的。但是你问到我个人的想法，这就是我个人的想法。

史道特：我认为有些科学家也是很虔诚的信徒。你的研究领域里，或你的同事，应该也找得到这种人。

费曼：那是当然的。

史道特：那他们又怎么把两种不同的观念，调和起来呢？

费曼：他们一定想到了某种调和的方法。但究竟怎么做，我并不知道。他们一定找到了什么方法，只是我找不到。我眼中的世界和别人不同。

史道特：在我们今天的访谈里，有一点欧文·萧(Irwin Shaw, 1913~1984)文章的调子。他曾经写道："我有一种信仰，想把天堂从云端拿下来，放在地上，让我们所有的人一起分享。"或许也带有著名的纽曼(John Henry Newman, 1801~1890)牧师笔下的："在黑暗中，放出慈悲的光环引导我，带领我前进，看顾我的脚步，我不需要看多远，一次一步就够了。"

附录二　　　失礼的引力

※ 本文是《纽约前锋论坛报》1961年2月5日刊登的一篇报道，作者是该报的科学编辑乌贝尔(Earl Ubell)。费曼曾写信向他致意。

上星期在纽约客大饭店的德雷斯厅，挤进了数百位物理学家听演讲，不仅座无虚席，连走道都站满了人。扩音器嗡嗡作响，忽然有个喇叭从天花板的架子上掉下来，摔得变形，还差点砸到人，却没有引起太大的骚动。

满厅的听众心无旁骛地连听4场广义相对论的演讲。广义相对论这个用来描述引力的理论，曾是人类心智的荣耀，如今却也是个苦恼。这些物理学家跟随着演讲者急切的数学节奏，不时发出笑声。对他们当中大部分的人来说，物理是很有趣的。

当喇叭掉下来、几乎打到人的时候，演讲中的加州理工学院教授费曼博士，正好讲到重力，而且刚提到17世纪的科学家对重力的认知。费曼博士马上举例说："你们看，这种超距作用(action at distance)！"

或许这个幽默来得太突兀。当时费曼博士正试图用银幕上写得满满的方程式，猛烈进攻目标，颇有勇者无惧的味道。这是个老题目了，而他现在尝试用一种新思路来诠释。

相对论很容易理解？

物理学真是浩瀚宏伟！这种感受席卷了全场的听众。他们聆听了雪城大学的柏格曼(Peter Bergman)教授讲解他们的团队如何着手研究引力理论；也听到普林斯顿大学的惠勒博士建构出一个不可思议的空间几何；还听到康奈尔大学勾德(Thomas Gold, 1920～)博士所描述的宇宙——在这个宇宙里，物质(或原子)是从虚无中喷涌出来的。所有这4场演说，都与相对论及引力有关。

事实上，如果一个人不过分执着于常识的话，相对论的主要观念是很容易理解的。爱因斯坦提出这个理论的时候，他是把整个理论架构建立在一个很简单的基础上。整个观念可以用"想象一个人在电梯里的情况"来表示。

当电梯开始上升，由于加速度的关系，电梯里的人会觉得被压向了地板或举向空中。有趣的是，电梯里的人无法分辨他被压向地板的原因，究竟是电梯的移动，还是受到电梯下方大质量物体的重力吸引？由加速度产生的力，事实上与重力是等效的。

由这个观念出发，爱因斯坦建立了一组数学式来描述我们这个宇宙。由这些式子，我们进一步发现，大质量物体附近的空间是弯曲的。在这种空间里的几何，直线就由适当的曲线取代了。而且更奇怪的是，引力的观念居然消失了。物体之所以会彼此朝对方移动，是因为在爱因斯坦的几何里，空间是弯曲的，物体只是沿着弯曲的空间移动而已。

美好的大一统愿景

这个广义相对论相当棒，解释了很多宇宙现象，包括：光线通过质量很大的星体附近时会弯曲；水星轨道为何会偏离牛顿定律所预测的位置；为什么遥远恒星或星系发出来的光，会朝光谱上较低频率的红光偏移；以及勾德博士所提到的物质不断创生。

但现在，物理学家想要把广义相对论沿用到物理学其他领域，让它和其他的物理理论调和一致。其中的一种方式是，企图写出一组方程式，可以描述整个宇宙各种尺度的所有现象——小至极微的原子，大到极巨的星团。

这是爱因斯坦晚年的主要工作。他和学生至少做出十几种这类

"统一理论"(Unified Theories)的模型。但这些模型全都失败,没有一个能符合大家的期望。

惠勒博士也是全力发展这种统一理论的科学家。他提出新颖的几何结构,既可描述太阳也可描述原子。这种几何结构描述的一种空间,里面布满了"虫洞"。这种虫洞非常小,纸上的一个破折号,就排得下 10^{60} 个这种虫洞。没有人知道,这算不算是一种统一理论。

另一种做法就是费曼和柏格曼所尝试的,走两条不同的路径来做双重确认。他们试图把广义相对论和量子力学的理论融合在一起。量子力学已可用来描述原子、电子、质子以及其他微小粒子的行为。

同志仍须努力

描述原子行为的量子力学,也是一种违反常识的理论。它的基本观念是,原子以离散的一个个叫"量子"的能量小包来传递能量。你不可能有半个量子,要么是整数个量子,要么就完全没有。

这种观念导致一些很奇怪的效应,例如:若是你很努力想确定一个电子的位置,那么你就不可能知道它的速率和运动方向;如果你追踪一个电子,知道它的速率和运动方向,就没有办法确定它的位置。

费曼和柏格曼自问:引力理论能以量子理论的方式来处理吗?物体之间,能不能以引力的量子来传递引力作用?真的存在这种引力的量子即引力子(graviton)吗?

研究了广义相对论之后,柏格曼博士设法把它"量子化",变成一种量子形式。这个做法虽然有些进展,但结果还是相当粗糙。

费曼博士则采取另一种方式来进行。由于本身是量子力学专家,他先假设引力子存在,然后以量子力学的步骤,把广义相对论压缩,再用它来处理引力子。

这些殊途同归的努力,最后会有什么结果?

也许,真的由某人给弄出统一理论来。也许,物理学家终于学会了怎么把引力和量子力学融合在一起。也许,秉持"不入虎穴,焉得虎子"的信念,物理学家终会有意外的惊喜。

附录三　　物理学的未来

※此文费曼于1961～1962年发表于麻省理工学院《科技评论》(*Technology Review*)杂志。

听了寇克饶夫教授、佩尔斯教授和杨振宁教授的意见之后，我几乎同意他们说的绝大部分意见。只有杨振宁教授的一小部分观点，认为事情会愈来愈困难，这点我不太同意。我仍然很有勇气。我认为任何一个时代，都有自身的难题。但另一方面，诚如各位所见，我也有较为悲观的一面。我认为自己不可能在别的演讲者所说的论点上，再添加任何有意义的观点。但为了让整个议程能够继续进行下去，我必须说一些没有那么有意义的事。因此，如果各位能同意的话，我准备说一些和他们所说的完全不同的事。

首先，为了让谈话的主题不会那么天马行空，漫无边际，我准备给自己一些严格的限制，只谈那种与基本物理定律的发现有关的问题，也就是物理研究的最前线。如果不是这种第一线的问题，而是第二线的物理问题，例如固态物理或应用物理，那我的演讲内容将大为不同。因此，请大家先接受这个讨论的限制。

我认为你们在看历史的时候，会以较为宽广的角度，去猜测自己领域的未来会是什么情形。另外我觉得，在预测物理的未来时，应该同时考虑物理学所存在的政治与社会环境的脉络。如果你要像佩尔斯教授所做的那样，预测四分之一世纪之后的物理发展，请记得你预测的只是1984年的物理情况。

其他演讲者为了安全起见，不敢预测得太远，只预测了10年或25年后的情形。但其实这也不太保险，因为有人就是会记住他们所做的预测，活到了那个时候，就抓住他们的错误了。所以我要稳稳当当地，不让人抓到小辫子——我要预测的是千年之后的情况。

我们该如何进行这种预测呢？依据其他演讲者的做法，我们应该比较一下公元961年的物理情况和今年(1961年)的物理情况,然后推论千年之后,也就是2961年,情况会如何。公元961年,大约是波斯诗人兼天文学家珈音出生之前一个世纪,珈音打开了同一扇门又走了出来。镜头拉到今天的物理学盛况,一千年来我们已打开了一扇又一扇门,进入一个又一个房间,找到了很多珍宝。但我们若再往前看,显然还有五六扇门没有打开,而每扇门后的房间里,或许还有更大的珍宝也说不定。

这是个英雄时代,基础物理有非常显著的发展,也发现了许多基本定律,人人都非常兴奋。把它和公元961年比较,也许不太公平:应该和另一个英雄时代相比才对,或许是公元前3世纪那个时代。当时有阿基米德、亚里士多德这些人,也是个物理学蓬勃发展的时代。把那个时代加1000年,你可以知道当时能预测的物理千年未来是什么情况,就是公元751年左右的情形。因此,未来的物理和一千年里人们所处的大环境有密切的关系,并不是把现在的发展速率,做简单的外推就可以知道的。我若要推测千年之后的情况,首先就会碰到一个困难,就是人类的文明会存在或延续到那个时候吗?

未来之一:全球浩劫后的物理学

如果从政治和社会的观点来看,很可能发生一场可怕的毁灭性战争,核子冬天出现,整个人类文明崩溃。在这种战祸之后,物理学会是什么情况?会恢复过来吗?我猜物理学,尤其是基础物理,很可能受到彻底的破坏而无法复原。接下来,我要稍微说明一下,为什么我认为这部分将无法复原。

首先,大战之后,北半球很可能受到严重的破坏。因此那些研究高能物理所需要的设施很可能无法幸免。没有这些设施,高能物理的研究几乎是不可能的。假设仪器设备很幸运地躲过一劫，但或许已没有足够的电力可用，或者维修和运转这些设施所需要的工艺水平不存在了，或至少短期内不再有这种技术支持。由于实验物理技术是工业技术当中顶尖的精粹，只要有一环衔接不上，就无法支撑。因此，至少短期之内不可能恢复到目前的水平。

那么物理水平在稍微下降之后，会不会再回来呢？我看很难。因为一个令人兴奋、向往的英雄时代，需要有一连串的成功事件堆积起来。你去看看那些不同文明里的伟大时代，当时的人对于成功，都有一种充分的信心，他们会做一些和以往不同的事，而且是靠自己发展出来的事。如果退回较低的物理水平，你会发现，好一阵子都不可能有什么成功的经验和感觉。你做的实验是前人做过的，你研究的理论，祖先早就知道了，那有什么搞头？因此，一定会引来不少装腔作势的人提出七嘴八舌的批评。物理学要有所进展，必须先建立适合它发展的文明环境，才能有所作为。其实很多领域都会出现这种好批评别人的文人病，而不肯好好地埋头苦干。

物理学算是一种很难迅速恢复的科技。当时会有很多更实质的问题，需要一些比较聪明的人去解决。而且困难在于，那时做物理研究不会有什么趣味，因为一时之间很不容易有什么新发现，而且基础物理研究又没有什么实际的用途。我们在高能物理所得到的实验结果，就算是在今天也提不出什么实际用途，遑论大战之后就是百废待兴的社会了。最后，中止物理学发展的，可能是那场可怕的灾难本身。如果那场巨变是人为的，那么人们一定会激起一股反科学的思潮，会归罪于科学和科学家，尤其是物理学家，说他们是罪魁祸首。

别太泄气，因为我谈的是一千年，也许时间长到再酝酿出另一次文艺复兴。到时候会出现什么机制，缔造什么辉煌成果，是很难说的。（我事先已经表示过，不会谈什么有意义的事情。但是也不能在这里大放厥词。)当然，新的文艺复兴一定会在某些地方有很成功的发展，这些成功发展的领域又会在哪里？很可能不是物理学，而是其他领域。那么后代子孙会觉得自己在那些领域的发展是"超越古人"的，因而产生了成功的信心。只有在信心充足之后，他们才会把热情投注在物理学上。这时候的物理学或许会有新的面貌——也许是些不同的观点，或甚至是完全不同的事情。我没有办法猜测。

另一种比较有趣的可能性，是这种文艺复兴的发生，可能只在某些国家或人群当中。而这些人可能发现到，可以把科学态度当成一种类似于道德的规范应用在社会、政府组织及商业行为等各个领域。你们大概了解我的意思：当有人说出某件事，大家会就事论事，而不是去猜测他们说这些话背后的动机是什么。举例来说，自我宣传就属于一种不太诚实的事。如果某些人的说辞里，并没有什么理念在里面，只是自吹自擂，表示自己多伟大、多能干，那是没有人会理睬的。若是这种科学态度能使得一个国家在某方面得到成功的果实，就会鼓舞整个社会在其他方面继续发扬光大这种科学态度，也会重新燃起对科学研究活动的兴趣。

未来之二：太平时代的物理学

接下来，我要讲另一种前提下的看法。假设没有任何大灾难，人类的文明也没有崩溃。怎么可以做到这点，我并不知道，但我们假设人类就是办到了，那么又会如何？我们就假设有一个类似目前的社会体系，持续维系了一千年。（很可笑吧！）那么基础物理会有什么变化，基本问题和物理定律的研究又会怎样？

有个可能性就是出现了最终的答案。杨振宁教授认为物理定律本身已经把这种可能性否决掉了。但我并不以为然。就像你从一扇门进入一栋建筑物,想走到另一端去;但你还没有走到另一端,还没找到另一端的门,就有人跟你说:"你看,我们走了这么久,还没有走到另一端,还找不到另一扇门。因此,这个房间的另一端是没有门的。"只要你找不到那扇门,这种争论永远存在。对我而言,我们是走进了一栋房子,但我们无从知道它是不是一栋无限大的房子,还是有限大的房子。因此,最终的答案是可能存在的。

我所指的最终答案是这样的:我们发现了一组基本定律,因此,所有实验的结果都是在重复证实这组已知的定律。研究工作就愈来愈无聊了,因为大家渐渐发现,不可能发现什么新东西是违反这组基本定律的。当然,从此以后,大家就把注意力转移到第二线的工作,那是我这回不打算讨论的。总之,最终答案是,所有的基本问题都已经解决了。

我们总是可以对这些人说:"你根据我们已经发现的事实,去解释世界为什么是今天这副模样,说法相当高明。但你能不能告诉我,它明天会是什么模样?"由于这些人绝对做不出像样的预测来,我们就知道,他们所讲的道理并非出自于对现实世界的透彻了解。但如果最终答案就在那里,还有谁愿意去证明这个世界是四维的?由于这样和那样的原因,事情就是这样子了。我们的科学哲学目前之所以活蹦乱跳的,是因为我们还在困惑中挣扎:一旦我们有了最终答案,科学哲学就会一片死寂,再也抵挡不住蛋头哲学家的入侵了。

物理学的未来还有没有其他可能性呢?会不会我们进入的房间,真如杨振宁教授所说的有无穷大,那么我们就会不断有非常令人刺激的发现了。我们会急切地在屋里穿来穿去——打开一扇又一扇的门,发现一处又一处的宝物。一千年呢!如果每20年有一个重大发现,一千年会有50个重大发现!我们的世界经得起这么多次基础物理观念的大革命吗?如果真的是这样的话,那还有些无聊呢。因为每当你更深入观测的时候，事情就会改变；有20次物理基本观念的改变，就表示大家会重复做20遍同样的观测。但我不相信这么活跃的研究可以撑一千年。好吧，如果它永不停止（我的意思是，如果你永远找不到最终答案的话），而我还是不相信大家撑得过50次物理观念的革命，那还有其他搞头吗？

还有另一种可能性，就是事情的进展愈来愈慢，问题变得愈来愈困难，那么到时候又是什么情况呢？强耦合已经分析过了，弱耦合已部分分析过了，但还有更弱的耦合更难分析。由于截面实在太小了，要想得到有用的实验资讯，变得非常困难。因此，实验数据的产出愈来愈慢，问题愈来愈难，发现什么东西的机会变得愈来愈小；愈来愈多的人觉得做研究实在没有什么意思。最后，整个领域处在一种停滞状态，只有前沿的少数几件工作还有蜗牛步调般的进展，譬如三阶张量场，它的耦合常数可能不到引力常数的10^{-30}？

当然，到那个时候，我们现在叫物理学的东西，可能囊括许多和现在不一样的内容。我相信，正如佩尔斯教授所说的，物理学的范围会扩张，涵盖天文史的研究和宇宙学。物理定律仍像我们现在熟悉的形式，但是会把这些东西纳进来。若给了现在已知的条件，将来会变成什么样子？将来的定律会是一些包含时间项在内的微分方程。但问题是：什么决定了现在的条件？什么是整个宇宙发展的历程？或许有那么一天，这种看法和问题会成为物理学的一部分。它可能不再叫作天文史，因为到时候，很可能物理定律已经把时间的变化考虑在内。如果物理定律会随着绝对时间而变化，那么表述定律和发现历史这两件事将没有办法区分。

最后，我必须再次提醒大家，我的谈话只限于基础物理的未来。我认为，将研究重心从理论前线拉回到应用，把物理定律的结果发展成可用的科技，也是非常重要的。这将是非常刺激的工作。如果我要谈这部分物理的未来，将和我对基础物理未来的看法大不相同。

我们正处在史无前例的英雄时代，既美妙又兴奋刺激。但我们应该以戒慎戒惧的态度，去看待即将来临的时代。一旦基本定律都发现了之后，那个时代的人该如何自处？如何再走下去？我们不可能发现美洲两次，只好嫉妒哥伦布了。你们可能说，没错，历史不会重演，但基本定律并不是美洲大陆，而且太空中还有很多别的行星可以去探险！这倒是真的。除了基础物理之外，可研究的领域还多着呢。

我现在做个总结。我相信，基础物理的研究寿命是有限的。当然，我们还有好长一阵子可忙的。目前，这个研究领域还非常刺激，令人非常兴奋，我完全不打算离开这个领域。我正好处在这个时代，当然要善用这种优势，但我不认为这种优势可以持续千年之久。

最后在结束之前，我要强调两点。我并没有谈到应用物理或其他别的领域。如果谈的是这些东西，我讲的内容当然也不一样。其次，在这个变化如此快速的时代，我预测的千年后的事，可能在百年内就发生了。

谢谢大家。

● 中文版注：

寇克饶夫（John Douglas Cockcroft, 1897～1967）是英国核物理学家，世界第一座质子加速器的设计者，1951年诺贝尔物理学奖得主。佩尔斯（Rudolph Ernst Peierls, 1907～1995）出生于德国、第二次世界大战期间入籍英国的理论物理学家，率先计算出铀235连锁反应的威力，后来也参与了美国洛斯阿拉莫斯的曼哈顿原子弹工程。

附录四　　　《加州科技》杂志号外：
　　　　　　费曼博士荣获诺贝尔奖

※加州理工学院学生联合会印行，1965年10月22日，星期五

[1965年10月21日上午9点]

费曼教授：

皇家科学院今天决定，由阁下和朝永振一郎、施温格三人共同获得1965年的诺贝尔物理学奖。你们在量子电动力学的基础研究以及对基本粒子物理的成果有目共睹。奖金将由你们三位平分。献上诚挚的祝贺。正式的获奖通知将随后寄上。

执行秘书伦伯格(Erik Rundberg)

伦伯格：

很高兴接到你的贺电！

理查德·费曼

[1965年10月21日凌晨3点45分]

"哈罗！是费曼博士吗？恭喜你得诺贝尔奖。"

"搞什么！这是半夜哪！"

"难道你不想听到自己得奖的消息吗？"

"我在天亮之后自然会知道。"

"好吧。现在你既然知道自己得诺贝尔奖了，觉得怎么样？"

"不怎么样！我不想现在谈……"

这就是理查德·费曼博士、国家科学院院士，也是加州理工学院理论物理"托尔曼讲座"教授，在睡梦中首次听到自己得1965年诺贝尔物理学奖的情形。

接着，到第二天(昨天)上午，消息愈来愈明朗，他也开始愈来愈兴奋。他也知道了施温格和朝永振一郎与自己同时获奖，12月10日将会亲赴瑞典斯德哥尔摩领奖。他们三个人得奖的原因，是在1947～1949年间，分别独立对量子电动力学所做的理论研究成果。

虽然三个人对这个领域的贡献相当，费曼却是率先提出"费曼图"的人。这是一个强而有力的工具，可以简化量子电动力学的计算。费曼自己解释说：

"我在1949年发表论文，介绍这种简化计算的方法，目的是为了进行更多的量子电动力学计算。我当时并不认为自己解决了什么实际问题，只不过做出一种更有效率的计算方法而已。但后来事情的发展演变成，如果这个方法所增进的效率够高的话，方法本身就是一种有实用价值的发现。这是一种快很多的方法，用来对付老问题。"

这个"老问题"，后来费曼在雅典娜馆10点30分的记者招待会中解释，就是狄拉克于1929年提出来的一组方程式的求解。以前利用二阶逼近，企图求出更精确的解的时候，会得到无限大的解。而这三位诺贝尔奖得主所做的事，根据费曼的说法，就是"摆脱计算结果出现无限大的解的困扰。无限大的问题仍然存在，只是它们现在闪到一旁去，不再挡在路上而已……我们设计出一套方法，把它们扫到地毯下。"

稍后在当天上午，费曼又出席了另一场记者招待会。费曼向记者说："有一群媒体朋友跑来找我，说他们让别的事给耽搁了，来不及参加记者会。其中有个家伙跑到我的办公室来，说：'我先告诉你，我会问你什么问题。因此当摄影开始之前，你有时间先准备一下。其中有一个问题是，你的论文在计算机工业上有什么应用？'

"我说：'这个问题的答案是，没什么用。'

"'好，那么在别的方面呢？有没有什么用途？'

"'目前可以说没有任何用途……'

"'你是在说笑吧？'

"'当然不是。'我知道这次访问，会在全国性的新闻频道播出。

"'好，我还会请你评论一下这样的陈述：你的研究工作，就是把奇异粒子的实验数据转化成艰深的数学式。'

"'抱歉,我无法做这种评论。'

"最后,'好,你是什么时候知道自己得奖的?'

"'好,就这样。现在可以开始摄影了!'"

当天下午,精力充沛的大学部学生,在苏洛普堂的圆顶屋檐上,挂起一幅横布条,写着"狂贺理查德·费曼得大奖"(Win Big, RF)。4点15分,在物理系布里吉厅的例行下午茶会上,费曼成为与会者的焦点。先是1936年诺贝尔物理学奖得主安德生(Carl D. Anderson, 1905~1991)博士正式为大家报告这个好消息,接下来即请费曼致词。费曼的开场白是:"我觉得,诺贝尔奖委员会做了很聪明的选择。"全场叫好的喝彩声不绝于耳。

费曼还提到,有纽约的朋友打电话来,要他评论一下纽约的教育系统。他回答说:"我30年前受教育的时候,它的教育系统还可以啦。"

费曼也已经决定怎么花这笔诺贝尔奖的奖金。金额是5.5万美元的1/3。"我将用这笔钱来付我的所得税,大概可以撑3年左右,因此,我这3年的收入都是免税的。"

当天傍晚,《加州科技》杂志在费曼家中做专访。谈到他近来所做的研究工作时,费曼表示,他在引力场的量子理论方面"有一些进展,但还不算完美"。而他不久之前,已把研究焦点转移到原子核内强相互作用的法则上。

后来,费曼谈起打电话给朝永振一郎的情形:

"恭喜你!"

朝永振一郎回答:"也恭喜你了。"

"成为诺贝尔奖得主,有什么感觉呀?"

"我想你自己知道。"

"你能不能告诉我,怎么对外行人解释,你是怎么得到诺贝尔奖的?"

"我很困倦了。"

附录五　　新数学的新教科书

※费曼发表此文于《工程与科学》期刊第28卷第6期,1965年3月号

去年,我身为加州课程审议委员会的成员之一,花了很多时间来挑选适合的数学课本,给加州的公立小学一到八年级的学生使用。

我仔细阅读了那些由出版社送来的、可能获得加州政府采用的教科书。(堆起来有6米高,重达250千克!)我在这里想以大家看得懂的方式,来描述或批评一下这些书,特别是数学内容,也就是我们想教给孩子的数学。我在这里不讨论一些相当重要的事,譬如这些书是否容易让老师完成教学目标,或是学生很容易阅读。评审之后获得州政府选用的许多教科书,也有我在后面要谈的缺点。这是因为,我们只能从出版社送审的书当中去做挑选;而送来的书当中,编写得真正好的,还真是不多。另外,委员会推荐了一些补充教材,本来可以稍微弥补课本的不足,也因为政府预算有限而无法采购,实在很可惜。

为什么小学的数学教学方式需要调整?我们首先要清楚了解这个问题,才能评断我们挑选出来的课本能不能符合需求。有很多人,例如杂货店的老板,每天都必须大量使用简单的算术。此外,有些人会用到比较高等的数学技巧,譬如工程师、科学家、统计学家、经济学家,以及商行(它们普遍都有很复杂的存货管理和税务问题)。再则是一些研究"应用数学"的人。最后就是为数很少的纯数学家。

当我们设计这些入门的数学训练时,不但要照顾到每个人每天都要用的简单算术,还要注意到那些迅速扩张的、使用较高级数学技巧的族群,这种数学训练的目的,是鼓励学生培养出适当的思考模式,使这群人日后仍然受用无穷。

许多数学课本用了很大的篇幅,来描述那些只有纯数学家才感兴趣的主题。不仅如此,多数主题也是以纯数学家的态度来处理的。这有

两个问题产生。首先,将来会成为纯数学家的小学生非常少。其次,纯数学家看待一个主题的方式,和一般的数学使用者有很大的不同。纯数学家是相当不注重实际用途的,他们通常对数学符号、字母或想法没什么兴趣,或者可说是刻意不理会。他们只对公理(axiom)之间的逻辑关联有兴趣。但这些符号、字母和想法却是把数学和真实世界连接在一起的东西,使用数学的人必须确实了解。因此,我们对于数学与应用了数学的事物之间的关系,必须非常注意,不像纯数学家可以完全不理会。

我听到很多人把这个改善数学教学的计划,称为"新数学"。当然,这是一个挑选数学教科书的新计划。但新数学会给人一种非常前卫的感觉,是不是真的合适,还有待商榷。那些用在工程与科学问题上的数学,不论是设计雷达天线系统、决定人造卫星的位置和轨道、工厂的存货管理、设计电机系统、做化学研究或是处理难解的理论物理模型,事实上用的都是旧数学,都是20世纪20年代以前发展出来的数学工具。

此外,很多非常先进领域的数学,都不是数学家独自发展出来的。以理论物理为例,有许多数学工具是理论物理学家和数学家共同合作发展成功的。其他领域也一样,那些使用数学的人,总是费尽心思,发展出更新的方式或更适当的形式来使用。近些年来(就说是20年代以后吧),纯数学家已偏离应用很远了,只专注于数和线的基本定义,以及各个不同数学分支之间的逻辑关系。从20年代之后,数学在这方面有很大的进展,但在应用数学或有实际用途的数学上,发展就相对减缓了许多。

有了问题,接下来该怎么办?

我认为我们应该努力找出新的数学课本和新的教学方式,使学生更容易了解那些用在工程、科学或其他领域的数学,并且学会怎么应用数学。基本上,就是让数学的学习变得更有趣,让学生养成正确的思考模式和态度,掌握到分析事理的精神。

这里,最主要的改变是必须移除老数学课本里那种僵化的思考方式,必须在解答问题的过程中,允许学生的心智可以自在活动、自由思考。如果以老方法来教育孩子,那么放入任何新单元到课本里来,都没什么实际的用处。若要很成功地使用数学,必须有正确的心态。要知道,任何问题都有许多方式可以解决,任何事务也都是一样的。

对于某个确定的问题,你需要有个答案。问题是:要怎样得到这个答案?那些能成功运用数学的人,一碰到问题的时候,总是会尝试各种新方法去得到答案。就算有些时候,已经存在某些求出答案的方法,他还是愿意以自己的方式去寻求答案。不管是新方法或老方法,重要的是针对问题,找出能得到正确答案的方法。他问自己的问题并不是:"什么是解决这个问题的正确方法?"他需要问的,是答案正不正确。

这就像刑事案的侦查,搜寻到犯罪现场的若干线索之后,首先会假设嫌疑犯大约是什么样子,再看看哪些人最符合这些线索,最可能是嫌疑犯。当侦查人员最后找到真正的罪犯时,应该会发现所有的线索都是吻合的。

黑猫白猫,能抓到老鼠的就是好猫

要获得一个问题的答案,什么是最好的方法?答案是:任何能得到正确答案的方法,都是最好的方法。因此,我们要的数学课本,并不是只教学生一种可以解答所有问题的绝招,而是教他们,问题是什么,然后让学生有比较大的自由度去寻找答案。但是,正确的答案当然只有一个,不能任意选择。也就是说,有很多方式可以计算出 $15+17$ 的答案(或者可说成 $17+15$),但正确的答案只有一个。

以往的数学教育，都只教学生一种标准的算术问题解法，并没有教学生自由思考。事实上，一个问题可以有好多种写法，思考问题也有许多可能的方式，解决问题也有许多可行的办法。

这种"没有标准解法，只有正确答案"的想法，不只是数学使用者的心态，其实也是创造力十足的纯数学家的心态。虽然纯数学家写的论文，只是展示他完成了某种逻辑推理，证明了某个结论是正确的，里面并没有写出他原先怎么去做猜测，或动手之前思考过哪些可能的证明途径；但是，要完成证明，他也需要同样的灵活心思，不愿墨守成规。

我并不是纯数学家，为了找一个例子来证实我的观点，我特地从书架上找出一本纯数学家写的书。这本书叫《代数结构下的实数系统》，作者是罗伯茨(J. B. Roberts)。我在书里很快就找到一段能够佐证的话："数学思考的方式是推测与验证，没有固定的步骤可以遵循。我们试试这个，试试那个，猜猜这个，猜猜那个，设法把得到的结果推而广之，使证明容易些。我们试一些特例，看看会不会灵光一闪，得到启示或直觉。最后，就得到证明了。谁晓得是怎么回事！"

因此，你们看到所谓的数学思考方式，不管是纯数学或应用数学，都是自由的、直觉式的。这也是我们希望在孩子刚学习数学的阶段，介绍给他们的东西。我们相信，这不但是一种比较好的数学训练方式，也可以让学生觉得数学是很有趣的东西，学起来很容易。

为了让我们的讨论不要那么抽象，我可以给大家一个具体的范例。我从现在小学一年级和二年级的课本里，举些例子来说明。我们就以加法为例。

假设小孩子都学过怎么样数东西，因此经过一阵子的练习之后，就很会数东西。现在，我们想要教小朋友加法。假设有个小朋友很会数数字，可以数到50或100。他能不能马上解决 $17+15=32$ 这类问题呢？假设班上有17个男孩和15个女孩，那么班上一共有多少个孩子？这种问题不必以很抽象的加法形式来呈现，只要简单地数一数男孩的人数，再数一数女孩的人数，然后数一数全班同学的总人数就行了。最后，我们可以把结果归纳出来：17个男孩加15个女孩等于32个小孩。

这个方法可以用在任意两个整数的加法。但是如果待相加的数目很大，这方法就显得很慢、很麻烦。如果问题里有很多待相加的数字，那就更不方便了。另外有一个类似的方法，就是利用一组固定的数目，例如手指头的数目来协助计算。还有一个方法就是在头脑里心算，例如，经过一小段练习之后，小孩子可能自己学会6+3是多少，他会在心里数着7、8、9，答案是9。也有一种更实际的方法，就是死背一些数字的组合，例如3+6=9。如果这个组合经常出现的话，只要看一眼，不必算就知道答案。

计算很大的数目，例如有多少枚硬币，你可以把它简化，一组一组地计算，而不必一枚一枚去计算。你可以把5元硬币两两叠在一起，把10枚1元硬币也叠成一堆一堆的，如此每一堆都是10元，再看看有多少堆，最后加上剩下来的不成堆的硬币有多少枚，就是答案了。这种计算方式，比起把硬币的面额一枚一枚地加起来，容易得多。

另一种做加法的方法是利用一条直线，上面标着数字，或者利用一张类似月历的表，上面写着一连串的数字。当你要处理3+19这种问题时，你从19开始，往后数3个，就得到22。如果这些数字都用一个点来代表，等间距排成一列，就是所谓的"数线"了，这是以后了解分数和度量的重要工具。像直尺或温度计，只是沿着尺的边缘画上数线而已。因此把数字标在一条直线上，不但是学习加法的一种方法，也是了解其他数字形式的方法。

（顺便在这里提一下：在基础阶段还有一个特殊技巧，就是利用配对法，去决定哪个数字比较大，而不必真正去数。因为比较多的那一个，会有东西多余出来。这也是当初比较不同气体的分子数所用的方法。）

加法，古早的呆板做法

在老课本里，加法是以一成不变的方式来处理的，没有任何可以变换的技巧或把戏。首先，我们利用书上画的鸭子，学习简单的加法。5只鸭子和3只鸭子一起游泳，总共是8只鸭子，等等。这当然是一种令人满意的方法。接着，这些数目就被记住了，这也是可以接受的。最后，如果数目大于10，就必须用到完全不同的技巧了。在这种技巧里，首先解释比10大的数字要怎么写，接着介绍两位数字的加法规则。先不教进位，因为进位太复杂了，三年级才会介绍进位的技巧。

老教材令人不满意之处，并不是它们教加法的方法不好。这些方法都很好，都可接受。问题是，这些课本允许老师和学生使用的方法太少了，只允许一套标准做法。

举个例子，对老教材来说，29+3就不是正统的一、二年级的算术问题。他们不会在小学低年级教这题，因为这个年级的学生不了解进位技巧，没办法解答这题。但是，如果你真的了解加法的意义是什么，在学会了数数目之后不久，应该就能处理这个问题了。一年级的学生都行，只要连续数3个数目：30、31、32，就得到正确答案了。

当然，这个算法慢吞吞的。但是如果没有其他可用的方法，那么这个方法不失为一种有效的算法，应该允许使用。它应该是小朋友想象得到的方法。小朋友渐渐长大之后，自然会再学到其他更有效率的方法。其实，把3和6加起来，与把3和29加起来，没什么不同。当我们年纪变大之后，唯一不同的是，我们会使用更有效率的方法来解决问题。

千万不要限定标准解法

了解两个数字相加的意义之后，也就是相加的意义是什么以及如何相加，则上面所提的那两个问题(3+6与3+29)其实没有什么不同。因此，传统教科书所用的唯一标准方法是不对的。这个传统加法告诉学生：当数字很小的时候，背下来套用；当数字很大的时候，则把它们上下对齐排好，一次加一行数字，而且不用担心会碰到进位问题。这种做法对于小学前两年的数学学习限制太多了。违反"没有标准解法，只有正确答案"的解题理念。

为了发展出孩子们日后需要的正确解题心态，我们应该给予他们很多不同的数学经验。加法并不一定非要某种标准形式不可。举例来说，17加15为什么非要把17和15上下排在一起，然后在底下画一条线，然后在线的下面写出32来？没有什么理由非这么做不可。另一种方式；17 + □ = 32，留下一个待解答的空位，其实是相同的问题，只是提问的方式不同而已。我们应该让一年级的小朋友，学习找出某种方法来得到问题的答案。这类问题，在他长大做工程师的时候，都必须时时面对。我的意思并不是说，要他提早学习减法。我的意思是他必须了解，这只是老问题的另一种形式。这个问题是要以任何方法找出空格里的数字，但是当空格填上数字的时候，答案必须是正确的。

在工程或物理上，我们通常对于怎么得到空格里的数字是15，并不感兴趣。我们只要知道最后得到的这个15，放入空格之后，能使得17 + 15 = 32是正确的就行了。(只有当这种问题以前从来没有出现过，没人知道该怎么做的时候，我们才会对"15是怎么得到的"感兴趣。或者是这种问题似乎一再出现，我们需要发展出一套更有效的新技术来处理它，那我们对方法本身才会加以研究——也就是研究"15是怎么得来的"。)

因此，17+□=32这种问题，是应用数学最常碰到的形式。学生必须以任何可用的方法，找出一个可以填入空格的数字，使答案是正确的。这种训练在孩子很小的时候就应该开始，就算是一年级也无妨。让小孩子有一种自由，去尝试任何可以得到答案的方法。但是答案当然必须是正确的，你在最后，都应该检查你得到的结果是否正确。

让学生有思考的自由

我们应该给予学生思考的自由。我这里再举一个例子，它的情况更复杂些。假设有个未知数，它的两倍加3是9，那这个未知数是什么？这当然是代数问题，而且有很明确的规则可解答这一类的问题：你先把等号两边的数字减3，然后再除以2，就是答案。但是，世界上可以用明确的规则来求解的代数方程式，其实是很少见的。

另外一种方法是试着把不同的数字填入空格，直到找出正确的答案为止。这个方法在孩子还很小的时候，就应该教他。换句话说，问题应该要以不同的形式来呈现，而且应该允许孩子去猜测答案，允许他们以自己喜欢的方式去尝试，而不是只能以记住标准步骤的方式来解题。当然，孩子的解题尝试与学习经验逐渐增多之后，他们自然会记住那些加减乘除的明确规则，因为那样的解题效率比较高。

其实到了更高等的工程领域，当我们必须面对更复杂的代数方程式时，唯一可用的方法只有尝试代入不同的数字。这是一种非常强而有力的基本方法，但是学生往往在很迟的阶段才学到，甚至是当了工程师之后才知道。那些老式教学方式，就是每种问题只有一种标准解法，其实只能解决最简单的问题。然而更复杂的问题事实上并没有标准解法。解决复杂代数方程式最好的方法，就是尝试法(trial and error)。

另有一种含有很大自由度的练习,就是猜测规则。这类问题以后还会以更复杂的形式出现。我现在举一个很简单的例子,那也是工程和科学上的典型问题,就是:在1,4,7,10,13,…的数列里,产生数字的规则是什么?问题的答案可以有很多不同的求法:第一种是每个数字都是前一个数字加3,另一种是第n项的数字是$3n-2$。

数学教育的成败关键,在于让学生有各种各样的数学经验,而不是要学生对于所有问题都只能用一种受到严格限制的标准方法来处理。我再强调一次,我这不是在质疑教学技巧对不对,重点也不在于让老师日后更容易教算术(虽然就我所知,确实会这样);而是我们会教给学生一种有意义的新主题,一种面对数字和方程式的新态度。这种新态度是学生日后碰到数学应用问题时,可以成功求得解答的正确态度。

我所讲的,当然也不是"以新方法来教旧主题"这么简单。例如,我们建议在低年级就教一些不是十进制的数字系统。这除了可以显示数学世界的广阔和自由,也能帮助学生更深入认识算术进位规则背后的理由。如果多了这种教材,有些学生可能会很喜欢,多学到一些算术运算的道理。但一定也会有些反应较慢的学生,无法掌握不同的进位制,这时候教他们练习把一个数字由十进制变成五进制或十二进制是毫无意义的。教师反而应该让他们多做一些十进制的算术练习。也就是说,教师应该因材施教。

术语不等于知识

当我们考虑孩子们应该学会哪些用语和定义时,应该特别注意,不要只教孩子记下一些用语而已。我们教孩子某些术语时,可能只让孩子有一种知识的幻觉(这些名词听在一般人耳里,并不太自然),而没有教他们这些名词究竟代表什么意义或想法。老教科书就充满这类没有实质意义的名词——书里很仔细而精确地定义了纯数学家使用的艰涩名词，事实上，除了纯数学家之外，根本没有人用得着。

其次，我们叙述这些名词的文字和方式，应该尽量接近日常语言。或者至少所用文字的意义应该和一般口语的意义相同。最起码要和科学界或工程界使用的数学语言相同。

我们以几何学为例。在几何课里，必须学习很多新名词。例如，学生必须知道什么是三角形、正方形、圆、直线、角或曲线。但学生不应该只是学到这些名词，学生至少必须知道这些名词所代表的究竟是什么东西，或者什么概念。例如：不同几何形状的面积、某个图形和另一个图形之间有什么关系、如何度量角度、三角形的三个内角和可能是180°、勾股定理可能是怎么回事、判别是不是全等三角形的规则有什么道理，等等。

至于哪些几何主题比较重要，应该列入课程内？这应由那些编课本的人来决定，他们比较有这方面的经验。我并不打算在这里建议，哪些东西应该包括进来，哪些不必。我想说的只是，如果编课本的人决定要把哪个几何主题包括进来，就应该把这个图形的适当知识都涵盖进来，而不要只有很空洞的名词和术语。

有些书用了很多篇幅去定义一些特殊的东西，例如：封闭曲线、开放曲线、封闭区域、开放区域等。但其实只教给学生：一条直线可以把平面分成两部分。在这些几何单元的最后，编者总会长篇大论地自吹自擂，说自己教了多少几何知识，或学生又多学了哪些东西。我常常觉得，这些课本教的新名词虽然很多，但学生学到的知识其实很少。这些课本是完全不合格的。

不仅如此，有些书使用的字眼非常怪异，都是纯数学家才会用的术语。我认为这完全不必要。学到这些新名词的学生，如果长大以后真的成为纯数学家，那么他和别的数学家讨论几何基本观念时，或许可以很容易沟通。但其实现在还不急着教小学生这些东西：学生长大以后，在适当的机会自然学得到这些新名词。很多家长反对新数学，其实只是因为在家里听到孩子说直线是一种曲线，觉得是学校把自己的孩子给教笨了。我们其实不必让家庭里出现这种学术辩论。

清晰的语言才重要

谈论新数学的时候，还有一种和语言有关的意见，就是对所谓"精确的(precise)语言"究竟价值何在。大家有过热烈的讨论。譬如，要不要仔细区分"数字"和"数值"的不同，或者符号和它所代表的实体的差异。

其实真正的问题不在于精确的语言；我们日常说话的方式可没有太精确。问题在于清晰的(clear)语言。要有清晰的语言才能和别人清楚沟通某个观念。只有当某个用字遣词，会因听的人对它认知不同而造成疑惑的时候，精确地描述才有必要；而且只需要针对有疑惑的地方再做一次精确的描述就够了。要把任何事情都叙述得绝对精确，根本是不可能的事；除非这件事是完全抽象的，和现实世界没有任何关联，也不代表任何实际的东西。

纯数学就是很抽象的东西，和现实世界没什么关联。因此，纯数学自有一套非常精确的语言来处理自己的专门主题。但如果你处理的是我们现实世界的事，这套所谓精确的语言就不再有什么意义了。除非有什么东西非要如此仔细区分不可，否则使用这种精确的语言，根本是牛头不对马嘴。

举例来说，有一本教科书很迂腐地指出，一个球的图像和球体本身是不一样的。我很怀疑，如果没有这样刻意强调，小孩子会笨到连这点都搞不清楚。那本书很别扭地强调"把球的图像涂上红色",而我们一般只消说"把球涂上红色"就懂意思了。因此,故意强调这类所谓的精确,完全是不必要的。而且"把球的图像涂上红色"的说法,有时候反而会构成另一种困扰。因为一个球的图像,除了画出球体本身之外,还包括球的背景。我们是要把整张图画都涂成红色呢?还是只把画里的球涂成红色?"把球的图像涂成红色"这种所谓精确的说法,真是画蛇添足。

虽然上面这个例子似乎是小事一桩,但是这种强调精确叙述的毛病,确实是以往教科书的通病。我曾在一年级的课本里,发现这样的叙述:"检查棒棒糖集合里的个数,与女孩子集合里的个数是不是相同。"一件很简单的事,居然也可以讲得这样复杂,真是不可思议。

家长对这种文字叙述,一定会惊骇不已。这种叙述方式,难道真的比"看看棒棒糖够不够分给所有的女孩子"精确得多吗?我看未必。后面这种说法,每个小孩子都能了解,父母也一样。放进原先那种绕口令式的文句,实在完全不必要。那种奇怪的说法只有一小撮纯数学家在使用而已。专业领域内的人用来讨论专业事务的术语,不应该放在小学课本里。一般人从这些专业语言里是学不到什么学问的。

我们要学会的是语言叙述所要表达的观念,而不是语言本身。等到真的有必要很细致去区分时,再学那种专门语言也不迟。现在这个时候,清晰的语言是最需要的。

我认为一年级到八年级课本里的问题陈述,都要让任何正常的大人看得懂。也就是说,它在问什么东西,应该是人人都要读得明白的。或许不是每个大人都解得出每一道题目,也许他们已经忘了自己学过的那些算术规则与技巧,或许他们也不知道1/3的1/4的2/3是多少;但至少应该知道这个问题问的是某些数字的乘积。

把专门语言放进小学课本里之后,一般家长(包含那些受过高等教育的工程师)会误以为孩子学习的是另外一种数学主题,他们可没办法帮助孩子了解课本到底在说些什么。而这种不了解,根本没有任何益处,放着很好用的日常语言不用,反倒去用那些冷门语言,到底是为了什么?是要卖弄学问吗?讲大白话大家都能了解,而且意思的表达相当清晰——通常比专业术语清晰多了。

每个主题都必须给出实例

我认为哪些主题该选入教科书,必须再做一番筛选。筛选的方式是:有没有日常生活的实例可以支撑这个主题?编书的人要把某个主题选入教科书,理由必须非常充分。这个主题的实用性,它和我们周遭世界的关联,对学生来说都必须很明确。

我就以"集合论"这个主题为例。几乎所有的教科书都有讨论集合的章节,但集合论里的东西在其他章节却从来都用不上。而且也没有任何解释,说集合的观念到底有什么特殊意义或特别的用途。唯一的说法是:"集合是一种相当普遍的观念。"事实上,这个说法是对的。但集合的观念既然这么普遍,课本里必须仔细讨论,为什么完全没有用到呢?

集合是一个新名词,有新定义,可是课本从头到尾,都没有举出一件实例来说明。我姑且帮忙举个例子好了:有一位动物园管理员要他的助手把生病的蜥蜴从笼子里移出来。他命令助手:"把所有动物的集合与所有蜥蜴集合的交集,以及生病蜥蜴集合的交集,移出笼子外。"这是很精确的集合论语言,但意思只不过是:"把生病的蜥蜴移出笼子!"

现实生活中,当然有用到集合论的交集概念的地方。例如中国共产党党员,是中国人与共产党员的交集;东德难民营儿童,是东德难民营里的人与儿童的交集。但一般人是不会这样陈述事情的,而且,不这样陈述也不曾带来任何不便。即使身在科学圈、工程圈或其他专门领域里,我们也永远不会像动物园管理员那样陈述事情。

如果你喜欢,当然可以说:"答案是个小于9、大于6的整数。"但没必要说成:"答案是一个数的集合,而这个集合是大于6的整数集合与小于9的整数集合的交集。"

如果你仔细研究过小学数学课本,可能会很惊讶地发现,有些课本是用∪与∩这两个符号,来代表集合的并集与交集。但是这种集合符号几乎从未出现在数学以外的领域,不管是理论物理、工程、商业数学、电脑程序设计或其他使用数学的地方。我觉得在学校里,没有必要教这些东西,也没有必要做解释。它不是一种有用的表达方式,也不是一种简洁有力的表达方式。虽然它号称很精确,但我看不出精确的目的何在。

让"新"数学更有价值

在新数学里,我主张,首先,要让学生有思考的自由。其次,我们不要只教一堆不切实际的名词。最后,要介绍哪些主题,必须想清楚目的和理由,或说明怎么利用它去发现一些更有趣的东西。如果不是这样的内容,我认为就不值得要学生去学习。

附录六　　两个寻找夸克的人

※ 本文是《纽约时报杂志》1967年10月8日的一篇报道,作者是艾德生(Lee Edson)。

费曼曾写信给杂志编辑,强调功劳应归给盖尔曼。

过去几年,全世界都在搜寻一种难以捉摸的猎物,叫夸克(quark)。这不是爱丽丝漫游的奇境,而是真真实实的世界。猎人都是世界顶尖的物理学家。猎场则是上穷碧落下黄泉,从大气层的高空到海底,乃至深入原子对撞机的内部。密歇根大学的一位研究人员甚至把牡蛎磨成粉来搜寻,理由是:牡蛎几乎什么东西都吃,有可能吃到夸克。

尽管如此煞费苦心地搜寻,但夸克就像卡罗尔(Lewis Carroll, 1832~1898,著有《爱丽丝漫游奇境》《猎杀蛇鲨》)笔下的蛇鲨一样,还是杳无踪迹。这是有理由的,根据现代理论物理学的说法,如果夸克真是存在的话,它将是宇宙最简单的粒子,几乎所有的其他东西都是由夸克构成的。

就算找到这种令人难以置信的幽灵似的物质,夸克也不会让我们做出什么超级炸弹。我们从大自然发现到的崭新基本事实,能带来什么益处,完全和人类使用的方式有关,既可以用于战争,也可以用于和平。但对夸克而言,即使我们找到了,相信在数年之内也不会有什么明确的用途。不过对物理学家来说,发现夸克这件事,比发现任何自然科学在日常生活上的应用,还要崇高得多。从夸克,我们立刻可了解整个宇宙物质的基本结构,使失落的环节重新浮现。

一时瑜亮

在追寻夸克的队伍里,有两位加州理工学院的物理学家最受众人瞩目,就是盖尔曼和费曼。两人各自拥有一大把的荣耀。费曼由于诠释了亚原子世界的某些奇妙机制，得到1965年的诺贝尔物理学奖。很多物理学家都认为，盖尔曼日后也会得诺贝尔奖(注：盖尔曼于1969年获奖)。有位加州的物理学家称这两人是"今日理论物理学界最炙手可热的人物"。是什么特质使这两人能在高能物理圈内散发出光和热呢？应该是过人的天赋加上灵活的心思。以夸克的搜寻为例，盖尔曼回忆说："狄克和我探索了理论物理的某些方向。我们建构了一个新理论，大家都很兴奋，因此提出一些新名词要为这个新想法命名。后来物理界还冒出一些很疯狂的名词。这个新理论和三种一组的新粒子有关，有了正确的特征描述后，我们还必须给个名字。我首先想到的是司魁克(squeak)和司夸克(squark)，后来就变成夸克(quark)。当这个名字脱口而出的时候，我们都很喜欢。出乎我意料，我发现在乔伊斯(James Joyce，1882~1941)的小说《芬尼根守灵夜》里，居然有'三种夸克'的字眼。这个名字真是再恰当不过了。"

当然，盖尔曼可以拒绝使用夸克这个名字，而使用较常用、听起来较高档的，以"子"(-on)做结尾的字，就像电子(electron)、中子(neutron)。或者像另一位加州理工学院的物理学家褚威格(George Zweig)所建议的，用一、二、三的字尾来命名。褚威格在基本粒子特性的研究上，也得到类似的结论。但盖尔曼承认自己有点淘气，直接把"夸克"这名字给发表出来。他笑着说："或许可以让斯诺在两种文化上搭座桥。"

盖尔曼和费曼号称他们是一起各自工作。这种合作方式在近代物理领域是很独特的。研究圈子向来以沉默内向著称，但他们都拥有某种魅力，能吸引众多学生和科学家到加州理工学院来，使得校园又恢复了奥本海默时代的盛况。他们两人所做的演讲，总是座无虚席，很多资深教授都会跑来听。费曼得到诺贝尔奖之后，有位大二的学生为了庆祝，居然把费曼的照片贴在《最后的晚餐》画中的耶稣头上。可见费曼在学生心目中的地位。

虽然他们两人的才智和影响力在伯仲之间、难分轩轾，但表现出来的方式却大不相同。费曼现年49岁，身材瘦长、满头黑发、精力充沛，正担心是不是会被拱进政治圈。他是天生的表演人才，肢体语言非常丰富，演说简洁有力，用词通常不加修饰。他说："我喜欢以不一样的方式来讲一个东西。"他的手势和声调，引人注目，而姿态优雅，不输舞台上的动人美女。

费曼对人们演说的时候，偶尔会利用声光效果，让整个舞台笼罩在彩虹般的光线里。"为什么要在小小的三棱镜里看彩虹？那对一般人太辛苦了。"他说："大自然太有趣了，不应该让它缩在小小的角落里。"但通常他是不需要这些道具的。他的演说素材实在相当可观，只要老老实实地表达出来（事实上，费曼每回演讲都是如此），热情总是能感动每一位听众。有位老同事表示："费曼的演讲我一定不会错过，因为绝对会有意外的收获。"

盖尔曼的风格虽然没有费曼这么耀眼，但自有一股不同的吸引力。他比费曼小11岁，圆圆的脸，戴个眼镜，乍看之下很像哪个开小杂货店的邻居。但是在教室里，他的讲课清晰流畅，非常迷人，透露出学识渊博的气度。而且他在小团体里，的确是非常杰出的。如果说费曼像个超级巨星，在大舞台上会发光发热，感染全场听众；盖尔曼就比较适合稍小的场合，例如和一群研究生做深入的对谈与讨论，双方有比较亲密的互动。就像奥本海默那样，盖尔曼喜欢和少数献身科学的追随者相处。他经常表示，在课堂上对学生授课，是最基本、最重要的教育方式。

尽管两人的个性有很大的差异，他们却合作得很不错。根据朋友们的描述，两人其实经常大声争辩，但吵过之后，各自都会得到一些灵感或启发，彼此对问题更加了解，工作马上得到快速的进展。

但这种合作关系差一点就被中断掉。几年前盖尔曼为了某些理由，曾认真考虑要离开费曼和加州理工学院，转到哈佛大学去。根据物理学家圈子的八卦消息，哈佛几乎答应他所有的条件，只除了一项，就是把物理研究所改名为盖尔曼研究所，因此他最后没有离开。

从那次事件之后，两个人之间的关系就平顺多了。但私底下仍然免不了一番较劲。盖尔曼的太太玛格丽特就爆料说："狄克常常打电话来，问盖尔曼在做什么。如果我告诉他盖尔曼在花园里除草，他就会安心地在家休息。但如果我告诉他盖尔曼在书房里用功，狄克就神经紧张，立刻想追赶上来。"盖尔曼的太太是来自英国伯明翰的金发美女。

费曼在数年前娶了一位英国女孩（他的第三任妻子）之后，曾经打电话给盖尔曼，说："我仔细观察了一下，什么是你有而我还没有的。我发现你有个英国太太和一只黄金猎犬。因此，我也想办法把这两样弄到手。"

不过，这两个人有一个共同的特质，就是有一种非凡的本领，可以把物理弄得很清晰易懂、非常浪漫——就某种程度来说，物理学家的世界，的确有罗曼蒂克的味道。物理学家社群有一种接力关系：理论物理学家就像是潜力无穷的小男孩，跑第一棒；在他之后，就是实验物理学家、实验室的工作人员；再下来就是工程师和应用物理学家，譬如制造出声呐、火箭和氢弹的人。

追踪粒子的轨迹

现在，理论物理成为科学界关注的焦点，是最尖端的研究领域。这是因为它正处在一个重大突破的关口。长久以来，几乎每个孩子都在问的问题"物质是由什么构成的？"眼看就快要有答案了。我们是不是终于发现构成所有物质的基本单元？不管是一张桌子、一个人或我们的宇宙，都是由同样的单元构成的。或者我们还没有找到这个基本单元，还必须去找寻更小、更小的单元，必须往这个无底洞里继续钻？

要回答这个问题，我们必须回溯到人类文明初始的一种哲学想法，就是我们这个世界，包括周围的所有东西，都是由某种简单的东西构成的。因此，老是有科学家在找寻这个基本单元，就像生物的细胞或基因。公元前5世纪，希腊哲学家德谟克利特(Democritus)就主张，构成物质的最小单位叫"原子"(希腊文的原子，有不可分割的意思)。这个观念撑了2000年之久。

在19世纪，科学家终于发现，原子还不是构成物质的最小单位。原子的中心有个核，叫原子核，电子在外面绕着原子核旋转，就像行星绕着太阳旋转那样。接下来的20世纪，科学家的焦点都集中在原子核上，很快就发现到它并不单纯。原子核是由更小的核子组成的，有中子和质子。而把核子捆在原子核里的是一种很强的力。这种力可能是宇宙中最强的一种作用力。因此多年以来，科学家都在问："把核子胶住，形成原子核的这种强相互作用，到底是怎么回事？"

1935年，日本物理学家汤川秀树(Hideki Yukawa，1907~1981，1949年诺贝尔物理学奖得主)首先提出一种合理的猜想。他认为原子核里除了质子和中子之外，应该还有一种粒子，叫介子(meson)，担任力的载子。就像橄榄球在球员之间传来传去那样。介子也在质子和中子之间传来传去，结果把质子和中子拉拢在一起。两年之后，加州理工学院的安德生博士发现了一种新粒子，他认为可能就是汤川秀树所推想的介子。物理学家都雀跃不已，大家都认为事情好像又变得井然有序了。但后来大家却发现，这个新粒子的特性并不符合物理定律所预测的数值。它的出现，反而使相关理论乱成一团。弄得哥伦比亚大学的物理学家拉比曾经绝望地振臂高呼："谁需要这个新粒子？"

物理学家又花了5年功夫,才搞清楚这个新粒子并不是汤川秀树理论里的介子,而是另一种不相干的粒子,叫 μ 子(muon)。第二次世界大战之后,原子对撞机愈做愈大,功能也愈来愈强,实验物理学家先后发现了好几种介子,其中包括汤川秀树提出的介子。这对于了解所谓的强相互作用,有很大的进展。强相互作用很重要,但是我们日常生活中唯一能感受到它的影响力的,大概只有原子弹了。

拜原子对撞机之赐,科学家发现了各种新而怪异的粒子。这些粒子的质量都是由动能转化来的,绝大部分寿命都很短,大约只有数十亿分之一秒而已。因此,几乎是不可能捕捉到的。但这些粒子出现过的轨迹,会在底片上留下来,我们也就能研究了。这些新粒子的出现,产生了一连串的新问题,例如:它们是怎么蜕变的?它们之间有复杂的结构关系吗?

辉煌的20世纪50年代

20世纪50年代,有很多顶尖物理学家投身于这些困难的研究工作,费曼也是其中之一。

费曼的兴趣主要集中在一种令物理学家困扰多年的现象,就是放射性物质发射出快速电子的过程。这个过程称为 β 衰变。这种 β 衰变让物理学家觉得,原子核内除了有那种把质子和中子黏在一起的强相互作用之外,应该还有另外一种完全不同的作用力。费曼接受了这种想法的挑战,结果也产生了革命性的发展。

其一,物理学家在50年代发现,这种新的力,后来叫"弱相互作用"力,不只发生于 β 衰变而已,还出现在其他反应中。事实上,它和强相互作用,以及其他两种科学家早已知道的力,即电磁力和引力,是有同等地位的。强相互作用我们在前面已经提过了,电磁力就是使电子同绕着原子核旋转的作用力,而引力是4种基本作用力当中最弱的一种。弱相互作用现在已经知道和许多奇异粒子的衰变有关,它比电磁力弱了约10万倍,但显然又比引力强很多。引力是如此的微弱,如果和强相互作用相比,相对强度会是一个分母有42个零的分数。这种比较关系让费曼很开心,他说:"你看,大自然这么美妙,居然做出这种相差了42个零的东西。"说这句话的时候,还兴奋得举起手来。

其二,50年代物理学的重大进展就是推翻了一个大自然的基本定律。长久以来,大家都认为大自然是依循一组守恒律而运作的,包括人人都知道的能量守恒与质量守恒(或叫能量不灭、质量不灭),到比较少的人知道的一些原子特性的守恒(可解释质子的稳定性,以及某些奇异粒子在原子对撞机里创生的理由)。大家都认为这些守恒律是永远不会改变、放诸四海而皆准的。

其中很重要的一项守恒律,是宇称守恒(conservation of parity)。它的意思是这样的:如果某个物体有镜像存在,那么这个镜像会和物体本身一样,遵守同样的物理定律。为了符合这个守恒律,亚原子世界的粒子会以两种不同方式之一存在。第一种方式是粒子和它的镜像完全一样,就像MOM这个字,不管是在真实世界还是在镜子里,念起来都一样。第二种方式是可能有两种粒子,一种是左手型,另一种是右手型,彼此互为镜像,就像MAY和YAM这两个字的关系一样。

由于强相互作用是遵守宇称守恒律的,大家就认为弱相互作用应该也遵守。但是涉及弱相互作用的原子对撞实验里,却发现完全不符的结果。有个粒子完全没有这种宇称守恒的镜像,也就是没有镜像的MOM。

它们会不会是以第二种方式存在,也就是有两个互为镜像的粒子,就像MAY和YAM那样?但是在更进一步的实验里,并没有发现这种情形：实验的结果表示，其实还是只有一种粒子。因此，费曼和其他的物理学家，譬如实验物理学家布洛克(Martin Block)，忽然有个灵感：或许在这个特定的弱相互作用里，宇称是不守恒的。

这只是个预言式的建议。但是接着有两位中国出生的物理学家，普林斯顿高等研究院的杨振宁和哥伦比亚大学的李政道，共同提出一篇划时代的论文，认为所有的弱相互作用都不遵守宇称守恒律。他们也提出实验方法，希望实验物理学家可以验证他们的理论是否正确。他们两人的直觉为他们赢得1957年的诺贝尔物理学奖。而更重要的是，他们把核物理学给颠覆了。

费曼一生最兴奋的事

从宇称守恒的限制解脱出来之后，费曼和盖尔曼，还有苏达襄(E. C. G. Sudarshan)和马夏克(Robert E. Marshak)开始接受挑战，想找出可以描述弱相互作用的理论。1957年，他们研究出一个理论，指出弱相互作用和粒子的某些特性有关，例如自旋方向。如今，大家都认为这个理论增进了我们对原子核的了解，贡献非同小可。

费曼说，这个理论的发现，是他一生中最兴奋的事，比早年的研究工作还要兴奋；尽管早年的工作替他弄到诺贝尔奖。费曼说："得到诺贝尔奖，是因为我把一个大问题扫到地毯底下。但是这项工作，情况完全不同。我知道了大自然运作的方式，它是如此优雅，如此美丽，简直是闪闪发光。"

这个新定律太漂亮了，马上引来许多著名物理学家进行实验。实验结果却不怎么样，使得这个理论一时显得岌岌可危。但费曼不为所动，坚持一定是实验有问题。后来果然证明他的坚持是对的。

盖尔曼得八正法

几年之后,盖尔曼也有一个美妙的大发现,使他同样经历了这种惊心动魄的刺激。随着原子对撞机的发展,科学家发现的基本粒子也愈来愈多。到了1962年,总数已经有上百个了。这些粒子大部分可以分成两类,一类是轻子(lepton),是相互作用较弱的粒子,费曼称它们为弱子(weaklies);另一类则是强子(hadron)。举例来说,电子和正电子(带正电荷的电子)、μ子和微中子(neutrino)都属于第一类。而中子、质子和π介子则属于第二类。(更复杂的是,这些粒子都存在一个反粒子,除了携带相反的电荷之外,其他的物理特性都和正粒子是一样的。当正、反粒子遭遇的时候,会互相湮灭而放出所有的能量。)

强子之下,还有一个比较小的类别。这类的粒子暂称奇异粒子。这类粒子本来应该是很短命的,但不知什么原因,它们却相对来说算是很长寿的。

此外,还有两种很重要的粒子:一种叫光子(photon),它是电磁力的载子;另一种叫引力子(graviton),虽然还没给发现,但应该是引力的载子。

为了替这些由摸彩袋里跑出来的粒子找出某些规则,盖尔曼介绍了两个重要的观念。第一个是早在1952年就发展出来的,称为奇异性(strangeness)的东西。就像夸克一样,奇异性也找得到文学出处,这次是引用了英国哲学家培根(Francis Bacon,1561~1626)的话:"如果没有一定比例的奇异性,就不会有出色的美好。"

根据基本粒子蜕变阶段的数目,每个粒子可以赋予不同数值的奇异性。如此就可以区分不同的粒子,就像中子和质子可以利用所带的电荷来区分。[盖尔曼后来才知道,日本东京有个科学家西岛和彦(Kazuhiko Nishijima),几乎和他同时,也以奇异性来为粒子分类。]有了这个工具,盖尔曼就试着看是否能把这些基本粒子排入一张秩序井然的表里,就像19世纪俄国化学家门捷列夫(Dmitri Mendeleev, 1834～1907)所做的元素周期表。

盖尔曼回想,自己和费曼试了许多形式,都没成功。最后,有一种形式似乎有些眉目。基本粒子好像每8个或10个可以归成一族,同族的粒子具有类似的奇异性、电荷、质量和自旋等的物理性质。就在盖尔曼做这件事的时候,一位驻伦敦的以色列武官,名叫奈曼(YuvaI Ne'eman),一面为自己的国家采购军火,一面为自己准备博士论文,也同时在研究这个分类架构。

但是其中有一族粒子只有9个而不是10个,看起来并不完整。于是盖尔曼预测,应该还有一个基本粒子没有发现,以及它应该拥有怎么样的特性,正好可以排入这一族,于是实验物理学家接下这项任务,开始全面搜索这个尚未现身的粒子。

几年之后,布鲁克哈芬国家实验室(Brookhaven National Laboratory)一支有33位科学家的研究团队中了大奖。他们轰击原子核,检查了10万张以上粒子相互作用轨迹的照片。其中有一张居然是这个悬赏的粒子轨迹,稍后命名为S负粒子,寿命只有一百亿分之一秒。它具有盖尔曼所预测的那些特性。不久,马里兰大学也证实这个粒子存在。最后,瑞士日内瓦的欧洲粒子物理研究中心(CERN)也证实S负粒子的存在。

盖尔曼以自己丰富的文学素养,称自己的基本粒子图表为"八正法"(Eightfold Way)。这是借自佛家经典,"解脱生死轮回的苦,通向涅槃解脱的正确修行方法,就是八正法:正见、正思惟、正语、正业、正命、正动、正念、正定。"但一般科学家不像他这么有禅思,通常把这个方法称为SU-3理论,因为它是基于基本粒子三重态的对称结构。

八正法像炸弹一样震撼了物理学界。盖尔曼偶尔还会为八正法图表所揭露的大自然单纯性感叹不已。他曾问:"为什么这么简单的美学标准老是这么成功?难道只有物理学家能够领略到吗?"费曼回应说:"我认为只有一个答案,那就是:大自然本来就是非常美丽的。"

近来,一些物理学家想要超越这个八正法,再往前突破,解释为什么大自然会有这么多如诗般美妙工整的基本粒子。哈佛大学的施温格声称,已经发展了一个简单的数学理论来解释整件事。其他人,根据盖尔曼的说法,则正在建构一种夸克模型。在这个模型里,中子和质子都是由3个夸克组成的,而每个夸克又有3种形式。

科学家为何这么慎重地寻找夸克(虽然盖尔曼本人并不肯定夸克存在)?那是因为根据理论,夸克并不会衰变成别的东西。因此,如果宇宙创生之初,真的造出夸克的话,它一定会存在于什么地方。

当然,并不是所有科学家都同意这种说法。加州大学伯克莱分校的丘氏(Geoffrey Chew)就以完全不同的方法来研究这个问题。他提出一种理论,怪诞地称之为"靴袢理论"(bootstrap theory)。这个理论认为,并没有所谓最基本的粒子存在,不论是叫夸克或其他什么东西。相互作用强的粒子是用它们自己的靴袢互相结合而成的。"乍看之下,这个理论和我们的夸克模型好像有很大的矛盾,"盖尔曼说,"其实它们很可能是相容的,甚至都是正确的。尤其是,如果夸克最后很可能证实为只是有用的数学虚拟之物,而不是实质的物质构成单元,那这两种理论当然可以并存,不相矛盾。"

加州理工学院的两块招牌

虽然盖尔曼和费曼都出生于纽约市的中产阶级家庭,但两人成为理论物理学家的过程却大不相同。费曼追忆自己的成长过程,几乎每件事都受父亲很大的影响。

费曼说:"小时候,父亲带我在树林里散步,总是指出一些东西给我看。而这些东西是我自己绝对不会注意到的。他告诉我这个世界的情况以及很久很久以前的世界是什么样子。他会拾起一片叶子,拿给我仔细看,说:'你看这片叶子,上面有条棕色的痕迹,有粗有细的,为什么?'我试着回答之后,父亲会和我一起再检查这片叶子,看看我的答案对不对。然后他会指出,这条线是一只在树叶上生活的虫子造成的。然后进一步问我为什么?因为它要产卵,这些卵又孵化成新的昆虫。"

"父亲告诉我,这个世界是连续而和谐的。他并不是任何事都知道,譬如他不知道那只虫子是8只脚或100只脚。但是他显然理解许多事情的道理,而我总是听得兴趣盎然。因为到最后总是带给我一阵狂喜——我又见识到大自然的奇妙所在。"

费曼很快就爱上自然科学,而且偶尔还会得到意料之外的助力。就读法洛克维高中的时候,费曼觉得课程内容枯燥无味,常常不专心听课,又爱说话。老师嫌他太吵了,就塞给他一本书,叫他坐在教室后排安静阅读,并且告诉他说:"等到你把书里面的东西全部弄懂之后,才可以再讲话。"

费曼说:"我因此学会了微积分。"大学时他进麻省理工学院,1939年光荣毕业,接着转到普林斯顿大学念研究生。第二次世界大战期间,他是洛斯阿拉莫斯的一个小主管,负责原子弹原料的理论计算。1945年7月,在三一角的首次原子弹试爆,他也在现场目击。

费曼是个彻底的反权威者,这种特质倒是颇适合钻研大自然的基本定律。他很喜欢打邦戈鼓,具有职业水平,在物理学家里可能是前无古人;在诺贝尔奖得主当中,更是绝无仅有。三大册的《费曼物理学讲义》的前言里就收录了一张他打邦戈鼓的照片。

盖尔曼的业余嗜好不像费曼那样多彩多姿,但是他非常博学广闻。

他太太曾在剑桥大学研究考古学。受到太太的影响，盖尔曼很喜欢到希腊或巴勒斯坦这些地方挖古物。他也是语言学专家，研究过好多种语言，包括非洲和中东的一些奇特方言。他说："我喜欢多样性，喜欢隐藏在多样性背后的自然史。为什么有这么多不同的语言？这么多不同的鸟类？甚至这么多不同的精神疾病？如果能找出它们背后的模式，是多么有趣的事。"

盖尔曼的父亲是个语文教师。他自己是天才少年，15岁就进了耶鲁大学。会成为物理学家其实十分偶然。他回忆说："我填大学申请表，其中有一项是未来希望的职业。我本来想填考古学，但父亲反对。他认为考古学无法养家糊口，建议我改填工程。我不喜欢工程，就选了和工程很接近的物理。"

盖尔曼在麻省理工学院得到博士学位之后转到普林斯顿高等研究院追随奥本海默。到了1954年，盖尔曼造访加州理工学院，才和费曼碰在一起。他们只交谈了一小阵子，就因为一个笑话，逗得彼此大笑。盖尔曼回忆说，他到加州理工学院的重头戏是隔天要接受院长面试。1955年，他以助教的身份进入加州理工学院，第二年就成为正教授。

敬请期待……

最近几年，盖尔曼和一些顶尖的物理学家多方奔走，竭力鼓吹建造世界上最强大的原子对撞机，可产生2000亿电子伏特的能量。这个设施预备建在伊利诺斯州的威斯顿(Weston)，预算为2亿美元。盖尔曼认为，这个计划对于美国保持粒子物理研究的优势是绝对必要的。

"我认为粒子物理正处于重要关头，就像20世纪初的原子物理一样，"盖尔曼强调，"我们已经摸索出基本结构的轮廓，但还没有整理出一套完善的理论，来诠释强相互作用与弱相互作用。如果有了这个理论,我们就能了解每个事物底下真正的道理。"

"最近,普林斯顿的物理学家所做的实验,显示另有一个对称律未必成立。这个对称律原先公认是有效的,就像宇称守恒律在10年前也是无可置疑的一样。有些理论物理学家就跑过头了,他们臆测大自然还有第五种作用力。但是事情看来并非如此。现在虽然还没有人知道违反对称律的情况是如何发生的,但我认为,我们已经走到重大发现的边缘了。"

费曼的说法也差不多,但他用了一个"和火星人下国际象棋"的隐喻。他说:"如果你不知道下国际象棋的规则,而且只看到一部分棋盘,你怎么知道该怎么下?一旦你知道所有的规则了,那么当火星人按照一定的路数移动了一些棋子时,你知不知道火星人心里在想什么?"

"物理最大的秘密,就是不知道哪里可以找出所有的物理定律。但即使知道了所有物理定律,我们也不知道到底真正发生过什么事。我们会知道哪个棋子是'城堡',其他各种棋子该怎么走,我们也知道残局是什么状况,可是就是无法推知这盘棋的对手采取了什么策略,也完全不清楚这整盘棋的过程。"费曼说:"我们从实验物理学家那里,得到很多资讯。实验结果就像观棋的人的说法。我们也试着分析这些资讯,甚至可以建议,做某些新实验。不管怎样,我们仍然在等待或期望大策略能够浮现。到那时候,你我或许才能够真正了解,大自然是多么奇妙。"

致 谢

这本书的完成要感谢很多人的帮助。拉尔夫·莱顿不断提供一些很有价值的资料，还帮助我把很多事情拼凑在一起。赛克斯提供了许多宝贵的意见。还有葛雷易克(James Gleick,《混沌》的作者，曾为费曼作传)，提供几封连我都不知道的信件。我极大地受惠于这些先生的努力。他们三人都写过关于我父亲的书，都采取高规格的标准。我真的觉得自己只是站在一群巨人的肩膀上，坐享其成。尤其当我编辑这本书时，更是体会到成书不易，真的要衷心感谢他们做过的工作。

我特别要感谢索恩(Kip S. Thome)博士和福劳思齐(Steven C. Frautschi)博士，谢谢他们慷慨地为这本书付出的心血与时间。索恩博士改写了本书的科学问题的表达方式，使专业性的信件可读性增强。我现在终于明白，他为什么是最受欢迎的好老师了。福劳思齐博士替我写好了每一部开头的科学背景说明，同样给了我很大的帮助。他根据很多残缺、琐碎的资料，拼凑出完整的叙述，我对他的技巧佩服得五体投地。他们都是我父亲在加州理工学院的老同事、老朋友。我明白他们对本书的贡献：永远感谢他们。

海伦(Helen Tuck)是我父亲多年的秘书，告诉我很多和父亲一起工作的趣事。我也很感谢琳达(Linda Bustos)和加州理工学院的公共关系部门，很快就把我要的父亲档案照片找出来给我。勒蓓尔教授把她成为加州理工学院第一位女性终身教授的有趣背景故事告诉我。我还记得沃富仁博士深夜到加州理工学院拜访我父亲，我还曾和他打招呼。我父亲对沃富仁的印象非常深刻，觉得他是个工作勤奋、不知疲倦的人。沃富仁很大方地同意我登出他写给我父亲的信，还为自己的信写了注记。傅雷德金教授也帮了很大的忙。我爸爸是他婚礼的男傧相。他后来把儿子取名理查德，纪念我父亲。他们两人关系深厚，互相敬重。

多年以前，柯珂(Amanda Cook)小姐还在Basic Books出版公司工作的时候，就参与了这本书的出版事宜。后来她虽然转到别家出版公司,仍然不忘对我提供许多宝贵的意见与看法,我十分感谢她。另外,芬斯坦(Ingrid Finstuen)和雷玻波特(Maria Rapoport)也一样。在找信件的原作者这件事上,哈特曼(Vanessa Hartmann)费了很多心,让这些写给我父亲的信,能得到本人或后代同意刊登。有些信实在找不到当事人,我们就拟一个假名字来代替(有些比较尴尬的信件,也会用化名,以保护当事人)。赫斯塔德(Megarn Hustad)是个知识渊博、工作勤奋、热情感人又有很多点子的编辑,令人太佩服了,她是居中调和的关键人物。我也感谢我的经纪人杰克生(Melanie Jackson),多年来,他的意见让我受用极多。

库提纳将军对"挑战者号"航天飞机的事故调查过程,记得非常清楚,他提供的许多细节,对这部分内容很有帮助。我也感谢戈特里布(Michael Gottlieb)在本书很关键的时刻,暂时保存这些信件,而且帮忙找出我父亲现场目睹第一次原子弹试爆的证据。萨尔斯曼(Mark Salzman)花很多时间审阅书稿,给我提了一些很有价值的建议。我的好朋友李奇蒙(Cameron Richmond)也替我找到一些很难找到的原信作者。邦恩(Anita Bunn)则替我编排整理所有的照片。在此一并致上我的谢意。

感谢我哥哥卡尔,他给了我无比的信心,让我能完成这本书。我的阿姨和姨丈(Jacqueline and Eric Shaw)热心协助我,把很多小细节拼凑起来。姑妈琼恩(Joan Feynman)提供了不少父亲早年的信件,使我如获至宝。另一位阿姨卢音(Frances Lewine)也帮了很多忙。表哥希尔斯伯格(Charle Hirshberg)是个"开心果",也有很多睿智的提议。我也要感谢阿琳的兄弟葛林鲍姆夫妇,承他们的允许,公开阿琳的信件与照片。

在编辑这本书的过程里,我先生全家也给了我很大的支持。小叔帕布罗(Pablo Miralles)是个聪明又敏感的读者,当我需要一些额外的意见时，总是找他。小姑布伦妲(Brenda Miralles)是个"超级保姆"，常在我忙得不可开交的时候为我带孩子；我的公公、婆婆阿窦佛和玛丽雅(Adolfo and Maria Miralles)也常来帮忙。

最后，我要感谢我的孩子，爱娃(Ava)和马可(Marco)，谢谢他们的耐心与谅解。也要感谢我先生狄亚哥(Diego)，我永远信赖他的判断，当我凌晨坐在电脑桌旁，他总是在身边陪伴我。他的协助和支持永远是我最大的依靠。

我感谢下面这些人，允许我公开他们或他们的亲人写给我父亲的信：Henry Abarbanel, Molly Anderson, Hans A. Bethe, LaurieM. Brown, Adrian M. Bronk, Steven Cahn, Nigel Calder, Robert Car-neiro, Helen Choat, Lawrence Cranberg, Sir Francis Crick, RobertCoutts, Beulah E. Cox, Martin B. Einhom, Debra Feynman, TomasE. Firle, Betsy Holland Gehman, Michael H. Hart, Ben R. Hasty, Richard C. Hemry, Marka Oliver Hibbs, Heidi Houston, JohnA. Howard, Jon A. Johnsen, Vera Kistriakowsky, Julia Kornfield, Portia Parratt Kowolowski, Tina Levitan, Joan Thomas Newman, Thomas H. Newman, Clifford S. Mead, David Mermin, Mark Minguil-lon, Ken Olum, Leigh Palmer, Frank Potter, Ernest D. Riggsby, Tom Ritzinger, Irwin Shapiro, Jeff Stokes, Lewis H. Strauss, Paul Tellerand Wendy Teller, Ilene Ungerleider, Vincent Van der Hyde, Jona-than Vos Post, Spencer Weart, Edwin J. Wesely, John A. Wheeler, Jack Williamson, Jane S. Wilson, J. G. Wolff, Stephen Wolfram.

米歇尔·费曼

第 1 部 普林斯顿 | 1939~1942 年

第 1 部 普林斯顿 | 1939~1942 年

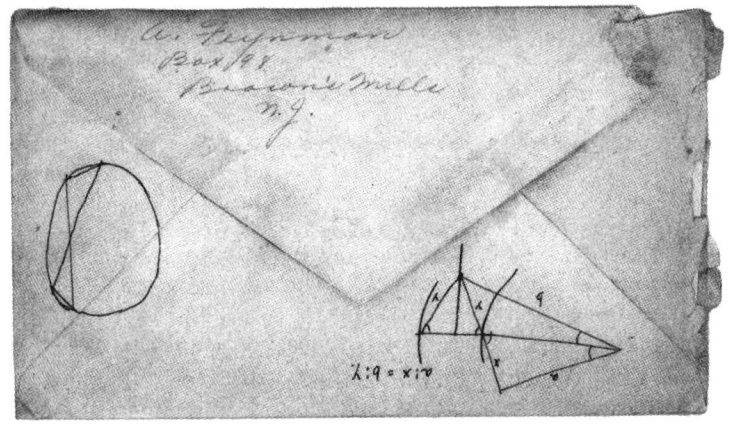

Particle physics is the frontier of unknown physical laws to be discovered. It is very active now — and will effect forever — but it is hard to get a job in it because so many people want to.

I II III IV

我们(施温格和我)后来发现，我做出了 I + II + III (不含电荷的重正化)，而他做出了 I，没做 II 和 III，但有电荷的重正化，而我弄混了，以为这种电荷重正化就是真空极化的 IV。我们两人碰面的时候，我还没有做出 IV 来，我以为他做出来了，我现在仍然不知道，当时他是不是已经做出 IV 的满意结果，或者还没有。

第 11 部 最后一幕 | 1985~1987 年

IT WAS THE BEST OF TIMES, it was the worst of times, it was the age of wisdom, it was the age of foolishness, it was the epoch of belief, it was the epoch of incredulity, it was the season of Light, it was the season of Darkness, it was the spring of hope, it was the winter of despair, we had everything before us, we had nothing before us, we were all going direct to Heaven, we were all going direct the other way—in short, the period was so far like the present period, that some of its noisiest authorities insisted on its being received, for good or for evil, in the superlative degree of comparison only.

There were a king with a large jaw and a queen with a plain face, on the throne of England; there were a king with a large jaw and a queen with a fair face, on the throne of France. In both countries it was clearer than crystal to the lords of the State preserves of loaves and fishes, that things in general were settled for ever.

It was the year of Our Lord one thousand seven hundred and seventy-five. Spiritual

米歇尔·费曼